이 책의 한국어판 저작권은 EYA(Eric Yang Agency)를 통해 케임브리지대학교 출판부(Cambridge University Press)와 독점계약한 (주)소와당에 있습니다. 저작권법에 의하여 보호를 받는 저작물이므로 무단전재와 복제를 금합니다.

Korean translation copyright © 2021 by SOWADANG
Korean translation rights arranged with Cambridge University Press through EYA(Eric Yang Agency)

CAMBRIDGE WORLD HISTORY: Volume V(PART 4-5)
Copyright © Cambridge University Press 2015

# 교역과 분쟁 2
### 교류의 증대와 종교의 확산

벤야민 케다르·메리 위스너-행크스 편집 / 류충기 옮김

**기원후 500년 - 기원후 1500년**

## Cambridge World History
## VOL. V PART 4-5

소와당

# 케임브리지 세계사 시리즈 소개

케임브리지 세계사 시리즈는 활발한 연구가 펼쳐지고 있는 세계사 분야를 새롭게 개괄하는 권위 있는 개론이다. 세계사 및 지구사의 최근 연구 경향을 반영함으로써 포괄하는 시간적 범위를 확대했으며, 문헌 기록 이후의 역사뿐 아니라 인류의 전체 역사를 대상으로 했다. 국제적으로 다양한 분과 학문에서 선도적인 연구 업적을 내는 필자들을 섭외했고, 200명 이상의 저자들이 참여하여 오늘날까지 인류의 과거를 종합적으로 설명했다. 세계사는 다양한 방법론을 통해, 그리고 다양한 시공간적 범위에서 검토되어야 한다는 인식이 성장하고 있음을 감안하여, 시리즈의 각 권에서는 지역별 연구, 주제별 연구, 비교 연구의 성과를 수록했으며, 사례 연구를 더하여 넓은 시각의 연구를 깊이 있게 들여다볼 수 있도록 기획했다. 바로 이런 점이 케임브리지 세계사 시리즈의 특징이라 하겠다.

### 시리즈 편집 총괄
메리 위스너-행크스(Merry E. Wiesner-Hanks)
- Department of History, University of Wisconsin-Milwaukee

### 편집위원회
그레이엄 바커(Graeme Barker)
- Department of Archaeology, Cambridge University

크레이그 벤저민(Craig Benjamin)

- Department of History, Grand Valley State University

제리 벤틀리(Jerry Bentley)

- Department of History, University of Hawaii

데이비드 크리스천(David Christian)

- Department of Modern History, Macquarie University

로스 던(Ross Dunn)

- Department of History, San Diego State University

캔디스 가우처(Candice Goucher)

- Department of History, Washington State University

마니 휴스-워링턴(Marnie Hughes-Warrington)

- Department of Modern History, Monash University

앨런 캐러스(Alan Karras)

- International and Area Studies Program, University of California, Berkeley

베냐민 케다르(Benjamin Z. Kedar)

- Department of History, Hebrew University

존 맥닐(John R. McNeill)

- School of Foreign Service and Department of History, Georgetown University

케네스 포메란츠(Kenneth Pomeranz)

- Department of History, University of Chicago

베린 셰퍼드(Verene Shepherd)

- Department of History, University of the West Indies

산자이 수브라마니암(Sanjay Subrahmanyam)
- Department of History, UCLA and Collège de France

스기하라 가오루(杉原 薫)
- Department of Economics, Kyoto University

마르설 판 데르 린던(Marcel van der Linden)
- International Institute of Social History, Amsterdam

에드워드 왕(Q. Edward Wang)
- Department of History, Rowan University

노먼 요피(Norman Yoffee)
- Departments of Near Eastern Studies and Anthropology, University of Michigan; Institute for the Study of the Ancient World, New York University

# 한국어판 영어판 분권 대조표

케임브리지 세계사 시리즈 영어판은 7권 9책으로 구성되어 있지만, 번역본 한국어판은 18권으로 출간한다. 그 이유는 분량 때문이다. 분량이 워낙 많은 데다 번역하는 과정에서 페이지 수가 더욱 늘어나 때로는 1000페이지가 넘는 경우가 생기므로, 부득이 영어판 각 1권을 한국어판 2권으로 나눴다. 다만 세계사 서술에서는 시대구분 문제가 중요한 주제 중 하나이며, 영어판의 구성 자체가 시리즈 기획자들의 의도를 담고 있으므로, 페이지 분량 문제로 한국어판에서 부득이 분권을 하더라도 영어판의 구성을 최대한 존중하고자 했다. 그리하여 각 권의 표지에서 영어판의 분권 체제를 명시했으며, 또한 아래와 같이 한국어판과 영어판의 분권 구성과 시대구분을 정리했다. — 옮긴이

| 영어판 | | 한국어판 |
| --- | --- | --- |
| Cambridge World History Vol. I (to 10,000 BCE) | Part 1 | 케임브리지 세계사 01 |
| | Part 2 | 케임브리지 세계사 02 |
| Cambridge World History Vol. II (12,000 BCE~500 CE) | Ch.1~7 | 케임브리지 세계사 03 |
| | Ch. 8~23 | 케임브리지 세계사 04 |
| Cambridge World History Vol. III (4000 BCE~1200 CE) | Part 1~3 | 케임브리지 세계사 05 |
| | Part 4~6 | 케임브리지 세계사 06 |
| Cambridge World History Vol. IV (1200 BCE~900 CE) | Part 1 | 케임브리지 세계사 07 |
| | Part 2 | 케임브리지 세계사 08 |

| 영어판 | | 한국어판 |
|---|---|---|
| Cambridge World History Vol. V (500~1500 CE) | Part 1~3 | 케임브리지 세계사 09 |
| | Part 4~5 | 케임브리지 세계사 10 |
| Cambridge World History Vol. VI (1400~1800 CE) | Part I Ch. 1~10 | 케임브리지 세계사 11 |
| | Part I Ch. 11~18 | 케임브리지 세계사 12 |
| | Part II Ch. 1~12 | 케임브리지 세계사 13 |
| | Part II Ch. 13~18 | 케임브리지 세계사 14 |
| Cambridge World History Vol. VII (1750~Present) | Part I Ch. 1~10 | 케임브리지 세계사 15 |
| | Part I Ch. 11~23 | 케임브리지 세계사 16 |
| | Part II Ch. 1~11 | 케임브리지 세계사 17 |
| | Part II Ch. 12~21 | 케임브리지 세계사 18 |

# 케임브리지 세계사 VOL.V 소개

이 책에서는 기원후 500년에서 1500년 사이의 문화 교류와 정복, 그에 따른 지역 내 혹은 초지역적 국가·종교·경제 시스템의 성장을 살펴보았다. 세계적 차원에서 핵심적 주제와 과정의 다강을 섭렵했는데, 인간과 자연의 관계, 젠더와 가족, 사회적 위계, 교육, 전쟁 등의 주제가 포함되었다. 나아가 해상 네트워크와 육상 네트워크를 통한 농경 사회와 유목 사회의 원거리 교역, 그에 수반되는 문화, 과학, 기술, 텍스트 기반 종교의 전파 및 교류를 아울러 검토했다. 마지막으로 동반구와 서반구를 막론하고 중앙 집권적 지역 기반 국가 체제가 탈달한 문제를 검토했다. 국제적 명성의 저술가들이 집필에 참여하여, 이른바 "원시-글로벌(proto-global)" 시대 1000여 년에 걸쳐 세계 여러 지역의 문화적·상업적·정치적 통합이 어떻게 진행되었는지를 보여주었다.

책임 편집 / 벤야민 케다르(Benjamin Z. Kedar)
예루살렘히브리대학교(Hebrew University of Jerusalem) 역사학과 명예교수. 저널 〈십자군(Crusades)〉 창간 편집자. 이스라엘 인문과학아카데미 부회장. 30여 권의 저서와 140여 편의 논문을 집필했으며, 십자군 전쟁과 라틴아메리카, 중세 유럽 기독교와 이슬람의 관계, 항공사진 활용 역사 연구, 비교사 연구에 중점을 두고 있다.

책임 편집 / 메리 위스너-행크스(Merry E. Wiesner-Hanks)
위스콘신-밀워키대학교(University of Wisconsin-Milwaukee) 석좌교수. 역사학과 학과장. 저서로는 A Concise History of the World(Cambridge, 2015)(《케임브리지 세계사 콘사이스》, 소와당, 2018), Early Modern Europe 1450–1789(Cambridge, 2nd edn 2013), Women and Gender in Early Modern Europe(Cambridge, 3rd edn 2008), Christianity and Sexuality in the Early Modern World: Regulating Desire, Reforming Practice and Gender in History: Global Perspectives(Routledge, 1999) 등이 있다.

09권 저자 목록
벤야민 케다르(Benjamin Z. Kedar), Hebrew University of Jerusalem
메리 위스너-행크스(Merry E. Wiesner-Hanks), University of Wisconsin-Milwaukee
요아힘 라트카우(Joachim Radkau), University of Bielefeld
수전 모셔 스튜어드(Susan Mosher Stuard), Haverford College, Pennsylvania
수전 레이놀즈(Susan Reynolds), University of London

린다 월튼(Linda Walton), Portland State University

클리퍼드 로저스(Clifford J. Rogers), United States Military Academy, West Point

패트릭 기어리(Patrick J. Geary), Institute for Advanced Study, Princeton

다우드 알리(Daud Ali), University of Pennsylvania

폴 앳킨스(Paul S. Atkins), University of Washington

마이클 쿠퍼슨(Michael Cooperson), University of California, Los Angeles

리타 코스타 고메즈(Rita Costa Gomes), Towson University, Baltimore

폴 더튼(Paul Dutton), Simon Fraser University, Burnaby, British Columbia

게르트 멜필레(Gert Melville), Technical University of Dresden

클라우디아 라프(Claudia Rapp), University of Vienna

카를-하인츠 슈피스(Karl-Heinz Spieβ), University of Greifswald

스티븐 웨스트(Stephen West), Arizona State University

폴린 유(Pauline Yu), American Council of Learned Societies

비에른 비트로크(Björn Wittrock), Uppsala University

리처드 스미스(Richard Smith), Ferrum College, Virginia

미셸 발라르(Michel Balard), University of Paris / Panthéon-Sorbonne

히만슈 레이(Himanshu Prabha Ray), National Monuments Authority, New Delhi

다그마르 셰퍼(Dagmar Schäfer), University of Manchester

마르쿠스 포플로(Marcus Popplow), Technical University of Berlin

찰스 버넷(Charles Burnett), Warburg Institute, London

아나톨리 하자노프(Anatoly M. Khazanov), University of Wisconsin-Madison

## 10권 저자 목록

마이클 쿡(Michael Cook), Princeton University

미리 루빈(Miri Rubin), Queen Mary College, University of London

탄센 셴(Tansen Sen), Baruch College, City University of New York

요한 아르나손(Johann P. Arnason), La Trobe University, Melbourne

리처드 폰 글란(Richard von Glahn), University of California, Los Angeles

미할 비란(Michal Biran), Hebrew University of Jerusalem

장-클로드 쉐네(Jean-Claude Cheynet), University of Paris-Sorbonne

데이비드 콘래드(David C. Conrad), State University of New York at Oswego

마이클 스미스(Michael E. Smith), Arizona State University

사빈 맥코맥(Sabine MacCormack), Notre Dame University

디에고 올스타인(Diego Olstein), University of Pittsburgh

# 케임브리지 세계사 시리즈 서문

케임브리지 역사 시리즈는 오래전부터 역사학의 특정 주제를 선정하여 권위 있는 개론을 제공해왔다. 전문가들이 각 장별로 집필을 맡아서 여러 권으로 구성된 시리즈를 제작하는 방식이었다. 이런 방식으로 만들어진 첫 번째 시리즈는 〈케임브리지 근대사〉였다. 액턴 경(Lord Acton)이 기획을 맡았는데, 그가 사망한 직후 1902년부터 1912년까지 14권으로 출간되었다. 이는 이후 시리즈 구성의 모범이 되었다. 후속 시리즈로는 7권으로 구성된 〈케임브리지 중세사〉(1911~1936), 12권으로 구성된 〈케임브리지 고대사〉(1924~1939), 13권으로 구성된 〈케임브리지 중국사〉(1978~2009) 등이 있었다. 이외에도 국가별, 종교별, 지역별, 사건별, 주제별, 장르별로 전문화된 시리즈가 있었다. 이러한 시리즈들은 〈케임브리지 중국사〉가 표방했듯이 해당 주제에 대해서 영어로 된 "가장 방대하고 가장 종합적인" 역사서였고, 〈케임브리지 정치사상사〉가 주장했듯이 해당 분야의 "주요 주제를 모두" 포괄하고자 했다.

〈케임브리지 세계사〉 시리즈는 위대한 선배들의 업적을 본받았지만 동시에 차이도 있다. "가장 방대하고 가장 종합적인" 세계사 시리즈로서 "주요 주제를 모두" 포괄하려면 적어도 300권 규모가 필요할 것이다(시간은 100년쯤 걸리지 않을까?). 그 대신 이번 시리즈는 세계사 중에서 활발히 논의되는 분야를 개괄하고자 했고, 전체는 7권(volume) 9책(book)으로 구성되었다. 시간 범위는 문자 기록이 발달한 이후로 한정하지 않고 인류의 역사 전체를 포괄했다. 이러한 범위 설정은 최근 세계사 연구 경향을 반영한 것이다. 이처럼 폭넓게 시간 범위를 설정하면 고고학과 역사학의 경계가 모호해지고, 인류의 과거를 밝혀내기 위해 두 학문이 서로 보충적 관계에 놓이게 된다. 그래서 시리즈 각 권의 책임 편집에는 역사학자뿐만 아니라 고고학자도 참여했다. 이들은 미국, 영국, 프랑스, 오스트레일리아, 이스라엘 등지의 대학교에 재직하는 학자다. 또한 저자들의 연구 분야 역시 지역 범위 못지않게 폭이 넓다. 역사학, 미술사, 인류학, 고전학, 고고학, 경제학, 언어학, 사회학, 생물학, 지리학, 지역학 전문가가 참여했다. 이들은 오스트레일리아, 영국, 캐나다, 중국, 에스토니아, 프랑스, 독일, 인도, 이스라엘, 이탈리아, 일본, 네덜란드, 뉴질랜드, 폴란드, 포르투갈, 스웨덴, 스위스, 싱가포르, 미국 등지의 대학교에 재직하는 학자다. 연구를 통해 세계사 분야를 형성하는 데 기여한 원로 학자도 포함되어 있으며, 중견 및 소장 학자는 앞으로 세계사 분야를 만들어갈 사람들이다. 저자들 중 일부는 독립된 학문 분과이자 교육 분과로서의 세계사를 구축하는 데 긴밀한 노력을 기울였다. 학계에서는 이들의 활동을 지구사(global history), 초국사(transnational history), 국제사(international history), 비교사(comparative history) 등으로 일컬었다. (이들 분야는 서로 겹치거나 얽혀 있고 때로는 경쟁 관계에 놓여 있다. VOL. I 에 이 분야의 발전을 추적하는 글이 몇 편 수록되었다.) 대부분의 저자는 자기 분야의 전문가일 뿐이라고 생각하지만, 편집자들이 보기에는 폭넓은 대중에게 해당 분야를 가장 잘 설명할 수 있는 전문가, 혹은 자신에게 익숙한 영역을 넘어 새로운 영역으로 나아갈 수 있는 학자다.

세계사에 접근하는 길은 여러 갈래가 있고, 시공간적 범위를 다양하게 설정해야 한다는 인식이 날로 심화되고 있다. 이를 반영해서 각 권에는 다양한 분야의 글이 수록되었다. 지역 연구, 주제 연구, 비교 연구뿐만 아니라 사례 연구도 포함되었다. 사례 연구는 세계사 특유의 폭넓은 시야에 깊이를 부여해줄 것이다.

VOL. I(한국어판 01~02권)에서는 핵심적인 분석의 틀을 소개한다. 시대를 관통하는 세계사를 어떻게 서술할 것인지, 가장 중요한 접근 방법과 주제는 무엇인지 등에 대한 내용이다. 그리고 인류 역사의 95퍼센트를 차지하는 구석기 시대부터 기원전 1만 년까지를 다룬다. 이후로 각 권이 포괄하는 시간 범위는 갈수록 줄어들 것이며, 각 권별로 시간 범위가 다소 겹칠 수도 있다. 여기에는 복잡한 시대구분 문제가 반영되어 있다. 진정으로 글로벌한 역사를 다루려면 시대구분 문제가 복잡할 수밖에 없다. 편집자들은 겹치는 시간 범위를 억지로 조정하지 않았고, (예컨대 고전기, 근대 등의) 전통적 시대구분에 얽매이지 않았다. 이는 기존의 시대구분에 도전하고자 하는 의미도 있다. 또한 각 권별로 시간 범위를 조금씩 겹치게 함으로써 다양한 지역 간의 고립과 불균형, 서로가 서로에게 영향을 미치는 방식을 강조할 수 있었다. 각 권은 고유의 주제, 혹은 일정한 범위 내의 주제에 집중한다. 주제 선정은 편집자들이 맡았는데, 각 권에서 포괄하는 시대의 핵심인 동시에 세계사 전체를 이해하는 데 기본이 되는 주제들이 선정되었다.

VOL. II(한국어판 03~04권) "농업과 세계사(1만 2000 BCE~500 CE)"는 신석기 시대 이전부터 시작해서 이후 농업의 기원과 세계 여러 지역의 농경 공동체를 살펴본다. 더불어 유목 경제와 사냥·어로·채집 경제 관련 이슈들도 검토한다. 농업을 통해 형성된 더욱 복합적인 사회 구조 및 문화 양식의 공통점을 추적하고, 세계 여러 지역을 개관하며, 해당 지역의 사례 연구를 제시한다.

VOL. III(한국어판 05~06권) "고대의 도시들(4000 BCE~1200 CE)"은 초기 도시에 초점을 맞춘다. 도시는 인류 사회 변화의 원동력이었다. 도시 및 공통 이슈 비교 연구를 통해 행정 및 정보 기술의 탄생과 전승, 의례, 권력의 분배, 도시와 그 배후지의 관계를 추적한다. 세계 여러 지역을 대상으로 도시의 발전과 일부 도시가 제국의 수도로 전환되는 과정을 살펴보기 때문에, VOL. III이 포괄하는 시간 범위는 매우 폭넓다.

VOL. IV(한국어판 07~08권) "제국과 네트워크(1200 BCE~900 CE)"는 대규모 정치 단위와 상호 교환 네트워크가 형성되는 과정을 분석한다. 여기에는 "고대 문명"이라고 일컬어지던 내용이 포함된다. 그러나 세계의 다른 지역까지 포함하다 보니 시간 범위가 더 넓어졌다. 노예, 종교, 과학, 예술, 성차별에 대한 장을 포함해 사회·경제·문화·정치·기술 발전의 공통점을 분석한다. 또한 지역별 개관을 제시하는데, 지역별로 한두 군데 사례 연구도 포함되어 있다. 이는 해당 지역을 보다 깊이 있게 들여다보도록 하기 위함이다.

VOL. V(한국어판 09~10권) "교역과 분쟁(500~1500 CE)"은 당시 1000년 동안 특징적으로 나타났던 무역 네트워크 및 문화 교류의 확장을 조명한다. 여기에는 경전 중심 종교의 확장과 과학, 철학, 기술의 전파도 포함된다. 사회 구조, 문화 제도, 환경, 전쟁, 교육, 가족, 법정 문화 같은 의미 있는 주제들이 전 지구적 차원 혹은 유라시아 차원에서 논의된다. 그리고 아시아, 아프리카, 유럽, 아메리카의 정치 및 제국 연구에서는 VOL. IV에서 시작된 국가 형성에 관한 논의가 계속 이어진다.

이상 VOL. I~V는 모두 각 1책(book)이다. 그러나 VOL. VI~VII은 각 2책이다. 기존의 시대구분으로 보면 근현대에 해당하는 부분이다. 최근 500년에 해당하는 이 시대의 특징은 갈수록 복잡해졌다는 데 있다. 전례 없는 세계화가 진행되었기 때문이다. 뿐만 아니라 그리 멀지 않은 과거이기 때문에 자료도 풍부하고 연구 성과도 많이 남아 있다.

VOL. VI(한국어판 11~14권) "세계화의 시대(1400~1800 CE)"는 갈수록 확대되는 생물학적·상업적·문화적 교류를 추적하고, 정치·문화·지성의 발달을 살펴본다.

VOL. VI 제1책(한국어판 11~12권)은 갈수록 상호 의존성이 심화되는 세계가 어떻게 만들어지게 되었는지 그 기초를 살펴본다. 여기에는 환경이나 기술 혹은 질병 등의 주제, 카리브해나 인도양 혹은 동남아시아처럼 특히 교류가 집중되었던 지역, 해양 제국이나 러시아 같은 육지 중심의 제국, 이슬람 제국, 대륙과 해양 모두 진출한 이베리아반도의 제국(포르투갈과 스페인) 같은 대규모 정치 체제 등이 연구 대상에 포함된다.

VOL. VI 제2책(한국어판 13~14권)은 전 세계적 혹은 지역적 이주와 서로의 만남을 검토한다. 이주를 일으킨 경제·사회·문화·제도적 구조를 살펴보고, 또한 이주를 통해 이러한 구조가 어떻게 바뀌었는지 검토한다. 여기에는 무역 네트워크, 법, 생필품 유통, 생산 과정, 종교 체제 등의 논의가 포함된다.

VOL. Ⅶ(한국어판 15~18권) "생산, 파괴, 접속(1750~현재)"은 세계가 화석 연료 사용 단계로 접어드는 과정을 추적하고, 인구 폭발과 세계화 과정을 통한 활발한 교류의 시대를 다룬다.

VOL. Ⅶ 제1책(한국어판 15~16권)은 인구 과잉의 지구가 만들어진 물질적 조건에 대해 논의한다. 여기에는 환경, 농업, 기술, 에너지, 질병 등의 주제와, 국가주의, 제국주의, 탈식민화, 공산주의 등 현대 사회를 만든 정치적 흐름, 그리고 몇몇 핵심 지역 연구가 포함된다.

VOL. Ⅶ 제2책(한국어판 17~18권)은 앞에서 논의된 주제들을 다시 검토한다. 가족, 도시화, 이민, 종교, 과학 등의 주제뿐만 아니라 스포츠, 음악, 자동차 등 이 시대에 특징적으로 나타난 글로벌한 현상, 냉전과 1989년 같은 변화의 특별한 계기 등에 대한 연구가 포함된다.

〈케임브리지 세계사〉 시리즈에는 모두 200여 편의 논문이 수록된 만큼 종합적이라고 할 수 있다. 그러나 결코 충분하지 않다. 각 권별 책임 편집자는 무엇을 포함하고 무엇을 배제할지 고심을 거듭했다. 이는 세계사 연구자라면 누구나 맞닥뜨리는 문제다. 2000년도 더 지난 과거에 헤로도토스(Herodotos)도 그랬고, 사마천(司馬遷)도 마찬가지였다. 각 권에서 논문의 배열 순서는 해당 시대의 특성을 고려하여 책임 편집자(들)가 판단했다. 그래서 각 권의 구성이 조금씩 다르다. 권별로 시대도 조금씩 겹치므로 어떤 주제는 여러 권에 걸쳐서 등장하기도 한다. 이는 각 권의 역사적 흐름을 이해하는 데 모두 중요하다고 판단되는 주제였기 때문이다. 특히 시리즈 편집자들은 중요한 요소의 발전 과정을 각기 다른 관점에서 살펴보는 것이 세계사 연구에 가장 적합한 방향이라고 생각했다. 각주는 다른 케임브리지 역사 시리즈들과 마찬가지로 상대적으로 가볍게 달았고, 처음 이 분야에 주목하는 독자들을 위한 배려로 각 장이 끝날 때마다 "더 읽어보기" 목록을 제시했다. 또한 이 시리즈는 이전의 시리즈들과 달리 전권이 한꺼번에 출간되었다(영어판의 경우—옮긴이). 시리즈를 출간하는 데 10여 년씩 걸리던 출판계의 여유로운 속도가 21세기 디지털 시대에 이르러 달라진 것인지도 모르겠다.

다시 말해 〈케임브리지 세계사〉 시리즈는 책이 기획 및 생산되는 시점의 시대상을 반영하고 있다. 〈케임브리지 근대사〉 시리즈도 이와 다르지 않았다. 케임브리지대학교 출판부의 설명에 따르면, 액턴 경이 기획한 것은 "세계사"였다. 그러나 실제로 그 시리즈에 수록된 수백 편의 글 중에서 주인공이나 사건 혹은 정치 단위가 유럽과 북아메리카를 벗어난 경우는 손에 꼽을 정도에 불과했다. 〈새로운 케임브리지 근대사〉(1957~1979) 시리즈도 마찬가지로 세계사를 자처했지만 지역 편중은 별로 개선되지 않았다. 이는 놀라운 일이 아니다. 1957년, 심지어 시리즈의 마지막 권이 출간된 1979년에도 유럽은 곧 "세계"였고, 근대의 모든 것은 유럽에서 비롯되었다고 믿었다. 이런 관점을 우리는 "유럽 중심주의"라 부른다. (다른 언어권에서도 세계사가 집필되는 해당 지역을 중심으로 세계를 바라보는 관점이 없지 않았다.) 20세기 중반에도 유럽 중심은 지속되었고, 세계사와 지구사 분야는 미약했다. 강연회, 학회, 학술지 등 신생 분야를 형성해간 주역들은 1980년대에 이르러서야 등장했다. 그중에는 시작된 지 10년도 안 지난 것들도 있다. 가령 〈세계사 저널(Journal of World History)〉이 1990년 처음 출간되었고, 〈지구사 저널

(Journal of Global History)〉이 2005년, 〈뉴 글로벌 스터디즈(New Global Studies)〉가 2007년 시작되었다.

세계사 혹은 지구사의 발전은 다른 모든 학문 분과에서 치열한 자기 반성이 이루어지던 시대와 맥을 같이했다. 자신의 존재를 돌아보지 않고는 어떤 연구도 불가능했고, 기존의 모든 범주가 혼란스러워졌다. 포함과 배제, 다양성에 대한 우려가 역사학의 하위 분야에서 기본으로 자리 잡았고, 이러한 분위기에서 역사학 관련 교육이 이루어졌다. 그래서 이 시리즈의 편집자들은 균형을 추구하려고 노력했다. 전통적으로 세계사 분야에서 중점을 둔 것은 거대 규모의 정치·경제적 과정이었고, 정부나 경제 엘리트들이 주체가 된 역사였다. 이것과 문화적 요인, 사고방식, 의미 등 새로운 관심 주제들의 균형을 고려해야 했다. 뿐만 아니라 우리는 세계 여러 나라의 역사에서 중요한 주제들도 포함시키고자 노력했다. 저자의 구성에서도 지역적 안배와 세대별 안배를 고려했다. 〈케임브리지 근대사〉와 비교하자면 저자군의 지역적 범위가 훨씬 더 넓고, 저자의 성별도 더 균형이 맞는다. 그러나 우리가 원한 만큼 글로벌하지는 못했다. 현재 세계사와 지구사 연구는 영어권에서 압도적으로 많이 진행되고 있다. 그래서 학자들의 분포 또한 영국과 미국의 대학교에 편중되어 있다. 현대 세계의 여러 가지 불평등한 현실도 그렇지만, 세계사 연구의 이 같은 격차는 그야말로 이 시리즈에서 서술하는 세계사의 결과다. 그중 어느 시대가 핵심 요인이었는가, 그리고 어느 정도 비중으로 기원의 문제를 다룰 것인가 하는 문제는 저자마다 의견이 다를 수 있다.

나는 다만 이 시리즈가 액턴 경의 시리즈만큼 편차가 크지 않기를 바랄 뿐이다. 가능하면 2권으로 구성된 〈케임브리지 인도 경제사〉 (1982) 정도였으면 좋겠다. 〈케임브리지 인도 경제사〉의 편집자들(Tapan Raychaudhuri, Irfan Habib)은 서문에서 이렇게 말했다. "우리는 감히 우리의 노력이 새로운 지식을 형성하는 데 촉매가 되기를 바랄 뿐이다. 그래서 머지않아 새로운 지식이 이 책에 수록된 내용을 대체할 수 있기를 기원한다." 세계사와 지구사는 활발한 분야라서 머지않아 틀림없이 새로운 지식이 등장할 것이다. 다만 우리의 시리즈가 21세기 초라는 시점에 한해서나마 세계사 분야로 들어가는 문이 되고 전체를 조망할 수 있는 유용한 개론이 되기를 기대해본다.

메리 위스너-행크스(Merry E. Wiesner-Hanks)

In honor and memory of Shmuel N. Eisenstadt (1923 – 2010) and

Sabine MacCormack (1941 – 2012)

# 케임브리지 세계사 10 차례

| | |
|---|---:|
| 케임브리지 세계사 시리즈 소개 | 4 |
| 한국어판 영어판 분권 대조표 | 7 |
| 케임브리지 세계사 VOL. V 소개 | 9 |
| 케임브리지 세계사 시리즈 서문 | 13 |

## PART 4 종교 시스템의 확산

| | | |
|---|---|---:|
| CHAPTER 15 | 이슬람 문명의 중심성 | 31 |
| CHAPTER 16 | 기독교 지역의 시스템 | 81 |
| CHAPTER 17 | 불교의 전파 | 135 |

## PART 5 국가 체제의 형성

| | | |
|---|---|---:|
| CHAPTER 18 | 국가의 형성과 제국의 건설 | 187 |
| CHAPTER 19 | 중국의 국가 형성, 수나라에서 송나라까지 | 237 |
| CHAPTER 20 | 몽골 제국과 문명 교류 | 269 |
| CHAPTER 21 | 비잔티움 제국 | 311 |
| CHAPTER 22 | 수단 서부 지역의 고대 정치 | 359 |
| CHAPTER 23 | 후고전기 메소아메리카의 국가 형성 | 401 |
| CHAPTER 24 | 잉카 제국의 국가 체제와 종교 | 447 |
| CHAPTER 25 | 중간천년기의 "원시-글로벌화"와 "원시-글로컬화" | 495 |

# 케임브리지 세계사 09 차례

| CHAPTER 1 | 서론 |

### PART 1 세계의 발전

| CHAPTER 2 | 인류와 환경: 긴장과 공진화 |
| CHAPTER 3 | 여성, 가족, 젠더, 그리고 섹슈얼리티 |
| CHAPTER 4 | 사회의 위계질서와 연대 의식 |
| CHAPTER 5 | 교육 제도 |
| CHAPTER 6 | 전쟁 |

### PART 2 유라시아의 공통점

| CHAPTER 7 | 궁정 문화: 서유럽, 비잔티움, 이슬람 세계, 인도, 중국, 일본 |
| CHAPTER 8 | 문화적 결정화와 세계의 변혁(10~13세기) |

### PART 3 상호 교류의 증대

| CHAPTER 9 | 아프리카-유라시아의 무역과 상업 |
| CHAPTER 10 | 유럽과 지중해 무역 네트워크 |
| CHAPTER 11 | 인도양 너머의 무역 파트너: 해상 무역 공동체 |
| CHAPTER 12 | 교환 경제 네트워크의 확장 속 기술 혁신 |

*CHAPTER 13*   과학과 철학의 전파

*CHAPTER 14*   초원 유목민의 이주와 정복

# 그림 목록

**15-1.** 이슬람 동전, 앞뒷면      52-53
**16-1.** 동방박사의 경배를 표현한 상아 부조, 비잔티움 제국 초기, 6세기 초    96
**16-2.** 〈신성 가족〉, 요스 판 클레버(Joos van Cleve, c. 1485~ 1540/
       1541), 안트베르펜      98
**17-1.** 용문석굴의 불상, 중국 하남성      150
**17-2.** 생각에 잠긴 보살, 〈반가사유상〉, 7세기 중엽(삼국 시대)      159
**20-1.** 예언자 무함마드의 탄생, 《집사》에 등장하는 삽화,
       1307년경(양피지)      287
**22-1.** 〈카탈루냐 지도첩〉에 등장하는 만사 무사, 1375년, 양피지,
       크레스케스 아브라함(Cresques Abraham, 1325~1387) 제작    386
**23-1.** 후고전기 메소아메리카 시기 구분      413
**23-2.** 후고전기 정치 단위의 경향성      433
**24-1.** 잉카 유적 삭사이우아만(Sacsayhuamán)      485

# 지도 목록

**15-1.** 이슬람 권역　　　　　　　　　　　　　　　　37
**16-1.** 기원후 406년의 기독교　　　　　　　　　　86
**16-2.** 아시아의 기독교 전파　　　　　　　　　　122
**17-1.** 아시아의 불교 전파　　　　　　　　　　　139
**17-2.** 동남아시아 초기 불교 유적　　　　　　　　154
**17-3.** 한국의 삼국 시대　　　　　　　　　　　　156
**19-1.** 당 제국　　　　　　　　　　　　　　　　　245
**19-2.** 서하, 요, 송 제국　　　　　　　　　　　　258
**19-3.** 남송, 서하, 금, 대리(大理)　　　　　　　　263
**20-1.** 몽골의 정복과 4대 칸국　　　　　　　　　274
**21-1.** 유스티니아누스 황제 시기의 비잔티움 제국, 기원후 555년　　320
**21-2.** 11세기 비잔티움 제국　　　　　　　　　　339
**21-3.** 비잔티움 제국, 1350년　　　　　　　　　353
**22-1.** 가나, 말리, 송가이　　　　　　　　　　　370
**23-1.** 마야 유적　　　　　　　　　　　　　　　410
**24-1.** 잉카의 팽창　　　　　　　　　　　　　　473

# 그림 출처

〔그림 15-1〕 photographs by Michael Cook. 〔그림 16-1〕 ⓒ The Trustees of the British Museum. All rights reserved. 〔그림 16-2〕 Metropolitan Museum of Art / ⓒ SCALA. 〔그림 17-1〕 Private Collection ⓒ Leemage / Bridgeman Images. 〔그림 17-2〕 Metropolitan Museum of Art / ⓒ SCALA. 〔그림 20-1〕 Ms Or 20 f.42r. Edinburgh University Library, Scotland. With kind permission of the University of Edinburgh / Bridgeman Images. 〔그림 22-1〕 Bibliothèque Nationale, Paris, France / Bridgeman Images. 〔그림 24-1〕 Aivar Mikko / Alamy.

PART 4

종교 시스템의 확산

CHAPTER 15

# 이슬람 문명의 중심성

마이클 쿡
Michael Cook

\* 이 장의 원고를 검토해주신 패트리샤 크론(Patricia Crone)과 아나톨리 하자노프(Anatoly Khazanov), 그리고 이 책의 편집자들께 감사의 말씀을 드리고자 한다. 또한 지도의 재사용을 허락해주신 노튼출판사(W. W. Norton)와 동전 유물 스캔을 도와주신 앨런 스탈(Alan Stahl)에게도 감사드린다.

"이슬람 문명(Islamic civilization)"이란 말 자체는 세밀한 분석을 선호하는 이들이 좋아할 만한 엄밀한 용어가 못 된다. 한 가지 이유를 들자면, 이 용어는 포괄하는 방대한 지역의 다양성에도 불구하고, 마치 전 지역을 아우를 수 있는 무슬림의 생활양식이라고 하는 어떤 통일된 실체가 있을 것 같은 관점을 제시한다는 문제가 있다. 또 다른 문제는, "이슬람 문명"이라고 하는 현상이 여러 문명 중 하나이며, 다른 문명들과 어깨를 나란히 할 수 있는, "문명"이라고 하는 어떤 공통점을 가지고 있을 것이라는 관점도 함축하고 있다. 두 가지 관점이 도두 틀렸다고 할 수는 없겠지만, 주의할 점 또한 없지 않다. 이번 장의 어느 대목을 막론하고, 통일성과 다양성을 균형 있게 바라보아야 한다는 측면은 언제나 주의해야 할 문제다. 이슬람 문명과 다른 여러 문명을 비교하려면 논의의 출발점으로 일단 서로의 차이에 주목해보는 것이 좋겠다.

아마도 가장 뚜렷한 차이점은, 우리 책에서 논의하는 시간 범위의 끄트머리, 즉 기원후 1500년경에 이르러 이슬람 문명이 포괄했던 지역 범위 그 자체다. 신석기 혹은 청동기 시대의 기준에서 대규모라 할 만한 인류 공동체는 인류 역사상 지난 3000년 동안 구세계에서 드물지 않게 나타났지만, 1500년경의 이슬람처럼 방대한 영역을 포괄한 공동체는 일찍이 존재한 적이 없었다. 서아프리카에서 동남아시아까지, 동아프리카에서 볼가강 만곡부까지 모두 이슬람의 영역이었다. 이슬람의 팽창은 1500년 이후 유럽 문명이 세계적으로 뻗어 나갈 때가 되어서야 비로소 잦아들었다.

이슬람 이전에 출현한 대규모 인류 공동체들이 저마다 한두 가지씩 나름의 공통된 형태적 특성을 지녔다는 점에 주목해보면, 이슬람 문명에서는 전례를 찾아볼 수 없는 또 한 가지 특징이 드러난다. 공통된 형태적 특성이란 예컨대 일정한 지역 범위에서 문화적 동질성이 형성된 사례 같은 것으로, 지중해 동부와 서아시아에서 헬레니즘이 전파될 때, 북인도의 문화가 남부로 확장될 때, 혹은 북중국의 문화가 남쪽으로 확장될 때 그러한 현상이 나타났다. 이와 같은 문화적 동질성을 다른 말로 표현하면 바로 문명(civilization)이 된다. 또 다른 한편으로, 약간의 과장을 보태서 이른바 "세계 종교(world religion)"라는 것도 공통된 형태적 특성의 사례에 속한다. 세계 종교를 세계 종교라 일컫는 이유는, 그들이 특정 문화의 지역 경계를 넘어서 확장되었기 때문이다. 불교가 중국으로 전파된 경우, 혹은 기독교가 에티오피아나 중앙아시아로 전파된 경우가 바로 그런 사례였다. 이슬람의 경우는 이전의 다른 문명들과 달리 그 자체로 하나의 문명인 동시에 하나의 세계 종교였다. 이런 점에서는 심지어 오늘날까지도 이슬람 이외에 그와 비슷한 사례가 등장한 경우가 없었다. 예컨대 오늘날 우리가 경험하고 있는 세계화 문명도 하나의 문명일 뿐 세계 종교는 아니다.

이슬람 문명은 출현이 늦었다는 점에서도 독특한 면이 있다. 구세계의 주요 문명들은 전형적으로 기원전에, 그것도 수 세기 전에 형성되었다. 이슬람 문명은 다른 문명들에 비해 1000년 이상 시간이 흐른 뒤에 출현했다. 구세계 권역의 경제 요지에 다른 문명 혹은 그와 동등한 문화적 형태가 이미 자리 잡은 상태에서 이슬람이 출현했던 것이다.

이러한 특징은 이슬람과 다른 문명의 관계에 중대한 영향을 미쳤다. 물론 새로운 문명이 과거의 문명을 대체하는 경우가 없지 않았다. 그 자체로는 새로운 일이 아니었다. 또한 이슬람이 이전의 문명을 완전히 대체한 것도 아니었다. 다시 말해 사라지되 흔적도 남기지 않고 소멸된 문명은 없었다. 그리고 물론 이슬람 문명이 성립된 모든 지역에서 대체 현상이 나타났던 것도 아니다. 예컨대 서아프리카나 유라시아 북부 지역의 경우가 그랬다. 세계 종교 이슬람의 기원지는 사막이 대부분을 차지하는 지역이었고, 그래서 이슬람은 경제적 자원이 제한된 사람들 혹은 기존 문명의 경계 바깥에서 고립된 사람들에게 전파되기가 비교적 용이했다. 그렇다고 하더라도 이슬람의 역사를 전체적으로 보자면 역시 그보다는 문명 대체의 사례가 훨씬 더 많았다.

문명의 상호 관계라는 주제는 이슬람 문명의 기원에서부터 핵심적 문제에 속했다. 문명이란 전형적으로 문명을 지탱할 경제적 자원을 보유한 곳, 그러면서 동시에 아직 문명이 성립되지 않은 곳에서 시작되기 마련이다. 그러나 그렇지 않은 사례도 분명히 있다 기원전 제2천년기의 북중국이 바로 그런 경우였다. 혹은 역사의 우연에 무너져버린 과거의 문명도 있었는데, 북중국과 같은 시기 인도 북서부의 문명이 그랬다. 중동(Middle East)은 세계에서 가장 오랜 문명의 역사를 지닌 곳이지만, 7세기가 시작될 무렵 그곳은 이미 문명의 역사가 끊어진 지 오래였다. 모든 중동 지역이 문명화된 것도 아니었다. 지리적으로 아라비아는 사하라 사막의 연장선상에 놓여 있었다. 주변의 주도적 문명과 아라비아의 관계가 어떠했든 간에 아라비아의 자연환경은 대개 문명의 적응을 용납하지 않았다. 중동이 이미 완숙한 문명이 확립된 지역이면서 동시에 그를 뒷받침할 자원이 부족한 지역이었다면, 그런 곳에서 과연 어떻게 새로운 문명이 탄생할 수 있었을까? 이는 수수께끼가 아닐 수 없다. 다만 우리가 분명히 말할 수 있는 것은, 적어도 이슬람 문명의 성립이 7세기 이전을 살았던 어느 누구라도 합리적으로 추론할 수 없는 결과였다는 사실이다.

일단 지금으로서는, 그리고 우리의 논의가 거의 마무리될 때까지는 이슬람 문명 탄생의 수수께끼를 잠시 밀쳐두기로 한다. 그 대신 우리가 논의할 시대가 끝나갈 무렵(c. 1500)에 이슬람 문명이 포괄했던 영역(이슬람 세계)에 대한 탐구로부터 우리의 논의를 시작해보도록 하겠다. 그 과정에서 여러 다양한 지역이 어떻게 이슬람 세계로 편입되었는지도 보게 될 것이다.

### 기원후 1500년경 이슬람의 영역: 새로운 땅

기원후 1500년경 이슬람 권역 지도를 보면 두 가지 특기할 만한 내용이 드러난다. 첫째는 이슬람 권역의 규모 그 자체다. 이 문제는 앞에서 언급한 바와 같다. 둘째는 그 위치가 중심부라는 사실이다. 지도 자체만 보자면 이슬람 권역이 구세계의 중심부를 차지하고 있고, 나머지 비-무슬림 권역은 그 주변의 변두리처럼 보이기도 한다. 주변 지역 중에는 동아시아, 사하라 이남 아프리카, 유럽 등이 한눈에 들어온다. 이는 물론 권역의 경계를 어떻게 규정하느냐에 따라 달라질 수 있다. 만약 정치 세력은 무슬림이 주도하지만 인구의 대다수가 비-무슬림인 지역을 이슬람

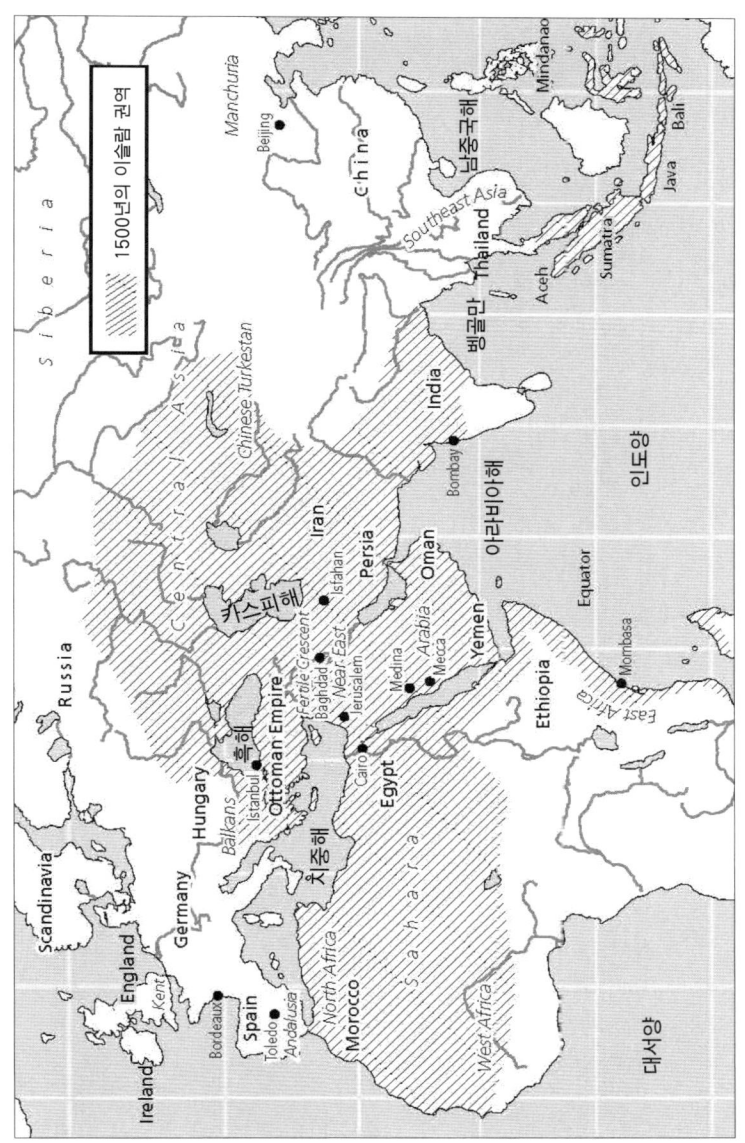

[지도 15-1] 이슬람 권역

CHAPTER 15 - 이슬람 문명의 중심성

권역에서 제외한다고 가정하면, 인도의 대부분과 남동부 유럽 또한 주변 지역에 속한다고 말할 수 있다. 거칠게 말하자면 구세계의 핵심부에 광대한 이슬람 권역이 있고, 중심부를 둘러싸고 여러 주변부 권역이 위치한다고 할 수도 있을 것 같다. 그러나 다른 한편으로 보면 이는 잘못된 이해다. 구세계의 여러 지역 사이에 경제 및 인구의 비중이 균일하지 않았는데, 이를 고려하면 결과가 달라지기 때문이다. 그런 관점에서 지도는 전혀 다른 장면으로 읽힌다. 유라시아 대륙에서 자원과 인구가 밀집한 3대 지역은 모두 중심부 무슬림 권역이 아니라 주변부 비-무슬림 권역에 위치했다. 3대 밀집 지역이란 첫째가 중국, 둘째가 인도, 셋째가 유럽이다. 그러나 이와 같은 지역 간 불균형 문제는, 물론 미래에는 지정학적으로 매우 중요한 의미를 지니게 될 테지만, 우리가 주목하는 시대의 마지막 시기까지도 아직은 그리 확연히 드러나지 않은 상태였다.

그토록 광대한 무슬림 권역이 형성되는 과정은 대개 세 단계로 나누어볼 수 있다. 제1단계는 이슬람의 예언자 무함마드가 활동한 시기다. 그중에서도 622년 이후부터 그가 사망한 632년 사이 10년이 특히 중요했다. 이때 무함마드는 국가를 설립하여 아라비아 서부를 통치하기 시작했으며, 아랍 권역에서 갈수록 역할을 키워가는 중이었다. 제2단계는 무함마드 사망 이후의 군사적 팽창 시기다. 720년대에 이르러 이슬람 국가는 서쪽으로 스페인과 모로코에서 동쪽으로 트란스옥시아나(Transoxiana, 대략 오늘날 우즈베키스탄)와 신드(Sindh, 오늘날 파키스탄)까지 포괄했다. 제3단계는 이후 영토 획득을 지속하면서 우리가 주목하는 시대가 끝날 때까지 무슬림 권역이 다양한 경계를 마주하며 팽창을 계속한 시기다. 제1~2단계와 달리 제3단계에서는 무슬림 세계가 일부 지역을 상실하기도 했다. 특히 스페인과 시칠리아 상실이 바로 그런 사례였다. 또한 이전 단계와 달리 제3단계는 단일한 하나의 중심에서 뻗어나가는 구조가 아니었다.

우리는 제3단계에 이슬람 권역으로 흡수된 지역을 살펴봄으로써 논의를 시작해보고자 한다. 편의상 먼 북쪽의 불가르인(Bulghars)에서 시작해 대략 시계 방향으로 논의를 진행하기로 한다.

먼 북쪽

불가르인은 튀르크의 일파로 원래 볼가강 유역에 살던 사람들이다. 세계사적으로 그들의 비중이 그리 큰 편은 아니지만, 적어도 우리의 논의에서는 중요하게 참고할 만한 점이 있다.

10세기 초에 이르러 불가르의 통치자는 이슬람을 수용하는 데 관심을 보이고, 바그다드에 있는 칼리프와 외교 관계를 맺고자 했다. 칼리프는 정식으로 외교 사절을 파견했다. 사절에 포함된 이븐 파들란(Ibn Fadlan)이라는 인물은 당시의 경험을 상세한 기록으로 남겼으며, 다행히 그 기록은 오늘날까지 전해지고 있다. 그가 보기에 불가르의 통치자는 이슬람 교리를 잘 알지 못했지만 배우고자 하는 열의가 있었다. 예컨대 불가르의 통치자는 금요 예배를 잘못 이해하고 있었다. 금요 예배는 무슬림 국가에서 매우 중요한 공공 의례로, 의례 도중에 통치자의 이름과 칭호를 언급하게 되어 있었다. 물론 이븐 파들란은 기꺼이 금요 예배 의례의 제대로 된 절차를 가르쳐주었다. 당시의 기록으로 보더라도 이슬람에 대한 통치자의 관심은 단지 종교 문제에 극한된 것이 아니었다. 그보다 6세기 이전에 콘스탄티누스 황제가 기독교로 개종했을 때처럼 당시의 불가르 통치자도 마음속에는 다른 의도를 함께 품고 있었다. 그로서는 하자르(Khazar)의 위협이 가장 큰 관심사였다. 하자르 왕국은 불가르 왕국과 이슬람 칼리파국 사이에 위치했다. 그들은 역사상 유라시아 스텝 지대에서 흔히 출현했던 강력한 유목 국가 중 하나로, 튀르크인을 적대시했다. 하자르는 불가르 왕국과 칼리파국 양쪽 모두에 위협이 되었으므로, 양쪽의 동맹 시도는 이해할 만한 일이었다. 동맹의 문제는 종교적 차원으로 풀어보더라도 일리 있는 일이었다. 앞서 하자르의 엘리트 계층은 유대교를 받아들인 상태였다. 그들로서는 무슬림 칼리파국 및 비잔티움의 기독교 제국 양쪽으로부터 거리를 유지하기에 적당한 선택지가 유대교였다. 불가르의 통치자는 칼리파국으로부터 금요 예배 의례 정도가 아니라 본격적 지원을 이끌어내고자 했다. 즉 외교적 동맹 관계를 맺고자 했고, 군사 기술을 넘겨받아 성을 축조하여 하자르의 공격으로부터 영토를 지키고자 했으며, 금전적 지원도 얻고자 했다. 칼리프의 호의적 태도에도 불구하고 이븐 파들란은 불가르의 통치자가 원하는 바를 손에 들고 가지 못했다. 사절단이 빈손으로 왔다는 사실을 알게 된 불가르의 통치자는 파들란이 중간에 돈을 착복한 것은 아닌지 의심하기도 했다. 불쾌감의 표시로 불가르의 통치자는 이븐 파들란이 수정해준 의례 절차를 따르지 않고 기존의 방식으로 되돌아가도록 조치했다.

불가르인의 개종은 왕뿐만 아니라 백성에까지 확대되었다. 이븐 파들란은 이슬람을 받아들이고자 하는 그들의 강력한 의지를 확인하고는 상당히 고무되었다. 그러나 통치자 못지않게 백성의 의지 또한 무조건적 열정이 아니었다. 고지식한 원칙주의 무슬림인 이븐 파들란은 불가르인이 볼가강에서 목욕하는 모습을 보고 심각한 혼란을 느꼈다. 그들은 옷을 다 벗고 목욕을 했으며, 심지어 남녀가 뒤섞인 채였다. 이븐 파들란은 이와 같은 불쾌한 비-무슬림 풍습을 중단시키려 했지만 결국 성공하지 못했다.

그럼에도 불구하고 결국 불가르에 이슬람이 뿌리내린 것은 사실이었다. 이후로 이븐 파들란의 기록만큼 생생한 증언이 남겨진 적은 없지만, 14세기 이후 불가르어로 새겨진 무슬림 비문은 그를 증언하는 확실한 유물이다. 그러므로 불가르는 무슬림의 어떠한 군사적 위협도 없이 이슬람을 받아들인 민족의 사례로, 무슬림 정복 이후의 개종과는 다른 상황이었다. 불가르의 통치자가 이븐 파들란에게 정확히 지적했던 것처럼, 칼리프의 입장에서 머나먼 불가르의 땅까지 군대를 파견할 방법도 없었다. 이슬람 개종에서 가장 분명하게 작용한 요인은 지정학적 계산이었지만, 이와 분명하게 연관되는 몇 가지 요인이 더 있었다. 한 가지 요인은 모피 무역이었다. 불가르의 이웃 중에는 무슬림이 전무했지만, 그럼에도 그들은 이미 모피 무역을 통해 무슬림에 관한 정보를 가지고 있었다. 극지방 삼림 지대에서 동물 사냥을 통해 공급되는 모피가 무슬림 세계에서는 굉장히 수요가 높은 상품이었다. 불가르는 이러한 상황을 배경으로 중계 무역을 했던 것이다. 또 한 가지 요인은 세계 종교와 인연이 닿으면 기꺼이 개종하고자 한 당시 이교도 민족들의 분위기도 있었다(특히 통치자가 더욱 그랬다).

한편 이슬람은 불가르 덕분에 서부 스텝 지역에서 몇 가지 성공을 거둘 수 있었다. 그중 한 가지 부산물이 바로 헝가리였다. 스텝 지대의 서쪽 끄트머리에 위치한 기독교 국가 헝가리에도 스규모의 무슬림 교단이 형성되어 14세기까지 유지되었다. 당시 헝가리 기독교 교회는 무슬림을 적대시했지만, 통치자들은 오히려 무슬림을 지원함으로써 균형을 맞추려 했다. 통치자가 보기에는 무슬림이 국가적으로 쓸모가 있을 것 같았기 때문이다. 그러나 헝가리 무슬림은 문화적으로는 전혀 동화되지 않았다. 열의에 찬 헝가리의 무슬림 중에는 이슬람 공부를 위해 알레포와 예루살렘까지 가는 경우도 있었다. 그 학생들이 무슬림 지리학자에 전해준 바에 따르면, 헝가리의 무슬림은 옷차림을 기독교인처럼 하고, 심지어 수염도 깎는다고 했다. 이는 남녀 혼욕 못지않게 무슬림답지 못한 풍습이었다.

그러다가 13세기에 이르러 이교도인 몽골 정복자가 도래한 뒤 서부 스텝 지역은 혼란의 도가니에 빠져들었다. 결국 몽골 국가인 금장 칸국(Golden Horde)이 성립하여 우여곡절 끝에 16세기까지 유지되었다. 금장 칸국은 몽골의 정복과 함께 성립된 여러 칸국 중 하나였다. 시기적 선후는 있지만 그들 대부분이 어쨌든 모두 세계 종교를 받아들였다. 금장 칸국은 14세기 전반에 이슬람을 선택했다. 타타르인(Tatars)이 이슬람을 받아들이게 된 배경도 바로 그것이었다. 타타르인은 튀르크어권의 무슬림으로 나중에 볼가강 만곡 지역과 크림반도에서 불가르인을 대체했다. 북서쪽으로 더 멀리 떨어진 곳에도 고립된 타타르인 무슬림이 있었다. 리투아니아 타타르인(Lithuanian Tatars)으로 알려진 그들은 여러 가지 측면에서 주변의 기독교 문화에 동화되었다. 그들은 문장(紋章)을 사용했으며, 폴란드어나 벨라루스어를 사용했고, 취하지만 않으면 목마른 사람에게 술 한두 잔 정도는 허용되는 풍습도 있었다. 그럼에도 그들은 무슬림으로 남았고, 종교 문학을 생산했으며, 아랍 문자를 이용하여 폴란드어나 벨라루스어를 기록했다.

튀르크

  이븐 파들란은 불가르 왕국을 방문하는 길에 또 다른 튀르크인의 땅을 지나갔다. 그들은 오구즈(Oghuz)라고 하는 민족이었는데, 단순히 튀르크라고도 했다. 무슬림 치하 중앙아시아의 변방 지역에 거주한 그들은 유목 민족으로, 추후 역사적으로 상당히 의미 깊은 일로 평가된 이슬람화 과정을 막 시작하고 있었다. 이븐 파들란에 따르면 그들은 전반적으로 이교도였지만 이슬람에 관심이 있어서 가끔 개종하는 사람이 나오곤 했다. 예를 들면 오구즈 튀르크 가운데 어떤 사람이 이슬람을 수용했는데, 그가 추장 자리에 오르려 할 때 주변에서 이슬람 신도라면 추장으로 인정하지 못하겠다고 하자, 그가 이슬람 신앙을 포기했다. 그다음 세기에는 오구즈 튀르크에게 이슬람이 본격적으로 전해졌던 것 같다. 11세기에 오구즈 튀르크가 무슬림 치하의 이란 지역을 침공했을 무렵 그들은 이미 이슬람 신도였거나, 아니면 그 직후에 개종한 것으로 알려져 있다. 그 과정이 어떠했는지 남겨진 자료가 거의 없지만, 이 또한 무슬림의 정복이라는 험악한 사태 없이, 그럼에도 불구하고 이미 이슬람에 관한 정보를 가지고 있는 이교도에게 이슬람이 전파된 명백한 사례에 속한다. 여기에는 무역 못지않게 인접성의 문제가 있었던 것 같다. 예컨대 이란과 중국 사이에 이른바 "비단길"이라는 무역토가 형성되어 동방으로 불교, 기독교, 마니교가 전파되는 데 큰 역할을 했다. 그러나 실크로드와 이슬람은 별로 상관이 없었다. 이슬람 전파라는 측면에서 불가르와 오구즈의 또 다른 차이점은, 오구즈인 사이에는 불가르 통치자와 같은 역할을 자처한 인물이 없었다는 사실이다.

  당시 오구즈(그냥 단순히 튀르크라고 해도 좋다)의 개종 덕분에 그들이 나중에 이란 지역을 침공했을 때는, 그보다 2세기 뒤 순전히 이교도인 몽골이 침략했을 때에 비하면 상황이 그리 끔찍하지 않았다. 이외에도 튀르크의 정복은 또 다른 중요한 의미가 있었으니, 그들 덕분에 이슬람 동부 권역이 주변의 비-이슬람 이웃에 비해 군사적으로 확연한 우위를 점할 수 있게 되었다.

이렇게 해서 이란의 서쪽에 무슬림 튀르크가 자리 잡았고, 그들이 아나톨리아에 위치한 비잔티움 제국의 세력권과 이마를 맞대었다. 15세기에 이르자 아나톨리아 또한 대체로 그리스어권 기독교 세력에서 튀르크어권 무슬림 세력으로 대체되었다. 14세기에 이미 아나톨리아에 튀르크 왕국이 들어섰는데, 바로 오스만(Ottoman)이었다. 그들은 다르다넬스(Dardanelles) 해협을 건너 발칸반도까지 쳐들어가는 등 이슬람의 경계를 더욱 확장했다. 결과적으로 남동부 유럽은 무슬림 세력권으로 편입되어 19세기까지 유지되었으며, 최전성기에는 헝가리까지도 그들의 세력권 아래 있었다. 그러나 과거 튀르크가 아나톨리아에 진출했을 때와 달리 오스만이 발칸반도를 정복했을 때는 대규모 인구의 개종 같은 일이 뒤따르지 않았다. 오늘날 발칸 국가들 가운데 무슬림이 다수를 차지한 나라는 알바니아가 유일하다.

이란 남동부 지역에서도 비슷한 확장의 상황이 펼쳐졌다. 여기서 신드(Sindh) 지역을 넘어 이슬람의 확장을 담당한 튀르크 왕국은 오구즈 튀르크가 이란 지역을 침공하기 전에 이미 자리를 잡고 있었는데, 바로 가즈나 왕국(Ghaznawids)이었다. 그러나 오구즈 튀르크가 가까이 다가오자 그들이 팽창 정책을 서두르는 계기가 되었다. 우리가 논의하는 시기가 끝나갈 무렵, 무슬림은 인도의 북부를 완전히 장악하고 신속히 남쪽으로 팽창하는 중이었다. 그러나 여기서도 발칸반도에서와 마찬가지로 인구의 대다수가 이슬람으로 개종하는 일은 없었다. 다만 오늘날 파키스탄에 해당하는 지역의 사람들은 예외였다(벵골 지역에서 대규모 인구가 개종한 시점은 우리 논의 시기 이후에 해당한다). 그 외 다른 곳에서는 무슬림 인구가 소수파에 속했으며, 말하자면 음식에 넣을 소금 정도에 불과했다. 무슬림 통치자가 쓸 수 있는 사람은 그들뿐이었다. 12세기 이후 인도 지역을 장악한 무슬림 통치자들이 외부에 세력의 근거를 확보하고 있는 경우는 극히 드물었다. 현실적으로 통치자들은 힌두교를 믿는 백성에게 적응하는 수밖에 없었고, 그래서 때로는 문화적·종교적 혼합주의(syncretism)가 나타나기도 했다. 발칸 지역에서는 이런 사례를 찾아볼 수 없었다. 무슬림이 소수파로서 정치 권력을 행사하려다 보니 비타협적 광신도의 태도가 대두되기도 했다.

유라시아 내륙 지역의 이슬람화 논의를 마감하기 전에 빠트려서는 안 될 또 하나의 이슬람 확장 사례가 있다. 바로 중국령 투르키스탄(동투르키스탄) 지역 위구르인의 개종이다. 대규모 무슬림 인구가 형성된 지역으로 보자면, 인도양의 북부 지역에서는 위구르의 투르키스탄이 동쪽으로 끝 부분에 해당한다. 거기서 동쪽으로 더 가면 바로 중국이다. 몽골의 중국 정복 이후로 중국에서도 소규모 무슬림 교단이 형성되어 있었다. 몽골의 통치자들은 헝가리에서와 마찬가지로 중국에서도 무슬림을 유용하게 써먹었다. 특히 세금 수집 업무에 무슬림 인력을 활용했는데, 이 기회를 따라 서방에서 많은 무슬림이 중국으로 들어갔다. 그들의 후손은 언어와 문화의 상당 측면에서 중국화되었지만 이슬람 신앙은 그대로 유지했다. 17세기 이후로 중국의 남부 및 동부 지역에서 중국어 교육을 받은 무슬림 엘리트 계층이 이슬람과 유교를 통합하려는 학문적 업적을 남기기도 했다.

### 인도양 해안 지역

인도양 해안 지역은 유라시아 내륙 지역과 달리 이슬람의 확장과 원거리 무역이 밀접하게 연결되어 있었다. 그곳의 원거리 무역은 예언자 무함마드의 시대 수 세기 전부터 이미 발달해왔다. 이슬람의 부상과 함께 무슬림 상인은 상업의 현장에서 곧바로 두각을 나타냈다. 이르면 8세기에 이미 그들은 남중국에 이르기까지 전체 구간의 항구에 모습을 드러냈다. 758년 그들이 광동(廣東, 오늘날 광저우)을 약탈한 뒤 바다로 달아난 사건은 중국 역사가에 포착되어 기록으로 남았다. 869년 동아프리카 출신 노예들이 이라크에서 일으킨 대규모 반란은 아랍 역사가들의 기록으로 전해지는데, 간접 기록이기는 하지만 동아프리카와 대규모 상업적 관계가 형성되어 있었다는 강력한 증거다. 그 주체는 분명 무슬림 상인이었을 것이다. 9세기에는 동아프리카 사람들이 자와섬에도 등장했는데, 물론 노예로 끌려온 사람들이었다. 그러므로 남중국 지역에서는 이미 8세기에 그들이 등장했다 해도 놀랄 일은 아니다. 이와 같은 인도양 원거리 무역의 패턴으로 보아 무슬림 상인의 현지 정착과 융합은 시간문제였고, 그 여파로 인도양 해안을 따라 이슬람이 전파되었다.

연대기를 저술한 역사가들은 상인보다 통치자에 주목했기 때문에 해상 활동을 통한 이슬람 확장과 관련된 정보는 흔치 않은 편이다. 그러나 우리는 이미 결과를 알고 있다. 동쪽으로는 인도양 해안과 실론섬, 버마 북부 아라칸(Arakan) 해안 지역에서 무슬림 인구가 형성되었다. 남쪽으로는 동아프리카 해안을 따라 내려가면서 비슷한 매듭이 만들어졌다. 아마도 그곳의 무슬림 정착지와 현지인의 상호 작용을 통해 스와힐리어라고 하는 나름의 공통어가 형성된 것 같은데, 그 시기는 우리가 주목하는 시대가 끝나기 훨씬 전이었다.

인도양 해안 지역으로 이슬람이 확산되자, 그 여파로 동남아시아 섬 지역과 말레이반도의 상당 부분이 이슬람화되었다. 이 지역의 이슬람 도래는 의심의 여지가 없이 인도양 해상 무역의 결과였다. 한번 근거지가 마련되면 이후 정복을 통해 이슬람이 더욱 확산되는 사례가 흔히 있었다. 특히 자와섬의 경우 원래 인도에서 전파된 문명이 존재했으나 이슬람 문명이 도래하면서 그를 대체했다. 물론 두 문명의 융합은 불가피했는데, 그 양상이 다른 지역에서보다 더욱 극명했다. 예를 들면 17세기 자와섬을 통치한 왕국에서 역법 개혁을 시행하여 이슬람 태음력을 받아들였는데, 연도는 기존 전통에 따라 인도의 방식으로 계산하여 이슬람력에서 쓰는 연도와 달랐다(이슬람력은 무함마드의 헤지라hegira, 곧 그가 박해를 피해 메디나로 이주한 해인 622년을 기원 연도로 사용하는 반면, 힌두력의 기원 연도는 다양한데 사카 기원, 즉 기원후 77~79년을 기원 연도로 삼는 경우가 많다. – 옮긴이).

인도양 주변 해안 지역으로 이슬람이 확산된다고 해서 내륙 지역에 대규모 무슬림 인구가 형성되지는 않았다. 이는 인도나 동남아는 물론 동아프리카 지역에서도 마찬가지였다. 그런데 유독 아프리카의 뿔(Horn of Africa) 지역의 사막에서만 그런 일이 발생했다. 다만 더 안쪽의 에티오피아 고산 지대는 기독교 문화로 남아 있었고, 16세기 초에는 무슬림의 정복을 가까스로 막아냈다.

아프리카 내륙 지역

그러나 서쪽으로 더 나아가 나일강 상류 쪽으로 이슬람이 확장될 때는 무역보다 정복이 더 효과적이었다. 7세기 아랍의 정복은 이집트에서 멈추고 누비아(Nubia)까지는 진출하지 못했다. 당시 누비아에는 기독교 왕국들이 수 세기 전부터 자리를 잡고 있었다. 그러나 전쟁과 다름없는 아랍 부족들의 끊임없는 도발과, 이집트를 통치하는 맘루크 왕조의 전면전으로 우리가 논의하는 시대가 끝나갈 무렵에는 마침내 이슬람이 남쪽으로 훨씬 더 멀리까지 확장되어 있었다. 오늘날 수단 북부 중심지에 거주하는 아랍인 무슬림 인구의 기원은 바로 그때였다. 나일강의 서쪽 편 사하라의 부족들은, 시기의 선후가 있었지만 결국 모두가 이슬람을 받아들였다. 다만 기존에 그들이 지녔던 문화는 사라지지 않은 경우가 많았다. 11세기 서부 사하라 지역의 베르베르인 유목민도 이슬람 관습에서 명백히 벗어나는 그들만의 풍습을 유지했다(예컨대 아내를 넷 이상 거느리는 풍습 등). 그러나 그들은 독실한 이슬람 신도였다. 그들을 통해 극단주의 이슬람 개혁 사상이 이상을 실현하기도 했다. 그 추종자들이 모라비트 술탄국을 건설하여 모로코와 스페인을 정복했다. 또 다른 사례로, 투아레그(Touareg) 유목민은 심지어 오늘날까지 카르타고의 페니키아 문자로부터 파생된 그들의 문자(Tifinagh)를 사용하고 있다.

사하라 이남의 농업 벨트(사헬 지대) 가운데 오늘날 확인할 수 있는 가장 뚜렷한 증거는 니제르강 북쪽 유역에서 나온다. 고고학 발굴 성과에 따르면 그곳 서아프리카에서는 이슬람이 탄생하기 훨씬 전에 이미 국가 체제가 성립했던 것으로 추정된다. 그러나 당시의 국가 체제가 사하라 이북의 문명 혹은 종교의 영향을 받았다는 징후는 없다. 이슬람의 도래 이후 그와 같은 서아프리카의 고립은 막을 내렸다. 그곳의 사막은 아랍인에게 그리 낯선 환경이 아니었다. 9세기 이후 사하라의 정황은 우리에게 구체적인 모습으로 전해지고 있다. 아랍의 저술가들이 사헬 지대의 아프리카 왕국 이름을 기록해두었기 때문이다. 그 이름은 바로 가나(Ghana)였다. 가나 왕국에 대한 상세한 내용은 11세기 이후부터 알 수 있다. 기록에 따르면 그곳은 무슬림 상인이 상당히 활발하게 활동하는 이교도 왕국이었다. 왕국의 수도에서 불과 몇 킬로미터 거리에 무슬림의 도시가 따로 있었다고 한다. 가나의 통치자들은 무슬림을 유용한 사람들로 간주했음에 틀림이 없다. 그 이유 중 하나는 그들이 사하라 이북의 상품을 가지고 왔기 때문이며, 또 한편으로 현지인은 갖지 못한 문자 기술을 가졌기 때문이다. 그래서 무슬림에게 장관의 직책이 맡겨지기도 했는데, 그중 한 사람은 왕실의 보물을 관리하는 임무를 맡았다고 한다. 다만 가나 왕국의 일반 백성이 이슬람으로 개종한 사례가 있었는지는 자세히 알 수 없다.

이슬람이 현지의 일반인에게 어떻게 널리 전파되었는지 우리는 알지 못한다. 그러나 14세기 모로코의 여행가 이븐 바투타(Ibn Battuta)는 그곳의 무슬림 왕국에 관한 기록을 남겼다. 그곳은 바로 기록 시점으로부터 한 세기 전에 이미 성립된 말리(Mali) 왕국이었다. 이븐 바투타는 이슬람을 배우고자 하는 말리 주민의 치열한 경쟁이 한편으로 대단히 칭찬할 만하다는 의견을 피력했다. 예컨대 현지 주민은 자신의 아이들이 쿠란을 암송하는 숙제를 마칠 때까지 사슬로 묶어두고 풀어주지 않았다고 한다. 그러나 다른 한편으로는 이븐 파들란이 불가르인을 보고 놀랐던 것과 같은 충격적 장면도 목격했다. 궁중 의례를 보고 충격받은 일을 기록해두었는데, 젊은 여성들이 나체로 걸어 다니는 풍습 때문이었다. 그런 풍습은 15세기 말까지도 그대로 유지되었던 모양이다. 모로코의 종교학자가 이 문제를 지적하자, 독실한 이슬람 신자인 말리의 통치자가 대단히 혼란스러워했다고 한다. 이후로 그 지역의 풍습도 바뀌었다. 그러나 시장에서 여성을 매매하는 일은 여전히 흔한 일상이었다. 이는 이슬람 문화권의 중심지와는 현저한 차이를 보였던 대목이다.

### 대서양 지역

아랍의 정복이 성공하자 모로코 서부 해안과 이베리아반도까지 이슬람 문명이 진출했다. 그러나 이곳에서는 인도양 연안과 달리 해양 활동을 통한 이슬람의 확산이 없었다. 심지어 모로코 해안에서 그리 멀리 떨어지지 않은 카나리아(Canaria) 제도조차 이슬람 세력권에서 벗어나 있다가 15세기가 되어서야 스페인에 의해 기독교 세력권에 포함되었다. 모로코에 진출했던 아랍의 정복자들이 7세기 후반 바닷가에 이르러, 바다가 더 이상의 진군을 막았노라고 신에게 고한 이야기는 유명하다(이런 전통은 오래도록 이어졌다. - 옮긴이). 1600년경의 정세는 매우 복잡했다. 당시 모로코의 통치자는 잉글랜드와 함께 연합 함대를 꾸려 아메리카에 진출하고자 했다. 양측 모두 당시 신대륙에서의 최강자인 스페인을 적대했기 때문에, 시도 자체가 말이 안 되는 기획은 아니었다. 그러나 실행된 것은 아무것도 없었다. 신대륙은 고사하고 구대륙에서조차 이슬람은, 아프리카 동해안을 따라 내려가기는 했지만 아프리카 서해안을 따라 진출하는 일은 없었다. 무슬림 지배하의 스페인에서 출발해 해안을 따라 서유럽으로 진출하는 일은 더더욱 없었다.

실제로 서유럽 기독교 권역을 통틀어 무슬림의 상업 거점(디아스포라)이 형성되지 못한 점은 주목할 만한 일이다. 반면 유럽인(주로 이탈리아인)은 지중해의 무슬림 권역에서 해안을 따라 무역 거점을 건설했다. 오늘날의 현실을 보더라도 마찬가지다. 한때나마 두슬림의 통치를 받은 지중해의 5대 섬(9~11세기 시칠리아섬 포함) 가운데 오늘날 무슬림 인구가 남아 있는 섬은 키프로스(Cypros)뿐이다. 이는 16세기 오스만 제국이 키프로스를 정복한 데 따른 결과였다.

### 기원후 1500년경 구대륙의 이슬람 문명권

[그림 15-1]의 동전 다섯 개는 언뜻 보기에 구분하기 어렵다. 모두가 형상이 없는 문양으로 디자인을 했으며, 같은 아랍 문자가 새겨져 있다. 게다가 내용도 거의 비슷하다. 디자인의 소소한 면들을 제외하면 크게 두 가지 점에서 차이가 나는데, 새겨진 문자를 보면 알 수 있다. 즉 발행 주체의 이름과 발행 일자가 서로 달랐다. 문자를 해석해보면 첫 번째 동전은 725~726년 무슬림 스페인에서 주조되었고, 두 번째 동전은 729~730년 튀니지에서, 세 번째 동전은 738~739년 시리아에서, 네 번째 동전은 739~740년 이라크에서, 그리고 다섯 번째 동전은 733~734년 오늘날 아프가니스탄 북부에 해당하는 지역에서 주조되었다. 이들 동전이 생산된 시간적 범위는 15년 이내이며, 유통된 거리는 약 4000마일에 달한다. 이로 보아 정황상 분명한 사실은, 단일한 국가 체제에서 영토 전역에 걸쳐 통일된 화폐 시스템을 관철했다는 점이다. 그 국가는 바로 이슬람 역사상 최초의 세습 왕조인 우마이야 칼리프국(661~750)이었다.

〔그림 15-1〕 이슬람 동전, 앞뒷면

〔그림 15-1〕 이슬람 동전, 앞뒷면

 이와 같은 통일성과 함께 주목할 만한 사실은, 그 안에서 엄청난 다양성이 중첩되어 있었다는 점이다. 제1차 이슬람 확장 시기, 즉 630년대와 640년대에 무슬림은 페르시아 제국 전체와 비잔티움 제국의 남부 지역을 정복했다. 이후 수십 년 동안 정복의 물결은 서쪽으로 계속 나아가 북아프리카와 스페인까지 이르렀다. 이는 과거 비잔티움의 한계를 훌쩍 넘어서는 결과였다. 동시에 그들은 동쪽으로도 밀고 나가 트란스옥시아나(Transoxiana)와 신드(Sindh) 지역까지 이르렀다. 이 또한 과거 페르시아 제국의 한계를 넘어선 결과였다. 다섯 개의 동전을 주조한 주체인 이슬람 국가는 이처럼 전대미문의 광대한 영토를 다스리고 있었다.

### 페르시아 제국에 속했던 지역

사산 왕조(224~651) 치하의 페르시아 제국은 고대의 지리적 이점을 제대로 활용한 대표적 사례에 속한다. 사산 제국은 이란고원 사람들의 군사력과 메소포타미아 평지 지역, 즉 아랍식으로 말하자면 이라크(Iraq) 지역 사람들의 재정 관리 능력을 성공적으로 결합했다. 이와 같은 패턴이 처음 등장한 때는 기원전 6세기 아케메네스 왕조 시기였다. 이슬람 아바스 왕조(749/750~1258) 초기의 통치자들도 약 한 세기가량 이와 같은 패턴을 활용했다. 이라크 지역의 농업 생산력이 충분히 뒷받침될 경우 이 패턴의 운영에는 별문제가 없었다. 이러한 방식으로 제국을 운영한 페르시아에서는 문화 융합이 필연적으로 일어날 수밖에 없었다. 고원 지대의 전통이 있었고, 적어도 엘리트 계층에게서 이란인의 자부심이 전해 내려왔다. 그들의 정체성은 페르시아어(Persian)나 파르티아어(Parthian) 같은 언어, 아케메네스 왕조보다 더 이전의 전설적인 통치자들의 이야기, 종교적으로 조로아스터교 및 그 경전인 아베스타(Avesta)와 관련되어 있었다. 우리가 아는 한 평지 지역의 문화는 전혀 달랐고 또한 다양했다. 메소포타미아 지역에서는 고원 지역의 전통과 같은 것이 존재하지 않았다. 메소포타미아 지역에서는 고대의 동일한 기원에 근거하는 정치적 통일성(정체성) 같은 것이 없었고, 오히려 각기 다른 아람어 방언으로 쓰인 경전과 관련된 다양한 종교적 전통이 있었다. 메소포타미아 평지 지역은 그래서 이란고원 지역에 비하면 훨씬 더 분열되어 있었고, 또한 더욱 보편주의적(개방적)이고 세련된 편이었다.

통일된 조직을 제대로 갖추지 못한 아라비아의 부족들이 모여 페르시아 제국을 정복하기란, 6세기의 정치 분석가라면 누가 보더라도 도저히 일어날 수 없는 충격적인 일이었을 것이다. 마찬가지로 그들이 새로운 문명을 만들어낸다는 것도 못지않게 불가능한 일이었다. 그러나 제1차 아랍 정복의 물결이 일어난 시기는 페르시아의 정치·군사적 운명이 바닥을 치고 있을 때였다. 비잔티움 제국과의 오랜 전쟁은 페르시아의 패배로 끝났다. 그럼에도 승자는 패배한 제국의 영토를 접수하지 않았다. 페르시아는 정치적 불안정의 상태로 방치된 실질적 리더십의 공백 상태였다. 더욱이 페르시아의 수도는 메소포타미아 평지 지역인 크테시폰(Ctesiphon)에 위치했다. 그곳의 자연환경은 아랍인에게 그들의 고향 아라비아와 비슷해 보였다. 아랍인이 페르시아의 수도를 차지해버리자 고원 지대로부터 질서 있는 저항의 기회는 거의 없었다. 페르시아 최후의 "왕 중의 왕" 야즈데게르드(Yazdegerd) 3세는 651년 사망할 때까지 황제의 자리를 지켰다. 그러나 그 이후 아랍인은, 지역에 따른 선후는 있었지만 어쨌든 과거 사산 제국의 영토를 완전히 접수했다. 그 뒤 그들이 새롭게 맞닥뜨린 가장 힘겨운 상대는 캅카스 북부에 있는 하자르(Khazars)와 중앙아시아에 있는 튀르크(Turks)였다(여기서 말하는 튀르크는 하자르와 같은 유목민으로 이교도였고, 앞에서 언급한 오구즈와는 다른 계열이었다).

그렇다면 과거 사산 제국의 영토에 새로 들어선 종교 이슬람은 어떻게 되었을까? 어떤 면에서 이란과 이라크는 같은 길을 걸었다. 결국 (아마도 기원후 1000년경에 이르러) 양쪽의 인구 대다수가 종교적으로 이슬람을 받아들였다. 주로는 수니파 이슬람이었다(이란과 이라크 인구의 대다수가 시아파 이슬람으로 넘어간 것은 최근 수 세기 사이에 일어난 일이다). 다른 면에서 두 지역은 살아가는 길이 전혀 달랐다. 이라크에서는 개종과 언어적 변화가 거의 동시에 일어났다. 아랍어(Arabic)가 아람어(Aramaic)를 대체했는데, 비-무슬림 인구의 경우도 언어 변화는 마찬가지였다. 한편 이란의 페르시아어(Persian)는 구어(口語)로 살아남았으며, 다른 이란어 계통의 언어를 밀어내고 오히려 확산되었다. 이란과 이라크의 이와 같은 차이는 확연한 문화적 차이로 나타났다. 무슬림 이라크는 같은 땅에서 이슬람 이전에 존재했던 과거와는 거의 아무런 관련을 맺지 않았다. 과거의 유산이 스스로에게 전해졌다는 의식도 거의 없었다. 새로운 종교와 새로운 문명이 그들에게는 완전히 판 갈이를 한 위에 성립된 셈이었다. 이와 달리 이란의 무슬림은 구어로 페르시아어를 계속 사용하는 정도에 그치지 않았다. 9~10세기경에 이르러 그들은, 비록 아랍 문자와 수많은 아랍어 차용어를 사용하기는 했어도, 어쨌든 구어 페르시아어를 문자로 기록하기 시작했다. 결과적으로 세련된 페르시아어 문학 작품이 출현했다. 그중에는 이슬람 이전의 과거를 기억하는 주제의 작품들도 있었다. 지난 1000여 년 동안 페르시아어 사용자들은 이슬람 도래 이전의 이란 역사를 서술한, 시인 피르다우시(Firdawsi)의 서사시 《샤나메(Shahnameh, 왕들의 서)》를 자랑스럽게 여겨왔다. 그럼에도 불구하고 이란의 무슬림은 거대한 이슬람 문명 중 일부로 확고하게 자리 잡고 있었다. 실제로 아랍어 문학, 역사, 학술, 자연과학의 가장 유명한 성과 중 상당수는 페르시아어나 기타 이란어 계통의 언어를 사용하는 사람들에 의해 저술되었다. 의례의 맥락에서 이슬람 경전 쿠란을 페르시아어로 번역하려는 시도는 결코 성공하지 못했다. 그런 가운데 이란은 이슬람 이전의 과거로부터 문화적 연속성을 지속했고, 그러한 과거를 스스로의 자산으로 여겼다.

 아랍의 이란과 이라크 정복이 서로 다른 결과를 가져온 사례는 한두 가지에 그치지 않는다. 하나는 문화적 차이로, 이란은 문화적 정체성이 두드러지는 반면 이라크는 그렇지 않다. 또 다른 차이는 아라비아 출신의 아랍인이다. 이라크는 아라비아와 해발 고도 및 기후 조건이 비슷했다. 아랍인뿐만 아니라 아랍의 어느 부족이라도 이라크를 고향이라 생각하기에 무리가 없었다. 반면 이란고원의 혹독한 추위는 전혀 다른 환경이었다. 그 때문에라도 대규모 아랍인 정착이 쉽지 않았을 것이다. 이란 지역에서 아랍인이 가장 뚜렷하게 정착한 곳은 북동부, 즉 튀르크와의 경계 지대였다. 그러나 그곳의 아랍인도 시간이 지나면서 점차 페르시아어 사용자가 되었다. 다만 부분적으로 점점이 형성된 아랍어 사용 지역이 근대까지 남아 있었다.

### 비잔티움 제국에 속했던 지방

 페르시아 제국과 달리 비잔티움 제국은 다행히도 수도가 아라비아에서 멀리 떨어져 있었다. 아랍인의 입장에서 콘스탄티노폴리스까지 가려면 아나톨리아고원(지리적으로 이란고원과 비슷한 지대)을 넘거나, 바다를 건너갈 수 있는 충분한 해군력을 갖춰야 했다. 단 두 차례에 불과하지만 양쪽 길에서 모두 성공한 적이 없지는 않았다. 그러나 콘스탄티노폴리스는 매번 놀라울 정도로 잘 버텼고, 비잔티움 제국은 살아남았다. 그 결과 아나톨리아 전역이 전쟁터가 되었다. 어느 쪽도 아나톨리아 전선에서 확고한 승리를 거두지 못했다. 비잔티움 제국은 아랍의 맹공을 가까스로 막아냈다. 아랍은 더 이상 북쪽으로 밀고 올라가는 일이 쉽지 않다는 사실을 깨달았다. 그러나 서쪽으로 가는 데 별다른 어려움은 없었다. 이집트는 제1차 아랍 정복의 물결에 넘어갔고, 튀니지도 그때 공격의 대상이 되었다. 튀니지를 확고하게 정복한 때는 7세기 후반이었다. 이때 이슬람은 북아프리카에서 과거 비잔티움이 차지했던 지역보다 서쪽으로 훨씬 더 멀리까지 진출했다.

이는 곧 아랍이 과거 비잔티움의 영역 일체를 접수했음을 의미한다. 그곳은 비유하자면 이란보다는 이라크 같았다. 즉 비잔티움의 영역에서는 이란처럼 독특한 고유의 전통을 유지하는 지역이 따로 존재하지 않았다. 이런 점을 제외하면 각각의 사례는 다양했다. 시리아는 문화적 측면에서 서부 이라크라 할 만했다. 시리아 사람들은 아람어를 사용했고, 다양한 아람어 방언으로 기록된 경전에 기초하는 다양한 종교 집단으로 나뉘어 있었다. 여기서도 기원후 1000년경이 되면 인구 대다수가 종교는 이슬람, 언어는 아랍어로 넘어갔다. 이집트는 지리적으로나 언어적으로 분리되어 있었지만(나일강 양쪽이 모두 사막으로 둘러싸여 있었고, 언어는 이집트어의 후기 형태인 콥트어를 사용했다), 이슬람 도래 이후의 결과는 별반 다를 것이 없었다. 튀니지에서도 종교는 이슬람이 휩쓸었고, 또한 대부분의 사람들이 아랍어를 사용하게 되었다. 토착 기독교 인구는 12세기 이후로 찾아보기 어려웠고, 오늘날에는 완전히 소멸되고 말았다.

제2차 아랍 정복의 물결

우리 논의는 마침내 제2차 아랍 정복의 물결 이후 이슬람 세력권에 포함된 지역에 도달했다. 그때가 기원후 8세기였다. 이미 언급한 바와 같이 아랍은 과거 페르시아 제국과 비잔티움 제국 경계 너머로까지 진출했다. 다만 그곳은 역사적으로 페르시아 혹은 비잔티움과 문화적 인연이 있는 곳이었다.

초기 이슬람 시기 트란스옥시아나에는 소그드어 사용자들이 거주했다. 소그드어는 이란어 계통이지만 페르시아어와는 전혀 달랐다. 그곳은 조로아스터교, 불교, 기독교, 마니교 등 다양한 종교와 연결된 여러 공국으로 분열되어 있었다. 아랍의 정복 이후 물론 아랍의 엘리트 문화가 전해졌지만, 아이러니하게도 페르시아어 구어와 나중에는 문어까지도 그곳으로 전파되었다. 또한 소그디아 정복으로 중국과도 일정한 접촉을 하게 되었는데, 당시 중국에는 아랍의 이란 지역 정복 이후 사산 제국의 엘리트 계층 중 일부가 은신하고 있었다. 그러나 이슬람과 중국의 깊은 교류 관계는 형성되지 않았다.

낯선 문명과의 교류는 신드에서 이루어졌다. 인도의 북서부 귀퉁이에 위치한 신드는 이미 페르시아의 지배를 경험한 적이 있었지만, 문화적으로 인도였다. 신드 정복으로 이슬람과 힌두교 문화의 투쟁 및 적응의 초기 단계가 시작되었다. 그러나 아랍의 역사학 전통에서는 트란스옥시아나 정복에 큰 관심을 보였을 뿐 신드는 곁가지로 간주했다. 힌두교 문화와의 교류는 어디까지나 해당 지역의 문제로 여길 따름이었다. 가즈나(Ghazna) 왕조 시기에 이르러서야 비로소 문명의 충돌이 본격적으로 전면에 드러나기 시작했다. 그러나 당시 무슬림 정복자들은 아랍인이라기보다 튀르크인이었다. 박식한 학자 비루니(Biruni)가 인도를 방문한 때도 가즈나 왕조 시기였다. 그는 인도의 엘리트 문화를 더 잘 이해하기 위해 산스크리트어를 배우기도 했다.

서부 전선에서 아랍 정복자들은 이집트를 넘어 더욱 나아갔다. 그곳은 대개 베르베르인이 거주하는 지역이었다. 이슬람 이전의 아랍인과 마찬가지로 베르베르인은 부족 단위로 생활하면서 중앙 정부의 통제를 흔쾌히 받아들이지 못했다. 튀니지 서부에서 그들은 아랍의 정복에 강력히 저항했고, 이후에도 자주 반란을 일으켰다. 그러나 종교적으로 이슬람은 그들에게 매력적이었다. 많은 베르베르인이 이슬람으로 개종했고, 결국에는 모두가 이슬람을 받아들였다. 처음에는 이단의 형태를 띠는 경우가 많아 우마이야 칼리프 혹은 아바스 칼리프와 충돌을 빚기도 했다. 초기에는 베르베르인이 이슬람을 모방한 자체 종교를 만들었다는 이야기도 전한다. 모로코의 대서양 연안에 거주한 베르베르인 부족민은 11세기까지도 베르베르인 예언자가 전해주는 신앙을 따랐다. 그들은 코란 같은 그들만의 경전을 베르베르어로 제작했으며, 매주 공동 기도회를 열었지만 이슬람과 달리 금요일이 아닌 목요일에 거행했다. 그 지역에서 베르베르인의 이단이나 기독교가 오래도록 살아남았다는 이야기는 들어보지 못했다. 또한 그들은 이슬람으로 개종하기는 했지만 이란 지역의 사람들처럼 아랍어를 받아들이지 않았다. 그러나 장기적으로 그들의 운명은 이란인과 전혀 다른 길로 나아가게 되었다. 첫째로 그들은 베르베르인이 세계를 다스렸던 영광스러운 과거에 대한 기억이 없었다. (이란 고대 서사시를 저술한 – 옮긴이) 피르다우시 같은 서사 시인이 베르베르인 중에는 나타나지 않았다. 둘째로 산악 지대는 아니지만 북아프리카의 평지 혹은 저지대에서 아랍인은 고향 같은 편안함을 느꼈다. 우리가 논의하는 시대가 마감될 때쯤 아랍인은 서쪽으로, 그리고 결국에는 남쪽으로까지 팽창했다. 그 결과 오늘날 알제리, 모로코, 모리타니 등지에서 아랍인의 국가가 형성되는 기초가 마련되었다. 알제리나 모로코에서는 베르베르인이 다수 인구를 형성하지 못했지만 중요한 소수 민족으로 남았다.

최초의 아랍 정복은 모로코의 남쪽으로는 뻗어 나가지 않았다. 지브롤터 해협이 가로막고 있었지만 그들은 스페인으로 나아갔다. 아랍인(과 개종한 베르베르인)은, 서고트족 왕조와 귀족의 통치를 받고 로만어를 사용하는 강력한 기독교인과 맞닥뜨렸다. 정복자들은 스페인의 3분의 2를 장악했으며 서고트 왕조도 막을 내렸다. 그러나 북부에는 여전히 기독교 정치 세력이 남아 있었고, 마침내 대대적인 레콩키스타(Reconquista)를 시행하여 우리가 논의하는 시대가 막을 내리기 직전 성공을 거두었다. 결국 스페인에서 무슬림은 소수파로 남았고, 곧이어 강제로 기독교로 개종했으며, 마침내 1609~1614년 국외로 추방당했다. 17세기 말엽에 스페인으로 파견된 모로코 외교관은 한때 무슬림이었던 조상에 대한 향수를 가진 사람들을 만나보았다고 기록했다. 그러나 이슬람 소식에 흥미를 보인 그들도 더 이상 무슬림은 아니었다.

이 모든 지역은 이슬람의 중심지로부터 멀리 떨어져 있었다. 그랬기 때문에 제2차 아랍 정복으로 편입된 지역이었다. 그러나 중심부와의 연결 고리는 지역에 따라 상당히 달랐다. 이란 북동부의 트란스옥시아나에서는 몽골 이전 시대에 이미 거대 도시 문화가 등장했다. 신드는 그렇지 않았다. 북아프리카의 튀니지에서도, 우리가 논의하는 시대를 통틀어 그런 일은 거의 없었다. 다만 15세기 모로코에서 수피즘(Sufism) 저술가들이 등장했고, 그들의 저서가 동남아시아까지 전해지기도 했다. 무슬림 치하 스페인은 이슬람 중심부의 문화를 모방하려고 애쓴 것으로 알려져 있다. 10세기 이란의 비지어(vizier, 재상)가 스페인 문헌의 사본을 집대성하려다가 실망했던 이야기가 전한다. 그들의 책은 "우리 것을 가져갔다가 다시 우리에게 되돌려주는 셈"이었기 때문이다. 그러나 11세기 스페인의 일부 학자들이 동방의 사상을 성공적으로 재편집한 경우도 있었다. 그래서 오히려 그들의 판본이 이슬람 중심부로 가서 표준 서적으로 대접받기도 했다.

### 아랍인의 고향 아라비아

지금까지 아라비아를 제외한 이슬람 세계를 전부 돌아보았다. 이 모든 것의 시작이 아라비아였다. 이슬람 이전 시기 아랍인은 사실 아라비아반도에서만 살지 않았다. 아랍 유목민은 이미 시리아 사막, 시나이반도, 이집트 동부 사막에도 출현했었다. 이는 나중에 도래할 이슬람 팽창의 전조와도 같았다. 그럼에도 불구하고 아랍인의 고향은 아라비아였다. 또한 이슬람의 기원지도 아라비아였다.

아라비아의 기본적인 자연환경은 건조 기후였다. 아라비아반도의 남서부 구석에는 비가 좀 내렸고, 남동부에는 조금 덜 내렸다. 어쨌거나 그 양쪽에는 산이 있었다. 이외에 아라비아반도의 다른 곳에서는 대부분 오아시스 형태로 물이 공급되었다. 아라비아반도 어디에서도 티그리스강이나 유프라테스강이나 나일강 같은 큰 강을 찾아볼 수 없었다. 건조 기후는 이 지역의 경제·사회·정치 생활에 한계를 부과했다. 인구의 절

대다수가 부족 단위에 속했고, 대개는 유목 생활을 했다. 우리가 논의하는 시대에는 그들이 외부 세계에 상업적으로 내놓을 만한 상품이 거의 없었다. 향(香, incense) 무역은 이슬람이 등장하기 전에 이미 막을 내린 상황이었고, 예멘의 커피 무역은 아직 시작되지 않았으며, 사우디의 석유 무역은 그야말로 먼 미래의 일이었다. 스텝 지역의 부족민에게는 엄밀한 위계질서가 보편적이었고, 귀족과 평민이 엄격히 분리된 사회 집단으로 구분되었지만, 아라비아의 부족민은 그러한 위계질서를 갖출 조건이 못 되었다. 아라비아에서 그나마 국가 체제가 존재한다면 반도의 주변부에서 형성되었다. 강우량이 좀 더 많거나(예멘이나 오만의 경우), 제국의 보조금이 좀 더 관대했기(페르시아 제국 혹은 비잔티움 제국의 변경) 때문이다.

전반적으로 건조한 자연환경 중에서도 서부 아라비아 내륙(헤자즈 Hejaz라는 이름으로 알려진 지역)은 오아시스가 산발적으로 흩어져 있는, 그야말로 아무것도 기대할 것이 없는 땅이었다. 그러나 여기서 무함마드는 자신의 종교적 메시지를 전했다. 그가 말하는 종교는 유일신교였지만 유대교나 기독교와 달랐고, 아랍의 정체성에 부합하도록 맞추어진 내용이었다. 나아가 무함마드는 종교적 메시지를 통해 국가를 설립했다. 이는 아라비아반도에서 전반적으로 영향력을 확대해 나갔고, 그의 사후에는 그 범위를 훨씬 넘어서까지 확대되었다. 그러나 아라비아반도의 바깥에서 무슬림 국가가 확고히 자리 잡게 되자, 잠시 화려했던 아라비아반도의 지정학적 위치도 금세 빛을 잃었다. 650년대의 내전 이후 권력의 중심은 비옥한 초승달 지대(이라크와 시리아)의 더 풍요로운 땅으로 옮겨 갔고, 두 번 다시 아라비아반도로 돌아오지 않았다.

그럼에도 불구하고 아라비아반도에 미친 이슬람의 영향은 지대했다. 아라비아 사람들은 초창기에 흔쾌히 이슬람으로 개종했다. 이슬람은 그들의 종교였고, 아라비아반도의 바깥에서처럼 정복에 따라 개종한 경우와는 달랐다. 주요 지역으로는 예멘과 오만이 있었다. 예멘과 오만은 농업 기반이 있는 편이었고, 또한 인도양 무역에도 맞닿아 있었다. 양자의 결합을 통해 예멘과 오만은 언제나 비중이 큰 지역이었다. 그곳의 상인들은 동아프리카 무역에서도 활발히 활동했다. 한편 헤자즈는 생산적 자원이 부족한 지역임에도 불구하고 이슬람의 성소(聖所) 두 곳이 위치했기 때문에 경제적으로 나쁘지 않은 지역이 될 수 있었다. 메카(Mecca)는 무함마드가 태어난 곳이었고, 메디나(Medina)는 무함마드가 국가를 설립한 곳인 데다 사후에 매장된 곳이었다. 그래서 무슬림 세계에서 경제적으로 보다 풍요로운 곳으로부터 많은 자원이 이곳으로 몰려들었다. 다른 지역에서도, 심지어 이슬람 문명의 요소를 종합적으로 유지하기 어려운 사막 환경일지라도, 이슬람은 대개 독실한 학자들의 네트워크를 만들고 유지하는 데 탁월한 능력을 보였다. 이러한 이슬람의 힘은 아라비아에서 변화를 만들어냈고, 또한 모리타니 같은 사하라 사막의 지역에서도 같은 결과를 가져왔다. 그럼에도 불구하고 아라비아가 다시 지정학적 중요성을 획득한 때는 석유가 등장한 뒤였다.

### 이슬람 문명의 구성 요소

이슬람 문명을 말하자면, 종교로서의 이슬람은 거대한 패키지 중 일부에 불과하다. 이슬람이라는 종교를 핵심으로 문명이라는 살이 붙어서 거대한 이슬람 문명이 만들어졌던 것이다. 누구도 기독교 문명이나 불교 문명을 그렇게 이야기하지는 않는다. 그런 점에서 종교로서의 이슬람은 문명을 구축하는 데 나름의 독특한 역할이 있었던 셈이다. 이는 거대 담론이지만 충분히 가능한 주장이다.

논의를 좀 더 구체화하기 위해 앞에서 언급한 동전을 생각해보자. 이슬람의 동전은 과거 구대륙의 중국 서쪽에서 통용된 동전의 대표적 표준 모델을 바탕으로 만들어졌다. 표준 모델은 둥글고 납작한 금속에 한쪽 면에는 통치자의 얼굴을, 다른 면에는 종교적 상징을 새기는 방식이었다. 이슬람 동전은 그러나 두 가지 점에서 확연히 달라졌다. 첫째는 도상을 지운 것이다. 이는 살아 있는 존재의 형상을 그림으로 표현하는 것을 금지하는 이슬람 교리를 반영한 조치였다. 둘째는 새겨진 문자의 내용이다. 언제 어디서 동전이 주조되었다는 내용을 제외하면, 나머지는 모두 신의 메시지를 인류에게 전하기 위해 코란에서 따온 문구였다. 통치자나 총독의 이름은 전혀 언급되지 않았다. 그래도 모양이 둥글고 납작한 금속이었기 때문에 누구나 그것이 동전이라는 사실은 즉시 알아볼 수 있었다. 다만 그 내용만 철저히 이슬람화되었던 것이다.

동전 이외에 이슬람 문명의 다른 요소들도 이와 같은 방식으로 검토해보도록 하겠다. 편의상 먼저 제도를 살펴보고 그다음에 문화를 들여다보도록 한다.

제도

이슬람 문명의 핵심 제도는 무엇이며, 그것은 종교로서의 이슬람과 어떻게 연결되어 있는가? 먼저 종교적 규정이 어떠했는지부터 살펴보기로 하자. 가장 먼저 살펴볼 것은 이슬람의 정치 질서다. 무슬림 공동체는 단일한 무슬림 통치자, 즉 칼리프(caliph, 혹은 calipha)의 권위 아래 놓여야 한다. 칼리프란 칭호는 신의 대리인이자 예언자(무함마드)의 계승자 역할을 의미한다. 그 직책을 맡으려면 일정한 자격 요건을 갖추어야 한다. 예컨대 칼리프는 쿠라이시(Quraysh) 부족의 일원이어야 한다. 쿠라이시는 곧 무함마드가 속했던 아랍의 부족이다. 동시에 칼리프를 선정하는 절차도 규정되어 있었다. 수니파 이슬람은 여느 왕조처럼 칼리프직을 세습했지만, 원래 종교적으로 규정된 절차는 그렇지 않았다. 칼리프의 의무는 국내 의무와 국외 의무로 나뉜다. 국내 의무로 칼리프는 기본적 대중 의례, 특히 금요기도회에 참석해야 한다. 이외에도 도시의 중심지에 적당한 모스크를 건설하고 유지해야 할 의무가 있었다. 동시에 칼리프는 이슬람 율법의 질서 체제를 수립하고 유지할 의무가 있었다. 그 일환으로 이슬람 율법에 따른 재판을 담당할 학식 있고 능력 있는 법관을 지명해야 했다. 그러나 다른 왕조의 통치자들과 달리 칼리프는 새로운 율법을 제정할 권한이 없었다. 율법의 제정은 오직 신(God)만이 할 수 있는 일이었다. 국외 의무로 칼리프는 무엇보다 군대를 책임져야 했다. 무슬림 세계의 경계를 방어하여 외부 세계의 불신자들이 쳐들어오는 것을 막아야 했고, 때로는 불신자들을 공격하여 이슬람의 경계를 확장해야 했다. 이와 같은 정치 질서뿐만 아니라 이슬람 사회 질서라는 것도 분명히 존재했다. 즉 무슬림 사회는 이슬람 율법에 따라 사회 문제를 처리했다. 그중에서도 특히 두 가지 양상을 언급할 필요가 있겠다. 하나는 이슬람 문제에 관해 공부를 많이 한 사람들, 즉 학자들의 집단이 형성되어 있었다. 또 하나는 여성 문제다. 여성은 복종과 분리의 규칙 아래 놓였다. 그래서 가족 이외 남성과의 교류는 제한적이었고, 공적 영역에서 여성의 역할도 억압되었다. 이런 단순한 설명을 보충하거나 더욱 상세히 들어가려면 더 많은 논의가 필요하겠지만, 대강의 개요만 지적하는 지금의 논의에서는 이 정도만 언급하고 넘어가도록 하겠다.

물론 이 모두는 관행으로 형성된 것들이었다. 그러므로 이런 관행이, 심지어 이슬람의 중심부 사회에서조차 역사적으로 언제부터 시작되었는지 확인해볼 필요가 있다. 단순화하자면 우리는 세 가지 경우를 생각해볼 수 있다.

첫 번째 경우는, 물론 학자들은 풍습을 교화해보려고 최선을 다했지만, 역사적 관행과 이슬람의 규정이 별도로 움직이는 현실이었다. 핵심은 무슬림 공동체가 칼리프의 통치 아래 단일한 국가로 뭉쳐야 한다는 원칙이었다. 이는 무함마드가 사망한 직후 수십 년 동안 매우 현실적인 문제였다. 앞에서 살펴본 다섯 개의 동전이 전해주는 8세기 전반기의 상황은 아직은 원칙에 충실히 부합했다. 그러나 이슬람 제국이 스페인에서 아프가니스탄까지 확장되자 지정학적 측면에서 제국을 유지하기가 불가능했다. 이런 규모의 제국은 역사적으로 과거에도 존재한 적이 없었고, 이후로도 성립된 사례가 없었다. 8세기 후반에 이미 이슬람 세계는 여러 지역 국가로 갈라지기 시작했다. 그러다가 10세기에 이르러 정치적 분리가 완전히 마무리되었다. 이 시기에도 멀리 떨어져 있는 무슬림들 사이의 인적 교류는 유지되었는데, 특히 메카 순례가 계기를 만들어주었다. 그러나 세금은 저마다 서로 다른 통치자들에게 납부했다. 그렇다면 통일 국가 체제가 사라진 뒤 칼리프의 정부는 어떻게 되었을까? 하나는 명목상 그림자 칼리프국의 가능성을 떠올려볼 수 있다. 대표적 사례는 우리가 논의하는 시대가 끝나갈 무렵의 이집트였다. 당시 이집트에 명목상 아바스 칼리프국이 들어섰는데, 실제 통치는 튀르크인 혹은 체르케스인(Cherkess) 술탄이 맡았다. 다른 하나는 모든 무슬림 통치자를 칼리프라 할 수도 있고, 칼리프가 없을 수도 있다. 혹은 무슬림 세계에서 가장 규모가 크고 강력한 국가의 통치자가 칼리프를 자처하고 주변의 이슬람 세계로부터 인정을 받을 수도 있다. 16세기 이후 오스만 제국의 술탄이 바로 그런 경우였다. 다만 그는 쿠라이시 가문의 후예가 아니라는 불편한 사실은 어쩔 수 없었다. 정당한 이슬람 정치 질서는 더 이상 존재하지 않는다는 결론을 피하기 위해 정치 현실을 교묘하게 해석하는 일이 당시의 무슬림 학자들로서는 가장 민감한 관심사였다. 무슬림 학자들은 대개 종교적 전통에 입각한 원칙에 부합하도록 현실을 근본적으로 바꾸는 일에는 나서지 않았다.

두 번째 경우는 이슬람의 제도와 비-이슬람의 제도가 나란히 병존하는 것이었다. 가장 분명한 사례는 법무 행정이었다. 통치자들은 판사를 임명했고, 판사들은 분명한 형식을 갖추어 이슬람 율법을 적용했다. 그러나 전체가 다 그랬던 것은 아니다. 인구의 상당수, 특히 주요 도시를 벗어나 거주하는 사람들은 해당 지역의 관습에 따라 법적 문제를 처리했다. 그러니 양자의 차이가 문제였다. 예를 들어 이슬람 율법에 따르면 여성에게도 상속의 지분이 있었으나 관습법으로는 여성이 상속에서 제외되는 경우가 많았다. 동시에 통치자들은 신(God)에게 독점적으로 주어진 입법권을 침해하여 스스로의 법률을 만들기도 했다. 오스만 제국의 술탄들은 오랜 시간에 걸쳐 조금씩 정교한 법전을 구축했는데, 그것을 카눈(Qanun)이라 했다(그리스어에서 차용한 아랍어로, 오늘날 영어의 "canon"과 어원이 같다). 이 또한 차이를 만들어냈다. 카눈에서는 종종 형벌의 일환으로 벌금을 부과했는데, 이슬람 율법에서는 원래 벌금이라는 개념이 없었다. 이슬람 문명의 다른 측면에서도 이와 같은 일은 흔히 찾아볼 수 있다. 분명한 사례 중 하나가 바로 역법(calendar)이다. 무슬림 사회의 공식 역법은 이슬람력(Islamic calendar)이다. 이슬람력은 1년을 날짜 수가 동일한 음력(lunar month) 12개월로 규정하는 특징이 있고, 그래서 실제 태양력과 10일 정도 편차가 생겨 실제 계절과 일치하지 않는 문제가 발생했다. 현실적으로는 이슬람력과 태양력이 공존한 경우가 많았다. 지역에 따라 이슬람이 전파되기 전부터 전해온 전통적인 역법 체계가 있었기 때문이다. 또 한 가지 사례는 도상(image)의 금지 관련 문제다. 법적 규정은 따로 없었으나 관행적으로 공공 영역에서 도상을 사용하지 않는 대신 사적 영역에서 허용하는 방향으로 나아갔다. 그러나 양자 사이에 분명한 경계란 존재하지 않았다. 튀르크인이 중동으로 침공한 시기 이후로는 도상을 새긴 동전이 대거 유행하기도 했다.

세 번째 경우는 이슬람의 원칙이 관행 가운데 어떤 식으로든 존중된 사례다. 예를 들면 대부분의 이슬람 사회에는 이슬람 종교 전통을 익힌 이슬람 학자 집단이 형성되어 있었다.

이와 관련해서 두 가지 점을 지적해둘 필요가 있겠다. 하나는 이슬람의 원칙들 가운데 분명하게 규정되지 않은 채 애매한 상태로 남겨진 부분이 흔히 있었다는 사실이다. 예컨대 통치자는 사원을 건립하고 유지해야 하며, 거기서 금요기도회를 거행해야 한다. 그러나 그 모스크가 어떻게 생겨야 하는지, 즉 모든 모스크가 메디나에 있는 무함마드의 모스크를 모델로 지어져야 한다는 식의 규정은 없었다. 결과적으로 이슬람 권역에서도 지역에 따라 다양한 종교적 건축 양식이 발달했다(오스만 제국의 모스크를 보고 북아프리카 전통의 모스크와 혼동할 사람은 없을 것이다). 마찬가지로 학자들은 존재해야 하지만, 그들의 교육을 위해 어떤 제도를 갖춰야 하는지는 규정이 없었다. 초기 이슬람 시대의 학자들은 개인 교사를 중심으로 사적인 교육을 받았다. 10세기 이후 새로운 종교 교육 제도가 형성되는 경향을 보였다. 마드라사(madrasa)라고 하는 대학교 같은 교육 기관에서 풍성한 교육 기회를 제공했으며, 교사에게는 급여를 지급했고 학생을 지원하는 여러 가지 제도가 부속되었다. 그래서 마드라사는 널리 확산된 이슬람 문명의 특징적 요소가 되었다. 그러나 모든 일이 이런 식으로 진행되지는 않았다. 종교적 이슬람에는 통치자에게 군대를 어떻게 하라는 규정이 없었다. 마찬가지로 무슬림 사회의 위계질서가 어떠해야 하는지도 규정되지 않았다.

다른 하나는 앞에서 언급한 비-이슬람 요소들이 스스로 드러났다는 사실이다. 비-이슬람 요소가 조용하게 이슬람 요소와 병존하는 경우도 있었지만, 유행에 따라 보란 듯이 번성하는 경우도 없지 않았다. 예를 들어 칼리프가 아닌 통치자들, 혹은 장식품처럼 칼리프라는 칭호를 자처하는 통치자들은 다른 칭호라고 사용하지 못할 바가 없었다. 그중에서도 "왕 중의 왕"이란 칭호가 있었는데, 이는 이슬람 이전 시기 이란의 왕에게 주어졌던 칭호다. 금요기도회에서 이런 칭호가 사용되면 독실한 무슬림 신도와 충돌이 일어나지 않을 수 없었다. 마찬가지로 통치자가 법을 제정하고 그것을 중립적 명칭인 "카눈(Qanun)"이라고 했을 때는 별다른 반발이 없었는데, 이를 야사(Yasa)라고 하자 문제가 달라졌다. 야사란 이교도 정복자 칭기즈 칸과 밀접한 관련이 있는 명칭이었기 때문이다(칭기즈 칸이 공표한 몽골의 법령을 자사크Zasaq라 한다. 오늘날 법령의 실체는 전하지 않으며 다른 문헌에 인용된 내용만 알려져 있다. – 옮긴이). 또한 마찬가지로 무슬림 사회는 대개 엘리트와 대중으로 나뉘었는데, 공식적 신분 차별은 언제나 반(反)이슬람이라는 도전에 직면했다.

문화

제도의 문제 다음으로 문화를 살펴보기로 한다. 주로 전근대 이슬람의 고급 문화를 참고해서 보도록 하겠다. 일단 학자들이 만들어내고 또한 전수한 종교적 학문의 전통으로부터 논의를 시작하는 것이 좋겠다. 다만 오늘날 남아 있는 학자들의 저술이란 주로 현장의 실생활을 보고했다기보다 사후 약방문의 성격이 강하다는 사실을 감안해야 할 것이다(심지어 학자들 스스로 아무도 자신의 말에 주의를 기울이지 않는다고 한탄하기도 했다). 학문의 전통은 신의 계시(divine revelation, 天啓)로부터 시작되었다. 구체적으로는 신의 말씀인 쿠란(Quran)이 기본이었고, 그만큼 잘 정리되지는 못했지만 무함마드의 영적인 말씀과 행동에 대한 기록도 있었다. 텍스트의 의미와 그것이 후세의 무슬림에게 전하고자 하는 의미가 언제나 명확하지는 않았을 것이다. 결국 정교한 주석의 학문이 필요했고, 구절마다 사건마다 주석을 달아야 했다. 학자들이 신성한 텍스트의 언저리만 따라다니지는 않았다. 그들 스스로 체계적 저술을 남겼고, 그것이 주제별로 정리되었다. 그들이 남긴 저술로는 실체법 연구, 법이론 연구, 도그마 연구 등이 있었고, 신비주의자들은 수피즘(Sufism) 관련 저술을 남겼다. 학자들 스스로에 관한 글도 많이 남아 있는데, 학자들의 전기는 이슬람 학문의 특징적 장르 중 하나였다.

동시에 학자들은 종교적 전통 본연의 지식과 밀접하지 않은 분야에 관해서도 저술을 남겼다. 예컨대 시를 모으고 주석을 붙이기도 했는데, 이슬람 이전 아라비아의 시들도 포함되었다. 학자들 스스로 시를 창작하기도 했다. 엄격한 종교학자들은 그와 같은 연구를 하찮게 평가했다. 그러나 종교학 연구에 도움이 된다는 명분으로 이를 방어하는 논리도 있었다. 즉 신의 말씀이 무함마드 당시의 아랍어를 통해 계시되었기 때문에, 다른 아랍어 문헌 연구는 쿠란에 등장하는 구절을 좀 더 명확히 밝히는 데 도움이 된다는 주장이었다. 이러한 주장의 타당성이 어떠하든 간에 분명한 것은, 이런 저술을 남긴 사람들 혹은 읽은 사람들은 시 자체를 작품으로 좋아했다는 사실이다. 역사 관련 저술도 비슷한 경우라 할 수 있다. 무함마드와 그의 직후 권위를 물려받은 후계자들에 관한 역사서도 순수 종교학에 기여하는 바가 있었다. 그러나 후대의 역사(인물이나 사건 - 옮긴이)에 관한 저서라면, 종교적 정당성은 대단히 미약해졌다. 그럼에도 불구하고 그와 같은 역사 저술이 남겨진 이유는, 무슬림 사회의 사람들이 역사서를 흥미 있게 읽었기 때문이다. 문학 작품의 저술은 비교적 약했다. 그러나 문학을 모르는 사람은 세련된 사회에서 지식인으로 대접받기 어려웠다. 어쨌든 시나 역사 혹은 문학을 저술한 사람들은 전부는 아니지만 대부분이 종교학자였다.

명백히 아랍이나 이슬람 전통의 바깥에서 기원한 학문의 분야는 사정이 달랐다. 철학의 경우가 바로 그러했다. 철학은 그리스 전통의 맥락에서 비롯된 것으로, 9세기 무슬림 엘리트의 요청으로 기독교도가 그리스어에서 아랍어로 번역을 해주었다. 철학 또한 이슬람 문명의 한 요소로 자리 잡았으나 이방인 기원이 잊힌 적은 없으며, 이슬람에서는 언제나 대립적 태도를 취했다. 자연과학도 비슷한 경우라고 말할 수 있다. 대개는 그리스 자료가 무슬림에게 전해졌지만, 중세 페르시아나 산스크리트어 문헌도 있었다. 하나의 사례로 그리스 의학 전통을 들 수 있는데, 히포크라테스와 갈렌의 이론이다. 그것은 이슬람 문명의 표준 의학 전통이 되었지만 이방인 기원이라는 사실 때문에 언제나 자유로운 비판이 가능했다. 그래서 일부 성직자들은 그와 대립되는 전통을 선호했다. 바로 무함마드가 전했다고 하는 약물과 관련된 내용인데, 논란이 없지 않았다. 그런 약물이 신의 계시의 일부라는 입장도 있었고, 무함마드가 당시의 시대적 상황에서 무심코 사용한 민간 약물일 뿐이라는 입장도 있었다. 이를 뒷받침하는 간접 증거가 있었는데, 예전에 무함마드가 얘기한 대추야자 재배와 관련된 말씀이었다. 무함마드가 얘기한 대로 대추야자를 재배했더니 절망적인 결과가 나타났다. 그러므로 적어도 대추야자와 관련하여 그가 말한 내용은 한 인간으로서 의견을 표시한 것일 뿐, 성스러운 신의 계시와는 상관이 없는 것이었다. 천문학 또한 논란이 되는 과학의 분야 중 하나였다. 천문학자들은 지구가 둥글다고 믿었으며, 지구가 평평하다고 생각하는 사람들을 대수롭지 않게 여겼다. 그러나 그들의 견해는 성스러운 문헌의 문자 그대로의 의미와 미묘한 긴장 관계를 불러일으켰다. 더욱이 천문학자들은 흔히 점성술사를 겸했다. 그들은 천체가 지상의 사건에 영향을 미친다는 일련의 사상을 전파하는 당사자였다. 다른 사회와 마찬가지로 무슬림 사회에서도 이런 사상이 널리 퍼져 있었다. 그러나 그것은 이론적으로는 이슬람 사상과 정면으로 대립되는 사상이었다.

　이슬람 중심 지역에서 확인되는 이슬람 문명은 이처럼 순수 이슬람 요소, 유사 이슬람 요소, 명백한 반(反)이슬람 요소가 서로 대립하는 동시에 혼재되어 있었다. 중심 권역을 벗어나면 이들 가운데 몇몇 부분이 조합되어 후대의 이슬람 팽창과 더불어 확산되었다. 어느 특정 지역에 전파된 이슬람은 수많은 요인이 작용한 결과였다. 이슬람 문명의 특정 버전(version)이 작동했고, 그와 함께 따라 들어오는 요소들이 있었으며, 이슬람의 도래 이전에 존재한 해당 지역의 전통 요인이 존재했다. 이슬람 문명의 버전이 중요하게 작용했던 명백한 사례가 바로 페르시아 문학의 전통이 이슬람 패키지에 포함되어 새로운 지역에 전파된 경우다. 이는 아나톨리아, 중앙아시아, 인도에 전파되었으나 동남아시아나 아프리카에는 전해지지 않았다. 동남아시아와 서부 아프리카 정복 이후 이슬람 문화가 제한적으로 전파된 이유는, 이들 지역 무슬림 사회가 이슬람 이전의 모계 상속 전통을 유지한 사실과 관련이 깊을 것이다. 마지막으로 지역 전통의 힘이 부분적으로 작용한 사례로 이슬람과 토착 엘리트 문화의 융합을 들 수 있다. 인도에서도 일정 부분 그와 같은 사례가 확인되며, 자와에서는 훨씬 더 뚜렷하다. 중국 남부 및 동부 무슬림 소수 민족의 경우도 마찬가지다. 특히 자와나 중국의 경우 무슬림이 현지 언어뿐만 아니라 현지 문자도 그대로 사용했다.

 이와 같은 다양성에도 불구하고 핵심적 측면에서 놀라운 언어의 통일성이 확인된다. 넓은 지역으로 확산된 종교는 동일한 의례에서 기원지의 언어를 고수할 것인지 현지어 번역을 허용할 것인지 결정해야 한다. 불교나 기독교는 전근대 어느 시점에서 번역을 허용했고, 그렇지 않은 종교도 있었다. 이슬람은 번역을 허용하지 않은 대표적 종교로, 이는 지금까지도 결코 변함이 없다.

## 이슬람 문명의 기원

아랍 팽창의 결과 정복자가 피정복 민족에 흡수되었을 것으로 예상하기 쉬우나 사실은 전혀 그렇지 않았다. 역사적으로 많은 정복자가 그랬지만, 결과적으로 수많은 사실이 가리키는 아랍 정복의 결과는 그게 아니었다. 거꾸로 정복자인 아랍인이 동화를 이끌어냈다. 결국에는 서아프리카의 모리타니에서 중동의 이라크까지 그들의 언어인 아랍어가 확산되었고, 그들의 종교는 더욱 널리 퍼져 나갔다. 그게 다가 아니다. 앞에서 살펴본 것처럼 아랍 정복 초기에 이미 새로운 문명이 탄생했다. 드라마의 주인공인 정복자는 중동에서도 가장 덜 문명화된 지역 출신이었다. 이는 그 자체로 역설(paradox)이 아닐 수 없었다. 우리는 그 역설을 어떻게 이해해야 할까?

해답의 일부는 틀림없이 아랍인에게 정복된 비옥한 초승달 지대의 사람들과 관련이 있을 것 같다. 그곳은 아랍인 정착지가 가장 밀집한 곳이자, 새로운 아랍의 통치자가 수도로 정한 곳이기도 했다. 우마이야 왕조 치하의 다마스쿠스나 아바스 왕조 치하의 바그다드가 모두 비옥한 초승달 지대에 있었다. 추론하건대 비옥한 초승달 지대는 이슬람 문명의 성립에 결정적 역할을 했다. 앞에서 살펴보았듯 이라크와 시리아에 사는 사람들은 아람어에 속하는 각종 방언을 사용했는데, 그들의 언어와 아랍어는 다 같이 셈어족(Semitic language)에 속했다. 그래서 그곳의 많은 사람들은 곧바로 정복자의 편에 서서 아랍어를 받아들일 수 있었다. 한편 문화적으로는 그들의 기여가 많았다. 특히 세련된 문자 문화는 아라비아에서 찾아보기 어려운 전통이었다. 그러나 수천 년 동안 이민족의 지배를 받은 그 지역의 사람들에게는, 민족과 종교와 정치가 통합된 이란식 정체성 같은 것이 오래전에 무너지고 없었다.

해답의 다른 절반은 분명 아랍인 정복자와 관련이 있을 것이다. 비옥한 초승달 지대와 달리 아라비아에서는 엘리트 문화가 매우 빈약했다. 그 대신 일종의 정체성에 대한 의식은 충만했는데, 이는 아람어 사용자들이 갖지 못한 부분이었다. 이란인과 마찬가지로 아랍인도 민족적이고 종교적이며 정치적인 요소를 동시에 갖춘 정체성을 가지고 있었다. 민족적 요소는 오래된 아랍인의 정체성이었고, 종교적 요소는 이슬람화된 유일신론으로 아랍 정체성의 핵심이었으며, 정치적 요소는 그들이 아라비아반도를 넘어 이슬람 국가를 확장함으로써 참여자에게 막대한 보상이 주어지는 기획이었다.

이처럼 정복자와 피정복자 사이에 모종의 보충 관계가 형성되었다. 아랍인은 언어, 시문학 전통, 대중 연설, 계보학에 대한 관심, 미확립 경전 등을 가져왔다. 그러나 이 모든 요소가 종합적 문자 문화로 확립되기까지는 비옥한 초승달 지대의 비-아랍인 개종자들의 손을 빌려야 했다. 다만 이슬람 문명의 출현을 어떤 식으로 설명하더라도, 아직은 보충해야 할 부분이 많이 남아 있다는 점을 특히 강조해두고자 한다. 여전히 우리는 그 문명이 7세기 초에는 존재하지 않았지만 8세기에는 확고하게 자리 잡았다는 정도 이상을 말하기가 쉽지 않다. 게다가 이슬람 문명의 탄생은 역사적으로 비슷한 사례를 찾아볼 수 없는 독특한 사건이라는 점을 염두에 두어야 한다. 한마디로 새로운 문명의 탄생으로 비롯된 극적 변화는 역사적으로 거대한 흑고니(black-swan), 즉 전혀 예상할 수 없었던, 그러나 돌이켜보면 엄청난 결과를 초래했던 사건이다.

# 더 읽어보기

### General historical surveys and reference

*Encyclopaedia Iranica*, ed. Ehsan Yarshater. London: Routledge & Kegan Paul, 1985–.

*The Encyclopaedia of Islam*, second edn. Leiden: Brill, 1960–2009.

Humphreys, R. Stephen. *Islamic History: A Framework for Inquiry*, revised edn. Princeton University Press, 1991.

Kennedy, Hugh. *The Prophet and the Age of the Caliphates: The Islamic Near East from the Sixth to the Eleventh Century*, second edn. Harlow: Pearson Longman, 2004.

Lapidus, Ira M. *A History of Islamic Societies*, second edn. Cambridge University Press, 2002.

*The New Cambridge History of Islam*, 6 vols. Cambridge University Press, 2010, vol. I: *The Formation of the Islamic World, Sixth to Eleventh Centuries*, ed. Chase F. Robinson; vol. II: *The Western Islamic World, Eleventh to Eighteenth Centuries*, ed. Maribel Fierro; vol. III: *The Eastern Islamic World, Eleventh to Eighteenth Centuries*, ed. David O. Morgan and Antony Reid.

### Regional historical surveys

Asher, Catherine B. and Cynthia Talbot. *India before Europe*. Cambridge University Press, 2006.

Berend, Nora. *At the Gate of Christendom: Jews, Muslims, and "Pagans" in Medieval Hungary, c. 1000 – c. 1300*. Cambridge University Press, 2001.

*The Cambridge History of Africa*, 8 vols. Cambridge University Press, 1975–84; vol. II: *From c. 500 BC to AD 1050*, ed. J. D. Fage; vol. III: *From c. 1050 to c. 1500*, ed. Roland Oliver.

*The Cambridge History of Egypt*, 2 vols. Cambridge University Press, 1998; vol. I: *Islamic Egypt, 640–1517*, ed. Carl F. Petry.

*The Cambridge History of Iran*, 7 vols. Cambridge University Press, 1968–91; vol. IV: *The Period from the Arab Invasion to the Saljuqs*, ed. R. N. Frye; vol. V: *The Saljuq and Mongol Periods*, ed. J. A. Boyle; vol. VI: *The Timurid and Safavid Periods*, ed. Peter Jackson and Lawrence Lockhart.

Golden, Peter B. *An Introduction to the History of the Turkic Peoples*. Wiesbaden: O. Harrassowitz, 1992.

Holt, Peter. *The Age of the Crusades: The Near East from the Eleventh Century to 1516*. London and New York: Longman, 1986.

Imber, Colin. *The Ottoman Empire 1300-1481*. Istanbul: The Isis Press, 1990.

———, *The Ottoman Empire, 1300-1650: The Structure of Power*. Basingstoke and New York: Palgrave Macmillan, 2002.

Kennedy, Hugh. *Muslim Spain and Portugal: A Political History of al-Andalus*. London and New York: Longman, 1996.

Levtzion, Nehemia. *Ancient Ghana and Mali*. London: Methuen, 1973.

Lewis, Bernard. *The Middle East: A Brief History of the Last 2,000 years*. New York, NY: Scribner, 1995.

Morgan, David. *Medieval Persia*. London and New York: Longman, 1988.

Soucek, Svat. *A History of Inner Asia*. Cambridge University Press, 2000.

Aspects of Islamic culture

Alam, Muzaffar. *The Languages of Political Islam: India 1200-1800*. University of Chicago Press, 2004.

Berkey, Jonathan P. *The Formation of Islam: Religion and Society in the Near East, 600-1800*. Cambridge University Press, 2003.

Blair, Sheila S. and Jonathan M. Bloom. *The Art and Architecture of Islam, 1250-1800*. New Haven and London: Yale University Press, 1994.

*The Cambridge History of Arabic Literature*, 6 vols. Cambridge University Press, 1983-2006.

Crone, Patricia. *Medieval Islamic Political Thought*. Edinburgh University Press, 2004.

Ettinghausen, Richard, Oleg Grabar, and Marilyn Jenkins-Medina. *Islamic Art and Architecture, 650-1250*, second edn. New Haven and London: Yale University Press, 2001.

Grunebaum, Gustave E. von. *Medieval Islam: A Study in Cultural Orientation*, second edn. University of Chicago Press, 1953.

Hillenbrand, Robert. *Islamic Architecture: Form, Function and Meaning*. Edinburgh University Press, 1994.

Karamustafa, Ahmet T. *Sufism: The Formative Period*. Edinburgh University Press, 2007.

*The New Cambridge History of Islam*, 6 vols. Cambridge University Press, 2010, vol. IV: *Islamic Cultures and Societies to the End of the Eighteenth Century*, ed. Robert Irwin.

Robinson, Chase F. *Islamic Historiography*. Cambridge University Press, 2003.
Rosenthal, Franz. *A History of Muslim Historiography*, second edn. Leiden: Brill, 1968.
Rypka, Jan. *History of Iranian Literature*. Dordrecht: D. Reidel, 1968.
Ullmann, Manfred. *Islamic Medicine*. Edinburgh University Press, 1978.
Walther, Wiebke. *Women in Islam*. Princeton and New York: Marcus Wiener, 1993.

Primary sources in translation

Frye, Richard N., trans. *Ibn Fadlan's Journey to Russia*. Princeton, NJ: Markus Wiener, 2005.
Hopkins, J. F. P. and N. Levtzion, ed. and trans. *Corpus of Early Arabic Sources for West African History*. Cambridge University Press, 1981.
Lewis, Bernard, ed. and trans. *Islam from the Prophet Muhammad to the Capture of Constantinople*, 2 vols. New York and Oxford: Oxford University Press, 1987.

*CHAPTER 16*

# 기독교 지역의 시스템

미리 루빈
Miri Rubin

2000여 년 전 로마 제국 치하 팔레스타인(Palestine)의 유대인 사이에서 탄생한 종교는 오늘날 내부적으로 다양한 집단을 포괄하는 세계 종교가 되었다.¹ 이번 장에서는 기원후 500~1500년 기독교 지역의 시스템을 검토해보고자 한다. 당시 기독교는 비잔티움 제국의 국교였고, 유럽 전역으로 확산되었으며, 아시아와 아프리카의 상당 지역에서도 교세를 확장했다. 유럽의 서쪽과 북쪽 끝까지 팽창한 기독교는 유럽의 가장 중심적인 종교로 자리 잡았다. 유럽의 기독교화는 14세기 북동부 지역을 끝으로 마무리가 되었다. 그사이 7~8세기에는 이슬람의 팽창 때문에 시리아와 북아프리카 및 스페인을 이슬람에 내주기도 했고, 14~15세기에는 과거 비잔티움 제국의 모든 영역이 이슬람에 넘어갔다. 아프리카에서 기독교 통치 왕국은 에티오피아 왕국과 악숨 왕국만 남았고, 나머지 북아프리카의 기독교도는 이슬람 왕국 치하에서 살아가야 했다.² 아시아 지역에서는 시리아부터 페르시아에 이르기까지 서로 공존

---

1 I am most grateful to Michal Biran for suggesting extremely useful reading on Christianity in China, and to Yossef Rapoport for reading a draft of this paper and helping me learn more about Coptic Christianity.
2 On Axum, G. W. Bowersock, *The Throne of Adulis. Red Sea Wars on the Eve of Islam* (Oxford University Press, 2013). On North African Christianity, see

한 두 가지 과정이 존재했다. 즉 한편으로는 이슬람의 통치에 맞춰 기독교 생활을 계속했고, 또 한편으로는 이슬람 칼리프국에서 벗어나 이웃 지역인 중앙아시아, 인도, 중국으로 옮겨 가서 기독교를 전파하기도 했다. 우리가 주목하는 시대의 마지막 수십 년 동안 북서부 아프리카 해안에서는 포르투갈의 무역 거점이 형성되었는데, 그곳에서 새로운 형태의 기독교 생활양식이 등장했다. 1490년대 바스쿠 다 가마가 인도 서부에 도착했고, 카리브해에 유럽의 기독교도가 도달했다.

비잔티움 제국 전역과 유럽, 그리고 동쪽으로 루스(Rus)의 땅까지, 혹은 남쪽으로 에티오피아까지 이르렀던 기독교 문화권은 내부적으로 매우 다양한 가운데 공통된 주요 문화적 특징이 하나 있었다. 바로 성모 마리아 동상이었다. 양식은 크게 두 가지였지만, 차이에도 불구하고 한눈에 알아볼 수 있을 정도였다. 하나는 비잔티움 제국에서 만들어진 양식으로 테오토코스 마리아(Theotokos Maria)라고 하며, 신을 낳으신 분이라는 의미다. 천사가 보좌하는 왕좌에 앉아, 무릎 위에 거룩한 당신의 아들을 안은 채 보는 사람을 마주 보는 모습이다. 또 한 가지 양식에서 마리아는 읽거나 기도하거나 요리하거나 바느질하는 여느 여성처럼 활동적이다. 그녀는 사랑스러운 어린 아들과 함께 있거나, 혹은 성인이 된 아들의 십자가형을 슬퍼하는 모습이다.

우리가 논의하는 시대가 시작될 무렵, 비잔티움 제국은 최고의 기독

---

Mohammed Talbi, 'Le Christianisme maghrébin de la conquête musulmanne à sa disparition: une tentative d'explication', in Michael Gervers and Ramzi Jibran Bikhazi (eds.), *Conversion and Continuity: Indigenous Christian Communities in Islamic Lands Eighth to Eighteenth Centuries* (Toronto: Pontifical Institute of Medieval Studies, 1990): 313-51.

교 국가로 명성이 높았다. 거대한 기독교 건물이 들어섰고, 널리 유통되는 동전에는 모두 기독교 상징이 새겨졌다. 이를 통해 시각 양식이 규정되었다. 제국의 수도로부터 확산되기 시작한 성모 마리아의 형상은 이후 수 세기 동안 기독교 권역 전체적으로 성상(聖像), 모자이크, 상아(ivory)의 표현 양식을 주도했다. 6세기 시리아의 성경, 800년경 아일랜드의《켈스의 서》, 1170년 노브고로드(Novgorod) 공국을 지켜냈다는 전설과 관련된 러시아의 성상(러시아가 여러 공국으로 분열되었을 당시, 이웃한 수즈달 공국에서 노브고로드 공국을 침공하자 노브고로드의 병사들이 성모상을 걸고 기도를 올렸다고 한다. 그러자 적군은 눈이 보이지 않게 되었고, 덕분에 도시를 지킬 수 있었다는 전설이 있다. 러시아 성상이란 당시 내세웠던 성모상의 양식을 말한다. – 옮긴이), 그리고 우리의 논의 시대 전반에 걸쳐 이탈리아에서 생산된 성상 등이 모두 그러한 사례다.

이번 장에서는 기독교인의 일상생활로부터 논의를 시작하여, 그것이 정치, 공동체, 개인에게 어떤 의미였는지를 논의해 보도록 하겠다. 먼저 기독교인 통치자가 다스린 지역(그 경계는 항상 변했다)에서 기독교인의 생활부터 검토해보고, 그다음에는 이슬람 세계에서, 그리고 동쪽으로 더 멀리 나아간 지역에서 기독교인의 생활을 살펴보기로 한다. 마지막으로는 기독교 지역 간의 연결을 강화하는 역할을 했던 이동의 문제(무역, 십자군, 선교)를 검토하며 논의를 마치도록 하겠다.

### 기독교의 제도적 특성

기원후 500년을 전후로, 과거 로마 제국의 지배를 받은 지역에서는 기독교 생활이 보편적이었다. 스페인, 갈리아, 이탈리아, 발칸반도, 소아

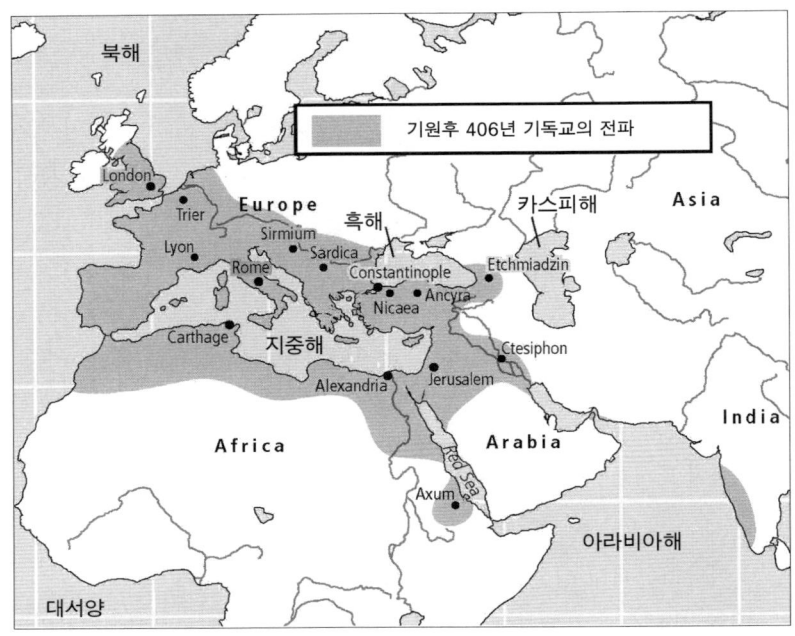

[지도 16-1] 기원후 406년의 기독교

시아, 시리아, 팔레스타인뿐만 아니라 이집트와 북아프리카 해안 지역에도 기독교 공동체가 있었다. 그들은 지중해 연안의 비잔티움 제국과 서로마 제국을 승계한 여러 기독교 왕국의 지원과 보호를 받고 있었다(지도 16-1). 더 멀리 떨어진 곳, 서쪽으로 아일랜드와 북쪽으로 스코틀랜드에도, 동쪽으로 조로아스터교를 국교로 하는 사산 제국에도 기독교 공동체가 있었다. 500년대의 유럽 기독교 공동체는 대부분 개종한 지 얼마 되지 않아 역사가 짧았다. 한편 동방의 공동체는 과거 이교도나 유대교 공동체로부터 개종한 사람들로, 오랜 역사를 이어가고 있었으며,

전례(예배) 언어로 시리아어를 사용했다(동東시리아어 전례와, 서西시리아어 전례가 있었다).

기독교는 스스로가 보편적 진리에 기초한다고 주장했는데, 그들이 말하는 진리의 근거는 구약성서의 예언이 실현되었다는 믿음이다. 예수의 탄생(incarnation)과 그의 일생, 십자가형, 부활, 승천 등은 모두 예언이 실현된 사건이었다. 기독교 주교이자 역사가인 에우세비우스(Eusebius, c. 263~339)에 따르면, 칼데아(즉 메소포타미아 - 옮긴이)에서 로마로 이어지는 세계 권력의 계승은 결국 미래의 종말론적 시기에 도달할 운명에 놓여 있다. 북아프리카 히포(Hippo)의 주교인 아우구스티누스(Augustinus, 354~430)는 신과 그의 백성 사이에 새로운 계약이 성립되었다는 역사관을 정립했다. 그 증거가 예수의 삶이고, 그것을 제자들이 글로 기록한 것이 복음서이며, 예수의 삶과 복음서와 히브리 성경의 예언을 합한 것이 기독교 경전이라고 주장했다. 계승의 원칙은 예수의 살아생전에 만들어졌다. 예수가 죽기 전 제자들과 함께한 마지막 식사는 "최후의 만찬"이라는 이름으로 유명한데, 당시 "나의 몸"이라 하며 빵을 나누는 과정을 통해 승계의 원칙이 확립되었다. 이후 제자(사도)들의 권위는 주교의 임명으로 상속되었다. 우리가 논의하는 시간 범위가 시작될 무렵, 로마의 주교는 다른 지역의 주교들에 비해 우월적 지위를 주장했다. 왜냐하면 로마 교구는 (전통에 따라) 예수의 열두 제자 가운데 가장 우두머리인 베드로가 창설했기 때문이다. 경전을 해석, 번역, 설명할 권한과 어떤 구절이 기독교 정경의 일부가 될 것인지를 결정할 권한은 여전히 논란의 대상이었다. 경전과 세례식(구원의 은총을 받는다고 알려진 의례)은 전적으로 성직자의 영역에 속했다. 여기에 대해서는 평민이나 성직자를 막론하고 주기적으로 문제 제기가 있었다. 우리가 논의하는 시대가 끝나갈 무렵 유럽에서는 이 문제가 굉장한 논란의 대상이 되었고, 프로테스탄트 종교개혁(Protestant Reformation)과 함께 과거와의 단절을 경험하게 되었다.

기독교인의 생활은 공동체 안에서 이루어졌고, 큰 도시에 자리한 큰 교회의 주교들이 이를 관리했다. 예를 들면 푸아티에(Poitiers), 밀라노(Milano), 리옹(Lyon), 톨레도(Toledo), 히포(Hippo), 안티오키아(Antiochia) 같은 도시였다. 일부 교구의 주교들은 다른 주교들보다 더 높은 지위를 인정받았다. 예수의 제자가 직접 설립했다거나, 오래되었다거나, 관할하는 교구가 위엄 있다는 등의 이유였다. 그래서 그들을 총주교(patriarchate)라 했다. 예를 들면 안티오키아, 알렉산드리아, 콘스탄티노폴리스, 로마, 예루살렘 등이 총주교좌 교구였다. 기원후 500년경의 주교좌는 기독교 행정의 중추였다. 로마 제국의 행정 관청에 그들의 집무실이 함께 있었다. 제국 행정 체제가 미치지 못할 경우에는 주교가 국가의 기능을 대신했다. 도시에 곡물과 물을 공급하거나, 도시 성벽을 수리하거나, 이민족 지도자와 협상하는 등의 임무를 주교가 맡아 처리했다. 또한 주교는 종교 교육과 진실한 신앙의 기준을 제시할 의무가 있었다. 그래서 성직자 교육을 감독하고, 교회의 재산을 관리하며, 예배의 내용과 음악을 지시하고, 다양한 판본의 경전 가운데 표준을 정해주며, 교회 법정을 운영하고, 무기를 분배하고, 이단이 아닌 정통파 교리를 제대로 교육하는지 감독했다. 각각의 주교(혹은 동방교회의 대주교)는 자기 교구의 설립자가 예수의 제자인지 순교자인지 조사했으며, 설립자 숭배가 지역 정체성의 핵심이 되었다. 그것은 일반적인 기독교 교리와는 별개로 지역의 삶을 하나로 묶어주는 통합의 기능이 있었다. 우리가 논의하는 시기가 시작될 무렵, 투르(Tours)에서 마태오, 로마에서 베드로, 라벤나(Ravenna)에서 비탈레(Vitale), 말라바르 해안에서 토마스를 각각 해당 지역의 수호성인으로 섬겼다. 콘스탄티노폴리스는 예수의 어머니 마리아를 수호성인으로 여겼으며, 특별한 보호의 능력이 있다고 믿었다. 곧이어 마리아는 테오토코스(Theotokos), 즉 신의 어머니로 추앙되었다.

기독교 선교 사업에는 지역별 친화성과 지역 고유의 스타일이 반영되었다. 인도의 기독교인은 지금도 예수의 제자인 토마스(St. Thomas the Apostle)의 후예를 자처하며, 16세기 유럽 기독교에서 전례 언어로 시리아어(Syriac)를 폐지할 때까지 전례 언어로 사용했다. 시리아와 메소포타미아에서 기독교는 방대한 이교도 사이를 파고들었고, 조로아스터교나 유대교 공동체에도 전파되었다. 특히 유대교에서 개종한 사람들은 뿌리 깊은 성서의 전통을 가지고 있었고, 형상(image)을 숭배하는 문제에 매우 신중한 태도를 취했다.[3] 교황 그레고리우스(Gregorius) 1세는 성 아우구스티누스(St. Augustinus, 사망 604 CE, 나중에 "캔터베리의 아우구스티누스"로 명명)를 로마에서 잉글랜드로 파견했다. 로마력과 전례를 잉글랜드로 가지고 온 사람이 바로 성 아우구스티누스였다. 9세기에 대(大)모라바(Morava) 왕국의 슬라브인 선교를 맡은 인물은 키릴로스(Cyrilos)와 메토디오스(Methodios) 형제였다. 두 사람 모두 나중에 성인으로 축성되

---

3 See the discussion in Jules Leroy, *Les Manuscrits syriaques à peintures conservés dans les bibliothèques d'Europe et d'Orient* (Paris: Librairie orientaliste Paul Geuthner, 1964). See also Sebastian P. Brock, *The Bible in the Syriac Tradition* (Piscataway, NJ: Gorgias Press, 2006).

었다. 그들은 당시 슬라브인이 사용한 글라골 문자(Glagolitic)를 바탕으로 키릴 문자(Cyrillic)를 만들었다(이것이 오늘날 러시아 사람들이 사용하는 문자다). 비잔티움 같은 기독교 제국에도, 유럽의 왕국에도, 혹은 비-기독교 통치자가 다스리는 나라에도 기독교인이 살았다. 물론 지역에 따라, 역사나 다양한 환경에 따라 나름의 뚜렷한 특성이 없지 않았지만, 모든 기독교인의 생활에는 공통적인 면모가 있었다.

기독교인의 생활을 분석하려면, 기독교 국가나 사산 왕조 혹은 무슬림 국가나 중앙아시아 왕국을 막론하고, 막스 베버(Max Weber, 1864~1920)가 말한 카리스마(charisma)와 제도(institution)의 개념을 적용해보는 것이 좋겠다. 막스 베버는 제도와 관료주의의 형성을 논하는 과정에서 이 개념을 제시한 적이 있었다. 기독교 교회가 등장한 과정은 곧 예수의 카리스마를 지속 및 반복 가능하게 만드는 제도화 과정으로 해석할 수 있다. 주교좌 설치가 바로 그러한 사례 중 하나로, 앞에서 언급했듯 주교는 예수의 제자(사도) 중 한 사람을 기원으로 삼고 그의 후계자이자 상속자로 자처하면서, 교사이자 세례를 통해 신도에게 구원의 은총을 베푸는 수호자의 역할을 자임했다. 중부 유럽의 기독교 왕국, 예컨대 잉글랜드, 프랑스, 폴란드 등지에서 그들은 왕실과 밀접한 관련을 맺고 높은 사회적 지위를 보장받았다. 즉 왕실 계보의 권위(카리스마)와 주교좌의 권위가 서로의 힘을 빌려 상호 의존하는 구조가 형성되었던 것이다.

교회의 성직자(학식이 있고 라틴어에 능숙했으며, 11세기 이후 중부 및 서부 유럽에서는 독신의 의무가 주어졌다)는 통치자에게 법, 외교, 학문, 소통 등 다양한 전문 지식을 제공했다. 그들은 신뢰할 수 있는 정당한 통치자라는 이미지를 만들어 통치자를 보좌했고, 덕분에 통치자는 많은 토지를 소유한 다른 유력자들보다 더 큰 권력을 가질 수 있었다. 유럽의 여러 왕국과 비잔티움 제국에서는 다 같이 왕실과 교회의 권위자 및 그에 부속된 관료 체제가 서로 (긴장이 아예 없는 것은 아니었지만) 도움이 되는 관계였다. 유럽의 왕들과 신성 로마 제국의 통치자들은 주교를 거대 제후로 받아들였고, 광대한 토지를 주었으며, 그들의 재판권과 교회 법정의 자율성을 인정했다. 관할 경계를 두고 (특히 과세와 법적 권한 문제에서) 자주 분쟁이 있었으나 근본적 구조는 변함이 없었다. 국가와 교회는 기독교 윤리의 일반적 틀 안에서 사회의 위계 질서를 형성하고 유지하기 위해 서로 힘을 합쳤다. 왕이나 황제는 본인들이 신의 은총에 의거해 통치를 위임받았다고 인정했다. 그들은 세상을 구원하기 위해 교회를 후원해야 할 의무가 있었고, 교회법이 적용되는 광범위한 영역(결혼, 유언과 상속, 이단의 판정과 처형, 성직자의 교육 등)을 인정했다. 유럽에서는 중세 후기로 갈수록 통치자가 기본적인 관리 업무에 대해 성직자에게 의존하는 정도가 줄어들었다. 많은 영역에서 세속의 전문 관료 엘리트 계층이 발달했고, 더불어 그들의 야망과 능력도 그만큼 성장했기 때문이다.

### 기독교 국가에서 기독교인의 생활

유럽과 비잔티움 제국에서는 교회 체제 아래 카리스마(권위)를 제도화했고, 교회와 국가의 관료 체제가 상호 이익 아래 공존했다. 여기에 대해서는 지속적으로 비판이 제기되었다. 금욕주의 영성에 매혹된 사람들은 삶의 미덕으로부터 권위가 주어진다고 믿었다. 대개 성스러운 사람들이 있었고, 역사학자 피터 브라운(Peter Brown)에 따르면 그들의 삶과 영향력은 매우 강력했다.[4] 그들의 금욕적인 삶은 신도에게 참회의 마음을 불러일으켰고, 스스로의 삶을 돌아보도록 만들었다. 시리아와 팔레스타인 및 이집트의 사막에서, 아르메니아와 페르시아 북부의 산악 지대에서, 그들의 삶은 성인전이라고 하는 강력한 문학 장르에 영감을 주었고, 추종자들을 수도원으로 끌어들였다. 그런 금욕주의자 가운데 기둥 위의 수행자 성 시메온(St Simeon the Stylite, 389~459)이라는 사람이 있었다. 그는 수십 년 동안 돌기둥 위에서 살았으며, 찾아온 사람들에게 회개하라고 설교했다. 그의 수도원이 안티오키아 북동쪽으로 60킬로미터 가량 떨어진 칼아트 시만(Qal'at Sim'an)에 있는데, 멀리 북아프리카나 유럽에서도 순례자들이 찾아왔다.[5] 그와 같은 "살아 있는 성자"는 신앙의 정통성을 규정하는 국가 권력에 도전하기도 했다. 수도사이자 신학자인 고백자 막시모스(Maximos the Confessor, 580~662)는 그리스도의 의지(will of Christ)를 규정한 제국의 질서에 반대하다가, 결국 혀와 오른손이 잘리는 형벌을 받고 캅카스 지역의 트라케(Thrace, 혹은 Thracia)로 추방당했다.[6] 그러나 성자를 가두라는 명령을 받은 병사들은 오히려 그를 몹

---

4 Peter Brown, *Society and the Holy in Late Antiquity* (London: Faber, 1982).
5 Gary Vikan, '"Guided by Land and Sea": Pilgrim Art and Pilgrim Travel in Early Byzantium', in Gary Vikan, *Sacred Images and Sacred Power in Byzantium* (Aldershot: Ashgate, 2003): 74-92. On stylites, Brandie Ratliff, 'The Stylites of Syria', in *Byzantium and Islam: Age of Transition 7th-9th Century* (New York: Metropolitan Museum of Art, 2012): 94-7, and on pilgrimage more broadly, see Brandie Ratliff, 'Travel to the Holy', in *Byzantium and Islam*, 86-93.
6 Robert Louis Wilken, *The Spirit of Early Christian Thought: Seeking the Face of God* (New Haven, CT: Yale University Press, 2003): 113-18.

시 두려워했다고 한다.

　기독교 국가의 정치 권력은 기독교 공동체에 많은 특혜를 베풀었다. 교회와 성직자를 법적으로 보호했고, 교회에서 운영하는 법정을 지원했고, 많은 재물을 기부했고, 궁중 의례에 기독교 내용을 포함시켰다. 콘스탄티누스 황제 이래로 비잔티움 제국의 황제들은 신앙의 문제를 결정하는 회의를 주재하고 이단을 처단함으로써 기독교의 정통성을 국가 권력으로 지켰다. 이단은 무려 반역죄로 다스렸다. 그러나 교회 또한 대가를 치러야 했다. 비잔티움 제국과 이후 유럽의 여러 왕국에서 통치자들은 신앙을 법제화하고 정통성을 분명하게 규정짓고자 했으며, 또한 이단까지는 아니더라도 주류에서 벗어나면 처벌의 대상으로 삼았다. 기독교 통치자의 보호에서 벗어나면 종교적으로 보다 자율적인 여유가 주어졌다. 특히 관료적 권위주의에서 벗어날 수 있었다. 638년 무슬림이 예루살렘을 정복한 뒤 예루살렘 교구의 교구장이 사임했고, 결국 예루살렘 교구는 비잔티움 제국의 교회 질서에서 떨어져 나갔다. 그러나 그 뒤로 예루살렘의 수도원은 더욱 번성했다. 유대 광야에 위치한 수도원들은 독점적으로 기독교 학문 전통을 보유하고 다수의 걸출한 학자들을 배출했으며, 모범적 교육의 권위를 인정받았고, 교회가 국가적 틀에서 벗어나 활동할 수도 있다는 사실을 보여주었다.[7]

　지혜로운 통치자들은 제도권 바깥의 권위를 체제 안으로 끌어들이고자 했다. 예컨대 교황 이노켄티우스(Innocentius) 3세는 주변의 권유에

---

[7] Brouria Bitton-Ashkelony and Aryeh Kofsky, 'Monasticism in the Holy Land', in Ora Limor and Guy G. Stroumsa (eds.), *Christians and Christianity in the Holy Land: From the Origins to the Latin Kingdoms* (Turnhout: Brepols, 2006): 288-9.

못 이겨 아시시의 프란체스코(Francesco d'Assisi, 1181~1226)와 그의 추종자들을 만났다. 프란체스코는 부유한 상인의 아들로서 특권적 지위를 포기하고 청빈과 설교 가운데 수행자의 삶을 살고자 했다.[8] 결국 교황은 프란체스코를 무턱대고 가난 속에서 살아가는 광신도가 아닌 정식 수도사로 인정했다. 결국 프란체스코와 그의 추종자들은 교회를 위해 전도의 선봉대가 되었다. 그들은 어디서나 설교를 잘하는 장점이 있었기 때문에 미온적인 신도에게 열정을 불어넣는 역할을 맡았다. 고유의 지식과 웅변술을 이용해 일부 프란체스코회 수도사들은 유대교와 맞서기도 했고, 유럽 기독교 문화권에서 벗어나 튀니지나 이집트, 멀리 중국까지 선교사를 파견하기도 했다.

우리의 논점은 기독교 통치 지역에서 권위의 형성과 제도의 구축 문제다. 한편으로는 교육, 의례, 법률을 통해 기독교인의 생활을 조직하는 제도권의 대표로 주교가 있었고, 다른 한편으로는 대중의 직접적 숭배의 대상이 된 성자가 있었다. 양자는 언제나 긴장 관계에 놓여 있었다. 기독교 국가와 비-기독교 국가를 막론하고 기독교 교회 체제가 감당해야 했던 근본 과제는, 권위 있는 텍스트에 근거하여 생활의 규율에 논리를 제공하고 이를 현지어로 전파하는 문제였다. 그러한 가르침과 함께 풍부한 의례의 세계가 기독교 논리에 부가되었다. 이는 생애 주기에서 중요한 순간에 특별한 의미를 부여하는 역할이 있었다. 그중 무엇도 쉽게 만들어질 수는 없는 것이며, 관행이 모두 통일될 수도 없는 것

---

8  André Vauchez, *Francis of Assisi: The Life and Afterlife of a Medieval Saint* (New Haven, CT: Yale University Press, 2012).

이었다. 어느 지역에서든 기독교 의례는 기독교가 도래하기 이전에 이미 존재해온 전통과 융합되었고, 거기다가 기독교 신앙의 상징을 풍부하게 덧붙이는 식이었다. 세례식과 성찬식 등 여러 기독교 의례는 대개 예수의 생애에서 어떤 에피소드와 결부되어 제도화되었다. 생애 주기상 어떤 의례도 예외는 없었다. 예를 들면 7세기 프랑크인의 기독교 의례 중에는 청소년기 소년이 처음으로 면도를 하는 이른바 바르바토리아(barbatoria)도 있었다. 더욱 곤혹스러운 것은, 신이 인간의 몸을 통해 세상에 내려왔고, 고행과 육체의 순수성을 실천하는 교범을 보이느라 고난을 겪었다는 교리를 믿는 종교에서 결혼과 성(性)을 인정해야 하는 문제였다.[9] 유럽에서는 12세기부터 결혼을 성스러운 사랑으로 포장하는 문화가 풍부하게 발달했다. 종교는 영원한 삶을 보장하므로 삶의 종말에 대해서도 전문적인 대처를 해야 했다. 죽음은 끝이 아니라 축복이며, 특히 유럽에서 발달한 연옥(燃獄, Purgatorium, 사망한 영혼이 신의 구원을 받았으나 불순함을 미처 씻어내지 못해 정화의 시간을 가지는 곳 - 옮긴이) 개념처럼, 산 자와 죽은 자의 대화가 가능하다거나 그들을 위해 산 자들이 경건한 신앙생활을 해야 한다는 사상 내지 관습을 개발했다.[10]

의례의 세계는 인간의 생애 주기를 규정하고, 무엇보다 예수와 그의 어머니, 예수의 12제자(사도), 순교자와 성인의 생애를 기념했다(그

---

9 Peter J. Payer, *The Bridling of Desire: Views of Sex in the Later Middle Ages* (Toronto: University of Toronto Press, 1993); Christopher N. L. Brooke, *The Medieval Idea of Marriage* (Oxford University Press, 1989).
10 Frederick S. Paxton, *Christianizing Death: The Creation of a Ritual Process in Early Medieval Europe* (Ithaca: Cornell University Press, 1990).

〔그림 16-1〕 동방박사의 경배를 표현한 상아 부조, 비잔티움 제국 초기, 6세기 초

림 16-1). 기원후 500년경 예수와 마리아와 요셉의 생애 이야기에 더욱 풍성한 전설이 더해졌다. 전설이 기독교 이야기의 빈틈을 메워줌으로써 그들은 순수하고 신앙심이 깊은, 존경스럽고 친근한 인물로 느껴지게 되었다. 이에 대해 피터 브라운(Peter Brown)은 죽은 자를 산 자의 의례에 통합하는 시스템이라고 설명했다.[11] 그래서 다양한 언어(그리스어, 라틴어, 아르메니아어, 콥트어, 시리아어)로 예수의 어린 시절 이야기가 번역되었다. 그 이야기에는 마리아와 요셉의 최후를 상상한 내용도 포함되었다.[12] 이후 세기에는 특히 유럽에서 전설의 세계가 최고조로 발달했다(일부 기독교 사상가들은 의구심을 표했고, 유대인은 전설을 조롱하기도 했다). 유럽을 주도한 문화적 유행은 종교 이야기에 구체성을 더하는 방향이었다. 1200년 이후 예수는 귀여운 아기 혹은 고통받는 성인 남성의 모습으로 그려졌고, 마리아는 한없는 사랑의 어머니 혹은 아들을 잃은 슬픔의 어머니로 묘사되었다. 유럽 중세의 경향을 가장 극명하게 보여주는 작품은 〈피에타(pietà)〉일 것이다. 이 그림은 기독교 문화권에서 대중적으로 매우 널리 알려졌다. 거리 곳곳에 성모상이, 광장 곳곳에 십자가가 세워졌다(그림 16-2).

기독교인은 공동 예배를 위해 신부(神父)가 지도하는 공동체를 형성했다(때로는 수도사가 임무를 대신하기도 했다). 이러한 공동체가 교구

---

11 Peter Brown, *The Cult of Saints: Its Rise and Function in Latin Christianity* (London: SCM Press, 1981): 177.
12 Lucette Valensi, *La Fuite en Égypte. Histoires d'Orient et d'Occident; essai d'histoire comparée* (Paris: Seuil, 2002); Stephen J. Shoemaker, *Ancient Traditions of the Virgin Mary's Dormition and Assumption* (Oxford University Press, 2002).

[그림 16-2] 〈신성 가족〉, 요스 판 클레버(Joos van Cleve, c. 1485~1540/ 1541), 안트베르펜

를 형성했는데, 교구 단위는 기존에 직업이나 사회 관계를 통해 형성된 이웃 사람들 간의 공동체와 겹치는 경우가 많았다. 교구에는 흔히 사회적·경제적 구조가 반영되어 있었다. 시골에서는 마을 단위, 도시에서는 이웃 단위가 교구가 되었으며, 가문과 가문 간의 교류 혹은 가문 내 교류를 통해 공동체는 더욱 강화되었다. 이는 비단 유럽의 경우뿐만 아니라 무슬림 치하의 이집트와 시리아에서도 마찬가지였다. 십자군 전쟁이 발발하기 직전, 그리고 라틴어권 유럽인이 서아시아에 진출했을 때(1099~1291) 멜키트파 기독교인(그리스정교를 따르던 사람들, 뒤에서 다시 논한다)은 여전히 사마리아(Samaria) 지역에서 마을 단위로 폭넓게 거주했는데, 마을마다 아마도 5~6세기에 처음 건축된 것으로 추정되는 비잔티움 스타일의 작은 교회가 있었다.[13] 기독교인이 마을 단위로 모여 살거나 인구가 많은 도시에서도 거주하게 되면, 목회자의 지도가 아무래도 효율적인 데다 노동이나 안전 혹은 행정상의 편의도 도모할 수 있었다. 사람들이 흩어져 사는 지역 혹은 유목 생활을 주로 하는 지역(아일랜드의 대부분, 오늘날 프랑스와 스위스의 쥐라산맥, 중앙아시아의 대부분)에서는 목회자의 지도가 정기적이지 못했고, 교회나 성직자가 부족하고 대규모 집회가 어려웠다. 프란체스코회 수도사 윌리엄 루브룩(William of Rubruck, c. 1220~c. 1293)은 중앙아시아에서 "네스토리우스파 기독교 사제"를 보고서 넋을 잃었다고 한다. "그는 막대한 가축 떼를 소유한 자였으며, 나이만(Naiman)이라 불리는 사람들을 지도했다. 그들도 네스토

---

13 Ronnie Ellenblum, *Frankish Rural Settlement in the Latin Kingdom of Jerusalem* (Cambridge University Press, 1998).

리우스파 기독교인이었다."[14]

　현지 사정과 생계 수단을 막론하고 기독교인의 삶에는 언제나 지역의 특성과 특이한, 심지어 이국적인 요소가 결합되었다. 지역 교회는 수세기 동안 유지되었고, 공동체의 형편에 따라, 또한 주변의 사람들이 허용하는 정도에 따라 장엄을 더해갔다. 교회에서는 익숙한 찬송가가 울려 퍼졌고, 오래된 텍스트의 내용에 근거하여 의례가 거행되었다. 남녀노소를 막론하고, 적극적이거나 소극적인 정도를 막론하고 누구나 집회에 참석했다. 기독교인의 삶은 가족과 노동에도 스며들어 있었다. 그러나 기본적 흐름 이외에 예기치 못한 일들이 일어나 풍요롭고 때로는 당혹스러운 경험을 안겨주기도 했다. 예컨대 종교 전문가나 수도사나 설교자가 방문하기도 했고, 숲속이나 도시 시에나(Siena) 남쪽 언덕 혹은 이라크 북쪽 동굴에서 은둔 생활을 하는 수행자를 만나기도 했으며, 교회 재판소가 열리기도 했는데, 예컨대 14세기 초 프랑스 남부의 몽타유(Montaillou) 마을에는 정기적으로 재판부가 찾아와 마을 사람들을 점검했다. 또한 근처의 수도원을 찾아오는 순례자를 만나거나, 순례 여행을 마치고 돌아오는 사람, 상인 혹은 십자군으로 더욱 먼 거리를 다녀와 낯선 이야기와 기념품을 나눠주는 사람들도 만났다.

　기독교 왕국들이 심각한 위협에 처했을 때(정복되거나 침략을 당하거나 주권을 상실하거나 조공을 바쳐야 했을 때) 해당 지역에서 가장 창의적인 문화적 과정이 탄생했으며, 공동체의 정체성을 강화하는 독특한 패

---

14　*The Mission of Friar William of Rubruck: His Journey to the Court of the Great Khan Möngke 1253-1255*, trans. Peter Jackson, ed. Peter Jackson and David Morgan (London: Hakluyt Society, 1990), vol. XVII, 122.

턴이 만들어졌다.[15] 몽골의 정복 이후 루스인의 모스크바 공국이 발전했을 때, 교회의 저술가들과 세속의 유력자들은 기독교 저항, 순교, 영웅의 신화를 만드는 데 협력했다. 사실 모스크바 공국(Grand Duchy of Moscow)은 금장 칸국(Golden Horde)의 영토 안에서 성립했다. 모스크바 공국은 정주 기독교 질서를 대표했지만, 금장 칸국이 쇠락한 뒤에는 동방의 적이라는 새로운 명성을 축적했다. 나중에는 그 명성이 코사크인(Cossacks)에게 이전되었다. 그들은 기독교인이었음에도 불구하고, 스텝 지역 거주민으로 러시아의 유산과 유목민의 생활 및 군사 기술을 모두 물려받은 사람들이었다.[16]

기독교인의 생활은, 종교적으로 기독교가 다수를 차지하고 통치자가 기독교인인 지역에서조차 언제나 매우 다양했다. 이후 논의에서 보게 되겠지만 나중에는, 이슬람이 그랬던 것처럼 기독교인이 다수 인구를 차지하는 곳에서도 종교적 관용을 용납하는 토착 공동체들이 생겨났다.

## 사산 제국과 무슬림 치하 기독교인의 생활

중간천년기가 시작될 무렵 지중해 주변에는 이미 기독교 체제가 확고히 자리 잡고 있었으나, 그 북쪽의 유럽에서는 이제 막 확산이 시작되고 있었다. 유스티니아누스(Iustinianus) 황제(재위 527~565) 당시 대부

---

15 유럽의 경우는 다음을 참조. Robert Bartlett, *The Making of Europe: Conquest, Colonization, and Cultural Change, 950-1350* (London: Allan Lane, 1993).
16 Moshe Gammer, 'Russia and the Eurasian Steppe Nomads: An Overview', in Reuven Amitai and Michal Biran (eds.), *Mongols, Turks, and Others: Eurasian Nomads and the Sedentary World* (Leiden: Brill, 2005): 483-502.

분의 지중해 지역 헤게모니는 비잔티움 제국이 장악하고 있었다. 그때 반달인이나 서고트인 혹은 동고트인 등의 여러 왕국에서는 아리우스파 기독교가 확산되었고, 그래서 비잔티움 제국은 이들 왕국의 기독교를 억제하고자 했다. 아리우스파 기독교는 4세기 알렉산드리아의 성직자인 아리우스(Arius)의 사상을 따르는 기독교파로, 삼위일체 가운데 신의 아들 예수를 분리하여 예수 또한 피조물의 하나일 뿐이라고 강조했다. 비잔티움 교회에서는 여러 차례에 걸쳐 이를 비난했다. 비잔티움 제국의 동쪽에는 또 다른 기독교 왕국 아르메니아(Armenia)가 있었다. 그들의 독립적인 기독교 전통은, 451년 칼케돈 공의회(Council of Chalcedon)의 입장과 달랐다(공의회에서는 예수의 신성과 인성 분리를 반대했다. - 옮긴이). 비잔티움 제국과 아르메니아 왕국은 모두 사산 제국과 국경을 접했는데, 사산 제국의 기독교인이 시국에 따라 처벌을 받게 되면 아르메니아나 조지아(Georgia)로 달아나곤 했다.

　동방 기독교는 역사적으로 세 분파가 중요한데, 각기 다른 이름을 가졌으며 일부는 오늘날까지도 살아남았다. (1) 동방교회(Church of the East). 431년 비잔티움 제국의 기독교와 결별했고, 나중에는 네스토리우스파(Nestorians)라는 이름으로 불렸다. 전례 언어는 동방(고전) 시리아어(East Syriac). 신도는 이란과 이라크에서 살았지만 유럽, 오스트레일리아, 미국으로 이주하기도 했다. (2) 비잔티움 정교(imperial Orthodoxy)를 따르는 시리아인 신도, 멜크파(Melkites)와 마론파(Maronites). 전례 언어는 그리스어(영어 표기의 imperial은 비잔티움 제국을 뜻한다. 셈어로 멜크파를 의미하는 M-L-K 또한 imperial을 의미한다. 멜크파란 비잔티움 제국의 정교를 따르는 분파라는 의미다. 한국에서는 같은 명칭이 멜키트파로 번역되기도 했는데, ite는 분파를 의미하는 접미사이므로 우리 책에서는 이를 따르지 않고 멜크파로 번역한다. — 옮긴이). (3) 시리아 정교(Syriac Orthodox Church, 혹은 서방교회 혹은 Jacobite). 451년 신학 논쟁 이후 그리스 정교(Greek Orthodoxy)로부터 분리. 전례 언어는 그리스어. 칼케돈 공의회에 참여하지 않은 집단, 예컨대 콥트인이나 콥트인의 위계에 속한 누비아인과 에티오피아인 기독교 집단과 관련이 깊었다. 기독교의 엄청난 다양성에도 불구하고 일부 관습은 당시 여행자의 눈에도 놀라워 보였던 모양이다. 콥트인 성직자이자 여행가인 아부 알-마카림(Abu al-Makarim, 1205~1273)은 에티오피아에서 성찬에 (순수 와인 대신 — 옮긴이) 와인 식초 희석 음료를 금지한 관행에 불만을 가졌을 뿐만 아니라, 예멘 사나(Sanʿa)에 있는 어느 교회의 사치스러운 치장에 무척 놀랐다고 고백했다.[17]

초기 기독교 공동체는 비잔티움 제국(325~1453)과 사산 제국(224~651) 치하에서 발달했으며, 그중에는 특히 오래도록 전해 내려온 도시의 유대교 공동체로부터 이탈한 개종자를 포함해 많은 개종자가 있었다. 이러한 사정을 감안할 때 지역별 기독교 문화의 독특한 측면을 이해할 수 있다. 초기에 형태를 갖추어가던 교단에서 전례는 매우 철저히 성서에 입각해 있었고, 초기 교단의 신학에서 그리스 플라톤 철학은 단지 이방인의 사상에 불과했다. 시리아 기독교 문화의 중심지는 에데사(Edessa)였다. 사산 제국에서 기독교인을 박해할 때 수많은 페르시

---

17 *The Churches and Monasteries of Egypt and Some Neighbouring Countries Attributed to Abû Sâlih, the Armenian*, trans. B. T. A. Evetts (Oxford: Clarendon Press 1895): 289 and 300.

아 기독교인이 그곳으로 피신했다. 에데사의 독특한 신학은 경전의 면밀한 분석을 강조했으며, 신성과 인성을 완전히 결합한 콘스탄티노폴리스의 신학 이론을 거부했다. 몹수에스티아의 테오도로스(Theodoros of Mopsuestia, c. 350~428)는 예수를 인간이라고 가르쳤으며, 예수는 신의 말씀이 거주하는 집(habitation)을 알려주신 분이라고 해석했다(부연하자면, 신은 교회나 건물이 아니라 인간의 마음속에 거주하며, 그런 의미에서 인간은 신의 말씀이 거주하는 집과 같고, 이를 가르쳐주신 분이 예수라는 의미다. - 옮긴이). 이런 이론에 따르면 동정녀 마리아는 신을 낳으신 분이 아니며, 431년 에페소스 공의회에서 결정한 마리아의 호칭 테오토코스(Theotokos, 신의 어머니)는 잘못된 것이다. 이는 비잔티움 기독교 전례의 핵심을 부정하는 입장이다. 즉 마리아는 신이 아니라 그리스도라는 인간을 낳았으며, 따라서 테오토코스(Theotokos)가 아니라 안트로포토코스(Anthropotokos, 인간의 어머니) 혹은 크리스토토코스(Christotokos, 그리스도의 어머니)라 불러야 한다는 것이다. 시리아인으로 콘스탄티노폴리스 대주교를 역임한 네스토리우스(Nestorius)는 이런 입장을 받아들였을 뿐만 아니라 권장하기까지 했으나, 공의회에서 그를 파문했다. 그의 이론은 비잔티움 기독교에서 매우 낯선 주장이었다. 489년에는 에데사의 신학교 또한 황제의 칙령으로 폐쇄되었다. 동방교회의 중심지는 더 멀리 동쪽(티그리스강 변의 니시비스Nisibis)으로 옮겨 갔다. 그곳 기독교학교의 가르침이 후대의 페르시아권에 퍼져 나가게 된다.[18]

18 Sebastian Brock, 'The "Nestorian" Church: A Lamentable Misnomer', *Bulletin of the John Rylands Library* 78(1996): 23-35; Sergey Minov, 'The *Cave of Treasures* and the Formation of Syriac Christian Identity in Late Antique

동방교회는 카톨리코스(catholicos, 총주교)의 지휘를 따랐다. 총주교는 북으로 반호(Lake Van)로부터 남으로 페르시아만까지의 영역을 관장했으며, 주교좌는 780년까지 도시 셀레우키아(크테시폰)에 위치하다가 그 이후 바그다드로 옮겼다. 이때 동방의 기독교인은 정주 공동체 이외에도 약 150개의 수도원을 지원했는데, 대부분은 비잔티움 제국과 사산 제국(651년 멸망)의 북쪽 국경 지대에 있었다. 이 지역 기독교는 모두 카톨리코스의 관할이었으나, 유럽이나 비잔티움 제국에 비하면 신도가 흩어져 있는 편이었다. 820년 약 19개였던 메트로폴리탄 교구(대주교와 유사)는 14세기에 25개 교구로 증가했고, 그 아래로 약 200명의 주교가 있었다. 기독교 공동체의 성장에 발맞추어 제도적 뒷받침이 이어졌다. 예를 들어 실크로드의 도시 카슈가르(Kashgar)에 설치된 주교좌는 12세기 말엽 메트로폴리탄 교구로 승격되었다. 동방교회의 선교사들은 남쪽으로 실크로드 남로를 오가는 상인의 여정을 따라 인도와 말레이반도, 그리고 중국까지 진출했다. 기독교 지역에서도 비슷한 제도를 운용했지만, 정교회에서는 메트로폴리탄 교구에 대주교(다른 지역의 archbishop과 비슷한 지위)를 임명했고 교구의 최고위 기구로 종무소(synod)를 설치했다. 6세기 초에 이르러 인도 기독교에서도 여러 메트로폴리탄 주교가 임명되었다. 일부는 정주 주교좌였고, 일부는 순회 주교좌였다. 그다음

---

Mesopotamia', in Brouria Bitton-Ashkelony and Lorenzo Perrone, *Between Personal and Institutional Religion: Self, Doctrine and Practice in Late Antique Eastern Christianity* (Turnhout: Brepols, 2013): 155-94; Dietmar W. Winkler, 'The Age of the Sassanians: until 651', in Wilhelm Baum and Dietmar W. Winkler, *The Church of the East: A Concise History* (London: Routledge, 2003): 7-41.

7세기에 인도 기독교의 메트로폴리탄 주교좌 가운데 한 곳이 의무를 게을리했다는 이유로 징계를 받았는데, 관할하는 영역이 "페르시아 제국의 변경에서부터 그들이 칼라(Qalah)라고 부르는 도시까지였다."[19] 사산 제국의 경계를 넘어 말라바르 해안까지 기독교가 진출했다. 적어도 로마 제국의 시대 이후로 상인들은 말라바르 해안과 교역을 이어왔다. 상인들을 따라 향신료 무역이 왕성하게 이루어지는 항구에 들어간 기독교인은 정착에 성공했고, 현지 주민을 교인으로 확보했다. 이후 1000여 년 동안 남인도 지역의 기독교인은 일상 언어로 말라얄람어(Malayalam, 남인도 지역의 드라비다어)를 사용하면서도 전례 언어와 성인전 텍스트의 언어로는 시리아어를 사용했으며, 그들의 교회가 오랜 옛날 예수의 사도로부터 직접 이어져온다고 믿었다.[20]

무슬림 세력의 확장은 많고 다양한 기독교 공동체에 극적 변화를 초래했다. 무함마드의 가르침에 따라 유대교인과 기독교인은 "성서의 사람들(ahl al-kitab)"로 불리며, 경전을 기반으로 한 종교 이슬람의 협력 집단으로 규정되었다. 기독교인과 유대교인은 무언가 잘못된 사람들, 열등한 백성이었다. 그러나 예언가 경전의 역사를 공유하는 친연성이 있

---

19 Adolf Heuken, 'Christianity in Pre-Colonial Indonesia', in Jan Sihar Aritonang and Karel Steenbrink (eds.), *A History of Christianity in Indonesia* (Leiden: Brill, 2008): 3-7. 칼라는 아랍 지리학자들의 기록에 등장하는 어느 섬의 이름으로, 인도양 무역 중심지로 유명한 곳이었다. 그곳이 어디인지를 밝히기 위해 많은 논의가 있었는데, 믈라카라고도 하고, 오늘날의 스리랑카 해안 지역이라고도 한다.
20 Susan Bayly, *Saints, Goddesses and Kings: Muslims and Christians in South Indian Society, 1700-1900* (Cambridge University Press, 1989): 241-7; 기독교 동방 확산의 상업적 배경은 다음 논의를 참조. Kenneth McPherson, *The Indian Ocean: A History of People and the Sea* (Delhi: Oxford University Press, 1998), 76-122.

으므로, 이교도나 미신 숭배자인 보통의 정복민과는 다르다고 생각했다. 칼리프의 아량에 감사하는 한 유대교인과 기독교인은 딤미(dhimmi), 즉 보호를 받는 사람들로 인두세 납부 대상이었으며, 몇몇 제한 조건이 부과되었다. 콥트 연대기를 보면 이런 원칙이 어떻게 운영되었는지 구체적으로 알 수 있다. 연대기에 따르면 이집트의 정복자 아므르 이븐 알아스('Amr ibn al-'As)가 알렉산드리아에 있는 멜크파 대주교 키루스(Cyrus)와 협정을 맺었는데, 기독교인의 일에는 간섭하지 않겠다는 내용이 포함되었다. 우마이야 왕조 시기(661~750)에 이슬람 율법이 비잔티움과 사산 제국의 법을 대체하게 되었지만 지방 행정은 그대로 유지되었다. 아바스 왕조 시기(749/50~1258)에는 이슬람 법제를 발달시킴으로써 쿠란의 가르침과 각지의 전통에 조화를 도모하고자 했다.

이슬람에서는 공동체(ummah)와 종교의 관계를 이해하는 나름의 이론이 있었다. 이를 기독교인과 유대교인에게 적용하여, 그들도 이슬람을 모욕하지만 않는다면 나름의 성스러운 율법에 따라 살아가는 삶이 허락되었다.[21] 물론 무슬림의 율법 규정에 대해 접점과 분쟁이 없지 않았다. 기독교인은 무슬림 노예를 소유할 수 없었고, 쿠란의 복사본이나 하디스(hadith, 예언자 무함마드의 말씀 모음집으로, 법적 판단의 참고 자료로 활용)를 소유할 수 없었다.[22] 기독교인에게 어느 정도의 법적 자율성을 부

---

21 Benjamin Z. Kedar, *Crusade and Mission: European Approaches toward the Muslims* (Princeton University Press, 1984): 9-14.
22 Néophyte Edelby, 'The Legislative Autonomy of Christians in the Islamic World', in Robert Hoyland (ed.), *Muslims and Others in Early Islamic Society* (Aldershot: Ashgate, 2004): 49, 64-5.

여할지 무슬림 재판관들 사이에 보편적으로 합의된 바는 없었다. 그러나 현실적으로는 공공질서와 이슬람과 관련된 문제, 이를테면 폭리를 남기는 행위나 배교와 신성 모독 등에서는 예외적으로 자율성을 인정하지 않았다. 이와 같은 제한 조건에도 불구하고 비잔티움의 통치자가 규정하는 기독교와 다른 입장을 취한 동방 기독교의 일부 교인은 아랍 정복자를 오히려 해방군으로 간주하여 환영했다.[23]

동방 기독교의 교인은 유럽이나 비잔티움의 교인과 달리 배교 행위를 걱정해야 했다. 아들딸 혹은 친척이나 이웃이 이슬람으로 개종하고 기존의 공동체에서 벗어나는 일들이 있었기 때문이다. 그래서 그들은 신앙을 지키고 주변의 기세등등한 다른 종교의 교리를 비판하기 위해 소책자를 만들었다. 이슬람 정권 아래 기독교인의 생활은 현실적인 문제가 있었다. 이슬람으로 개종하기는 비교적 쉬웠고 기회는 개방적이었다. 한편 이슬람에서 기독교로 개종하면 배교자로 낙인찍혔고, 심지어 죽음에 이르는 처벌을 받을 수도 있었다. 그럼에도 기독교 공동체는 유대교 공동체와 함께 번성했고, 공동체 안에서 여러 생활 조건을 공유했다. 칼리프국의 기본 정책은 종교적 관용이었지만 통일 칼리프국은 오래 지속되지 못하고 여러 다양한 독립국으로 갈라졌고, 때에 따라 뒤집히는 정책 노선 때문에, 그리고 종교적 열정이 기존 질서에 혼란을 초래하는 경우에 기독교인은 커지는 위험을 감내할 수밖에 없었다. 개종한 지 오래되지 않은 셀주크인이 헤게모니를 장악한 11세기 초·중엽 칼리프국의 북

---

23 Raymond Le Coz, *Histoire de l'Eglise d'Orient: Chrétiens d'Iraq, d'Iran et de Turquie* (Paris: Cerf, 1995): 135.

쪽 변경에 있는 기독교인의 상황이 그와 같았다. 북아프리카의 무와히드 칼리프국이 12세기 알안달루스를 정복했을 때도 마찬가지였다.

이슬람의 유혹과 싸운 기독교인 개인의 처절한 몸부림이 콥트인 순교자 요안네스(Joannes of Phanijoit)의 인생을 기록한 성인전에 등장한다. 배경은 1211년 무렵으로, 선한 기독교인이 이슬람에 유혹되는 방식이 서술되어 있는데, 여기서는 그를 나쁜 길로 인도하는 이국적인 무슬림 여인이 유혹자로 등장한다.

> 요안네스는 또한 /
> 그런 식으로 그들과 뒤섞였고, /
> 그들의 수법을 알았다. 왜냐하면 /
> 그는 올드카이로의 [성 세르기우스(St Sergius)?] 거리에서 /
> 여인들에게 물건을 파는 아마포 상인이었기 때문이다. /
> 사탄은 사라센 여인의 욕정으로 /
> 그를 함정에 빠트리고자 했다.[24]

요안네스는 무슬림이 되었으나, 나이 들어 자신의 마을로 돌아왔을 때 서서히 기독교로 마음이 돌아섰다. 그는 영적으로나 법적으로 조언을 구하고자 했다. 그러나 당시 이집트의 아이유브 왕조 치하에서는 무슬림이 신앙을 포기할 방도가 없었다. 그래서 요안네스는 4세기 초엽

---

24 *The Coptic Martyrdom of John of Phanijōit: Assimilation and Conversion to Islam in Thirteenth- Century Egypt*, ed. and trans. Jason R. Zaborowski (Leiden: Brill, 2005): 58-61.

디오클레티아누스(Diocletianus) 황제 당시의 콥트인 순교자를 본받아 스스로 순교자가 되었다.[25]

기독교인과 교회를 향한 폭력이 특히 극심한 시기가 있었다. 상이집트(Upper Egypt) 지역에 수피즘(Sufism) 개혁가들이 출몰했을 때 고대의 콥트인 정착지에서 벌어진 일이었다.[26] 상이집트에서는 부유한 상인들의 지원에 힘입어 대규모 기독교 공동체가 번성했고, 사원 네트워크가 잘 갖추어져 있었다. 백성의 존경을 받으며 긴밀히 연결된 기독교 체제는 아이유브 술탄을 위한 행정 업무를 대신하기도 했다.[27] 14세기 초엽, 수피즘 신봉자들이 안티-딤미(dhimmi, 이슬람 국가의 비이슬람 국민) 선전물을 제작했다. 같은 시기 유럽에서 유대인에 욕설을 퍼부은 것과 비슷한 분위기였다. 기독교인은 부유하다거나 오만하다는 이유로 고발당했고, 하는 일에 비해 당국으로부터 지나친 특혜를 받는다는 비판을 받았다. 이븐 타이미야(Ibn Taymiyya, 1263~1328) 같은 개혁가들은 특히 기독교 성직자들을 비난했다. 그들이 기독교인에게 부과되는 인두세를

---

25 이와 같은 상황에서는 다른 무슬림 통치자들도 마찬가지였겠지만, 당시 술탄은 요안네스의 목숨을 구하기 위해 최선을 다했다. 9세기 코르도바에서 순교한 사람들도 마찬가지였다. 두 가지 사례를 모두 논의한 다음 저서를 참조. Sidney H. Griffith, *The Church in the Shadow of the Mosque: Christians and Muslims in the World of Islam* (Princeton University Press, 2008): 151-5.
26 Tamer el-Leithy, 'Sufis, Copts and the Politics of Piety: Moral Regulation in Fourteenth-Century Upper Egypt', in Richard J. A. McGregor and A. Sabra (eds.), *Le développement du soufisme en Égypte à l'époque mamelouke* (Cairo: Institut français d'archéologie orientale, 2006): 75-119. 콥트 기독교와 수도원 문화에 관해서는 다음을 참조. *Byzantium and Islam*, 69-86.
27 이집트에서 콥트인의 중심적 역할에 관해서는 다음을 참조. Leslie S. B. MacCoull, 'Three Cultures under Arab Rule: The Fate of Coptic', *Bulletin de la Société d'Archéologie Copte* 27(1985): 61-70.

면제받기 위해 종교적 진리를 왜곡한다는 이유였다.

이슬람의 우선권은 정치적 지배뿐만 아니라 공간의 재구성에서도 뚜렷하게 나타났다. 이슬람이 진정한 종교로 인정되는 한 기독교 상징물은, 특히 예배 공간은 크기가 축소되고 낮아지고 모스크보다 더 소박해져야 했다. 정복과 신규 정착의 시대에 무슬림 통치자들은 쌍둥이 도시를 건설하는 경우가 많았다. 새로운 행정 중심지를 건설할 필요가 있었지만 동시에 현지 인구에게 혼란을 주지 않고자 했기 때문이다. 다시 말해서 기존의 정착지 바로 옆에 새로운 정착지가 건설되었다. 예컨대 신도시 라믈라(Ramla, 이스라엘)의 건물들은 기존의 도시 리다(Lydda, 오늘날 Lod)로부터 불과 4킬로미터 거리에 건설되었다. 661년 우마이야 칼리프국의 수립 및 금융 시스템과 관련해서 대규모 건설 공사가 시작되었다. 691/2년 예루살렘 바위의 돔(Dome of the Rock), 715년 다마스쿠스의 대모스크(Umayyad Mosque), 그리고 10여 년 뒤 알레포의 대모스크 등이었다.

무슬림 통치 아래 기독교 공동체는 이슬람 도래 이전의 많은 문화적 요소를 그대로 유지했다. 의례를 거행할 때 이집트에서는 계속해서 콥트어를 사용했으며, 시리아와 메소포타미아 및 페르시아에서는 시리아어, 팔레스타인과 소아시아에서는 그리스어를 사용했고, 아르메니아와 조지아에서도 현지어를 그대로 사용했다. 그러나 7세기 말엽에 이르러 기독교 저술가들은 무슬림의 역법을 사용하기 시작했다. 무슬림의 기원 연도는 622년 무함마드가 메카에서 메디나로 이주했던 해다. 동시에 비잔티움 제국의 역법도 사용했는데, 기원 연도가 천지창조였으며, 연 단위는 세금 회계 연도를 따랐다. 기독교인은 새로 들어선 무슬림 정권에 지역 전통 지식과 행정 경험을 전수했고, 무슬림에게서 의학 및 과학 지식을 얻었다. 유대인과 마찬가지로 기독교인의 딤미(dhimmi, 이슬람 국가의 비이슬람 국민) 지위를 인정한 이유는, 무슬림 통치자가 그들의 충성을 기대했기 때문이다.

무슬림 통치자들이 권위 있는 최고위직 기독교인에게 얼마나 심각하게 의존했는지를 보면 놀랍기 그지없다. 기독교인은 천문학, 의학, 과학과 상업 등 중요하고도 유용한 지식의 전수자였다. 예컨대 에데사의 테오필루스(Theophilus of Edessa)는 칼리프 알-마흐디(al-Mahdi, 재위 755~785)의 전속 점성술사이자 역사가였다. 앞에서 언급했듯 콥트인 기독교도는 이집트 아이유브 술탄국 행정에서 중심적 역할을 맡았다. 몇몇 기독교인은 무슬림 궁정을 위해 실용적인 천문학 기술을 제공했다. 이는 전통 고전 지식과 페르시아 과학이 결합된 학문이었다.[28] 최초의 아랍 정복 관련 저술은 학술과 행정의 모든 분야에서 활동한 시리아 기독교인들에 의해 이루어졌다. 그들은 여러 무슬림 국가의 역사를 아랍어로 저술했으며, 이러한 전통은 11세기까지 지속되었다.[29] 역사 서술과 관련해서, 예컨대 에우세비오스(Eusebios)의 세계사 구조 같은 것이 칼리프 알-만수르(al-Mansur, 재위 745~755)를 위해 번역되었다. 또한 417년경 저술된 로마의 역사가 오로시우스(Orosius)의 《히스

---

28 주로 아시아 기독교인의 손을 거쳐 아랍어 혹은 라틴어 문화권에 전해진 중앙아시아 과학의 영향에 관해서는 다음을 참조. Christopher I. Beckwith, *Warriors of the Cloisters: The Central Asian Origins of Science in the Medieval World* (Princeton University Press, 2012).
29 Chase Robinson, *Islamic Historiography* (Cambridge University Press, 2002).

토리아(Historia)》는 권위 있는 로마 제국사로 이슬람 이전 시대의 내용을 담고 있는 책이었는데, 10세기 알-안달루스에서 번역되었다(Kitab Harushiyush).[30]

이슬람 통치에 기독교인이 기여했다고 해서 기독교인이 새로운 질서를 무비판적으로 받아들였던 것은 아니다. 이슬람 초기 동시리아어(East Syrian)를 사용한 저술가들의 기록을 보면, 이슬람의 출현을 "새로운 종교가 탄생했다기보다 새로운 제국이 등장했다고 인식했다."[31] 기독교인의 입장에서 이슬람과의 종교적 대립은 나중의 문제였다. 그들에게 가장 직접적으로 다가온 현실은 정치였기 때문이다. 그래서 종교로서의 이슬람을 비판하는 논지의 저술은 비교적 늦게 출현했다. 그것도 대개는 기존에 유대인이나 유대교를 비판한 문헌에 기반을 두고 있었다.[32] 결국에는 이슬람의 부상으로 구원 개념과 세계사 개념 전체에서 충돌이 빚어졌다. 7세기 말엽의 아르메니아 역사가는 "이스마엘의 자손"을 구약성서 중 〈다니엘서〉의 예언에 등장하는 네 번째 짐승으로 해석했다. 혹은 비잔티움 제국의 황제가 구원해줄 것이라는 믿음을 내보이는 사람들도 있었고, 이슬람의 등장을 막지 못한 비잔티움 제국을 여전히 비난하는 사람들도 있었다.[33] 새로운 기독교 역사서에서는 무함마

---

30 Christian C. Sahner, 'From Augustine to Islam: Translation and History in the Arabic Orosius', *Speculum* 88(2013): 905-931.
31 Sebastian P. Brock, 'Syriac Views of Emergent Islam', in G. H. A. Juynboll (ed.), *Studies on the First Century of Islamic History* (Carbondale-Edwardsville: Southern Illinois University Press, 1982): 13
32 G. J. Reinink, 'The Beginnings of Syriac Apologetic Literature in Response to Islam', *Oriens Christianus* 77(1993): 165-77.

드를 사기꾼, 심지어 미치광이라고도 했다. 그런데 왜 이슬람이 번영하는가? 기독교 저술가들은 이를 기독교인의 죄에 대한 신의 형벌이라고 주장했다. 이슬람의 군사적 성공을 신의 가호로 해석하는 무슬림에게 기독교인은 이렇게 대답했다. "칼로 일어선 예언자가 있는가?"[34]

이슬람 치하의 기독교 공동체들은 사회 관습의 많은 영역에서 이슬람에 동화되었다. 예컨대 이집트의 콥트 기독교는 13세기에 이혼을 합법화했다. 주변의 맘루크 사회 환경에서 이혼이 워낙 흔했기 때문이다. 일반적으로 기독교인(또한 유대인)의 가정생활 패턴은 무슬림 인구와 매우 비슷해졌다.[35]

유럽과 비잔티움 제국에서와 마찬가지로 동방 기독교에서도 일상적인 생업에 종사하는 사람들과 그 가족이 존경하는 몇몇 성직자를 후원했다. 그들은 종교적 완성을 추구하며 금욕적·신비적·학문적 삶을 살아가는 사람들이었다. 동방교회에서는 목회자의 학문적 활동이 매우 활발하고 적극적이었다. 그곳의 주교들은 유럽에서와 마찬가지로 토지를 소유하지 않았고, 정치·군사적 주요 지위를 맡지 않았다. 일부 주교들은 심지어 도시를 떠나 금욕적 생활을 하기도 했다. 니네베(Nineveh)의 주

---

33 Brock, 'Syriac Views', 11 and 19; G. J. Reinink, 'Ps.-Methodius: A Concept of History in Response to the Rise of Islam', in A. Cameron and L. Conrad (eds.), *The Byzantine and Early Islamic Near East i: Problems in the Literary Source Material* (Princeton: Darwin Press, 1992): 156-8.
34 Robert G. Hoyland, *Seeing Islam as Others Saw It: A Survey and Evaluation of Christian, Jewish and Zoroastrian Writings on Early Islam* (Princeton: The Darwin Press, 1997): 523; K. B. Wolf, *Conquerors and Chroniclers in Early Medieval Spain* (University of Liverpool Press, 1990): 30.
35 Yossef Rapoport, *Marriage, Money and Divorce in Medieval Islamic Society* (Cambridge University Press, 2005): 3-5.

교 이삭(Isaac, 사망 c. 700)이 좋은 사례다. 카타르(Qatar)의 어느 지방에서 태어난 그는 금욕주의자였는데, 주교좌의 부름을 받아 책임을 맡았다. 그러나 결국 자리를 포기하고 후제스탄(Khuzestan) 산악 지대에 있는 수도원으로 들어가 고독한 삶을 살았다. 그의 저술은 수 세기 동안 영향을 미쳤으며, 그리스어와 조지아어 번역은 지금까지도 전한다. 이삭 주교의 세계에서 핵심은, 신(God)이 "창조주이자 우주의 안내자"이며 신의 사랑은 무한하다는 믿음이다. "한없는 사랑을 가지고 그가 세상에 오셔서 만물을 창조하실 때 … 사랑 속에서 그는 이 세상을 놀라운 상태로 변화시키고자 하셨고, 사랑 속에서 그의 신비로움이 세계 전체를 삼켰다."[36] 또 다른 주목할 만한 인물은 달리아타의 요안네스(Joannes of Dalyatha, c. 690~c. 780)다. 그는 쿠르디스탄(Kurdistan) 산악 지대의 마을에서 태어나 고향에서 신앙의 기본을 배웠고, 나중에는 카르두(Qardu) 산악 지대의 수도원에 들어갔다. 거기서 7년을 보낸 뒤 그는 산속에서 은둔자 생활을 시작했다. 그 지역의 풍부한 신비주의적 전통을 바탕으로 요안네스는 내면적 삶과 기도를 내용으로 하는 편지를 썼다. 4세기의 시인이자 신학자인 에프렘(Ephrem)처럼, 요안네스 또한 신의 영광을 빛과 경이로움으로 묘사했다. 이는 전형적인 시리아 스타일이었다.[37] 시리아의 지적 전통은 수 세기 동안 번성했다. 비단 도시의 학교뿐만 아니

---

36 Isaac of Nineveh, *The 'Second Part', Chapters iv-xli*, ed. and trans. Sebastian P. Brock (Louvain: Peeters, 1995), II, 10, XXXVII, 1-2.
37 시리아의 영성에 기여한 에프렘의 강력한 영향에 관한 논의는 다음을 참조. Sebastian P. Brock, *Luminous Eye: The Spiritual World Vision of Saint Ephrem* (Kalamazoo, MI: Cistercian Publications, 1992).

라 멀리 떨어진 은둔의 장소에서도 전통은 이어졌다. 그들은 성찬식을 주재하는 모습보다 기도하는 모습으로 알려졌다. 요안네스의 말을 빌리자면, "신의 경이로움 앞에서 끊임없이 기도하는 사람 … 신의 은총 아래 나는 진정 부끄러움에 머리를 숙이고, 침묵하며, 은거한다. 기도로써 나를 돕는다."[38] 이런 작품들은 널리 확산되고 또한 복제되어 심지어 폐쇄 수도원이라도 명성을 얻게 되었다. 수도사를 비롯한 여러 사람이 모든 종교적 장르의 작품을 번역했다. 예를 들면 7세기 그리스인 고백자 막시무스가 저술한 《마리아의 생애》는 10세기에 조지아어로 번역되었고, 오늘날에는 조지아 번역본만이 전하고 있다.

안보 및 재정 부담 문제를 포함해 해당 지역의 정치적 전통과 통치 환경이 무슬림의 삶의 질을 결정했고, 기독교인이라고 해서 다를 바가 없었다. 거대한 도전이 발생할 때면 지역 질서에도 극적 변화가 찾아왔다. 예를 들면 11세기에 반복적으로 발생한 기근이나, 칭기즈 칸이 이끈 몽골 세력의 서진 같은 일이었다. 이와 같은 도전에도 불구하고 기독교인은 무역, 순례, 학문의 네트워크를 발전시켰고 또한 유지했다. 비결은 행정 관리 측면에서 핵심적 자리를 차지하는 데 있었다.[39] 행정 관리에 통용되는 언어는 시리아어였으며, 시리아어를 구어로 사용하지 않는 지역에서도 마찬가지였다. 시리아어 텍스트가 콥트어로 번역된 사례는 놀라울 정도로 많았다. 셸던 폴락(Sheldon Pollock)이 말한 산스크리트어 문화권(Sanskrit sphere) 개념을 적용하면, 시리아어 문화권의 국제도시

---

38 *The Letters of John of Dalyatha*, trans. Mart T. Hanbury (Piscataway, NJ: Gorgias Press, 2006), VII-XII.
39 유물을 통해 본 순례와 상업에 관한 논의는 다음을 참조. *Byzantium and Islam*, 124-99.

(Syriac cosmopolis) 같은 것이 형성되었다고 말할 수도 있겠다.[40]

    11세기를 거치는 동안 기독교인에게 새로운 동인이 작용했다. 셀주크 부족이 이끄는 군사 집단이 1055년 바그다드를 약탈한 뒤 계속해서 서쪽으로 진출했다. 시리아와 소아시아에서 새로운 전쟁 지역이 형성되었다. 비잔티움 제국 치하 아나톨리아의 상당 지역과 북부 시리아가 정복되었다. 형세는 누적되어 1071년 만지케르트(Manzikert) 전투에서 비잔티움 제국의 군대가 결정적으로 무너졌다. 이후 2세기 동안 유럽의 전사들이 뛰어들어 성지(Holy Land)를 정복하고 서아시아에 정착지를 만들면서 지역 정세는 더욱 불안정해졌다. (13세기를 거치면서 여러 유럽 언어에 그 명칭이 등장하는) 십자군(Crusades)은 북부 시리아와 이집트 지역에서 정치적·군사적 영감을 불러일으켰는데, 이들 지역에서는 기독교 통치 세력이 1187년에 대부분, 1291년에 모조리 축출된 바 있었다. 당시의 개입으로 유럽인의 아시아 및 동방 기독교에 대한 이해는 완전히 바뀌었다. 십자군은 순례와 선교의 새로운 패턴을 만들어냈다. 수도원의 엄격한 규율에서 영감을 얻어 군사적 질서를 형성했으며, 또한 무역 관계를 강화했는데, 우리가 논의하는 시대가 끝날 때까지 이는 변함없이 지속되었다.

    동방 기독교인과 서방 기독교인이 만나면서 서로를 알게 되었지

---

40 Sheldon Pollock, *The Language of the Gods in the World of Men: Sanskrit, Culture, and Power in Premodern India* (Berkeley and Los Angeles: University of California Press, 2006). I have also benefited from Ronit Ricci, *Islam Translated: Literature, Conversion, and the Arabic Cosmopolis of South and Southeast Asia* (University of Chicago Press, 2011).

만 상당히 당혹스러워했으며, 심지어 불신의 골이 깊어졌다. 유럽의 학자이자 아크레(Acre)의 주교인 자크 드 비트리(Jacques de Vitry, c. 1170~1240)는 팔레스타인의 기독교인을 만난 뒤 그들의 풍습을 이렇게 기록했다. "시리아 사람들은 일상적으로 사라센의 언어를 사용한다. 또한 성경을 제외하면 공적 업무와 사업 관계를 비롯한 모든 문서에서도 사라센의 문자를 사용한다. … 성경에서는 그리스 문자를 사용한다. 평신도는 오직 사라센의 언어밖에 알지 못하므로, 신성한 일을 볼 때 사용하는 글을 이해하지 못한다."[41] 심지어 전례에 사용되는 성스러운 문헌에도 가끔 아랍어가 사용되었다. 1179/80년에 다미에타(Damietta, 이집트)에서 제작된 찬송가집 사본에는 한 면 전체를 할애하여 가나의 혼인잔치 삽화를 실었는데, 마리아와 예수의 형상을 지칭하는 콥트어와 함께 "갈릴리 지방 가나의 혼인 잔치에서 주님께서 물로 포도주를 만드셨을 때"라고 하는 아랍어 도판 해설이 수록되어 있다. 찬송가집에서 더욱 특이한 점은, 쿠란의 장식을 모방한 기하학적 문양의 장식이다. 1205년에 제작된 콥트어 필사본의 한 페이지는 카펫처럼 장식되어 있는데, 복잡한 패턴에 십자가 9개가 그려져 있다.[42] 이슬람의 영토 안에서 동방 기독교인은 나름의 독특한 정치·경제적 바탕 위에 나름의 관습과 미학

---

41 *Jacques de Vitry's History of Jerusalem* (London: Palestine Pilgrims' Text Society, 1896): 68-9.
42 Jules Leroy, *Les Manuscrits coptes et coptes-arabes illustrés* (Paris: Librairie orientaliste Paul Geuthner, 1974): 113, 140, and plate D, 64-5. 비슷한 방식으로 상호 간에 영향을 미친 유럽에서도 유대인과 기독교인 필사본 제작자들 사이에서 확인된다. 다음 논의를 참조. Sarit Shalev-Eyni, *Jews Among Christians: Hebrew Book Illumination from Lake Constance* (Turnhout: Brepols, 2010).

을 고수하며 교회 조직 구조와 문화유산을 발달시켰고, 이를 통해 그들만의 정체성을 지켜냈다. 이러한 자질 덕분에 그들은 흔히 쓸모 있는 중개인 혹은 행정 관료로 추천되었고, 심지어 익숙한 세계를 넘어 더 멀리 동방으로 그들의 교리를 전파할 자신감을 갖게 되었다.

### 아브라함 권역 바깥에서 기독교인의 생활

지금까지 우리는 유럽, 비잔티움, 에티오피아 등 기독교 통치 국가, 그리고 이슬람의 등장 이후 성립된 기독교 공동체에서의 생활을 살펴보았다. 기독교 공동체는 아브라함의 종교 권역으로부터 멀리 떨어진 곳에도 존재했다. 대개는 기독교인이 교역 상대 지역에 무역 거점을 설치한 뒤 전도를 목적으로 하는 선교사들이 그곳으로 뒤따라 들어가 공동체가 만들어졌다. 말라바르 해안 지역의 기독교 공동체들은 예수의 직접 제자 토마스(Thomas)와 관련이 있다고 주장했지만, 사실은 5세기경 페르시아에서 건너간 기독교인 상인과 성직자가 만든 공동체로부터 시작되었을 가능성이 크다.

무슬림 정치 권역의 변경, 특히 북쪽 끄트머리로 가면 정치적 질서가 이슬람 중심지에 비해 매우 취약했다. 흑해로부터 북중국에 이르는 지역에 거주하는 유목민 부족은 13세기에 이르러서야 몽골을 중심으로 통일 세력이 되었다. 유목민은 (나중에 샤먼이라고 불린) 영적 능력이 있는 사람을 매개로 초자연적 존재와 소통했다. 샤먼은 친족 집단과 강한 연대가 있었다. 우리가 논의하는 시대가 시작될 무렵 기독교인을 맞닥뜨린 유목민, 예컨대 프랑크인, 고트인, 아바르인과 다를 바 없이, 스텝 지역의 유목민 지도자들은 정치적 이유로 개종하는 경우가 흔했고, 그가 거느린 백성도 개종하게 했다. 이런 과정의 유명한 사례가 바로 8세기 하자르 귀족층의 유대교 개종이었다. 몽골고원의 케레이트(Kereyid)와 나이만(Naiman) 부족도 기원후 1000년경 기독교로 개종했다. 중앙아시아의 유목민 대부분이 이슬람으로 개종했지만, 그들이 통치한 도시에는 이슬람뿐만 아니라 기독교, 불교, 마니교, 유대교 공동체가 공존했다. 정주민을 정복했을 때 유목민은 대개 현지의 기존 관습과 종교를 그대로 허용했다.[43]

동방교회의 선교사들은 이슬람이 도래하기 이전에 이미 실크로드를 따라가며 흔적을 남겼다. 중국 강서성(江西省, Jiangxi)에서 발굴된 고대 철제 십자가 유물이 좋은 예다.[44] 네스토리우스파 기독교는 6세기에 페르시아 제국 국경에서 북쪽 중앙아시아로 전해졌는데, 말(馬)을 거래하는 소그드 상인이 매개 역할을 했다. 그들은 페르가나(Ferghana) 계곡에 살면서 스텝 지역 전역을 가로질러 상거래를 했다. 650년경에 이르러 사마르칸트에 메트로폴리탄 교구가 설치되었다. 그곳의 총대주교는 주변 지역의 주교를 총괄하는 임무를 맡았다. 이슬람이 도래하면서 스텝 지역의 유목민은 남쪽의 신흥 제국에 매력을 느꼈고, 특히 군사 분야에서 새로운 기회를 잡고자 했다.

실크로드를 따라 기독교가 소개될 당시, 실크로드에는 수많은 상인

---

43 Amitai and Biran, 'Introduction', in *Mongols, Turks, and Others*, Ⅰ-Ⅱ; Yehoshua Frenkel, 'The Turks and the Eurasian Steppes in Arabic Geographical Literature', in Amitai and Biran, *Mongols, Turks, and Others*, 219-20.
44 Johann Ferreira, 'Tang Christianity: Its Syriac Origins and Character', *Jian Dao: A Journal of Bible and Theology* 21(2004): 129-57.

의 공동체가 발달해 있었다. 거점 도시는 투루판(吐魯番), 돈황(燉煌), 무위(武威), 영무(靈武)를 거쳐 한(漢) 제국(206 BCE~220 CE) 이래로 실크로드의 관문인 도시 장안(長安, 오늘날 西安)에 이르렀다(지도 17-1). 그곳을 오가는 상인은 페르시아어를 사용했으며, 소그디아(Sogdia) 출신이 많았다. 소그디아는 페르시아 문화권의 북서부 권역에 속했다. 묘비를 통해 확인된바, 소그디아의 네스토리우스파 기독교 신자들은 복잡한 도시에서 가족 단위로 살았다. 8~9세기 북중국에서 학식 있는 기독교 성직자들은 불교 밀교 성직자들과 교류 관계를 맺었다. 네스토리우스파 기독교와 밀교는 모두 자신들의 경전을 중국어로 번역했다. 당나라 궁정에서도 기독교와 불교는 서로 우호적인 분위기였고, 기독교인은 경전을 중국어로 번역할 때 불교 용어를 차용하기도 했다. 한편 네스토리우스파 기독교 신자를 통해 복잡한 천문학 이론이 소개되었고, 행성에 따른 요일(planetary week)과 함께 페르시아식 예언 시스템도 도입되었다.[45]

당나라(618~907) 시기 네스토리우스파 기독교의 성직자 알로펜(Alopen)이 이끄는 시리아 선교단은 기독교를 중국에 소개했고, 당나라의 수도 장안에 종교 시설을 건립해도 좋다는 허가를 받았다. 곧이어 640~660년경부터 기독교의 역사와 사상을 소개하는 경교경전(景教經典, Jesus Sutras)의 제작이 시작되어 이후 세기까지 이어졌다. 경교경전에서는 동방교회의 역사를 자신 있게 말하고, 또한 중국에서의 기독교를

---

45 Chen Huaiyu, 'The Encounter of Nestorian Christianity with Tantric Buddhism in Medieval China', in Dietmar W. Winkler and Li Tang (eds.), *Hidden Treasures and Intercultural Encounters: Studies on East Syriac Christianity in China and Central Asia* (Vienna: LIT Verlag, 2009): 195-213.

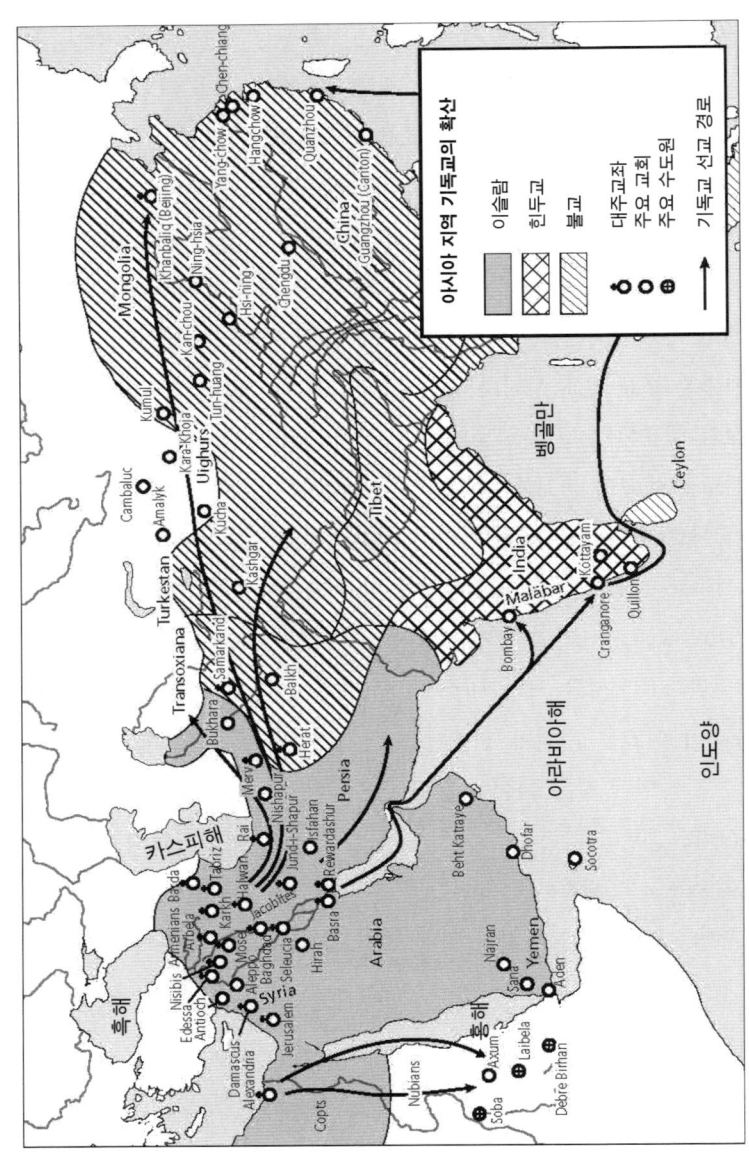

[지도 16-2] 아시아의 기독교 전파

더 넓은 기독교 세계의 일부인 동시에 현지의 다양한 종교들, 예컨대 무속 신앙, 유교, 도교, 불교 등과 어깨를 나란히 하는 또 하나의 종교로 보았다.[46] 경교경전의 가장 오래된 유물은 781년에 제작된 비석(대진경교유행중국비)인데, 중국어와 시리아어로 쓰인 이 비석에도 북중국의 기독교 역사가 비슷하게 기록되어 있다. 여기서 기독교는 경교(景教, 빛의 종교)라 일컬어졌다. 삼위일체의 하느님께서 "자신의 몸을 나누시어, 빛나시며(景) 존경받으시는(尊) 메시아(彌施訶)께서 진정한 위엄을 감추신 채로, 사람으로 이 세상에 태어나셨다. 천사들이 이 기쁜 소식을 전하였다. 처녀가 성인을 낳으셨노라."[47](于是我三一分身. 景尊彌施訶, 戢隱眞威, 同人出代. 神天宣慶. 室女誕聖于大秦.)

무슬림 권역의 바깥에서 기독교인은 다양한 여러 종교와 경쟁해야 했으며, 예배할 수 있는 자유는 전적으로 통치자의 관용에 달려 있었다. 12세기 중엽부터 유목민 집단이 단일한 통치자 아래 방대한 영역을 통제하기 시작했다. 그들의 정치 단위는 흔히 제국으로 일컬어졌다. 그중 하나가 야율대석(耶律大石)이 설립한 서요(西遼, Cara Khitai) 제국으로, 그들의 영역은 중국에서부터 트란스옥시아나까지 이어졌으며, 거란족을 비롯한 강력한 유목 민족들을 포괄했다. 1141년 카트완(Qatwan) 전

---

46 Martin Palmer, *The Jesus Sutras: Rediscovering the Lost Religion of Taoist Christianity* (London: Judy Piatkus, 2001).

47 James Legge, *The Nestorian Monument of Hsî-an Fû in Shen-hsî, China* (London: Trübner and Co., 1888): 5-7; Erica C. D. Hunter, 'The Persian Contribution to Christianity in China: Reflections in the Xi'an Fu Syriac Inscriptions', in Winkler and Tang, *Hidden Treasures and Intercultural Encounters*, 71-86.

투에서 튀르크(당시 무슬림 셀주크인)와 싸워 승리함으로써 서요의 헤게모니가 확립되었다. 또한 여기서 대대적으로 동방 기독교 신화가 등장했다. 바로 사제왕 요한(Presbyter Johannes, 혹은 Prester John)의 전설이었다.[48] 동방에 번성한 기독교 왕국이 존재한다는 믿음은 기독교인에게 주기적으로 아시아에 대한 희망을 심어주었다. 뿐만 아니라 아프리카일지도 모른다는 이설도 있어서, 때로는 에티오피아를 사제왕 요한의 나라로 보기도 했다. 사제왕 요한은 이슬람이 장악한 지역의 기독교인이 동맹을 맺고자 한 희망의 구원자였다.

중국에서 기독교 성장의 계기가 된 그다음 무대는 몽골이 중국을 지배한 원(元)나라(1271~1368) 시기에 만들어졌다. 몽골이 지배하는 동안 중국에서는 무역이 개방되었고 선교사의 활동이 보장되었다. 몽골인은 종교를 막론하고 모든 성직자에게 권위와 마술적 능력이 있다고 인정했다. 그래서 칭기즈 칸(재위 1206~1227)과 그의 후계자 우구데이(Ögödei)는 대부분의 성직자(기독교뿐만 아니라 불교, 도교, 이슬람교)에게 일부 세금을 면제해주었고, 그들이 각자 자신의 능력을 이용하여 몽골의 지도자에게 도움이 되는 기도를 해주기를 원했다.[49] 몽골은 무슬림과 기독교인의 행정 체제를 그대로 유지했다. 따라서 지방 행정의 연속성을 꾀할

---

48 Charles F. Beckingham and Bernard Hamilton (eds.), *Prester John, the Mongols and the Ten Lost Tribes* (Aldershot: Variorum, 1996), and L. N. Gumilev, *Searches for the Imaginary Kingdom: The Legend of the Kingdom of Prester John*, trans. R. E. F. Smith (Cambridge University Press, 1987).
49 Peter Jackson, 'The Mongols and the Faith of the Conquered', in Reuven Amitai and Michal Biran (eds.), *Mongols, Turks, and Others: Eurasian Nomads and the Sedentary World* (Leiden: Brill, 2005): 267-8.

수 있었고, 그 연장선상에서 지역 주민에 대한 종교적 관용도 지속되었다. 종교적 관용은 특히 페르시아 지역에 들어선 일 칸국(Ilkhanate)에서 분명하게 나타났다.[50]

몽골 지배 시기 중앙아시아 및 동아시아에서 기독교인의 삶이 어떠했는지를 알 수 있는 흥미로운 이야기들이 전한다. 여행가, 무역 상인, 선교사 등이 기록을 남겼다. 그들 중에는 유럽에서 거기까지 간 사람들도 상당수 포함되어 있었다. 동방교회 관련 초초의 기록은 프란체스코회 수사 지오반디 다 피안 델 카르피네(Giovanni da Pian del Carpine, c. 1182~1252)의 저술에 남아 있다. 그는 루스의 땅을 거쳐 중앙아시아로 여행했다. 교황의 사절로서 임무를 띠고 대칸의 궁정을 방문할 목적이었다. 1246년 목적지에 도착한 그는 칭기즈 칸의 손자 구유크(Güyük)의 즉위식을 목격했다. 1254년에는 프란체스코회 수사 윌리엄 루브룩(William of Rubruck)이 대칸 뭉케(Möngke)의 궁정에서 기독교 신앙에 대해 논쟁을 벌였다고 한다. 그의 논쟁 상대는 불교, 이슬람교, 네스토리우스교 학자들이었다(때때로 수다스럽고 당황스러운 인물들이라고 기록되어 있다). 윌리엄 루브룩은 피에르 롱바르(Pierre Lombard)의 저서 《명제집(Sentences)》과 가방에 넣고 다니던 조그만 성모 마리아상을 건네주며 기독교의 정수를 공유하고자 했다. 그는 네스토리우스교를 전략적 동맹으로 여겼으며, 불교도와 논쟁할 때는 일신론을 신봉하는 무슬림의 지원을 기대했다.[51] 물론 그 무엇보다 탁월한 기록은 베네치아의 상인 마르

---

50 D. O. Morgan, 'Who Ran the Mongol Empire?', *Journal of the Royal Asiatic Society of Great Britain and Ireland* (1982): 124-36.

코 폴로의 여행기였다.

프란체스코회 수사들은 특히 개종자를 확보하기 위해 노력했다. 예컨대 지오반니 디 몬테 코르비노(Giovanni di Monte Corvino, 1246~1328)는 일관되게 성직자의 품위를 지키며 34년 동안 북경에서 지냈다. 대주교 역할을 맡은 그는 신부와 주교를 임명하고, 수많은 신도를 받아들였다. 그러한 수사들은 또한 교황의 사절로 활동했고, 더 먼 지역으로 선교사를 파견하기 위한 노력도 기울였다. 세 명의 프란체스코 선교사(Gerardo Albuini, Pellegrino da Cità di Castello, Andrea da Perugia)는 차례대로 천주(泉州, 아랍어 자이톤Zayton)라고 하는 항구 도시의 주교(bishop)를 역임했다. 마지막 주교는 1332년에 사망했다. 그의 비문은 라틴어로 새겨졌고, 도상은 시리아-튀르크어로 새겨진 자이톤 기독교 묘비(Zayton Christian tombstones)를 닮았다.[52]

## 결론

신앙, 의례, 언어뿐만 아니라 광대한 지리적 범위까지 함께 고려할 때 기독교는 과연 단일한 하나의 종교라고 할 수 있을까? 기독교 때문

---

51 Bartlett, *The Making of Europe*, 260; Benjamin Z. Kedar, 'The Multilateral Disputation at the Court of the Grand Qan Möngke, 1254', in Hava Lazarus-Yafeh, Mark R. Cohen, Sasson Somekh, and Sidney H. Griffith (eds.), *The Majlis: Interreligious Encounters in Medieval Islam* (Wiesbaden: Harrassowitz, 1999): 162-183.
52 묘비에 관해서는 다음을 참조. Ken Parry, 'The Iconography of the Christian Tombstones from Quanzhou', in S. Lieu, I. Gardner, and K. Parry (eds.), *From Palmyra to Zayton: Epigraphy and Iconography* (Turnhout: Brepols, 2005): 230-1 and plate 18, 또한 시리아-튀르크어 묘비 비교는 다음을 참조. plates 4 and 5.

에 과연 기독교 군주들 사이의 협력이 가능했을까? 이해관계가 합치될 때 종교는 그럴듯한 명분이 되어주었지만, 그렇지 않을 때는 별로 소용이 없었다. 언어와 문화의 차이로 외교관이 느낀 불쾌감은 그들의 보고서에 고스란히 담겼다. 예를 들면 오토 1세의 명에 따라 968년 콘스탄티노폴리스로 파견된 랑고바르드인 리우트프란드(Liutprand)는 자신의 임무를 이렇게 기록했다. "그리스인은 믿을 게 못 된다. 라틴의 사람들이여, 그들을 믿지 말라. 그들의 말을 듣지 말라. 이익을 위해서 그들이 얼마나 진지하게 거짓말을 하는지 모를 것이다!"[53] 기독교의 제도와 가르침은 포용과 배제의 잠재력을 함께 가지고 있었다. 다양성을 수용하기도 했지만, 정치적 박해를 권장하기도 했다.[54] 예컨대 13세기에 프랑스의 왕과 교황과 도미니코회가 결탁하여, 이원론 신앙을 고수하며 이른바 카타리파(Cathari, 혹은 Albigenses)라 불린 남부 프랑스의 기독교인을 혹독하게 공격한 적이 있었다(이단 판결과 막대한 설교 인원을 투입한 끝에 십자군이 결성되었다).[55] 한편 15세기 에티오피아에서는 국가 주도의 예배와 성상 숭배의 확산을 통해 정치적 통일을 강화했다. 기독교 정치권력은 기독교의 이름으로 공격적 팽창 정책을 실시하기도 했다. 서아시아의 십자군 전쟁, 혹은 발트해 지역의 이교도를 처단하기 위한 북방

---

53 *Liutprandi relatio de legatione Constantinopolitana*, ed. and trans. Brian Scott (Bristol Classical Press, 1993): 21 and 52.
54 950년에서 1250년 사이 유럽 기독교를 다룬 R. I. Moore의 영향력 있는 저서 *The Formation of a Persecuting Society* (Oxford University Press, 1987) 에 경의를 표한다.
55 Jonathan Sumption, *The Albigensian Crusade* (London: Faber, 1978), and Mark Gregory Pegg, *The Albigensian Crusade and the Battle for Christendom* (Oxford University Press, 2008).

십자군(northern crusades)이 바로 그런 사례였다.

정치적 팽창과 국가 주도의 개종을 촉진하기 위해 지식인들은 전쟁을 정당화하는 이론을 개발했고, 그에 따라 기독교와 비-기독교가 충돌하는 십자군은 정당한 일로 평가되었다. 그런 이론들은 언제나 논쟁과 반대에 직면했다. 개종에 대한 입장 차이는 초기 기독교 지도자들의 분열을 초래하기도 했다. 그러나 이론의 영역을 벗어나면 우리가 논의하는 시대가 시작될 무렵이나 끝나갈 무렵을 막론하고, 기독교 왕조는 영토를 확장하기 위해 적극적인 노력을 기울였으며, 그 뒤에는 교회 제도를 (도덕적으로뿐만 아니라 재정적으로도) 지원함으로써 결국 새로운 백성을 기독교인으로 만들었다. 그러나 이론이 적용되는 범위는 기독교 정치 아래 살아가는 사람들뿐이었다.

앞서 우리는 1000년이 넘는 시간 동안의 여러 기독교 지역을 분석했다. 끝으로 여러 지역 간의 교류가 어떤 활동을 통해 이루어졌는지를 검토해보고, 또한 지역별 다양성의 사례로 성모 마리아상의 시각적 다양성을 살펴보고자 한다. 활발했던 순례의 전통으로 보건대 기독교인의 예루살렘 방문은 우리가 검토하는 시대 전체에 걸쳐 지속되었다. 순례자들 중에는 흥미로운 여행기를 남긴 이들도 있었고, 또한 고향으로 돌아올 때 유물을 가져온 사람들도 있었다.[56] 십자군을 통해 훨씬 더 많은 유럽인이 동방 기독교를 접했다. 십자군 때문에 예루살렘 왕국과 서아시아의 여러 프랑크인 왕국에서는 다른 곳에서 볼 수 없는 독특한 생활

---

56 Rodney Aist, *The Christian Topography of Early Islamic Jerusalem. The Evidence of Willibald of Eichstätt (700-787 CE)* (Turnhout: Brepols, 2009).

양식이 만들어졌다. 또한 그들에 관한 지식이 확산되었고, 종교적 통합을 시도하기도 했다. 예루살렘의 성묘교회(Church of the Holy Sepulcher)에서 여러 기독교 집단이 함께 거주했던 사례는 새로운 현실을 집약적으로 보여준다. 여기에 대해서는 순례자 테오디리히(Theoderich)가 1170년경에 쓴 여행기와, 프란체스코회 순례자 프란체스코 수리아노(Francesco Suriano)가 1460년대에 재확인한 기록이 남아 있다.[57] 무역의 가능성을 찾아 유럽인은 향신료와 실크를 구하기 위해 동쪽으로, 그리고 금과 가정 노예를 구하기 위해 남쪽으로 여행했다. 무역에 이끌린 기독교인은 동쪽으로 중국과 인도를 연결해주는 실크로드를 따라갔고, 남쪽으로 육로와 해로를 따라 서아시아와 이집트까지 진출했다. 사절단은 외교의 기대감이 드높은 시기에 특히 빈번하게 파견되었다. 외교 사절을 통해 몽골과 유럽의 접촉이 가능했다. 북경 태생의 네스토리우스파 성직자인 라반 사우마(Rabban Sauma, c. 1225~1294)가 남긴, 서아시아와 유럽 기독교인의 일상생활에 관한 기록이 지금까지 남아 있다. 독실하고 언어 능력이 탁월한 그와 그의 동료는 1287년 일 칸국(이란 지역)의 통치자 아르군 칸(Arghun khan)의 명에 따라 비잔티움 제국의 황제와 교황을 방문했다.[58] 그들의 여행기에는 그들이 가끔 마주친 기독교인의 생활이 얼마나 풍성하고 다양한지 깊은 인상을 받았다는 내용이 등장한다.

---

57 유럽인의 동방 기독교 인식에 관해서는 다음을 참조. Jonathan Rubin, 'Benoît d' Alignan and Thomas Agni: Two Western Intellectuals and the Study of Oriental Christianity in Thirteenth-Century Kingdom of Jerusalem', *Viator* 44 (2013): 189-200.
58 Morris Rossabi, *Voyager from Xanadu. Rabban Sauma and the First Journey from China to the West* (Tokyo: Kodansha International, 1992).

그들은 길에서 가진 것을 대부분 잃어버린 뒤 투스(Tûs, 호라산의 수도) 가까이에 있는 마르 세히온(Mâr Şehyôn) 성인의 수도원으로 들어갔다. 그곳에서 살고 있는 주교와 수도사들이 그들을 환영해주었다. 그들은 마치 새로 태어난 것 같은 기분을 느꼈다.[59]

우리가 논의하는 시대의 초반기에는 아시아에 유럽인이 거의 없었다. 이때 유대인이 아시아와 유럽 사이의 무역을 담당했는데, 대개는 시칠리아와 이탈리아를 거쳤다. 1100년 이후 유럽의 경제가 가파른 성장을 시작하고 지중해 지역에 여러 유럽 국가가 성립하면서, 12세기에는 콘스탄티노폴리스와 흑해 지역에 거대 유럽 상업 거점들이 형성되었다. 중국 원나라의 궁정에 베네치아 상인이 진출한 것도 이 무렵이었다. 마르코 폴로와 그의 증언으로 우리도 그 사실을 알게 되었다. 정기적 무역 교류가 있는 곳에 상인을 따라 종교인이 진출했고, 개종 가능성이 있는 지역을 타진했다. 특히 교구에서 보직을 따로 맡지 않거나 은둔 규정이 없는 수사가 많았다. 수사들은 예컨대 1250년 성지 탈환을 위해 출발한 프랑스의 왕 루이(Louis) 9세의 십자군 원정 같은 동쪽으로의 여행에 자유로이 참여할 수 있었다. 윌리엄 루브룩의 기나긴 여행도 이렇게 시작해서 킵차크 칸국에까지 이르렀다.

기독교 공동체 간의 교류가 있었다고 해서 다양성이 사라지지는 않았다. 다양성이 가장 분명하게 드러난 사례는 성모 마리아상을 둘러싼

---

59 E. A. Wallis Budge (ed.), *The Monks of Kûblâi Khân Emperor of China* (London: Religious Tract Society, 1928): 139-40.

문화적 현상이었다. 비잔티움 제국의 성모 마리아상이 가장 널리 영향을 미치기는 했지만, 그럼에도 지역별 전통 및 취향이 결합되었다. 이집트 지역의 성모 마리아상은 고대 이시스(Isis) 여신상과 매우 닮았다. 수 세기가 지나 유럽인의 넋을 빼앗기 전에 이미 이집트의 기독교인에게, 가슴을 드러내어 아기 예수에게 젖을 먹이는 성모 마리아상은 당연한 모습이었다. 에티오피아의 성모 마리아상은 전통적인 비잔티움 스타일을 고수했다. 1200년경에 그려진 랄리벨라(Lalibela) 마을 성모 마리아 교회의 수태고지 벽화가 대표적 사례다. 그러나 우리가 논의하는 시대가 끝나갈 무렵, 에티오피아의 일부 지역에서는 인도와 중국뿐만 아니라 유럽과의 교류도 확인되었다. 에티오피아의 왕 다윗 2세(Dawit Ⅱ, 이름은 Lebnä-Dengel, 재위 1508~1540)를 위한 성모 마리아상은 금발의 여인으로 표현되었고, 1480~1530년에 제작된 패널 그림(diptych)에서 성모 마리아와 그의 아들은 분명하게 동양인의 모습을 띠고 있다.[60]

    기독교 권역의 동쪽으로 갈수록 도상에 대한 통제가 강해졌다. 비잔티움과 유럽에서 그림이 하는 역할을, 이슬람 치하의 기독교인에게는 단어와 운율이 대신했다. 그곳에서도 성모 마리아가 곳곳에서 표현되었지만, 그림이 아니라 지역명이나 교회의 이름으로 드러났다. 콥트인 여행가 아부 알-마카림(Abu al-Makarim)은 아프리카와 아시아의 교회에 대한 자료를 모았는데, 남인도 해안(Travancore)의 도시 파수르(Fahsur)를 이렇게 묘사했다. "여기에도 교회가 몇 군데 있는데 모두 네스토리우

---

60 Jacques Mercier, *Vierges d'Éthiopie* (Montpellier: L'Archange Minotaure, 2004): 38, 66-7.

스파 기독교다. … 그곳이 바로 장뇌(camphor)가 나는 곳이다. 이런 상품은 나무에서 흘러나온다. 도시에는 '동정녀 마리아'라는 이름의 교회가 한 곳 있다." 에티오피아 티그레이(Tigray)에 있는 대다수의 교회도 성모 마리아의 이름으로 봉헌되었다.[61] 콘스탄티노폴리스에 도착한 라반 사우마는 하기아소피아 대성당의 규모를 보고 깜짝 놀랐을 것이다. 그 안에서 테오토코스(신의 어머니)의 성상이 위풍당당하게 빛났을 것이다. 기독교 지역을 넘어 동쪽으로 가면 그렇게 기념비적이고 당당한 성상을 전혀 볼 수 없었다.

때로는 신앙의 핵심 내용이 매우 달랐고, 또 때로는 주변의 무슬림이나 몽골인과 구별이 어렵기도 했지만, 기독교 권역 안에서는 그래도 나름대로 충분한 공통 요소들이 있었다. 세계사에서 기독교 권역이 힘을 발휘했던 비결이 바로 그것이다.

---

[61] Claude Lepage and Jacques Mercier, *Art éthiopien: les églises historiques du Tigray* (Paris: ERC, 2005).

# 더 읽어보기

Angold, Michael. *Eastern Christianity*. Cambridge University Press, 2006.
Baum, Wilhelm and Dietmar W. Winkler. *The Church of the East: A Concise History*. London: Routledge, 2003.
Brock, Sebastian. *Luminous Eye: The Spiritual World Vision of Saint Ephrem*. Kalamazoo, MI: Cistercian Publications, 1992.
Brown, Peter. *Society and the Holy in Late Antiquity*. London: Faber, 1982.
*Byzantium and Islam: Age of Transition 7th-9th Century*. New York: Metropolitan Museum of Art, 2012.
Beckingham, Charles F. and Bernard Hamilton, eds. *Prester John, the Mongols and the Ten Lost Tribes*. Aldershot: Variorum, 1996.
Beckwith, Christopher, I. *Warriors of the Cloisters: The Central Asian Origins of Science in the Medieval World*. Princeton University Press, 2012.
Cohen, Mark R., Sidney H. Griffith, Hava Lazarus-Yafeh, and Sasson Somekh. *The Majlis: Interreligious Encounters in Medieval Islam*. Wiesbaden: Harrassowitz, 1999.
Ellenblum, Ronnie. *Frankish Rural Settlement in the Latin Kingdom of Jerusalem*. Cambridge University Press, 1998.
Griffith, Sidney H. *The Church in the Shadow of the Mosque: Christians and Muslims in the World of Islam*. Princeton University Press, 2008.
Kedar, Benjamin Z. *Crusade and Mission: European Approaches toward the Muslims*. Princeton University Press, 1984.
Lawrence, C. H. *Medieval Monasticism: Forms of Religious Life in Western Europe in the Middle Ages*. Harlow: Longman, 2001.
Le Coz, Raymond. *Histoire de l'Eglise de l'Orient. Chrétiens d'Iran et de Turquie*. Paris: Cerf, 1995.
Limor, Ora and Guy G. Stroumsa, eds. *Christians and Christianity in the Holy Land: From the Origins to the Latin Kingdoms*. Turnhout: Brepols, 2006.
Logan, F. Donald. *A History of the Church in the Middle Ages*. London: Routledge, 2002.
Moore, R. I. *The Formation of a Persecuting Society*. Oxford University Press, 1987.
Noble, Thomas F. X. and Julia M. H. Smith. *Early Medieval Christianities*, c. 600-c. 1100. Cambridge University Press, 2008.
Payer, Peter J. *The Bridling of Desire: Views of Sex in the Later Middle Ages*. University of Toronto Press, 1993.

Riley-Smith, Jonathan. *The Crusades: A History*. London: Continuum, 2005.
Rossabi, Morris. *Voyager from Xanadu: Rabban Sauma and the First Journey from China to the West*. Tokyo: Kodansha International, 1992.
Rubin, Miri. *Mother of God: A History of the Virgin Mary*. London: Allen Lane, 2009.
Rubin, Miri and Walter Simons, eds. *Christianity in Western Europe c. 1100-c.1500*. Cambridge History of Christianity vol iv, Cambridge University Press, 2009.
Shinners, John R., ed. *Medieval Popular Religion, 1000-1500: A Reader*. Toronto University Press, 2006.
Shoemaker, Stephen J. *Ancient Traditions of the Virgin Mary's Dormition and Assumption*. Oxford University Press, 2002.
Swanson, Robert N. *Religion and Devotion in Europe, c. 1215-c. 1515*. Cambridge University Press, 1995.
Winkler, Dietmar W. and Tang, Li, eds. *Hidden Treasures and Intercultural Encounters: Studies on East Syriac Christianity in China and Central Asia*. Vienna: LIT Verlag, 2009.
Tanner, Norman P. *The Church in the Later Middle Ages*. London: I. B. Tauris, 2008.
Wilken, Robert Louis. *The Spirit of Early Christian Thought: Seeking the Face of God*. New Haven, CT: Yale University Press, 2003.

*CHAPTER 17*

# 불교의 전파

탄센 센
Tansen Sen

기원전 5세기경 불교가 처음 성립된 지역은 갠지스강(강가강) 유역이었다. 이후 기원지로부터 굉장히 멀리 떨어진 곳까지 불교가 전파된 것은 확산을 이끈 몇 가지 핵심 요소가 있었기 때문이다. 첫째, 불교가 선교 활동을 권장했기 때문이다. 붓다도 몸소 이를 실천했다. 수많은 비구와 비구니가 험난한 육로와 해로를 막론하고 선고를 위한 여행에 나섰고, 결국 남아시아의 중심 지역에서 멀리 떨어진 곳까지 불교가 진출하게 되었다. 둘째, 불교 공동체와 상인의 긴밀한 관계가 나아가 공생 관계를 형성했기 때문이다. 이는 불교의 원거리 전파에 도움이 되었을 뿐만 아니라, 새로 부상하는 불교 중심지에 불교 용품이 원활히 공급되는 메커니즘으로 작동했다. 셋째, 아시아 여러 지역의 통치자와 정치 조직이 불교의 확산을 후원했기 때문이다. 기원전 3세기 남아시아 지역에서 불교가 급속히 확산될 때는 마우리아 제국(324/321~187 BCE) 아소카(Aśoka) 대왕(재위 c. 268~232 BCE)의 막대한 후원이 있었다. 나중에 동남아시아나 동아시아에서도 불교 교리를 이용하면 정치적 정당성과 권위를 확보하는 데 도움이 된다는 사실을 알게 되었고, 그래서 국가 차원에서 불교의 활동과 교류를 지원해주었다.

불교의 전파는 흔히 단선적 경로로 설명되는 경향이 있다. 선의 방향은 고대 인도에서 아시아의 다른 지역으로 향했다. 지도에서는 남아시아의 불교 중심지로부터 중앙아시아와 동남아시아, 그리고 그 뒤 동아시아의 여러 지역으로 향하는 화살표가 그려졌다. 그러나 실제로는 전파의 과정이 그렇게 단순하지 않았고, 전파의 방향도 반드시 한쪽만은 아니었다. 예컨대 남아시아의 불교 승려가 중국으로 들어간 이유는 교리를 전하기 위해서였지만, 동시에 중국의 여러 산속에 산다고 전해지는 전설 속의 신성한 부처님들께 경배를 드리기 위한 목적도 있었다. 일본에서도 비슷한 일이 있었다. 일본 불교의 뿌리는 중국 불교라 하지만, 일본인 승려의 사상이 중국 불교에 영향을 미친 흔적도 남아 있다. 경우에 따라서는 외국에서 독자적으로, 혹은 외국인 승려의 자극 없이 내부적으로 불교 교리가 발달했다. 불교의 전파 경로는 워낙 복잡해서, 때로는 전파된 사상이 전파의 중심지로 다시 전해지기도 했다.

또한 간과하지 말아야 할 점은, 붓다가 선교를 강조했다 하더라도, 남아시아를 넘어서서 다른 지역에 교리를 조직적으로 전파하는 일은 없었고, 개종을 강요하지도 않았다는 사실이다. 불교의 가르침, 경전, 도상은 파편적 형태로 전해졌다. 대개는 주요 무역로를 따라 퍼져 나갔다. 무역로를 따라 여행하는 승려나 상인이 전파하는 경우가 많았기 때문이다. 결과적으로 여러 지역에서 불교의 다양한 학파와 교리가 공존했으며, 이들 또한 서로에게 섞여들었다. 신도들도 다양한 전통을 굳이 명확히 나누어 이해하려 하지 않았다. 그러므로 불교의 전파는 체계적 과정을 거치지 않았다고 말할 수 있다. 오히려 아시아의 여러 지역에서 기원한 여러 계통의 불교 교리가, 기원전 제1천년기 중엽부터 20세기까지 동시에 유통되었다(지도 17-1).

불교의 전파와 진화 과정은 오랜 역사를 거쳤다. 그중에서도 5~6세

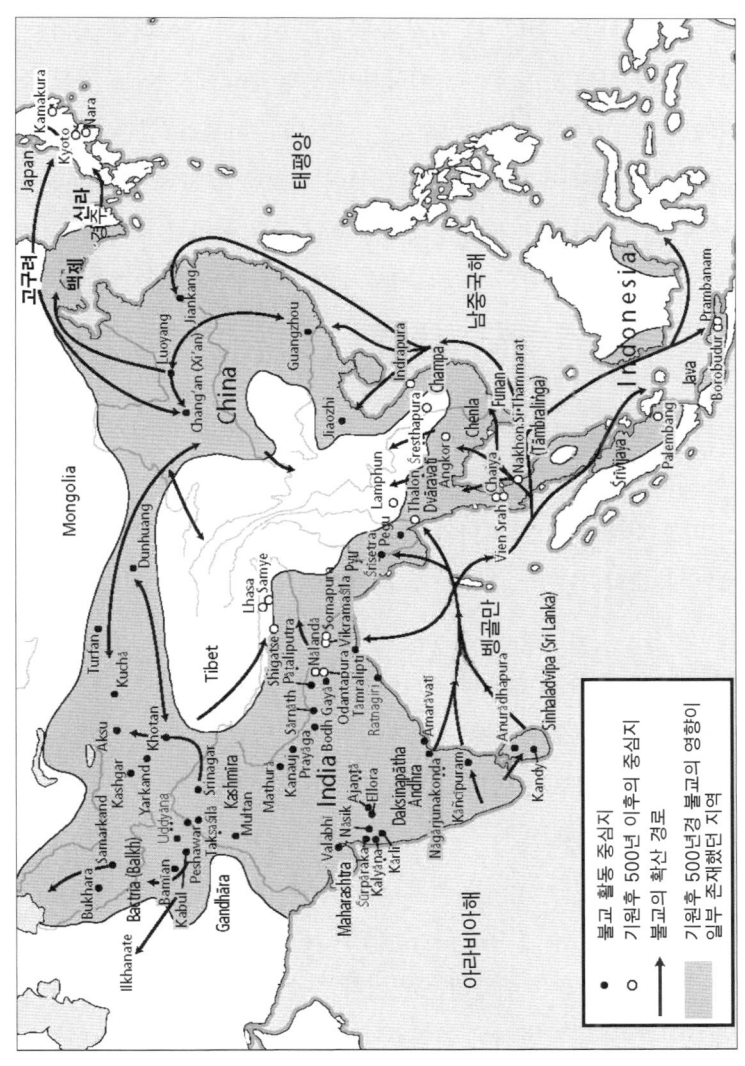

[지도 17-1] 아시아의 불교 전파

CHAPTER 17 - 불교의 전파

기는 중요한 분기점이었다. 그 이전에 불교는 이미 인도아대륙 거의 전역으로 확산된 상태였고, 한(漢) 제국과 이후의 중국에도 어느 정도 소개되어 있었다. 그런데 5세기 이후로는 예컨대 수마트라, 일본, 한국 같은 지역도 불교 권역에 편입되었다. 더불어 새로운 불교 교류 네트워크가 형성되었고, 지역마다 불교의 다양한 가르침과 종파가 등장했다. 10세기에 이르면 불교 권역은 중앙아시아의 서편에서 헤이안 시대 일본의 도시와 산속에까지 뻗어 있었다. 10세기는 불교 교류사에서 또 한 차례의 분기점이었다. 남아시아와 오늘날 중국에 속하는 지역 사이에 불교 교류의 원거리 네트워크가 이때 만들어졌다. 그에 따라 10세기 이후 불교 중심지가 여러 곳에 형성되었다. 각각의 중심지는 나름의 영향력과 연결 고리를 갖추고 있었다. 이와 같은 중심지들과 그 부속 권역들을 종합해보면, 불교의 전통적 특징을 갖춘 뚜렷한 불교 권역이 형성되어 있었다.

이번 장에서는 불교 전파의 역사에서 앞서 말한 두 차례의 분기점을 검토해보려 한다. 불교 교류는 5세기에 이루어졌지만, 그들이 거쳐 간 네트워크와 전파 경로는 이미 그 이전 시기부터 발달해왔다. 그러므로 우리는 본격적 논의에 앞서 초기 불교 전파 당시의 몇 가지 핵심 요소를 살펴볼 필요가 있다. 우리의 목표는 우선 남아시아 안에서, 그리고 남아시아에서 한 제국과 그 이후의 중국으로 불교가 전해졌던 초기 전파 당시의 이유와 방법을 보여주려는 것이다. 또한 5세기 이전에 형성되어 있던 네트워크가 이후 아시아 전역으로 불교가 전파될 때도 큰 영향을 미쳤다는 사실을 논증하고자 한다.

## 초기 불교의 확산

훗날 붓다(Buddha, "깨달은 사람")라는 이름으로 알려진 고타마 싯다르타(Gautama Siddhartha)는 기원전 5세기경 사람이다. 당시는 도시가 성장하고 상업이 번성하는 시기였다. 그의 일대기를 서술한 전기 문학 작품은 그의 사후 수백 년이 지나서 작성된 것이다. 그에 따르면 고타마 싯다르타는 상류 계급인 통치 가문 태생이었다. 도시 생활에서 가장 두드러지면서도 추한 모습(노화, 질병, 죽음, 고행)을 목격한 그는 20대 후반에 가족과 재산을 "포기"했다고 전한다. 보드가야(Bodhgayā, 오늘날 인도의 비하르주)라는 곳에서 깨달음을 얻은 뒤 그가 처음 만난 사람은 타푸사(Tapussa)와 발리카(Bhallika)라는 이름의 상인이었다. 최초의 평민 속인 제자 두 사람이 그들이었다는 이야기는, 붓다와 상인 공동체가 가까운 관계였다는 사실을 강조하는 것이다. 이후 불교와 상인 공동체는 더욱 밀접한 관계로 발전한다.

붓다는 80세까지 살았다. 마하파리-니르바나(mahāpari-nirvāṇa, 최종적 혹은 영원한 소멸, 다시 환생하지 않는 상태를 의미)라고 하는 그의 사망은 특히 사리 숭배 문화의 발달과 관련해서 초기 불교 확산에 중요한 요소가 되었다. 초기 불교 문헌에 따르면, 인도 여러 지역의 통치자 여덟 명이 붓다의 유해(사리)를 가져가려고 경쟁했다고 한다. 결국 균등하게 나누기로 하고, 여덟 명의 통치자가 각자 사리의 일부를 가지고 자신의 왕국으로 돌아가 사찰을 건립했다. 전설에 따르면 기원전 3세기에 아소카 대왕이 과거의 사리를 다시 발굴해 제국 전역에 재분배했고, 외국의 다른 나라에도 선물로 주었다고 한다. 불교가 처음 전해진 이야기가 많은 지방에서 전설로 전해오는데, 아소카 대왕의 신앙심 깊은 행동과 관련된 이야기가 유독 많다. 그중 가장 중요한 것은 스리랑카(실론)의 이야기다. 마우리아 왕조의 통치자가 보리수나무 묘목과 함께 자신의 아들 마힌다(Mahinda)를 스리랑카로 보냈다고 하는데, 보리수나무는 붓다가 그 아래서 깨달음을 얻었다고 하는 신성한 나무다. 선물은 당시 스리랑카의 통치자 데바남피야 티사(Devānaṃpiya Tissa)에게 전해졌으며, 그는 선물을 받은 즉시 왕국 최초의 불교 사원을 건립했다. 이와 같은 후원 덕분에 아소카 대왕은 불교 문헌에서 이상적 통치자인 차크라바르틴(chakravartin, 轉輪聖王, "세계의 지배자")으로 기록되었다.

아소카 대왕이 국내 혹은 주변 지역으로 불교가 확산하는 데 중요하게 기여한 것은 일반적으로 인정되는 일이지만, 그것은 단순히 국가의 후원 정도를 넘어서는 복잡한 과정이었다. 기원전 3세기에 이르러 남아시아에서는 사원 공동체와 무역 네트워크 사이에 긴밀한 관계가 형성되었다.[1] 붓다가 거주하며 설법한 갠지스 지역과 인도의 중부 및 남부 지역이 이 네트워크를 통해 연결되었다. 초기 불교 유적은 대부분 무역로 주변 도시 근처에 위치한다. 북서부의 도시 탁실라(Taxila, 오늘날 파키스탄 소속), 갠지스강 변의 도시 슈라바스티(Śrāvastī, 오늘날 베나레스Benares 근처), 파탈리푸트라(Pāṭaliputra, 오늘날 파트나Patna), 중남부 중심 도시 산치(Sāñcī, 오늘날 마디아프라데시Madhya Pradesh) 등이 모두 무역 네트워크 및 불교와 밀접했으며, 서로 긴밀히 연결되었다. 불교의 가르침이 강조된 아소카 대왕의 비문도 이들 지역 인근에서 많이 발견되었다.

---

1 James Heitzman, "Early Buddhism, Trade and Empire," in Kenneth A. R. Kennedy and Gregory L. Possehl (eds.), *Studies in the Archaeology and Palaeoanthropology of South Asia* (Calcutta: Oxford University Press, 1984): 124.

남아시아에서 무역 네트워크를 통한 불교의 확산은 마우리아 제국 아소카 대왕의 사후에도 계속되었다. 마우리아 제국의 뒤를 이은 두 개의 제국, 즉 인도 데칸 지역의 사타바하나(Sātavāhanas) 제국(대략 기원전 1세기에서 기원후 3세기)과 인도 북부 지역의 쿠샨(Kuṣāṇas) 제국(c. 30~c. 230 CE)이 그 과정에 도움을 주었고, 또한 이후 남아시아 외부로 불교가 확산하는 데도 중요한 역할을 했다. 사타바하나 제국의 통치자들은 불교도가 아니었지만, 그들의 궁정은 인도 불교의 주도적 후원자로 떠올랐다. 그들의 불교 후원은 바위굴 사원 유적에 남겨진 비문을 통해서 확인된다. 또한 그들은 데칸 지역 불교 교단에도 기부했다.[2] 데칸의 서부 및 동부 지역의 비문에서도 무역상과 불교 교단의 긴밀했던 관계가 분명하게 확인된다. 데칸 동부 지역의 아마라바티(Amarāvatī)와 나가르주나콘다(Nāgārjunakoṇḍa) 등에서 불교 교단은 상인 공동체와는 물론이고 해상 무역에 종사하는 상인 조합과도 긴밀한 관계를 유지했다.[3]

쿠산 제국의 기원지는 중앙아시아 동부 지역이며, 성립 시기는 기원후 1세기였다. 기원후 2세기에는 카니슈카(Kaniṣka) 대왕(재위 c. 127~c. 140)의 지휘 아래 제국의 영토가 중앙아시아에서 인도 동부의 갠지스 평원까지 확장되었다. 쿠샨 제국의 시대에는 중앙아시아의 오아시스 도시국가와 벵골만의 해상 세계가 연결되는 거대한 통합 무역 네트워크가 형성되었다. 아소카 대왕이나 사타바하나 제국의 통치자들과 마찬가지

---

2 D. K. Chakrabarti, "Buddhist Sites Across South Asia as Influenced by Political and Economic Forces," *World Archaeology* 27. 2 (1995): 199.
3 See Himanshu P. Ray, *Monastery and Guild: Commerce under the Satavahanas* (New Delhi: Oxford University Press, 1986).

로 쿠샨 제국의 황제들도 기부와 후원을 통해 불교 교단을 지원했다. 예컨대 탁실라(Taxila)는 쿠샨 제국 치하 남아시아 최고의 불교 교육 중심지로서 지위를 확고하게 굳혔다. 더욱 중요한 사실은, 중앙아시아 출신의 카라반 상인 공동체들은 무역 네트워크를 동남아시아와 동아시아까지 확장했다는 점이다. 일부 상인, 특히 소그드 상인은 불교의 가르침과 도상을 중국의 한(漢)나라로 전하는 데 주도적 역할을 했다. 당시 중국 또한 도시화와 상업 팽창의 시기였다.

중국의 도시와 항구로 전수될 무렵의 불교 교리는 상당한 변화를 겪은 뒤였다. 가장 중요한 변화는 마하야나(Mahāyāna) 불교(대승불교)의 등장이었다. 마하야나 불교의 가르침은 대부분 산스크리트어 경전으로 기록되었다. 교리의 핵심은 누구나 사회로부터 격리되거나 사원 공동체에 들어가지 않더라도 불교 수행을 할 수 있다는 이론이다. 그렇게 해서 심지어 보살(bodhisattvas)이 될 수도 있는데, 보살이란 깨달음을 얻었지만 다른 사람을 구제하기 위해 본인이 열반으로 들어가는 일을 미룬 존재들이다. 마하야나 불교는 고유의 사상적 전통, 경전, 도상을 발달시켰으며, 특히 중앙아시아, 중국, 일본, 한국에서 번성했다. 테라바다(Theravada) 불교 또한 그들만의 경전, 교리, 개인의 행동 규범을 보유하고 있는데, 주로 팔리(Pāli)어를 사용했으며, 스리랑카, 미얀마(버마), 태국 등지에서 번성했다. 그렇다고 해서 사람들이 어느 특정 분파의 불교를 따로 신봉했다는 의미는 아니다. 앞에서 언급했듯이, 후대의 7세기에 발달한 밀교(Tantric) 혹은 금강승(金剛乘, Vajrayāna) 전통을 포함해서, 불교가 전파된 곳이면 어디서든 불교의 다양한 종파가 나름대로 제시하는 경전과 도상을 접할 수 있었다. 또한 그러한 지역들 가운데 지역 토착 신앙과 불교의 교리 및 수행이 융합된 경우도 많았다.

불교의 중국 전파 경로는 최근에 열띤 논쟁의 주제가 되었다. 교리의 전파 경로가 육로인지 해로인지가 핵심 논점이었다. 네덜란드의 중국학자 에릭 쥐르허르(Erik Zürcher)는 불교가 중앙아시아에서 오아시스 도시국가를 거쳐 육로로 중국에 전파되었다는 오랜 견해에 의문을 제기했다. 주요 논지는, 중국에서 불교의 등장이 중앙아시아 동부 지역에서 사원 조직이 성립된 시기보다 앞선다는 점이었다. 문헌 및 고고 발굴 자료에 따르면, 기원후 2세기에 중국으로 불교가 전파된 사실은 명확하다. 쿠차(Kucha)나 호탄(Khotan) 같은 곳(중앙아시아 동부의 오아시스 - 옮긴이)에서 확인된 최초의 불교 유적은 기원후 4세기의 것들이다. 다시 말해서 불교가 중국으로 전파된 핵심 경로로 알려진 지역에서 발견된 불교의 흔적보다 중국에서 발견된 불교의 흔적이 최소 2세기는 앞선다는 의미다. 그래서 에릭 쥐르허르는 남아시아에서 중국으로 불교가 전파된 것은 "직접 접촉에 따른 전파(contact expansion)"가 아니라 오랜 시간에 걸친 "원거리 전파(long-distance transmission)"였다고 주장했다.[4]

불교가 중국에 처음 도착한 경로가 어떠했든지 기원후 65년경 한나라의 수도 낙양(洛陽, Luoyang)에 불교 승려와 교리가 존재한 것만은 분명한 사실이다. 불교의 중국 전파와 관련하여 유명한 전설로, 한나라의 황제 명제(明帝, 재위 58~75)의 꿈 이야기가 있다. 꿈속에서 중국의 통

---

4 Erik Zürcher, "Han Buddhism and the Western Regions," in W. L. Idema and Erik Zürcher (eds.), *Thought and Law in Qin and Han China: Studies Presented to Anthony Hulsewé on the Occasion of his Eightieth Birthday* (Leiden: Brill, 1990): 158-82.

치자는 "금으로 만든 사람(金人)"을 보았다. 신하들에게 꿈의 내용이 무슨 의미인지 묻자, 신하들은 아마도 외국에서 섬기는 부처라는 신의 모습인 듯하다고 답했다. 그 말을 듣고 황제는 두 명의 사절을 "서역(西域)"으로 보내 외국의 신에 관한 정보를 알아보도록 지시했다. 그로부터 3년이 지난 뒤 사신은 두 명의 불교 승려와 함께 궁정으로 돌아왔다. 그들에게 "최초로" 불교 사찰을 지어주었는데, 이름은 백마사(白馬寺, 흰색 말의 사원)였다. 승려들에게는 불교 경전 번역의 임무가 주어졌다. 중국 불교 역사상 교리의 공식적 전파는 이 사건에서 시작되었다. 이 이야기는 분명 후대에 만들어진 것이다. 불교의 전파와 중국 궁정을 연결함으로써 중국으로 전해진 외국 종교 교리의 합법성 내지 정당성을 확보하고자 했던 것이다. 그러나 이외에도 후한 명제 재위 시기에 불교 사상과 신도가 존재했다는 믿을 만한 기록도 남아 있다.[5]

6세기 초엽에 이르러 2000종이 넘는 불교 경전이 중국어로 번역되었고, 그 목록이 정리되었다. 중국어로 불교 경전을 번역한 성과는 중국에서 불교 교리가 성공적으로 안착했음을 의미한다. 하나의 불교 경전을 번역할 때는 번역가 네 명 이상이 협력했다. 첫 번째 사람은 경전을 암송하고(기억에 의존하기도 하고 글을 보고 읽기도 했다), 두 번째 사람은 중국어로 그것을 통역하고, 세 번째 사람은 그것을 중국 문자로 받아 적고, 네 번째 사람은 번역된 중국 문장을 교열했다. 양쪽 언어에 모두 정통한 전문가가 없는 상황에서 불교 경전을 번역한 이와 같은 방식은 10

---

[5] 이와 비슷한 이야기들이 다음 책에 나온다. Erik Zürcher, *The Buddhist Conquest of China: The Spread and Adaptation of Buddhism in Early Medieval China*, third edn. (Leiden: Brill, 2007): 19-23.

세기까지 지속되었다. 초기의 번역 대상은 주로 붓다의 가르침과 자타카 이야기(붓다의 전생과 환생에 관한 이야기)였다. 이후 점차적으로 불교의 여러 종파에 속하는 다양한 철학적 사상이 중국어로 번역되었다. 여기에는 유명한 승려의 전기에서부터 저자가 의심스러운 여러 텍스트까지 불교 문학의 다양한 장르가 포함되었으며, 그중에는 불교의 교리를 중국의 사회-문화적 틀에 안착시키기 위해 중국에서 만들어진 경전도 많았다. 또한 이 무렵, 5세기의 법현(法顯, Faxian, 337/342~c. 422)을 비롯하여 중국의 승려들이 남아시아로 가서 새로운 경전을 구하고 순례 여행을 다녔다. 그러므로 6세기에는 중국과 남아시아의 불교 교류 네트워크가 확고히 자리 잡았다고 말할 수 있다. 이후 수 세기를 지나는 동안 불교는 이러한 네트워크와 중국의 불교 중심지를 거쳐 아시아의 다른 지역으로 더욱 널리 퍼져 나갔다.

## 불교의 확산, 5~10세기

5~6세기에는 아시아 전역에서 불교 전파가 활발했다. 이전에 교리를 접하지 못했거나 주변적이었던 지역에서도 불교가 자리를 잡게 되었다. 한국과 일본이 전자에 속한다면 동남아시아는 후자에 해당한다. 앞에서 언급한 바와 같이 남아시아와 중국의 교류는 중앙아시아와 동남아시아 지역의 승려와 상인, 상품이 참여하면서 더욱 활기를 띠었다. 7세기에는 한국과 일본까지 이 네트워크에 흡수되었다. 이외에 남아시아 바깥의 여러 지역에서 현지의 사정과 필요에 맞추어 독자적인 불교 유파와 전통이 발달했다. "현지화(domestication)" 내지 "토착화(localization)"로 일컬어지는 이러한 과정을 통해 불교 신자들의 상호 교

류가 더욱 강화되었으며, 여러 곳에서 불교의 중심지가 형성되었다. 불교는 바야흐로 범(凡)아시아 종교로 거듭나게 되었다.

### 아시아 전역의 불교

5세기 중엽 날란다(Nālandā, 오늘날 인도 비하르주)에 설립된 마하비하라(Mahāvihāra)는 불교 교육의 중심지로 급부상했다. 7세기에 이르러 아시아 전역에서 학생이 몰려들었고, 교리를 전파하기 위해 승려를 다른 곳으로 파견하기도 했다. 마하비하라는 현지 혹은 외국의 통치자에게서 기부금도 받았다. 기원후 제1천년기 전반기를 통틀어 마하비하라는 지역 경계를 넘어선 불교 교류에 상당히 강한 영향을 미쳤다. 이 시기 신속한 불교 전파에 기여한 요인을 들자면 두 가지가 더 있다. 첫째, 이 시기에는 중앙아시아와 동남아시아뿐만 아니라 중국, 한국, 일본 등지에서도 새로운 왕조 혹은 정치 단위가 등장했는데, 그들에 의해 불교를 활용한 정치적 권위 확보가 시도되었다. 그들은 대개 불교를 통해 신생 정권의 정체성을 분명히 하고자 했다. 그러려면 기본적으로 기존의 불교 중심지와 연결되어야 했다. 그래야 경전과 기타 불교 용품을 들여와 자신의 왕국에 불교를 더 널리 확산시킬 수 있었기 때문이다. 둘째, 5~6세기 원거리 교역 활동의 강화로 상인 공동체와 사원 공동체의 관계는 더욱 긴밀해졌고, 이는 결과적으로 새로운 교류 지역에 불교가 확산되는 계기를 만들어주었다.

기원후 220년 한(漢) 제국이 무너진 이후부터 589년 수(隋) 제국이 다시 통일을 이룰 때까지 중국에서는 수많은 왕조가 서로 경쟁하며 명멸했다. 그들 중 하나인 남중국의 양(梁) 왕조는 전례 없이 불교를 후원했다. 양 왕조의 창립자인 무제(武帝, 재위 502~549)는 불교 교리와 의례를 국내에 널리 확산시켰을 뿐만 아니라 남아시아의 불교 중심지와 연계를 맺었으며, 한국으로 불교 교리를 전하기 위해 노력했다. 황제의 자리에 오른 뒤에는 82명의 사절단을 인도로 보내 불상을 모셔 오도록 했다. 사절단은 511년에 중국 황제를 위해 특별히 제작한 불상을 가지고 해로를 통해 돌아왔다. 양 무제는 동남아시아에 있는 부남국(扶南國)으로도 사절을 보내 불교 유물을 구했다. 양 무제가 불교 유물에 관심을 보이자, 이를 계기로 남아시아와 동남아시아의 여러 나라에서 불교 유물과 기타 불교 용품을 양나라 궁정으로 보내왔다. 예컨대 반반국(盤盤國)은 528년과 534년에 양 무제에게 진사리(眞舍利)를 보냈고, 단단국(丹丹國)은 528년에 상아로 만든 불상과 탑을 보냈으며, 부남국(扶南國)은 540년에 불상과 불교 경전을 보냈다.[6] 이들 왕국은 모두 동남아시아 해안 지역에 위치했는데, 벵골만과 남중국해 사이의 원거리 해상 교역 물량이 급증하면서 이들 지역에서 불교가 이전보다 더욱 강한 영향을 미쳤다.

    마찬가지로 중앙아시아 스텝 지역에서 북중국으로 이주해 온 탁발선비(拓跋鮮卑)가 북위(北魏, 386~534) 왕조를 세웠을 때도 여러 통치자가 불교를 애호하고 널리 확산시켰다. 통치자들의 후원에 힘입어 북중국의 주요 도시에 대규모 불교 사찰과 기념비적 건축물이 건설되었다. 또한 용문(龍門, 하남성의 도시 낙양洛陽 근처)과 운강(雲崗, 산서성의 도시 대동大同 근처)에도 웅장한 석굴 사원 단지가 조성되었다. 새로 조성

---

6 반반국과 단단국은 말레이반도 동쪽 해안에 있었을 것으로 추정된다.

[그림 17-1] 용문석굴의 불상, 중국 하남성

된 불교 중심지에서는 유물, 조각상, 경전 등을 비롯하여 다양한 종교 용품이 필요했으며, 장인의 창작을 이끌어낼 수요가 일어나자 불교 양식과 수행을 잘 아는 장인이 탄생했다(그림 17-1). 중국의 승려 법림(法琳, 572~640)의 기록에 따르면, 북위 시기 북중국에서 왕실과 엘리트 계층의 후원에 힘입어 47곳의 대형 사찰과 839곳의 암자가, 평민의 후원으로 3만 곳의 사찰이 건립되었다고 한다.[7] 한편 남중국에는 2846개의 사

---

7 Jacques Gernet, *Buddhism in Chinese Society: An Economic History from the*

찰과 8만 2700명의 승려가 있었다고 한다.[8]

5~6세기 중국에서 불교가 급성장하면서 중앙아시아와 동남아시아에서도 불교가 뚜렷한 발전 양상을 보였다. 중국에서 불교 용품과 예술품의 수요가 있고, 인도의 날란다(Nālandā)가 불교 교육과 선교의 중심지로 떠오르자, 남아시아와 중국 사이에 불교도의 왕래가 증가했다. 그리하여 그 사이에 거쳐 가는 모든 지역에서는 불교 강연, 순례, 유물, 예술품 등을 이전 시대보다 빈번하게 또한 대규모로 접할 수 있게 되었다.

또한 남아시아와 중국을 오가는 교통량이 증가하면서 5세기 이전에 이미 불교가 전파되어 있던 쿠차, 호탄, 돈황 같은 중앙아시아 오아시스 국가들의 불교가 더욱 번성하게 되었다. 이런 지역은 불교 승려들이 육로로 남아시아와 중국을 오갈 때 쉬어 가는 거점이었기 때문에, 이른바 실크로드라고 하는 길을 통해 교리와 상품이 이동할 때면 이들에게도 이득이 있었다. 5세기 말엽에 오늘날의 신강자치구 투루판 지역에 고창국(高昌國)이라는 새로운 왕조가 성립했다. 고창국의 몇몇 통치자 아래 불교가 특히 번성했다. 그들은 불교 경전의 번역을 후원했으며, 종교 의례에 시주하고, 사찰과 동굴사원 복합 단지를 건설했다. 문헌과 고고 발굴 자료를 통해 보건대, 고창국에서 불교 교리는 엘리트 계층과 평민 계층을 막론하고 널리 확산되어 있었다.

동남아시아 해안 지역의 불교 전파에서 5~6세기는 특히 중요한 시

---

*Fifth to the Tenth Centuries*, trans. Franciscus Verellen (New York: Columbia University Press, 1995 [1956]): 4.
8 Kenneth Ch'en, *Buddhism in China: A Historical Survey* (Princeton University Press, 1964): 136.

기였다. 미얀마와 태국 같은 대륙동남아 지역에 불교 교리가 처음 전파된 시기는 기원후 4세기 이전으로 추정된다. 일부 학자들은 피우(Pyu, 驃國, 오늘날 미얀마)와 몬(Mon, 오늘날 태국) 지역의 스투파 양식을 지적하기도 한다. 그 양식에서 인도의 나가르주나콘다(Nāgārjunakoṇḍa)와 아마라바티(Amarāvatī) 등지에서 발견된 스투파의 양식적 영향이 엿보인다는 주장이다. 또한 이들 지역에서 발견된 마우리아 불교 양식의 비문(dharmacakra와 ye dharma)도 주목할 만하다(dharmacakra는 바퀴 모양 곧 법륜法輪을 가리키며, ye dharma는 인연의 교리를 읊은 시문으로 연기법송 緣起法頌이라 한다. - 옮긴이). 이런 근거들을 통해 대륙동남아 지역 불교 전파 시기를 기원후 2세기경으로 추정하기도 한다.[9] 팔리(Pāli)어 비문이 발견된 유적도 있다. 피우의 슈리세트라(Śrīṣetra) 유적(이라와디강 하류 지역)과 몬의 드바라바티(Dvāravatī) 유적(짜오프라야강 유역)이다. 비문이 제작된 시기는 각각 5~7세기와 6~8세기로 추정되며, 대륙동남아 지역에서 가장 오래된 팔리어 유적들이다. 일부 내용으로 보아 당시 테라바다(Theravada) 불교가 전해졌음을 알 수 있다.[10]

한편 동남아시아 해안 지역에서 불교 신앙의 존재가 명확히 확인되는 최초의 사례는 4~5세기의 유적이다. 그중 하나는 5세기 산스크리트어 비문으로, 오늘날 말레이시아의 크다(Kedah) 지역에서 발견되었다.

---

9 Prapod Assavavirulhakarn, *The Ascendancy of Theravada Buddhism in Southeast Asia* (Bangkok: Silkworm Books, 2010): 68.
10 Peter Skilling, "The Advent of Theravāda Buddhism to Mainland South-east Asia," *Journal of the International Association of Buddhist Studies* 20 (1997): 93-107.

부다굽타(Buddhagupta)라는 이름의 선장이 비문 조성을 후원했다고 하는데, 비문에는 스투파의 도상도 새겨져 있다. 3행으로 구성된 비문에는 부처에 대한 기도가 적혀 있고, 부다굽타를 락탐르티카(Raktamṛttika, 말레이반도 동부 해안)에 거주하는 "위대한 선장"이라고 기록했다. 학자들의 연구에 따르면, 락탐르티카는 후대의 중국 문헌에서 적토국(赤土國, Chitu)이라고 했던 곳이다. 동남아시아 해안 유적으로 확인된 또 다른 초기 불교 비문도 크다 지역에서 발견되었다(지도 17-2).[11]

크다 지역과 그 인근의 발굴 성과로 확인된 몇몇 불상과 조각상도 같은 시기의 유물이었다. 그중 일부 도상은 굽타 양식을 닮았는데, 아마도 남아시아에서 수입된 것으로 추정되며, 현지에서 제작된 유물도 있었다. 말레이반도 동부 해안 지역에서도 석재와 청동으로 만들어진 5~7세기의 불상, 봉헌판(votive tablet), 스투파 등이 발견되었다. 다양한 양식으로 만들어진 이러한 유물들은 동남아시아와 남아시아의 몇몇 지역, 오늘날의 지명으로 서벵골, 오디샤, 안드라, 타밀나두 등이 연결되어 있었음을 의미한다. 또한 불교 교리가 전파된 흔적도 분명하게 확인되었다.

동남아시아 해안 지역에서 불교의 존재가 확인되는 시기는 부남국, 즉 오늘날의 캄보디아-베트남 지역의 왕국이 멸망하고 새로운 왕국들이 들어섰던 시기와 겹친다. 부남 왕국에서는 아마도 브라만교가 주류였던 것으로 추정되는데, 새로 등장한 몇몇 왕국에서는 정치 권력의 정

---

11 Michel Jacq-Hergoualch'h, *The Malay Peninsula: Crossroads of the Maritime Silk Road (100 BC – 1300 AD)*, trans. Victoria Hobson (Leiden: Brill, 2002): 207-21.

〔지도 17-2〕 동남아시아 초기 불교 유적

당성을 확보하기 위해 과감하게 브라만교를 버리고 불교를 선택했다. 이는 같은 시기 중국의 왕조들이 정권의 정당성을 확보하기 위해 불교를 활용했던 것과 정확히 동일한 정책이었다. 뒤에서 다시 보겠지만, 7세기 수마트라섬에서 강력한 스리위자야 왕국이 출현함으로써 동남아시아 해상을 통한 불교 전파는 더욱 활기를 띠게 되었다.

불교를 정권 옹호의 수단으로 사용했던 사례는 한국과 일본의 불교 전파 과정에서도 확인된다. 이들 지역에서 불교의 발달은 중국과의 외교·상업·종교적 관계와 긴밀히 연결되어 있었다. 12세기 한국의 문헌 《삼국사기(三國史記)》(세 왕국의 역사)를 보면, 불교가 한국으로 전파된 시기는 삼국 시대로, 고구려 왕국이 372년, 백제 왕국이 384년, 신라 왕국이 528년이었다.[12] 고구려와 백제는 중국과의 접촉을 통해 불교가 전파되었으며, 신라의 경우는 고구려의 승려가 불교를 전해주었다고 한다.[13] 한편 일본으로 불교가 전해진 것은 백제의 스승들을 통해서였다. 《삼국사기》를 비롯한 여러 문헌을 통해 보건대, 이들 지역의 불교 전파는 아시아 권역의 거대한 불교 네트워크와 긴밀히 연결되어 있었다. 예컨대 백제와 신라 최초의 승려 이름을 보면 각각 마라난타(摩羅難陀, Mālānanda?)와 묵호자(墨胡子)였는데, 둘 다 중앙아시아 출신이었던 것으로 보인다.[14]

6~7세기 문헌을 통해 동아시아 불교 공동체 사이의 교류가 강화되었던 사실을 알 수 있다. 중국 양나라는 앞에서 언급했듯이 남아시아 및

---

12 한국의 불교 전파에 관해서는 다음을 참조. Lewis R. Lancaster and C. S. Yu (eds.), *Introduction of Buddhism to Korea: New Cultural Patterns* (Berkeley: Asian Humanities Press, 1989).
13 일부 자료에서는 양나라 왕실의 공식 사절단이 신라에 불교를 전했다고도 한다.
14 Ahn Kye-hyŏn, "A Short History of Ancient Korean Buddhism," in Lancaster and Yu (eds.), *Introduction of Buddhism to Korea*, 1-27.

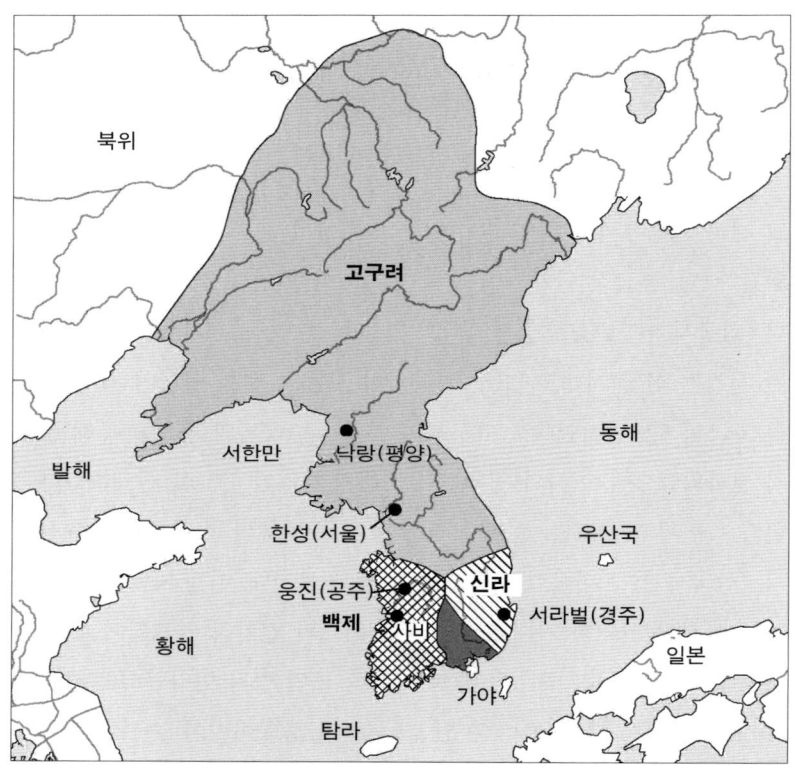

[지도 17-3] 한국의 삼국 시대

동남아시아의 불교도와 연결되어 있었을 뿐만 아니라 동아시아로 불교를 전파하는 데에도 역할이 있었다. 한국의 여러 왕국에서 승려들이 불교 공부를 위해 양나라를 방문했으며, 양 무제는 불교도를 외교 사절로 한국에 파견하고 부처님의 사리를 전해주기도 했다. 527년 백제의 통치자(성왕)는 대통사(大通寺)라는 절을 창건했는데, 양 무제의 선물을 기념하는 사찰이었다.[15] 또한 신라에 불교가 전해진 뒤 몇 해 지나지 않아서 신라의 통치자는 (양 무제와 마찬가지로) 인도의 아소카 대왕과 관련된 바퀴 모양의 법륜(chakravartin) 상징을 사용했으며, 이를 통해 스스로가 강력하면서도 독실한 불교 군주임을 내세웠다.[16]

한국의 승려 역시 6세기에 남아시아로 건너가 공부하고 경전을 구했다. 해로를 통해 인도로 들어간 최초의 구법승은 백제의 겸익(謙益)이었다.[17] 백제의 승려가 일본으로 불교를 전할 때도 해상 네트워크를 이용했다. 552년 백제의 승려 노리사치계(怒利斯致契)가 일본에 처음 불교를 전한 이후로도[18] 백제에서는 몇 차례에 걸쳐 추가로 불교 승려를 보내주었다. 6세기에는 고구려 출신 승려도 일본에서 활동했는데, 이들이 일본 열도 최초의 승단(僧團)을 조직했다고 알려져 있다. 594년에는 고구려의 승려 혜자(慧慈)와 백제의 승려 혜총(慧聰)이 쇼토쿠(聖德) 태자에게 불교 교리를 가르쳤다. 쇼토쿠 태자는 일본에서 왕실 인물로는 최초로 불교를 옹호한 인물이었다.[19] 그는 불교 중심지인 중국의 중요성을 인지하고, 607년 수(隋)나라(581~618)에 외교 사절을 보내 특히 경

---

15 Jonathan Best, *A History of the Early Korean Kingdom of Paekche: Together with an Annotated Translation of the Paekche Annals of the Samguk Sagi* (Cambridge, MA: Harvard University Asia Center, 2007): 135-6.
16 Richard D. McBride II, *Domesticating the Dharma: Buddhist Cults and the Hwaŏm Synthesis in Silla Korea* (Honolulu: University of Hawai'i Press, 2008).
17 남아시아를 여행한 초기 한국 승려에 관해서는 다음을 참조. Jonathan Best, "Tales of Three Paekche Monks who Traveled Afar in Search of the Law," *Harvard Journal of Asiatic Studies* 51, 1 (1991): 139-97.
18 Ahn, "A Short History," 13.
19 한반도에서 일본으로 불교를 전래한 과정에 대해서는 다음을 참조. Kamata Shigeo, "The Transmission of Paekche Buddhism to Japan," in Lancaster and Yu (eds.), *Introduction of Buddhism to Korea*, 143-60.

전을 요청했다. 622년 쇼토쿠 태자가 사망할 무렵, 불교는 아시아의 동쪽으로 갈 수 있는 한 가장 멀리까지 전파된 상태였다.

### 불교 네트워크와 교류

아시아 전역으로 확산된 불교는 7~8세기에 활발한 문화 교류를 촉진했다. 그 여파는 다양한 양상으로 나타났다. 여러 지역을 오가는 승려가 증가했으며, 불교 용품의 교류가 확대되었고, 새로운 불교 확산의 네트워크가 추가되기도 했다. 또한 이 시대에는 지역별로 불교의 여러 종파가 형성되었고, 독특한 순례 장소가 생겨났으며, 불교 권역 전반적으로 새로운 예술 주제가 만들어졌다(그림 17-2). 발전을 거듭한 결과 여러 곳에서 불교의 중심지가 출현했으며, 각각의 중심지는 또한 시간이 지나면서 나름대로 고유의 영향권을 형성하게 되었다.

중국의 승려 현장(玄奘, 600?~664)과 의정(義淨, 635~713)의 여행, 한국의 승려 혜초(慧超, c. 700~c. 780)의 순례, 남아시아 밀교의 스승 바즈라보디(Vajrabodhi, 金剛智, 671~741)와 아모가바즈라(Amoghavajra, 不空, 705~774)의 선교 활동, 일본의 불교 승려 구카이(空海, 774~835)의 중국 체류 등은 모두 7~8세기 불교 교류의 긴밀하고 활발했던 정황을 말해준다. 나중에 중국의 소설가들이 현장 법사의 여행을 소재로 창작한 소설 《서유기(西遊記)》는 당시의 분위기를 전해주는 아마도 가장 유명한 작품일 것이다. 이를 통해 당시 지역 범위를 넘나드는 불교 사상, 불교 도상, 불교 용품의 지속적 교류가 어떠했는지를 짐작할 수 있다.

7세기 초엽 당나라에서 불교를 가르친 남아시아의 승려로 프라바카라미트라(Prabhākaramitra)라는 인물이 있었는데, 현장 법사는 그를 통

[그림 17-2] 생각에 잠긴 보살, 〈반가사유상〉, 7세기 중엽(삼국 시대)

해 날란다(Nālandā)에 관한 이야기를 듣게 되었다. 현장 법사는 629년경 출발하여 중앙아시아를 거쳐 인도로 들어갔다. 애초의 의도는 요가카라(Yogacara, 瑜伽行派) 이론을 배우기 위함이었다. 남아시아에 머무르는 동안 현장 법사는 두 사람의 강력한 통치자를 직접 만났다. 카나우지(Kanauj, 북인도)의 하르샤(Harṣa, 푸샤부티 왕국의 왕)와 카마루파(Kāmarūpa, 동인도)의 바스카르바르만(Bhāskarvarman, 바르만 왕국의 왕)이었다. 현장 법사는 날란다에서 10여 년 머물다가 645년 경전 600여 권과 수많은 불교 도상을 가지고 당나라로 돌아갔다. 이후에도 현장 법사는 날란다의 스승 및 동료 학생 들과 계속 연락을 주고받았을 뿐만 아니라, 당나라와 남아시아 왕국들 사이의 외교 관계에도 일정한 역할을 했던 것 같다.[20]

현장 법사가 중국으로 돌아오고 10여 년이 지난 뒤 의정(義淨)이라는 또 다른 중국 승려가 날란다를 방문했다. 거기서 그는 남아시아의 불교 수행이 중국이나 동남아시아와는 다르다는 사실을 목격했다. 의정은 7세기에 해로나 육로를 이용해 날란다를 방문한 동아시아의 몇몇 승려에 관한 기록을 남겼다. 의정의 활동을 통해 우리가 알 수 있는 무엇보다 중요한 사실은, 당시 중국의 당나라, 동남아시아, 남아시아의 불교 교육 중심지 사이에 내밀한 네트워크가 형성되어 있었다는 점이다. 날란다에 도착하기 전 의정은 스리위자야(Śrīvijaya)에서 반년가량 산스크리트어를 공부했다. 돌아오는 길에도 그는 동남아시아에 다시 들러 여행

---

20 Tansen Sen, *Buddhism, Diplomacy, and Trade: The Realignment of Sino-Indian Relations, 600–1400* (Honolulu: University of Hawai'i Press, 2003).

기도 정리하고, 다른 승려들과 함께 번역 작업에 참여하기도 했다. 실제로 어느 번역서에 남긴 의정의 글에는, 중국인 승려로서 남아시아 방문 계획이 있는 사람은 먼저 스리위자야에 들러 산스크리트어를 공부하라고 권장하는 내용이 포함되어 있다.

또한 의정은 남아시아를 여행한(혹은 여행을 시도한) 한국인 승려 몇 사람에 관한 기록도 남겼다. 혜업(慧業), 혜륜(慧輪), 현각(玄恪), 현조(玄照), 현유(玄遊), 현태(玄太) 등의 이름이 보이는데, 이들 중 일부는 날란다까지 갔고 생을 마감할 때까지 그곳에 머물렀다. 의정의 기록에 따르면 남아시아로 가는 길에 사망한 사람들도 있었다. 날란다를 방문한 한국인 승려 가운데 가장 유명한 사람은 혜초(慧超)였다. 그가 날란다에 도착한 때는 8세기 초엽이었다. 신라 출신의 혜초는 당나라에서 인도인 밀교 스승 바즈라보디(Vajrabodhi) 수하에서 공부하다가 성지 순례를 위해 인도를 방문했다. 순례 여행을 마친 혜초는 중국으로 돌아가 바즈라보디와 그의 제자 아모가바즈라(Amoghavajra)와 함께 일했다. 그가 남긴 비망록《왕오천축국전(往五天竺國傳)》(인도 5왕국 방문기)에는 당시 남아시아와 동아시아의 여러 불교 교육 중심지와 순례 여행지에 관한 생생한 증언이 담겨 있다.

당시 새로운 불교 교리인 밀교가 확산되는 큰 흐름이 있었는데, 당나라에서 혜초가 스승으로 모신 남아시아인 두 사람은 바로 그 흐름에 속한 인물이었다. 밀교란 다음과 같이 규정된다.

우리가 경험하는 우주란, 우주를 창조하고 유지하는 신의 머리에서 뿜어져 나오는 에너지(불교의 경우 의식의 깨달음/가르침)가 구체적으로 드러난 것이다. 이러한 원칙에 따라 밀교의 수행은 인간의 소우주 안에서, 창조적이고 자유분방한 방식으로, 그 에너지의 흐름에 걸맞은 의례, 그 에너지와 소통하는 통로를 추구하는 것이다. 그러한 신앙과 수행의 본체가 바로 밀교다.[21]

주문, 암송, 의례는 밀교 전통의 핵심으로, 7세기 남아시아에서 발달하여 브라만교와 불교 모두에 영향을 미쳤다.

7세기 후반부터 8세기 말엽까지 밀교는 불교 권역의 거의 모든 지역으로 신속히 퍼져 나갔다. 남아시아 비하르-벵골 지역 팔라(Pāla) 왕국의 통치자들과 중국 당나라의 몇몇 황제가 특히 밀교를 선호했다. 스리랑카, 동남아시아, 한국, 일본에서 불교 종단이 형성될 때도 밀교가 영향을 미쳤다. 밀교의 영향은 8세기에 불교가 전파된 티베트에 가장 크게 미쳤다.

기존의 불교 네트워크를 통해 밀교와 함께 새로운 불교 유물들이 유입되었다. 밀교 스승 바즈라보디와 아모가바즈라, 그리고 그들보다 앞서 활동한 남아시아의 승려 수바카라심하(Śubhakarasimha, 사망 735)의 활동을 살펴보면, 당시 밀교 네트워크가 얼마나 활발히 확장되었는지 알 수 있다. 이들 세 사람의 승려는 당나라의 통치자들과 밀접한 관계를 맺고 국가의 안녕을 위하여 다양한 의례를 거행했으며, 수많은 밀교 경전을 번역했고, 중국 및 동아시아의 승려들을 교육했다. 일본의 승려 구카

---

21 David Gordon White, "Introduction, Tantra in Practice: Mapping a Tradition," in David Gordon White (ed.), *Tantra in Practice* (Princeton University Press, 2000): 9.

이(空海)는 아모가바즈라의 중국인 제자 중 혜과(惠果)라는 승려와 함께 공부했는데, 806년에 고향으로 돌아와 신곤슈(진언종眞言宗)를 창설하고 밀교 교리를 가르쳤다. 일본의 왕 간무(桓武, 재위 781~806)나 준나(淳和, 재위 823~833)는 그의 주요 후원자였다.[22] 중국의 승려 혜과(惠果)에게는 자와(Java) 출신의 비안홍(Bianhong)이라는 제자가 있었는데, 그는 중국에서 고향으로 돌아간 뒤 보로부두르 사원을 설계할 때 참여했던 인물로 추정된다.[23]

자와섬 중부 보로부두르에서 멀지 않은 곳에 라투보코(Ratu Boko)라는 유적이 있는데, 그곳에서 8세기 산스크리트어 비문이 발견되었고, 그 내용으로 스리랑카 승려들의 존재가 확인되었다. 라투보코에서 발견된 불교 사찰의 건축 양식에서도 스리랑카 아바야기리(Abhayagiri) 사원과의 유사성이 드러났다.[24] 741년 아모가바즈라가 아바야기리 사원을 방문했다고 하는데, 당나라에서 출발하여 남아시아를 다녀가는 길에 그곳을 거쳐 갔던 것이다. 그와 중국인 제자들은 스리랑카에서 몇 달 머무른 뒤 밀교 경전과 유물을 가지고 중국으로 돌아갔다. 문헌과 고고 발굴 성과로 확증된바, 스리랑카는 분명 7~8세기 밀교 네트워크에 포함되어 있었다.

---

22 Ryūichi Abé, *The Weaving of Mantra: Kūkai and the Construction of Esoteric Buddhist Discourse* (New York: Columbia University Press, 1999).
23 Hiram W. Woodward, "Bianhong, Mastermind of Borobudur?," *Pacific World: Journal of the Institute of Buddhist Studies* 11 (2009): 25-60.
24 Jeffrey Roger Sundberg, "The Wilderness Monks of the Abhyagirivihāra and the Origins of Sino-Javanese Esoteric Buddhism," *Bijdragen tot de Taal-, Land- en Volkenkunde* 160 (2004): 163-88.

중국의 밀교 스승들은 동정심이 충만한 보살 만주슈리(Mañjuśrī, 문수보살文殊菩薩) 숭배를 가르쳤다. 만주슈리 보살의 거처는 중국의 오대산(五臺山, 우타이산)으로 알려졌는데, 그곳은 남아시아 바깥 지역에서는 아마도 가장 중요한 불교 순례지였을 것이다. 6세기경부터 중국 불교 경전에서는 만주슈리를 친견할 수 있는 장소로 중국 중부에 있는 오대산을 홍보하기 시작했다. 신성한 보살이 산에 계신다는 전설이 워낙 유명해지자 남아시아의 승려들까지 순례차 오대산을 찾아갔다. 바즈라보디 또한 그러한 승려 가운데 한 사람으로, 중국으로 들어온 뒤 오대산에서 자주 의례를 거행했다. 오대산과 관련된 만주슈리 숭배는 티베트로도 전파되었고, 나중에는 중국의 통치자와 라싸(Lhasa)에 있는 티베트 통치자 사이의 외교에서도 중요한 요소로 자리 잡았다.[25]

티베트는 아시아의 주요 지역 가운데 불교가 마지막으로 전파된 곳이었다. 일부 자료에는 일찍이 티베트의 왕 송첸캄포(Songtsen Gampo, 혹은 Srong btsan sgam po) 재위 시기(c. 614~650)에 불교 사상이 전해졌다고 하는데, 대중적으로 인기를 얻은 것은 티송데첸(Trisong Detsen, 혹은 Khri srong lde btsan)의 통치 시기(754~797)였다. 티송데첸은 자신의 정치 권력을 강화하기 위해서뿐만 아니라 티베트와 외국의 외교 관계를 위해서 불교로 개종했다고 한다.[26] 불교 교리가 티베트로 전파되는 과정을 보면, 8세기에는 이미 아시아 곳곳에 불교 중심지가 형성되어 있었

---

25 Sen, *Buddhism, Diplomacy, and Trade*, 76-86.
26 티베트 불교 전파 개관은 다음을 참조. Donald S. Lopez, Jr, *Religions of Tibet in Practice* (Princeton University Press, 1997): 5-25.

고, 각지에서 다양한 불교 사상이 발달했음을 알 수 있다.[27]

티송데첸의 재위 기간 동안 티베트에서 활동한 인도와 중국의 승려들이 있었다. 그들 중에는 중관파(中觀派, Madhyamikā)에 속하는 인도 승려도 있었는데, 샨타락시타(Śāntarakṣita)와 그의 제자 카말라쉴라(Kamalaśīla), 그리고 카슈미르의 밀교 스승 파드마삼바바(Padmasambhava)가 대표적이었다. 파드마삼바바는 779년 티베트 최초의 불교 사찰 삼예(Samye, 혹은 Bsam yas)를 건립했다고 한다. 또한 중국인 승려 마하연(摩訶衍)은 티베트에서 선불교를 이끌었다. 티송데첸이 사망하기 직전 중관파와 선불교 사이에 대대적인 논쟁이 촉발되었다. 카말라쉴라와 마하연이 각각 종파를 대표해서 무엇이 진정한 깨달음의 본질인지 토론했다. 티베트 자료에 따르면 마하연이 논쟁에 져서 티베트에서 추방되었다고 한다. 그때부터 티베트는 중관파를 추종했다.[28]

티베트와 다른 지역의 불교 교류는 티송데첸과 그의 후계자 티축데첸(Trhitsuk Detsen, 혹은 Khri-gtsug-lde-brtsan, 재의 c. 815~835) 때 크게 확대되었다. 티송데첸은 오대산을 포함하여 중국과 인도 양쪽의 불교 순례지에 관심이 있었다. 그가 당나라에 외교 사절을 보내 오대산 그림을 요청했다는 기록도 남아 있다. 한편 티축데첸 재위 시기에 몇몇 학술적 번역이 이루어져, 인도의 불교 경전과 산스크리트어 연구 성과가

---

27 See for example Matthew T. Kapstein, "The Treaty Temple of Turquoise Grove," in Matthew T. Kapstein (ed.), *Buddhism between Tibet & China* (Somerville, MA: Wisdom Publications, 2009): 21-71.
28 Paul Demiéville, *Le Concile de Lhasa: une controverse sur le quiétisme entre bouddhistes de l'Inde et de la Chine au viiie siècle de l'ère chrétienne* (Paris: Imprimerie Nationale de France, 1952).

티베트어로 번역되었다. 티베트가 돈황까지 군사적 팽창을 감행했을 때 중앙아시아의 불교 경전과 유물이 티베트인의 수중으로 들어갔다. 이와 같은 불교의 교류와 활동은 랑다르마(Langdarma, 혹은 Glang dar ma) 재위 시기인 838년에 막을 내렸다. 그는 불교 승려들을 처형하고 사원 조직을 탄압했다. 랑다르마가 어느 불교 승려의 손에 암살당한 뒤에야 불교 탄압은 중단되었고, 동시에 티베트 제국 또한 분열되었다. 11세기 이후가 되어서야 비로소 티베트와 다른 불교 중심지의 교류가 재개되었다.

### 다양한 불교의 세계, 1000~1500년

11세기에 이르러 아시아 불교의 "권역"은 분명하게 셋으로 나뉘었다. 인도-티베트 권역, 동아시아 권역, 스리랑카-동남아시아 권역이었다. 인도-티베트 권역의 중심은 비하르-벵골 지역의 사찰이었다. 동아시아 권역에는 중국, 한국, 일본 등 다양한 중심이 형성되어 있었다. 그리고 스리랑카-동남아시아 권역은 테라바다/팔리어 불교 네트워크였다. 그러나 여러 권역 사이의 교류가 끊어진 것은 아니었다. 남아시아의 승려 아티샤(Atīśa, 982~1054)의 여행을 통해 우리는 아시아 여러 권역의 불교가 계속해서 연결되어 있었음을 알 수 있다. 디팜카라 슈리즈냐나(Dīpaṃkara Śrījñāna)라는 이름으로도 알려진 아티샤는 11세기 초엽에 수마트라를 여행했고, 그곳에서 다르마키르티(Dharmakīrti)라는 이름의 승려에게 수학했다. 동남아시아에서 11년을 보낸 뒤 인도로 돌아온 그는 비크라마쉴라(Vikramaśīla) 사원에 정착했다. 1040년 티베트 왕실의 초청을 받은 아티샤는 티베트 중부 지역으로 가서 밀교를 가르쳤다.[29] 또 다른 사례로, 디야나바드라(Dhyanabhadra, 指空, 1225~1363)라는 이름의 승려는 13세기 날란다에서 승려가 된 뒤 인도를 떠나 중국의 북경으로 여행했고, 이후 한반도까지 들렀다.[30] 당시의 불교 권역은 교리와 수행의 측면에서 더욱 뚜렷하게 나뉘었지만, 그럼에도 불구하고 아시아 불교의 교류는 20세기까지도 변함없이 지속되었다

### 인도-티베트 불교

티베트로 초청받기 전의 아티샤가 기거한 비크라마쉴라 사원은 남아시아 불교의 중심지로 떠올랐다. 팔라(Pāla) 왕국의 통치자 다르마팔라(Dharmapāla, 재위 770?~810)가 8세기 말 혹은 9세기 초에 건립한 이 사원은 이후로도 통치자들의 후원에 힘입어 번영을 계속했다. 날란다에서 멀지 않은 곳에 위치한 비크라마쉴라 사원은 그 지역의 밀교 성직자들과 티베트에서 찾아오는 방문객의 교류가 이루어지는 핵심 장소였다. 12세기에 이르러 쇠락을 겪기 전까지 비크라마쉴라 사원은 네팔과 티베트로 밀교를 전파하는 데 중요한 역할을 맡았다. 팔라 왕조 시기 밀교 전파에 참여하고 번성한 또 하나의 사원은, 역시 오늘날 비하르주에 위치한 오단타푸리(Odantapurī) 사원이었다. 팔라 왕국의 통치자들이 비크라마쉴라 사원이나 오단타푸리 사원만큼 주목하지 않았지만, 날란다 사원 또한 외국의 승려들이 찾아오는 중요한 목적지였고, 예컨대 수마트

---

29 아티샤의 생애에 관한 상세한 내용은 다음을 참조. Alaka Chattopadhyaya, *Atiśa and Tibet: Life and Works of Dīpa _ mkara Śrījñāna in Relation to the History and Religion of Tibet* (New Delhi: Motilal Banarsidass, 1996).

30 See Duan Yuming, *Zhikong: Zuihou yiwei lai Hua de Yindu gaoseng (Zhikong: The Last Eminent Monk from India to Travel to China)* (Chengdu: Bashu shushe, 2007).

라 같은 머나먼 지역의 통치자들에게 기부를 받기도 했다.[31]

밀교의 전파는 위에서 언급한 사원 세 곳에 국한되지 않았다. 11~12세기 팔라 왕국과 기타 비하르-벵골 지역의 여러 소규모 왕국에서 발달한 새로운 불교 예술 또한 밀교를 전파하는 수단이었다. 브라만교에서 섬기는 신들의 도상과 결합된, 대개 검은색 돌이나 쇠로 표현되는 팔라 왕국의 밀교 예술은 아시아 전역으로 확산되었다. 물론 모든 지역에 대해서 수용 및 영향의 정도를 항상 비교할 수는 없다. 다만 네팔, 티베트, 운남(雲南), 자와, 미얀마 등이 팔라 미술 양식의 영향을 받은 주요 지역이었다.[32]

같은 시기에 생산된 또 다른 예술 양식을 보더라도 인도의 몇몇 지역에서 불교와 브라만교 사이에 치열한 경쟁이 벌어졌음을 알 수 있다. 7세기에 중국인 승려 현장이 인도 북부 지역을 방문했을 때, 그 또한 몇몇 중심 도시와 사원 조직이 쇠락해가는 장면을 목격했다. 당시 인도 불교는 비록 팔라 왕국의 통치자들로부터 후원이 계속되고 있었지만, 그럼에도 불구하고 초기 불교 전파 당시 주요 거점이었던 여러 도시의 쇠락과 브라만교와의 분쟁 때문에 심각한 영향을 받고 있었다.[33] 마침내 13세기에 튀르크-몽골계 약탈자들이 침입해 오자 북인도 지역 주요 불

---

31 팔라 통치자들이 후원했던 사찰에 관한 논의는 다음을 참조. Puspa Niyogi, *Buddhism in Ancient Bengal* (Calcutta: Jijnasa, 1980).
32 Susan L. Huntington and John C. Huntington, *Leaves from the Bodhi Tree: The Art of Pāla India (8th-12th centuries) and its International Legacy* (Seattle: University of Washington Press, 1990).
33 Giovanni Verardi, *Hardships and Downfall of Buddhism in India* (New Delhi: Manohar and Institute of Southeast Asian Studies, 2011).

교 사원들은 대부분 쇠락을 면치 못했다. 앞에서 언급한 세 곳의 사원도 마찬가지였다.

여러 측면에서 티베트는 팔라 왕조 시기 발달한 밀교 전통의 후계자였다. 다른 지역들과 마찬가지로 티베트 또한 불교에 자신의 전통문화를 덧입혔다. 라마(불교 스승)의 환생 신앙도 그중 하나로, 아마도 아티샤의 가르침에서 파생되었을 것이다. 티베트의 중부, 서부, 동부 지방에서는 서로 다른 종파가 각각 발달했다. 각 지방이 독자적으로 카슈미르, 중앙아시아, 중국 등 서로 다른 불교 권역과 교류했기 때문이다. 또한 독미('Brog-mi, 992~1072)와 밀라레파(Milarepa, 혹은 Mi-la-ras-pa, 1012~1096) 같은 유명 승려들은 특정 사원을 중심으로 특유의 전통을 만들어냈다. 결국 티베트 안에서도 다양한 토착 불교 종파가 등장했으며, 그중 일부는 종교적으로나 정치적으로 공격적 경쟁을 마다하지 않았다.[34]

이처럼 지역 간 교류나 개인의 내적 성찰을 통해 티베트의 주요 불교 종파들이 진화했다. 그중 사캬파(Sakyapa, 혹은 Sa-skya-pa)의 창설자는 독미('Brog-mi)였다. 그는 비크라마쉴라 사원에서 공부했고, 《헤바즈라 탄트라(Hevajra tantra)》라는 제목으로 알려진 주요 밀교 경전을 번역했다. 또한 카르마파(Karmapa, 혹은 Karma-pa)가 있었다. 칭기즈 칸과 항복 협정을 맺은 사람들이 이 종파에 속했다. 그리고 겔룩파(Gelukpa, 혹은 Dge-lugs-pa)도 있었다. 14세기에 창설된 이 종파는 사원 교육을 중시했으며, 달라이라마 및 판첸라마 전통과 관련이 있다. 카르마파와

---

34 See Lopez, "Introduction," in Lopez (ed.), *Religions of Tibet in Practice*.

겔룩파는 자주 분쟁을 일으켰으며, 몽골과 이후 중국 통치자들의 호의를 얻으려고 노력했다. 티베트의 여러 불교 종파는 밀교 전통의 확산에도 기여했다. 오늘날에도 몽골 및 내몽고자치구 지역의 불교 수행에서 그들의 영향이 확인되고 있다. 18세기에는 그들 중 일부가 러시아의 남부 시베리아 지역 부랴티야공화국까지 교리를 전했다.[35]

### 동아시아 불교

당(唐)나라의 황제 무종(武宗, 재위 840~846)은 845년 불교 핍박 정책을 단행했다. 이를 회창폐불(會昌廢佛)이라 한다. 회창(會昌)은 무종 황제의 재위 연호다. 이 사건은 중국 불교사의 분기점이 되었다. 이 사건이 중국 불교사의 분기점으로 평가된 것은 사실이지만, 그러나 이후 중국 불교가 쇠락했다는 가설은 더 이상 받아들여지지 않는다. 최근 연구에 따르면 당시 불교는 이미 중국 사회 깊숙이 스며든 상태였다. 또한 이후 시기에도 불교는 이웃 지역과 중국의 외교 관계에서 지속적으로 일정한 역할을 담당했다. 송나라 초기 3대의 황제를 거치는 동안 불교는 회창폐불 사건에서 회복되었고, 이웃 나라와 송나라의 외교 및 교역 활동에 참여하며 발전을 거듭했다. 10세기 말에서 11세기에는 번역 사업과 교리 담론 또한 활성화되었다.

회창폐불은 불교 사원 조직이 중국 경제에 미친 영향을 국가적 차원에서 혹독하게 파괴한 사건이었다. 대토지 소유와 세금을 면제받는

---

35 John Snelling, *Buddhism in Russia: The Story of Agvan Dorzhiev, Lhasa's Emissary to the Tsar* (Shaftesbury: Element, 1993).

승려의 급증으로 불교 사원은 국가 재정에 심각한 손실을 입혔고, 그래서 회창폐불 이전에도 불교 탄압이 최소 두 차례 시도된 적이 있었다. 그러나 9세기 무종 당시에는 이전 사례에 비할 수 없는 강력한 탄압이 자행되었다. 무종 황제에게 올라간 보고서에 따르면, 사찰 4600개소가 파괴되었고, 비구와 비구니 26만 500명을 환속해 세금 면제 권리를 박탈했으며, 사찰에 소속된 막대한 양의 비옥한 토지가 국가에 몰수되었다.[36]

그러나 회창폐불 이후 무종도 살아남지 못했고, 당 제국도 오래가지 못했다. 960년 송나라가 다시 중국의 통일을 이룬 뒤에는 불교 사찰이 재건되었을 뿐만 아니라 한국과 일본, 그리고 북방과 서방 경계 지역의 신흥 유목 국가들을 상대로 하는 불교 교류 네트워크도 회복되었다. 송나라 불교의 생존과 회복 비결로 몇 가지 요인을 들 수 있다. 앞에서 언급했듯이 불교 사상이 중국 사회 깊숙이 스며들어 있었다는 사실이 무엇보다 가장 중요한 요인이었다. 예를 들어 붓다가 아미타바(Amitabha)라고 하는 낙원에서 다시 태어난다는 교리의 정토(淨土, 순수하고 깨끗한 땅) 사상은 중국 불교 평신도 사이에서 굉장히 인기를 끌었고, 한국과 일본 및 베트남으로도 전파되었다. 마찬가지로 중국에서 널리 확산된 선불교(禪佛敎)도 동아시아 사회에 심대한 영향을 미쳤다.[37] 이미 일반 백성 사이에 씨앗을 뿌려놓았기 때문에, 회창폐불 당시 사찰을 파괴하고 비구와 비구니를 환속시키는 난리에도 불구하고, 당시 불교의 신

---

36 Ch'en, *Buddhism in China*, 232.
37 Nguyen Cuong Tu, *Zen in Medieval Vietnam: A Study and Translation of the Thiền uyển tập anh* (Honolulu: University of Hawai'i Press, 1997).

앙과 대중성은 별다른 영향을 받지 않았다.

10~11세기 상업 네트워크와 국가의 성립 등으로 동아시아 불교 교류는 더욱 촉진되었다. 여기에 촉매 역할을 한 것은 불교 경전과 문헌의 활발한 유통에 큰 도움을 준 활자 인쇄의 탄생이었다. 국내 및 국외의 상업을 권장한 송나라의 정책은 당시 경제에 엄청난 영향을 미쳤다. 중국 전역에 걸쳐 상업 네트워크와 시장이 형성되었고, 이는 점차 유라시아 상업 네트워크에 접속되었다. 불교 사찰도 송나라 상업 혁명의 과정에서 그 일부로 참여했다. 사찰에서 직접 상인에게 대출을 해주거나, 전시 혹은 시장 공간을 빌려주는 방식이었다. 송나라에서는 승려들(과 승려인 척하는 상인들)이 불교 용품을 거래하지 못하도록 했지만, 그럼에도 불구하고 불교 용품의 무역도 급성장했다.

불교 용품 수요의 성장은 송나라의 무역 확장뿐만 아니라 중앙아시아와 동아시아 지역에서 일부 유목 국가가 성립하는 데도 영향을 주었다. 특히 거란(契丹, Khitan)이 세운 요(遼)나라(907~1125)와 탕구트(Tangut, 黨項)가 세운 서하(西夏, 1038~1227)가 그랬다. 앞에서 언급한 동아시아와 동남아시아의 여러 국가에서 그러했듯이, 요나라와 서하에서도, 그리고 이후 몽골에서도 불교를 활용하여 국가의 정체성과 정권의 정당성을 확보하고자 했다.[38]

불교 용품 무역 증가를 가져온 또 한 가지 중요한 발전은 붓다가 직접 말했다고 전하는 예언과 관련이 있었다. 구체적 시점은 경전에 따라

---

38 Ruth W. Dunnell, *The Great State of White and High: Buddhism and State Formation in Eleventh-Century Xia* (Honolulu: University of Hawai'i Press, 1996).

다르지만 미래의 어느 시점에 이방인이 인도를 침략할 것이고, 뒤이어 불교의 기념비들이 파괴될 것이며, 혹은 사원의 질서가 오염되어 결국 불교 교리가 소멸할 것이라고 예언되었다. 마침내 미래의 마이트레야(Maitreya, 미륵彌勒)가 하늘에서 내려와 질서를 회복하고 불교를 부흥시킬 때까지 세상은 욕망과 혼돈과 굶주림으로 미쳐 날뛰게 되리라는 것이었다. 인도의 사원 중심지가 쇠락하자 경전에 등장하는 예언 사상의 인기는 동아시아 전역의 불교 공동체에 영향을 미쳤다. 이를 받아들인 곳에서는 사리(舍利)와 경전의 수요가 급증했는데, 향후 교리 재생을 위해 보관해두기 위해서였다.[39]

이와 같은 맥락 아래 동아시아에서 중국 불교 경전의 수요가 높아졌고 비교적 이른 시기에 확산시킬 수 있었다. 경전의 확산을 위해서는 불교 문헌을 새롭게 입수해야 했고, 번역가가 필요했으며, 공식 번역 기관을 설립할 필요가 있었다. 송나라의 번역 기관에서는 인도인과 중국인 승려를 채용했다. 그들이 방대한 양의 불교 경전을 번역했으며, 이를 인쇄하여 여러 복제본을 출간했다. 송나라 초기 황제 3대에 걸쳐 번역된 불교 문헌의 수량은 이전의 다른 어느 왕조 때보다 많았다. 그러나 경전을 생산하거나 배포하는 일이 언제나 교리의 선교(혹은 보존)와 관련된 것은 아니었다. 예컨대 중국의 송나라와 한국의 고려(高麗, 918~1392) 왕조는 이웃 지역에 불교 경전을 전해주고자 서로 경쟁했는데, 이를 통해 외교적으로 유리한 입지를 다지기 위해서였다.[40]

---

[39] 불교의 종말론적 예언에 관한 상세한 논의가 있다. Jan Nattier, *Once Upon a Future Time: Studies in a Buddhist Prophecy of Decline* (Berkeley: Asian Humanities Press, 1988).

한국 불교는 7세기에 한반도 지역을 정치적으로 통일한 신라 왕국 아래에서 크게 발전하고 다양화되었다. 중국에서 한국으로 전해진 불교의 여러 종파와 의례가 통합되고 토착화되는 과정에서 원효(元曉, 617~689)와 의상(義湘, 625~702) 등 승려의 역할이 있었다. 천태종에 속했던 제관(諦觀) 등 몇몇 한국인 승려는 교리 문제로 중국에 초빙받은 적도 있었다. 중국에서 그랬던 것처럼 한국에서도 몇몇 장소가 주요 순례지가 되었다. 중국에 오대산(五臺山, 우타이산)이 있듯이 한국에도 오대산(五臺山)이 있었다. 한국의 신자들은 중국까지 가지 않더라도 한국의 오대산에서 문수보살(文殊菩薩, Mañjuśrī)을 친견할 수 있다고 믿었다.[41]

신라 시대에 이룩된 많은 성과가 고려의 통치자들 아래에서 계속 이어져 불교의 발달에 기여할 수 있었다. 특히 선불교와 관련된 가르침이 유행했으며, 국가 차원에서 후원하는 불교 의례가 자주 개최되었다. 불교 공동체와 고려 왕조 사이에 내밀하면서도 상호 이익이 되는 관계가 형성된 시기는 고려 왕조의 창업주 태조(太祖, 재위 918~943) 때부터였다. 승려가 되려면 일정한 제한 조건이 있었지만, 고려 시대에는 대체로 전체 불교와 특히 선불교 승려들이 국가의 지원을 받았다. 불교 사찰 또한 번성해서 대토지를 소유했고, 개인의 시주와 국가의 후원을 받았다. 실제로 고려 시대 농지의 6분의 1을 불교 사찰이 관할했던 것으로 연구된 바 있다.[42]

---

40 Sen, Buddhism, *Diplomacy, and Trade*, 118.
41 McBride, *Domesticating the Dharma*.

불교의 토착화나, 중국 불교 중심지 혹은 교단과의 지속적 연계 측면에서는 일본 불교 또한 한국 불교와 다를 바가 없었다. 일본 승려들은 중국인 혹은 인도인 스승을 찾아 중국 당나라를 자주 방문했다. 천태종, 밀교, 선불교 등과 관련된 사상들이 주로 그들을 통해 일본으로 유입되었다. 일본에서는 천태종을 텐다이(てんだい), 밀교를 신곤(しんごん, 眞言), 선불교를 젠(ぜん)이라고 하는데, 세 전통이 발달한 시기는 헤이안(平安) 시대(794~1185)와 가마쿠라(鎌倉) 시대(1185~1333)였다. 사이초(最澄, 767~822)라는 승려가 일본 천태종을 세웠다고 전하며, 앞에서 언급한 구카이(空海, 774~835)가 밀교를 일본에 들여오는 데 중요한 역할을 했다고 한다. 한편 호넨(法然, 1133~1212)과 신란(親鸞, 1173~1262)은 일본에서 정토종(淨土宗)의 확산과 관련된 승려들이다. 이들 각 종파는 애초 중국에서 수입되었지만 일본에서 나름의 진화를 거듭하여 새로운 종파로 거듭나는 경우가 많았다. 가장 대표적인 사례가 니치렌(日蓮) 불교다. 일본 승려 니치렌(1222~1282)은 천태종을 개혁하며《법화경(法華經)》만이 진정한 불교 경전이라고 강조했다.

가마쿠라 쇼군 치하에서 불교는 국가적 후원을 얻었다. 사찰의 경제력이 확대되었고, 불교 의례가 널리 대중적 인기를 끌었다. 같은 시기 동아시아의 다른 지역과 마찬가지로 붓다의 사리(舍利)가 사찰은 물론 국가적으로도 중시되었다. 결과적으로 가마쿠라 막부 시기에 사리를 숭배하는 수많은 불교 의례가 발달했다. 예컨대 교토의 사찰 도지(東寺)에

---

42 See Vermeersch, *The Power of the Buddhas: The Politics of Buddhism During the Koryŏ Dynasty (918-1392)* (Cambridge, MA: Harvard University Asia Center, 2008).

사리를 안치하고 그것을 인도, 중국, 일본의 "영적 보석"이라고 일컬었으며, "왕국의 신령한 보물이자 왕실의 수호자"라고 설명했다.[43]

쿠빌라이(Qubilai) 칸이 중국에서 원(元)나라(1271~1368)를 창립했을 무렵, 한국과 일본은 나름의 교리와 의례 체계를 갖춘 불교 문화권을 형성하고 있었다. 불교 승려나 일반 신도에게 필요한 승단, 교육 기관, 순례 장소 등이 모두 갖추어져 있었다. 그러나 이와 같은 토착화의 발달에도 불구하고 더 큰 불교 문화권에서 연결과 교류는 계속되었다. 중국의 쿠빌라이 칸과 이란의 훌레구(Hulegu) 칸이 티베트 불교를 받아들임으로써 범아시아 불교 네트워크는 일본에서 페르시아만까지 이어졌고, 이는 13~14세기 내내 지속되었다.

### 스리랑카-동남아시아 불교

11세기 이후 테라바다 불교 네트워크는 여러 지역을 더욱 긴밀히 연결했다. 스리랑카와 동남아시아(대륙동남아와 섬동남아 모두) 지역의 여러 국가가 여기에 포함되었다. 동남아시아의 불교 신앙은 여러 가지 다양한 모습을 띠고 있었다. 때로는 인도 여러 지역과 연결되었고, 스리랑카의 사원과 연결되기도 했으며, 중국의 남부 및 남서부 지역 불교로부터 영향을 받기도 했다. 인도 안드라(Andhra) 지역에서 기원한 교리와 예술 양식도 있었고, 스리랑카에서 들어온 테라바다 불교와 밀교도 있었으며, 선불교를 비롯해 여러 가지 중국 불교의 흐름도 들어와 있었다.

---

43 Brian D. Ruppert, *Jewel in the Ashes: Buddha Relics and Power in Early Medieval Japan* (Cambridge, MA: Harvard University Asia Center, 2000): 274.

이외에도 현지의 다양한 토착 신앙과 숭배의 문화가 발달했고, 또한 주변의 여러 지역으로 확산되었다. 그러다가 10세기 이후 테라바다 불교 네트워크가 한층 더 강력해졌다. 이는 무엇보다도 스리랑카, 미얀마, 태국 지역에서 일어난 정치적 변화의 여파였다.

남인도 촐라(Colas) 왕국의 지배를 받은 스리랑카에서 11세기 후반 위자야바후(Vijayabāhu) 1세(재위 1055~1110)가 촐라 세력을 몰아내고 독자적으로 권력 기반을 확고히 다졌다. 이후 파라크라마바후(Parākramabāhu) 1세(재위 1153~1186)가 스리랑카를 장악했고, 싱할라 왕조의 정치 권력은 더욱 강력해졌다. 파라크라마바후 1세는 남인도 왕국들의 공격을 잘 막아냈고, 활발한 해상 활동을 통해 스리랑카를 남중국해의 해상 네트워크와 연결시켰다. 불교 조직 또한 위자야바후 1세와 파라크라마바후 1세의 후원에 힘입어 번성했다.[44]

촐라 왕국과 전투를 벌이는 동안 스리랑카의 위자야바후 1세는 미얀마의 신생 왕국 바간의 통치자 아니루다(Aniruddha, 재위 1044~1077)에게, 스리랑카에서 전쟁의 회오리가 물러날 때까지 불교 전통과 불교 보물을 보호해달라고 요청했다. 바간 왕국에는 그 이전에 이미 테라바다 불교가 전파되어 있었고, 바간의 왕 아니루다는 이를 활용하여 자신의 정치적 권위를 정당화하는 중이었다. 마침내 위자야바후 1세는 전쟁에서 승리했고, 미얀마의 승려들이 스리랑카를 방문하여 불교 재건을 도왔다. 이후로도 바간 왕조의 통치자들과 싱할라 왕국의 왕들 사이에

---

44 For details, see R. A. L. H. Gunawardana, *Robe and Plough: Monasticism and Economic Interest in Early Medieval Sri Lanka* (Tucson: The University of Arizona Press, 1979).

협력이 지속되었다. 양측의 불교 교류는 더욱 활성화되었고, 사리(舍利)나 경전 같은 선물이 오갔다. 미얀마의 가장 유명한 불교 승려 중 한 명인 우타라지바(Uttarajīva)가 스리랑카를 방문하기도 했다. 그가 스리랑카에 도착했을 당시 스리랑카의 통치자는 파라크라마바후 1세였다. 우타라지바 사절단의 일원인 차파타(Chapaṭa)는 방문 일정이 끝난 뒤에도 스리랑카에 남아 공부를 계속했다. 1181년 혹은 1182년에 다시 미얀마로 돌아온 차파타는 미얀마에서 싱할라 불교 센터를 건립했다. 구나와르다나(R. A. L. H. Gunawardana)에 따르면 그곳은 미얀마뿐만 아니라 동남아시아 다른 지역으로 싱할라 왕국의 테라바다 불교를 전파하는 핵심 거점이었다.[45] 그러나 이뿐만이 아니라 특정 스승이나 사찰, 지역 기반으로부터 파생된 몇몇 다른 불교 종파들도 바간 왕조 치하에서 활동했다는 사실을 간과해서는 안 된다.

태국에서 테라바다 불교가 주류로 자리 잡은 때는 수코타이(Sukhothai) 왕조 시기(1238~1438)였다. 각국 통치자의 불교 후원, 스리랑카와의 외교 관계, 사원 공동체 사이의 교류 등이 작용한 결과였다. 수코타이 왕조의 통치자 람캄행(Ram Khamhaeng, 재위 c. 1279~1299)을 비롯하여 그의 후계자들이 통치하는 동안, 싱할라 왕국의 테라바다 불교와 사원 전통이 수코타이 왕조 통치 지역으로 활발히 전파되었다. 마찬가지로 치앙마이 지역의 통치자들도 스리랑카와 관계를 강화했고, 이로써 수코타이 왕조 통치 지역 이외에 오늘날 태국에 해당하는 거의 모든 지역으로 싱할라 왕국의 테라바다 불교가 확산되었다.[46]

---

45 Gunawardana, *Robe and Plough*, 276-7.

싱할라 테라바다 불교 전통이 주류가 아닌 지역에서도 사리(舍利) 숭배 문화가 있었고, 이를 계기로 스리랑카와 동남아시아의 불교 교류가 활발하게 이루어졌다. 치아사리(佛齒)를 비롯한 진신사리를 보기 위해 승려와 외교 사절 등이 스리랑카를 찾았고, 동남아시아 거의 모든 지역에서 그곳으로 시주를 보냈다. 탐브라링가(Tāmbraliṅga)의 군주 칸드라바누(Candrabhānu)는 붓다의 사리를 빼앗기 위해 두 차례(1247, 1262)나 스리랑카를 침략했다고 한다.[47] 사리가 인기를 끌자 중국에 있는 쿠빌라이 칸은 1284년 스리랑카로 특별 사절단을 파견하여 붓다가 공양을 얻으러 다닐 때 사용한 그릇을 얻어 갔다고 한다. 더욱이 1410~1411년 명나라의 장군 정화(鄭和)와 스리랑카(코테 왕국)의 통치자 알라케스와라(Alakéswara) 사이에 전투가 벌어졌는데, 결국 알라케스와라는 포로가 되어 중국으로 잡혀갔고, 붓다의 사리를 보관한 성지(聖地)도 모두 점령당했다.[48]

원나라와 명나라(1368~1644) 시기 중국의 왕조가 스리랑카에 관심을 가졌다는 사실은 곧 중국의 무역 및 외교 네트워크가 인도양 권역으로 진입했음을 의미한다. 13세기가 끝나갈 무렵 남아시아와 동남아시아 곳곳에 중국인 해외 무역 거점이 형성되었다. 앞에서 언급한 바와 같

46 Donald K. Swearer, "Buddhism in Southeast Asia," in Joseph M. Kitagawa and Mark D. Cummings (eds.), *Buddhism and Asian History* (New York: Macmillan, 1987): 116-18.
47 W. M. Sirisena, *Sri Lanka and South-East Asia: Political, Religious and Cultural Relations, A.D. c. 1000 to c. 1500* (Leiden: Brill, 1978): 36-57.
48 Louise Levathes, *When China Ruled the Seas: The Treasure Fleet of the Dragon Throne 1405-1433* (New York: Simon & Schuster, 1994): 116-18.

이 중국의 불교 사상은 이미 베트남과 미얀마는 물론 아마도 자와까지 전파되어 있었다. 중국인의 무역 네트워크가 형성되면서 이주자에 의해 당시 중국에서 유행한 불교 종파가 동남아시아 여러 지역으로 확산되었다. 예컨대 관음신앙(觀音信仰)은 동남아시아 해안 지역에 널리 확산되었으며, 중국 무역 거점 공동체가 성립된 지역에 특히 강한 영향을 미쳤다. 후대에 이들 공동체는 남아시아에서도 관음신앙의 사찰과 암자를 건립했다. 더욱이 스리랑카, 동남아시아, 중국이 참여한 해양 네트워크는 식민지 시기에도 계속해서 아시아의 불교 권역을 연결하는 통로가 되었다.

### 결론 및 주목할 문제들

불교의 확산은 단순히 종교적 교리의 전파에 그치지 않았다. 예술 양식, 문학 장르, 의례 물품, 지리 정보, 기술과 과학 사상이 불교와 함께 전달되었다. 그 결과 아시아 전역에 걸쳐 수많은 사람의 문화적·정치적·사회적 삶이 바뀌었다. 불교를 접하고 받아들이면서 정주 사회와 유목 사회와 섬 지역 사람들의 세계관, 신앙 체계, 심지어 자기 인식까지 변화를 겪었다. 그러나 각각의 지역마다 해당 지역의 필요와 가치를 바탕에 두고 불교 사상과 교리를 받아들였다. 불교를 범아시아적 종교라 하는 이유는, 다만 지리적 범위가 그러했기 때문만이 아니라 각 지역에 전파되는 과정이 교리 자체에 영향을 미쳤기 때문이다.

불교의 확산은 상인 공동체 및 그들의 네트워크와 밀접한 관계를 맺었기 때문에 경제 활동과 지역 간 무역에 중대한 영향을 미쳤다. 사원 조직은 때로 거대 지주로서 토지를 임대했으며, 상당한 부를 축적했다.

그런 측면들 가운데 일부 문제가 국가의 개입과 불교의 탄압을 초래했지만, 경제 활동에 도움이 되기도 했다. 사찰에서 시장을 개최하고, 상업 활동에 투자하고, 일정한 경로를 오가는 무역상에게 숙소를 제공한 것은 모두 교역 활동에 도움이 되는 일들이었다. 상인도 앞에서 언급했듯이 승려의 이동을 도왔고, 의례 물품을 공급했으며, 시주를 통해 사원 조직이 성립 및 유지하는 데 도움을 주었다. 상인은 지역 간 불교 전파에서 핵심 역할을 담당했다.

거의 두 차례의 밀레니엄을 거치는 동안, 앞에서 살펴본 불교 확산과 관련된 여러 양상이 아시아의 역사 자체에 심대한 영향을 미쳤다. 첫째, 불교는 이란에서 일본에 이르기까지 문화·외교·상업적 교류를 통해 아시아의 여러 지역을 연결했다. 불교도의 선교 및 순례 활동뿐만 아니라 새로운 가르침과 경전을 구하려는 시도는 멀리 떨어진 도시, 항구, 오아시스, 성지 등을 긴밀히 연결시켰다. 상업 활동단으로는 그러한 네트워크를 형성하기 어려웠을 것이다. 둘째, 지역마다 불교 교리가 다르게 나타났지만, 불교라고 하는 공통된 관심사가 있었기 때문에 아시아 전역에 걸쳐 폭넓은 사상의 유통이 가능했다. 셋째, 불교는 아시아 대부분의 지역에서 경제 활동, 국가 성립, 정치/문화적 정체성 형성, 성지(聖地) 조성에 도움을 주었다. 실제로 18세기 말에서 20세기 초 사이 아시아의 지식인들 사이에서 범아시아주의(pan-Asianism) 사상이 만들어질 때, 그들이 말하는 아시아는 유럽의 식민지가 형성되기 이전의 아시아, 즉 불교로 연결되었던 불교 문화권을 염두에 두고 있었다.

그러나 아시아를 벗어나면 16세기 이전까지 불교의 영향은 거의 없었다. 일부 그리스·로마 도상과 예술 양식이 불교 쪽으로 전해진 것으로 미루어 보아, 동일한 네트워크를 통해 일부 불교 사상이 지중해 지역으로 스며들었을 수도 있다.[49] 그러나 대부분의 유럽인, 그리고 뒤이어 아메리카인이 불교를 접한 것은 16세기 이후의 일이었다. 최근 2세기 동안 불교를 세계 종교로 변화시키기 위한 노력이 이어져왔다. 주요 인물로는 신지학협회(神智學協會, Theosophical Society)를 설립한 두 사람, 즉 미국인 헨리 스틸 올콧(Henry Steel Olcott, 1832~1907)과 우크라이나인 헬레나 페트로브나 블라바츠키(Helena Petrovna Blavatsky, 1831~1891), 스리랑카의 승려 아나가리카 다르마팔라(Anagarika Dharmapala, 1834~1933), 그리고 제14대 달라이 라마(Dalai Lama) 등이 있다.

---

[49] 불교 사상의 서양 전파 가능성과, 그럼에도 아시아와 같은 영향을 미치는 데 실패했던 이유에 관한 논의는 다음을 참조. Erik Seldeslachts, "Greece, the Final Frontier? – The Westward Spread of Buddhism," in Ann Heirman and Stephen Peter Bumbacher (eds.), *The Spread of Buddhism* (Leiden: Brill, 2007): 131-66.

## 더 읽어보기

Benn, James A. *Burning for the Buddha: Self-Immolation in Chinese Buddhism.* Studies in East Asian Buddhism. Honolulu, HI: University of Hawai'i Press, 2007.

Birnbaum, Raoul. *The Healing Buddha.* Revised edn. Boston, MA: Shambhala, 1989.

Bogel, Cynthea J. *With A Single Glance: Buddhist Icon and Early Mikkyō.* Seattle and London: University of Washington Press, 2009.

Chen, Jinhua. *Monks and Monarchs, Kinship and Kingship: Tanqian in Sui Buddhism and Politics.* Kyoto: Italian School of East Asian Studies, 2002.

Chou, Yi-liang. "Tantrism in China," *Harvard Journal of Asiatic Studies* 8 (1944-5): 241-332.

Davidson, Ronald M. *Indian Esoteric Buddhism: A Social History of the Tantric Movement.* New York, NY: Columbia University Press, 2002.

Fontein, Jan. *Entering the Dharmadhātu: A Study of the Gandavyūha Reliefs of Borobudur.* Leiden: Brill, 2012.

Gregory, Peter N. and Daniel A. Getz, Jr, eds. *Buddhism in the Sung.* Honolulu, HI: University of Hawai'i Press, 1999.

Kieschnick, John. *The Eminent Monk: Buddhist Ideals in Medieval Chinese Hagiography.* Honolulu, HI: University of Hawai'i Press, 1997.

_____. *The Impact of Buddhism on Chinese Material Culture.* Princeton University Press, 2003.

Kohn, Livia. *Laughing at the Tao: Debates among Buddhists and Taoists in Medieval China.* Princeton University Press, 1995.

Lamotte, Étienne. *History of Indian Buddhism: From the Origins to the Śaka Era.* Transl. Sara Webb-Boin. Louvain: Institut Orientaliste, 1988.

Li, Rongxi, trans. *A Biography of the Tripitaka Master of the Great Ci'en Monastery of the Great Tang Dynasty.* Berkeley, CA: Numata Center for Buddhist Translation and Research, 1995.

_____. trans. *Buddhist Monastic Traditions of Southern Asia: A Record of the Inner Law Sent Home from the South Seas.* Berkeley, CA: Numata Center for Buddhist Translation and Research, 2000.

_____. trans. *The Great Tang Dynasty Record of the Western Regions.* Berkeley, CA: Numata Center for Buddhist Translation and Research, 1996.

_____. trans. "The Journey of the Eminent Monk Faxian," in *Lives of Great Monks and Nuns*, Berkeley, CA: Numata Center for Buddhist Translation and

Research, 2002, 155-214.
Linrothe, Rob. *Ruthless Compassion: Wrathful Deities in Early Indo-Tibetan Esoteric Buddhist Art.* Boston, MA: Shambhala, 1999.
Liu, Xinru. *Ancient India and Ancient China: Trade and Religious Exchanges, A.D. 1-600.* Delhi: Oxford University Press, 1988.
Luce, Gordon H. "The Advent of Buddhism to Burma," in L. A. Cousins, A. Kunst, and K. R. Norman (eds.), *Buddhist Studies in Honour of I. B. Horner.* Dordrecht: D. Reidel Publishing Company, 1974, 119-38.
Mollier, Christine. *Buddhism and Taoism Face to Face: Scripture, Ritual, and Iconographic Exchange in Medieval China.* Honolulu, HI: University of Hawai'i Press, 2008.
Neelis, Jason. *Early Buddhist Transmission and Trade Networks: Mobility and Exchange within and beyond the Northwestern Borderlands of South Asia.* Leiden: Brill, 2011.
Orzech, Charles D. *Politics and Transcendent Wisdom: The Scripture for the Humane Kings in the Creation of Chinese Buddhism.* Pennsylvania State University Press, 1998.
Prazniak, Roxann. "Ilkhanid Buddhism: Traces of a Passage in Eurasian History," *Comparative Studies in Society and History* 56.3 (2014): 650-80.
Reichle, Natasha. *Violence and Serenity: Late Buddhist Sculpture from Indonesia.* Honolulu, HI: University of Hawai'i Press, 2007.
Sharf, Robert H. *Coming to Terms with Chinese Buddhism: A Reading of the Treasure Store Treatise.* Honolulu, HI: University of Hawai'i Press, 2002.
Shuhaimi, Nik Hassan. "Art, Archaeology, and the Early Kingdoms in the Malay Peninsula and Sumatra: c. 400-1400 CE". Unpublished PhD thesis, University of London, 1976.
Strong, John S. *Relics of the Buddha.* Princeton University Press, 2004.
Teiser, Stephen F. *The Ghost Festival in Medieval China.* Princeton University Press, 1988.
Trainor, Kevin. *Relics, Rituals, and Representation in Buddhism: Rematerializing the Sri Lankan Theravāda Tradition.* Cambridge University Press, 1997.
Yü, Chün-Fang. *Kuan-yin: The Chinese Transformation of Avalokiteśvara.* New York, NY: Columbia University Press, 2001.
Williams, Paul. *Mahāyāna Buddhism: The Doctrinal Foundations*, 2nd edn. London and New York: Routledge, 2009.

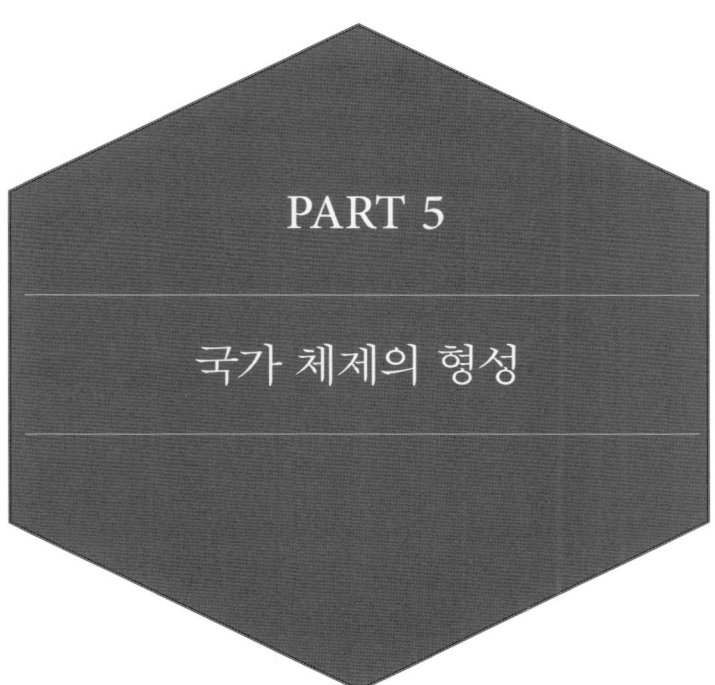

PART 5

국가 체제의 형성

*CHAPTER 18*

# 국가의 형성과 제국의 건설

요한 아르나손
Johann P. Arnason

이번 장은 국가(state)와 제국(empire)에 초점을 맞춘다. 좀 더 구체적으로 말하자면, 기원후 제1천년기 중엽에서 제2천년기 중엽까지 분명하게 나타난 제국의 경향과 국가 형성 과정의 변화, 그리고 이를 배경으로 발달한 정치 사상을 살펴보고자 한다. 우리가 설정한 시간 범위는 기존에 중세라고 한 전통적 개념과 대략 비슷하게 겹친다. 그러나 중세 개념은 흔히 유럽 중심적이고 지나치게 획일적인 데다 선입견을 내포하는 듯한 부담도 있어 요즘은 잘 사용하지 않는다. 오늘날에는 그렇게 긴 시간 범위를 하나의 개념으로 포괄하는 것이 타당해 보이지 않는다. 그러나 옛날식 시대 구분도 과거의 맥락에서 벗어나 다른 증거로 보강된다면 얼마든지 다시 사용할 수 있다. 다만 과거의 함의에서 벗어나기 위해 중세(medieval)라는 용어 대신 중간천년기(Middle Millennium) 혹은 중간기(intermediate age)라는 용어를 사용하기도 한다.[1] 시대의 시작과 끝을

---

1 The term 'intermediate ages' was coined in S. E. Finer, *The History of Government from the Earliest Times* (Oxford University Press, 1997), vol. II: *The Intermediate Ages*. The framework for the present chapter grew out of a critical response to Finer's model. For a recent example of world historians applying the mid-first to mid-second millennium periodization in a global context, see Johannes Fried and Ernst-Dieter Hehl (eds.), *WBG Weltgeschichte* (Darmstadt: Wissenschaftliche Buchgesellschaft, 2010), vol. III: *Weltdeutungen und Weltreligionen*, 600 bis 1500.

알리는 사건, 에피소드, 구조 변화를 무엇으로 볼 것인가는 주제에 따라 달라지며, 대략적 연대 설정 또한 연구 대상 지역에 따라 다양할 수밖에 없다. 앞으로 보게 되겠지만, 국가 형성 과정에서 제국의 건설로 나아가는 주된 패턴은 종교 문화 및 제도와 얽힌 문제였다.

### 중간천년기의 정치적 랜드마크

서양 기독교 권역부터 이야기를 시작해보자. 연쇄적 반응을 일으킨 최초의 사건은 5세기와 6세기에 일어났다. 그 사건이란 바로 로마 제국의 해체였다. 그 뒤 두 개의 게르만 왕국 세력이 부상했다. 이탈리아 지역의 오스트로고트(Ostrogoth, 동고트) 왕국과, 갈리아 지역의 프랑크(Frank) 왕국이었다. 유스티니아누스(Iustinianus) 황제의 반격으로 오스트로고트가 파괴되었지만 로마 제국의 재통일은 불가능했다. 통일의 시도는 좌절되었고, 교황의 권력은 살아남아 더욱 강화되었다. 이로써 이후로 전개될 정치적 발전의 무대가 마련되었다. 우리가 논의할 시대의 마지막 에피소드는 카를(Karl) 5세의 시도였다. 원대했지만 실패로 귀결된 그의 기획이 시대를 마감하는 가장 뚜렷한 랜드마크였다. 카를 5세는 대양을 건너가 펼쳤던 정복 사업으로 획득한 재물을 바탕으로 유럽에서 구시대적 제국의 열망을 구현해보려 했다. 그의 실패와 그에 따른 지정학적 조건의 변화는 16세기 중반에 뚜렷한 전환점을 만들어냈다.

비잔티움 권역에서는 조금 다른 식의 연대 설정이 필요할 것 같다. 여기서 우리의 이야기는 6세기부터 시작된다. 유스티니아누스 황제가 서방을 정복하려다 실패한 이후 비잔티움 제국의 상황은 더욱 악화되었다. 전염병에다가 북쪽 및 동쪽에서 밀려오는 위협에 맞서 생사를 건 투쟁이 누적되어, 과거 동로마 제국에서 비잔티움 제국으로 넘어간 때와 흡사한 상황이 펼쳐졌다. 이런 과정이 계속되다가 이슬람의 팽창으로 주변 지역의 세력 관계가 재편되자 비잔티움 제국도 뚜렷한 전환점을 맞았다. 비잔티움의 여정은 두 가지 상반된 지정학적 변화로 막을 내렸다. 1204년 이후 비잔티움은 후기 제국 체제(post-imperial state system)로 접어들었다. 서방 침략자들이 적극적으로 개입했고, 비잔티움 내부의 다툼이 계속되었다. 그렇게 남동부 유럽에서 명맥을 유지한 비잔티움은 오스만 제국에 흡수되었다. 이미 유라시아 내륙 국가 팽창의 거대한 물결이 잇달아 일어났고, 그중 마지막 파도가 오스만이었다. 주변부로서의 러시아는 오래도록 유라시아 내륙 세력에 종속되어 있었다. 그러다가 과거에 그들을 지배했던 세력보다 우위에 서게 되자 유라시아 북부 및 내륙으로 팽창하기 시작했다. 그들의 팽창은 이후 수 세기 동안 계속해서 이어졌다.

이슬람의 경우, 의심할 나위 없이 분명한 출발점이 존재한다. 그러나 이슬람의 출현을 새로운 종교의 갑작스러운 비약으로만 이해하면 안 된다. 6세기 아라비아반도는 정치적 혼란의 도가니였다. 여기에 사산조 페르시아가 직접 뛰어들었고, 동로마 제국은 동맹인 악숨(Aksum) 왕국을 통해 간접적으로 참전했다. 이것이 이야기의 가장 중요한 대목이다. 그래서 7세기 후반 이슬람의 영역이 확고해지기 전까지 혼란이 계속되었다. 우리가 논의할 시대가 끝나갈 무렵, 초기 근대 이슬람 제국(오스만, 사파비, 무굴)이 형성되었다. 이는 중요한 역사적 분기점을 의미한다. 9~10세기 아바스 제국이 분열된 이후 제국의 반열에 들어갈 만한 안정적 재구조화가 처음 이루어진 때가 바로 그때였다. 1526년 무굴 제국의 성립은 따라서 새로운 시대의 시작으로 보아야 할 것이다. 이러한 시대 구분의 틀은 인도사에서도 분명한 의미가 있다. 남아시아 아대륙에서 6세기 굽타 왕조의 멸망은 제1천년기 중엽의 가장 분명한 랜드마크였다. 그러나 그 뒤 곧바로, 즉 8세기가 막 시작되었을 무렵 이슬람이 신드(Sindh) 지역을 정복함으로써 최초로 팽창의 교두보를 확보했다. 그러므로 우리가 논의하는 시대 대부분에 걸쳐, 인도사의 결정적 요인으로 이슬람을 함께 고려해야 할 근거는 충분하다. 이어지는 무대에서 그들의 활약은 계속되었다. 그러다가 가장 결정적인 분기점을 만들어낸 사건이 바로 무굴 제국의 성립이었다.

중국과 더 넓게는 동아시아 지역에는 고유의 문제들이 있었다. 첫 단계를 설정하는 일은 비교적 쉬운 편이다. 6세기 말엽에 수(隋)나라가 중국을 재통일했고, 수나라를 계승한 당(唐)나라 시기에 제국 체제가 확고해졌다. 이후 한국과 일본에서도 통일 국가가 등장했다. 제2천년기 중엽은 문제가 다소 복잡하다. 중국의 역사가들은 흔히 16세기 중엽부터 왕조 시대 후기로 설정하고, 왕조 시대 중기는 당나라와 이후 송나라의 전성기(북중국을 상실하기 전까지)로 본다. 송-원-명으로 이어지는 12세기 초부터 15세기 말까지는 왕조 시대 중기와 후기를 잇는 교량 역할로 간주된다. 오늘날의 관점에서 보자면, 왕조의 교체에 초점을 맞추어 만주족이 명나라를 정복하고 청 제국을 수립한 1644년을 강조하는 시대 구분법은 논란의 여지가 많다.

동아시아 중심 지역 중에서 또 다른 지역을 보자면, 청나라가 성립된 시점은 오늘날 일본사 연구에서 설정하는 초기 근대(early modern epoch)의 시작과 일치한다. 일본사의 초기 근대란 도쿠가와 막부(德川幕

府, 1603~1868)가 일본을 통일한 후 쇄국 정책을 시행했을 때다. 도쿠가와 막부가 들어섰을 때와, 7세기 내지 8세기 초의 다이카 개신(大化改新)은 서로 비슷한 면도 있고 대비되는 면도 있다. 다이카 개신 때는 개혁적 중앙 집권 국가 체제가 일본 열도의 중심부를 장악했다. 양쪽 모두 중국 문화를 집중적으로 받아들이는 한편 관계에서는 전략적 고립을 선택했다는 점에서 공통점이 있다. 그러나 무엇보다도 다이카 개신은 7세기 중엽 국가 주도로 중국 제도의 패턴을 모방한 데 비해, 도쿠가와 막부는 토착적 흐름을 발전시켜 나갔다는 점에서 분명한 차이가 있다. 한국사는 전혀 다른 접근을 요한다. 한국사에서 제2천년기의 가장 중요한 사건은 왕조의 교체와 정치적 구조 조정, 그리고 명분론 지향이었다. 이를 흔히 신유학파의 개혁(Neo-Confucian transformation)이라 한다. 그러나 시대 구분의 차이보다 더 중요한 문제는 장기 지속적 결과였다. 동아시아에서 우리가 논의할 시대가 끝나는 시점에는 지역별로 분기점이 나타났고, 이는 근대로 향하는 여정에 중대한 영향을 미쳤다. 한편으로 중국 문화가 멀리 떨어진 다른 나라에 영향을 미치는 방식이 바뀌었다. 새로운 유행(신유학파의 개혁)과 동시에 과거의 정치적 방식은 분명한 이별을 고했다. 일본은 중국과의 접촉을 중단했고, 대륙을 향한 모든 정치적 야심을 거두어들였다. 원 간섭기 이후 중국 왕조 가운데 한국을 직접 통제하려 시도한 왕조는 없었다. 다른 한편 청나라의 중국 정복 이후, 문화적 여파가 대단히 제한적인 유라시아 내륙의 주변부 지역은 정치적으로 중국과 통합되었다.

동남아시아의 역사에서 시대 구분을 명확히 하기란 쉽지 않은 일이다. 그러나 6세기는 분명 시작점이 된다. 그 무렵 지역 최초로 외부에 알려진 정치적 중심지(중국 문헌에는 부남국扶南國으로 등장)가 쇠락하다 결국 해체되었다. 부남국의 멸망과 그 유산은 이후 시기의 발전에 중요하게 작용했다. 그 시대를 마감하고 새로운 시대로 넘어간 분기점은, 앤서니 레이드(Anthony Reid)에 따르면 제2천년기 중엽이었다.[2] 그의 연구에 따르면 동남아시아 역사에서 근대는 15세기에 시작되었다. 그때부터 이슬람의 팽창이 다시 시작되었고, 이후로 섬 지역(말레이반도 포함)은 이슬람, 내륙 지역은 테라바다(Theravada) 불교 위주로 완전히 갈라졌다.

마지막으로 유라시아 내륙의 경우, 중간천년기는 이전과 이후 시대가 분명하게 나뉜다. 6세기 튀르크 제국(카간국)이 유라시아 내륙의 동부와 서부를 모두 차지한 뒤 지역 내 교류는 이전보다 더 긴밀해졌다. 튀르크 제국은 유라시아 내륙 전역을 아우르는 최초의 제국이었으며, 그 뒤를 이은 여러 후계 왕조는 그중 일부 지역을 물려받았을 뿐이다. 유럽의 아바르(Avars) 왕국과 러시아 남부 스텝 지역의 하자르(Khazars) 왕국, 동부 국경 지역의 티베트(Tibet)와 위구르(Uighur) 제국이 모두 마찬가지였다. 거대 제국의 시대, 또한 거대 제국을 분할 승계한 계승자들의 시대는 앞서 동아시아와 러시아의 맥락에서 언급한 변화의 물결 속에서 종말을 고하게 되었다.

이번 장의 초점은 거시적으로 (지중해 남부 해안 지역까지 포함해서) 유라시아 세계를 아우르고자 한다. 그러나 필요에 따라 그 외의 다른 지역도 언급될 것이다. 사하라 이남 아프리카 지역에서 국가 형성의 역사

---

2  Anthony Reid, *Southeast Asia in the Age of Commerce* (New Haven, CT: Yale University Press, 1988), vols. I-II.

는 길고도 복잡다단한 이야기로, 급격한 부상과 몰락뿐만 아니라 상당히 꾸준하게 발달한 사례도 있다. 그러나 우리 논의의 범위는 그 광대한 지역과 내부적 분기점을 담아내지 못한다. 다만 아프리카 제국의 경향성이나 전통 같은 특정 주제에 대해서는 폭넓은 유라시아의 맥락과 연결되는 내용이 특히 중요할 때가 있으며, 주로는 이슬람 확장의 동력과 관련이 있었다. 후대에 아프리카의 뿔(Horn of Africa)이라고 알려진 지역에서 악숨(Axum) 왕국이 6세기 무렵 제국의 중심으로 성장했다. "그들의 통치 아래 … 서쪽으로 사하라에서 동쪽으로 룹알할리(Rub'al-Khali) 사막에 이르기까지, 로마 제국 남부의 모든 문명이 통합되었다."[3] 이슬람의 탄생지를 둘러싼 세 개의 제국 가운데, 무함마드의 선교 이전 아라비아반도의 혼란에 가장 직접적으로 개입한 세력은 악숨 왕국이었다. 악숨의 역사에 미친 이슬람의 영향 또한 다른 두 제국의 경우와는 달랐다. 페르시아의 사산 제국은 이슬람에 정복되었고, 비잔티움 제국은 세력이 축소되었지만 제국의 성격은 여전히 그대로였다. 악숨 왕국은 이슬람과 직접적 대면 없이 주변화되었다. 왕국의 전통(악숨의 기독교화 시기는 로마 제국과 거의 비슷하다)은 쇠락했으나 살아남아, 이후 여러 왕조를 거치면서 에티오피아 국가 형성의 여정에 뚜렷한 흔적을 남겼다. 우리가 논의할 시대의 끝 무렵인 16세기 전반기에 이슬람이 에티오피아를 공격했으나 실패했다. 그 사건이 이후 시기의 지정학적·종교지리적 구분이 확정된 계기가 되었다. 서아프리카에서 이슬람 팽창을 담당한 분파는

---

3 Yuri M. Kobishchanov, 'Axum', in Henri J. M. Claessen and Peter Skalník (eds.), *The Early State* (The Hague: Mouton, 1978): 152.

이슬람의 본류와 매우 달랐지만, 어쨌든 국가 형성의 과정에서 그들이 매우 중요했다. 여기서는 가히 제국이라 할 만한 지역 패권 세력이 세 차례에 걸쳐 형성되었다. 바로 가나(Ghana), 말리(Mali), 송가이(Songhay) 였다. 중심지는 매번 서쪽에서 동쪽으로 옮겨 갔다. 이야기의 시작은 모호하고, 제1천년기 중엽까지 거슬러 올라가면 분명하게 재구성할 수 있는 내용이 전혀 없다. 마지막 사건은 우리가 설정한 시간 범위에 근접해 있다. 즉 16세기 말 모로코의 송가이 정복으로 서아프리카의 지정학적 윤곽이 확연히 달라졌다.

아메리카의 경우, 16세기에 메소아메리카 및 안데스 지역 국가와 문명이 스페인 정복자들에 의해 파괴되었다. 그것은 전 세계적으로 일어난 중간천년기 말기 혼란의 일환이었다. 아메리카에서는 우리가 논의할 시대의 시작점을 찾기가 무척 어렵다. 스페인의 정복 이전의 가장 의미 있는 역사적 분기점은 정치·문화적 중심지의 붕괴와 관련된 내용인데, 언제나 제국의 특성이 분명했던 것은 아니다. 예를 들면 제1천년기 후반 메소아메리카의 테오티우아칸과 고전기 마야 도시국가들, 기원후 1000년 무렵 및 그 이후 안데스 지역의 우아리(Huari)와 티아우아나코(Tiahuanaco) 등이다.

## 내륙 유라시아와 인접 지역의 상호 작용

중간천년기 국가와 제국의 역사에서 내륙 유라시아와 그 주변부의 상호 작용은 특히 중요한 의미를 지닌다. 상호 작용의 과정이 너무나 복잡했고 양측 모두 고도로 발달한 단계라서, 단지 야만인의 침략이라는 식의 축소 이해는 곤란하다는 견해가 오늘날 대체로 인정받고 있다. 내부적으로 다양한 역사적 구성을 각기 내포한 그들 양측의 특수 관계에 대해서는 많은 논쟁이 이어져왔다. 문제는 워낙 다양하게 사용되어온 역사·지리적 명칭의 혼란부터 시작된다. 우리는 넓은 의미로 내륙 유라시아(Inner Eurasia)와, 그에 속하는 한정된 지역으로 중앙아시아(Central Asia)라는 명칭을 구분해서 사용하기로 한다. 내륙 유라시아 지역은 시베리아 북극해로부터 계속해서 국경선이 변했던 유럽, 이란, 인도, 중국의 정주 문명권 경계까지를 모두 포괄한다. 서쪽으로 러시아 스텝에서부터 동쪽으로 만주까지 여기에 포함된다. 중앙아시아 지역은 사막, 오아시스, 산악, 계곡으로 이루어져 있다. 그곳의 전형적인 정치적 패턴은 대개 원거리 무역과 관련된 오아시스 국가들이었다. 그러나 7세기 초엽부터 9세기 중엽까지 거대 중앙아시아 국가로 번성한 사례가 하나 있다. 바로 티베트 제국이다. 남부에 농업 기반이 있었지만 티베트 제국은 유목 제국의 역사적 경험을 활용했다.[4] 불교를 받아들인 것도 바로 그런 측면에서 이해할 수 있다. 종교적 지향의 변화는 전략적이고 제한적인 범위에서만 이루어졌다. 이는 이전 시기 북중국을 정복한 다른 왕조들과 크게 다르지 않았다. 제국 건설 전략의 일환으로 불교를 받아들인 티베트는 제국을 수립한 이후에도 중앙아시아 다른 어느 지역의 불교보다 독창적인 불교를 발달시켰고, 그래서 굉장히 멀리까지 티베트 불교가 확산될 수 있었다. 티베트 제국의 간접적 유산은 오히려 지정학적 기록을 무색하게 할 정도였다.

---

4  Christopher Beckwith, *The Tibetan Empire in Central Asia* (Princeton University 3Press, 1993): 11-12.

그러나 거대 문명권의 경계를 넘어서는 대제국 건설의 주요 동력은 훨씬 더 북쪽에서 비롯되었다. "유목민 정복자"라는 대중적 개념은 유목민과 내륙 유라시아의 활력을 단순하게 표현한 공식과도 같았다. 실제로 농업 및 도시 생활 양식과 유목민의 상호 작용은 제국 성립의 전제 조건이었다. 그것이 제국의 결과로 나타난 것이 아니었다. 그들의 상호 작용은 여러 단계를 거쳐 발달했다. 먼저 내륙 유라시아 세계는 "집약적 농업 지역에서부터 정통 유목 지역까지 전반적 스펙트럼을 갖춘" 지역이라고 봐야 한다.[5] 양쪽 극점 사이에는 다양한 지역이 나름의 적절한 비율로 양쪽을 결합하여 균형을 맞추어 연속체를 구성한다. 제국의 건설자가 모두 유목 우선 지역 출신은 아니었다. 국가 체제가 어느 정도 발달한 단계에서 중앙아시아의 도시 기반 사회는 유목민 통치 제국의 성장에 결정적 역할을 했다. 몽골 제국 치하 위구르인의 역할이 전형적인 사례였다. 마지막으로, 유목민이 상대적으로 생산성이 풍부한 이웃 경제에 의존했다고 해서 그것이 반드시 유목민을 정복 전쟁으로 끌어냈다고 말하기는 어렵다. 그러나 정복하게 되었을 때, 정복자가 피정복 엘리트 계층에 동화되지 않고도 자신의 통치를 이어갔을 때, 결과적으로 양자의 결합이 이루어져 새로운 제국 건설 프로젝트의 전략적 기반이 되었다. 북중국 지역에서도 그와 같은 개혁의 성과가 만들어졌고, 몽골이 그것을 이어받았다. 동투르키스탄과 서투르키스탄에서 형성된 유목 문화와 정주 문화의 다양한 공생 관계뿐만 아니라 몽골이 북중국에서

---

5 Joseph Fletcher, 'The Mongols: Ecological and Social Perspectives', *Harvard Journal of Asiatic Studies* 46 (1986): 12.

이어받은 개혁의 성과는 유라시아 대륙을 가로지르는 사상 초유의 대제국 건설에 밑바탕이자 원동력이 되었다.

그러나 상당히 복잡한 구도 속에서도 유목민의 전략적 역할을 강조할 이유는 충분하다. 피터 골든(Peter B. Golden)에 따르면, "대부분의 유라시아 유목 사회는 부족의 조직 체계, 지속적인 전쟁 훈련, 가축 떼와 사람들을 일정한 거리까지 이동시킬 때 필요한 실행력을 갖추고 있었고, 따라서 국가 건설의 잠재력을 이미 보유한 셈이었다."[6] 이와 같은 잠재력은 여러 가지 요인에 의해 작동될 수 있었다. 그러나 니콜라 디 코스모(Nicola Di Cosmo)는 그러한 요인들이 한 가지 요건으로 귀결된다고 주장했다. 즉 유목 국가는 전형적으로 "위기 상황" 내지는 "특유의 저강도 폭력"에 대한 "사회적 반응"으로 나타났다.[7] 유목 사회에 흔히 닥치는 위기는 생태 환경 혹은 지리적 조건과 관련이 있다. 유목 사회는 환경 변화에 취약했다. 심지어 사소한 변화에도 마찬가지였다. 동시에 민족 집단의 이동성이 높았다. 그래서 제한된 자원을 두고 치열하게 경쟁하는 경우가 많았다. 이는 주기적 불안정을 초래하는 원인이었다. 그렇다고 국가 체제의 출현이 자동적인 반응은 아니었다. 스텝 지역의 사회는 부족 체제와 국가 체제의 중간쯤 되는 조직이 오래도록 지속되었다. 뿐만 아니라 그들의 역사에는 오래도록 이어져온 분열의 이야기가 포함되어

---

6 Peter B. Golden, *An Introduction to the History of the Turkic Peoples: Ethnogenesis and State Formation in Medieval and Early Modern Eurasia and the Middle East* (Wiesbaden: Harrassowitz, 1992): 9.

7 Nicola Di Cosmo, 'State Formation and Periodization in Inner Asian History', *Journal of World History* 10 (1999): 14.

있다. 내륙 유라시아의 역사에서 기본적으로 국가 체제는 스텝의 서부보다 동부 지역에서 주로 형성되었고, 침략자든 도망자든 대개는 동쪽에서 서쪽으로 이동했던 사실이 확인된다. 국가 형성 과정에서 기본 메커니즘이 확인될 만큼 충분히 반복되는 현상이 있었다. 두 가지 내부적 개혁은 분명하게 나타났다. 그것은 바로 사회적 위계질서와 특징적 군사 조직 체계였다. 사회적 위계질서는 부족 집단의 서열과 정체성을 만들어냈다. 그 과정에는 군사 조직이 결합되어 있었다. 군사 조직은 거꾸로 사회 조직의 균형을 잡아주는 면이 있었다. 즉 군사 조직은 민족을 막론하고 10명 단위로 구성되었고, 부족이나 민족 집단에 상관없이 모두에게 충성이 요구되었다. 10명 단위 군사 체제(decimal military system)는 국가 형성의 초기 단계에 개발되었는데, 이후 최후의 유목 국가에 이르기까지 전수되어 확고한 지속성을 보여주었다. 그러나 이러한 내부 개혁은 부족한 자원 기반으로 감당하기 어려운 더 많은 공급을 필요로 했다. 그래서 오직 야심 찬 문제 해결을 생각해볼 따름이었다.

유목민이 핵심이 되어 국가와 제국을 형성한 과정은 단지 압력에 따른 강제의 결과가 아니었다. 나름의 문화적 틀과 연속성, 그리고 비전이 있었다. 그런 측면에서 우리가 논의할 시대 초엽에 성립된 튀르크 제국은 (비록 존속 기간은 짧았지만) 전형적인 사례였다. 튀르크 제국은 후대에 성립된 국가들의 문화적 기억 속에 남아 있었고, 그들이 스스로를 이해하는 틀을 제공했다. 튀르크의 통치자들은 정주 지역을 대상으로 대규모 정복을 시도한 적이 없었다. 다만 스스로 자처한 최고 존엄은, 이후 경쟁자들도 그대로 따라 했듯이, 세계의 지배자라는 비전으로 쉽게 이해될 수 있었다. 가장 효과적인 사례는 몽골이었다. 제국의 이데올로기는 종교적 상상력에 뿌리를 두고 있었는데, 튀르크 제국의 사례에서 분명하게 확인된다. 그 기원은 틀림없이 더 오래되었을 것이다. 하늘의 혈통과 통치자의 연결이 핵심 개념으로, 천명(天命)을 일컫는 호칭으로 규정되었다.

이처럼 하늘에서 통치자로 이어지는 이데올로기적 연속성은 정주 사회 혹은 그 세력들과 관계를 맺을 때 전략적으로 폭넓게 활용되었다. 내륙 유라시아 국가들은 유라시아 남부나 동부의 복합 경제권에서 제공하는 자원에 의존적이었다. 국가 형성의 모태가 된 부족 집단의 시기보다 의존성은 오히려 더 커졌다. 최근 학계에서는 그들이 의존성 문제를 해결한 방식을 네 가지로 분석했다. 침략, 무역, 조공, 영토 점령 후 직접 세금 징수 등이었다. 군사적 수단의 축적과 자원의 약탈이 국가 형성의 핵심 요인이었다면, 그들 사이의 관계에 문제가 없을 수 없었다. 이것이 곧 내륙 유라시아 패턴의 특징이었다. 내부적 조건만 가지고 신속한 성공과 몰락을 통한 군국화(지속적 부족 통합)가 가능했다. 그러나 그 과정을 지속하는 데 필요한 자원은 외부의 어딘가에서 가져와야 했다. 주변 환경이 우호적이라면 팽창의 활력은 끝없이 지속될 수 있었다. 이와 같은 기반에서 성립한 국가의 팽창이 양적 측적을 이어간 것인지, 질적 성장으로 진화한 것인지는 복잡한 문제다. 전반적 경로를 보자면 양적 축적 같지는 않다. 재생이 불가능하지 않지만 결국에는 스스로 멸망하는 패턴을 보이기 때문이다. 튀르크 제국은 정주 사회의 권역으로 팽창해 들어가지 않았다. 그럼에도 그들의 영역은 동서부 스텝 전역을 아울렀고, 그들이 통제한 무역로의 규모는 전례가 없을 정도였다. 내륙 유라시아의 서부와 동부에서 각각 튀르크 제국을 계승한 국가들은 무력, 국가 구조, 이웃 문명과의 관계 측면에서 매우 다양했다. 예컨대 경계 지역에 살던 사람들이 정주 문화권에서 소수파로 취급되거나 심지어 탄압받는 종교를 받아들인 경우(하자르의 유대교, 위구르의 마니교)도 있었는데, 이는 (튀르크와 마찬가지로 – 옮긴이) 정주 세력과 선을 확실히 긋기 위한 문화적 전략이었다. 그들 이후로 같은 지역에서 그런 전략적 선택을 한 사례는 없었다. 튀르크의 후계국들이 비록 튀르크의 정치적 구조를 따르고 상상력에 입각한 권력의 호칭을 사용했다 하더라도, 어느 누구도 감히 튀르크에 견줄 만한 제국적 통치를 꿈꾸지는 못했다. 마침내 내륙 유라시아에서 두 번째로 제국 팽창의 파도가 일어났다. 바로 몽골의 정복이었다(이번에는 튀르크와 달리 모든 방면에서 경계를 넘어섰다).

처음 몽골이 떠오른 당시를, 중국 중심 세력 판도에서 권력의 균형이 이동한 것으로 보는 견해는 타당성이 없지 않다. 칭기즈 칸이 처음 권력을 차지한 곳은 주변부 사회로, 과거 금(金)나라에 소속된 조공국이었다. 금나라는 1125년 북중국에서 요(遼)나라를 밀어내고 권력을 차지했다. 금나라는 요나라의 독특한 통치 방식을 물려받았는데, 역사학자들은 이를 이중 통치 체제(dual administration)라 한다(정복자의 정체성은 그대로 유지하고, 피정복 지역과 자원의 궁극적 통제권은 정복자가 행사하면서, 동시에 기존의 현지 정부 전통을 그대로 사용한다). 이는 주목을 요하는 혁신적 팽창 기술로, 요나라가 처음 이 기술을 개발한 곳은 중원이 아니라 발해(渤海)였다. 요나라는 926년에 한반도의 통일 국가 신라의 국경 너머에 있는 한국인의 왕국 발해를 정복한 적이 있었다. 전체 과정은 중국 지역의 질서와 이웃한 내륙 유라시아 사이 긴장 관계의 전개로 볼 수 있다. 칭기즈 칸의 기획은 새로운 시작이었고, 강력한 전략적 잠재력을 갖춘 주변부 지역이 기꺼이 그를 따랐다. 몽골의 팽창은 모든 기세를 끌어모았고, 과거의 경계를 훌쩍 뛰어넘어 정주 지역을 정복했다. 13세기 몽골 제국은 인류 역사상 단절 없는 단일 최대 영토로 일컬어진다. 그러나 몽골 정권(단일 중심에서 동서부 유라시아 전체를 포괄)의 존속 기간이 매우 짧았다는 점에 주목할 필요가 있다. 이란과 주변 지역을 정복할 당시 몽골 제국 내부에서 분쟁이 일어났고, 그때부터 제국의 통일성은 막바지로 치달았다. 가장 강력한 정복 사업(1279년 송나라 정복)은 몽골 제국의 북중국 지파가 독자적으로 수행했다. 제국 전체의 종주권은 명목에 불과한 상태였다.

몽골 제국이 너무 넓게 팽창해서 분열이 시작되었다고 주장하려는 게 아니다. 지극히 효율적으로 세력을 극대화한 몽골의 전략을 감안하면, 팽창은 더 멀리까지 지속될 수도 있었다. 중앙 집권화된 군사 체제, 유연하지만 막대한 세금 징수 방식, "사람의 능력과 기술을 전리품처럼"[8] 모아서 재분배하는 기술 덕분에 몽골은 결국 광대한 지역을 장악할 수 있었다. 몽골이 보편적 법전(yasa)을 사용했다 하지만 여기에 대해서는 꾸준히 의문이 제기되었다. 오히려 상황에 따라, 그러나 기존의 법 전통을 응용하는 모델이 몽골 정권의 적응력을 강조하는 편이다. 황제 계승 시점에 맞추어 여러 방면에서 몽골의 진격이 멈춘 것은 아마도 각각의 경우에 따라 설명되어야 할 것이다. 그러나 몽골 제국만의 몇 가지 특성이 분명히 존재했고, 그것은 강점과 약점을 동시에 내포했다. 그런 특

---

8 Thomas T. Allsen, *Culture and Conquest in Mongol Eurasia* (Cambridge University Press, 2001): 210.

성들의 상호 작용이 분열 압력으로 작용했다. 칭기즈 칸이 지존의 자리에 오른 뒤 왕실의 권위는 극단적으로 강해졌다. 그 힘은 제국을 유지하는 데 필요한 정도를 넘어서 계승 국가의 첫 세대에까지 충분한 영향을 미쳤고, 내륙 유라시아의 이후 역사에도 그 흔적을 남겼다. 그러나 특권의 계승 때문에 지역 왕조에서는 적통 시비로 내부적 분란을 피하기 어려웠다. 제국이 장악한 모든 지역에서 몽골은 유목민 혹은 유목민 주도의 선조들이 남긴 특수한 방식과 경험을 심어두었다. 전체적으로 보자면 이와 같은 패턴은 일반적 흐름이 누적된 것이 아니라 이전에 각기 따로 발달한 결과를 합쳐둔 것이었다. 그러나 합치면서 새로운 문제가 생겨났다. 각 지역에서 과거의 다양한 성과를 적용할 때 적응 과정이 필요했고, 그러는 사이 해당 지역과 제국의 핵심 지역은 더욱 멀어졌다. 결국 전통 문명의 혼합에는, 특히 행정 처리 문제에서 제국 중심과의 거리 및 해당 지역 통치자들의 실용적 판단이 반영되었다. 또한 저항이 일어나 혼합을 깨트리는 과정에 힘을 보탰다. 대표적인 예로 중국인은 무슬림의 영향을 거부했으며, 서아시아에서는 그 반대 현상이 일어났다. 모든 상황을 고려할 때 제국이 여러 국가로 분리되는 것은 당연히 "많은 피와 고통을 불러일으키는 일이었다. 희생자의 위치에 놓인 권력자와 그 백성이 겪는 고난의 정도는 제국을 팽창시킬 때에 못지않았다."[9] "단절 없는 단일 최대 영토의 제국"은 순식간에 불과했다. 후대의 역사가들은 당시를 지나치게 과장하거나 때로는 낭만적인 시선으로 바라보았다.

---

9  Peter Jackson, 'From *Ulus* to State: The Making of the Mongol States', in Reuven Amitai-Preiss and David O. Morgan (eds.), *The Mongol Empire and its Legacy* (Leiden: Brill, 2000): 36.

몽골 제국의 속편으로 서너 차례 세대를 거듭하며 계승 국가들이 이어졌고, 지역에 따라 일부 변화가 있었다. 처음 단계에서 분리된 영토는 왕실 가족의 영지(ulus)였을 뿐 국가라고 말하기는 어렵다. 그러나 점차 왕조 통치 아래 경계선이 분명해지는 과정을 거쳤고, 기존의 지역별 권력 기반에 따라 구분되었다(중국, 중앙아시아, 이란, 서부 스텝 지역). 세 번째 단계는 각각의 덩어리가 더 나뉘어 합종연횡을 거듭하는 가운데 왕조의 중심과 부족의 형태가 과거 방식으로 되돌아갔다. 티무르(Timur)의 광범위한 침략은, 아마도 "약탈 여행"이라고 하면 적절한 표현일 텐데,[10] 중간 단계에서 가장 파괴적인 사건이었다. 시선을 사로잡은 그의 행태가 내륙 유라시아 제국에 대한 오해를 낳기도 했다. 사실 그들은 제국의 규모로 국가를 건설한 적이 없었다. 티무르의 전략을 들여다보면[11] 부족 기반과 폭압적 전제 군주의 정복 사이 어디쯤에 머물러 있었다. 장기 지속적인 유일한 결과는 권위의 아우라였을 뿐, 제도적으로 닻을 내리지는 못했다. 그러한 아우라는 족보가 연결된다고 주장하는 사람들에게 전수되었고, 그들은 다른 지역에서 또 다른 신규 사업을 시작하곤 했다. 대표적인 사례가 바로 인도였다.

## 외곽 유라시아(outer Eurasia)의 국가, 제국, 종교

개념적으로 국가 형성을 장기적 과정으로, 더욱이 그러한 과정의 종합으로 본다면, 그 배경이 된 초기 중세(early medieval)와 그 결과물(국

---

10 Peter B. Golden, *Central Asia in World History* (Oxford University Press, 2011): 95.
11 See Beatrice Forbes Manz, *The Rise and Rule of Tamerlane* (Cambridge University Press, 1989).

가)이 출현한 초기 근대(early modern)가 서로 연결된다는 합리적 근거를 제시해야 할 것이다. 이와 관련해서 가장 설득력 있는 주장을 내놓은 사람은 노르베르트 엘리아스(Norbert Elias)였다. 문명화 과정(civilizing process) 연구에서 그는 지속적 경향성과 결과물의 축적으로 만들어지는 장기적 운동력, 그리고 역사의 주역들에게 논리를 심어주고 그들의 기획이 특정 방향으로 나아갈 수 있도록 이끌어주는 사상적 흐름을 설명했다. 그의 설명에서는 쌍둥이 독점 정책이 강조되었는데, 바로 폭력과 세금이다. 이는 국가 형성의 전략적 차원과 국가 운영의 구조적 차원을 연결하는 매개였다.[12] 복잡한 논의를 요약하자면, 엘리아스의 연구에서 국가 형성에 필요한 수단으로 세 가지가 강조되었다. 쌍둥이 독점 정책은 통제와 동원의 의무에 포함되었다. 이는 보다 일반론적이고 서로 연결된 개념으로, 인적 자원과 물적 자원이 모두 그 대상이 되었다. 그러나 장기적 과정이 의미 있는 방향으로 나아가려면, 맥락의 문제를 더욱 주의 깊게 살펴보아야 한다. 유럽의 사례만 언급하자면, 가톨릭교회의 역할이나 로마법의 재시행과 관련해서는 엘리아스 이론의 모델을 적용하기가 어렵다. 결국 국가 형성의 문화적 틀은 더욱 면밀한 분석을 필요로 한다.

이런 관점을 염두에 두고, 본격적인 사례를 논의하기 전에, 국가 형성 가운데 제국의 경우에 해당하는 몇 가지 기본적인 지점을 확인해두는 것이 좋겠다. 제국 체제는 무척이나 다양하고, 단순한 비교 연구로 만

---

12 See Norbert Elias, *The Civilizing Process* (Oxford and Malden, MA: Blackwell, 2000 [1939]).

족하기란 쉽지 않기 때문에, 우리는 먼저 하나의 범주로서 제국의 정의부터 논의를 시작해보기로 한다. 우선 제국의 탄생을 국가 형성 과정에서 나타나는 하나의 특수한 현상으로 보고, 경향적으로 제국의 탄생과 함께 나타나는 일련의 발전과 패턴이 다양한 편차와 조합으로 존재한다고 전제하는 것이 좋겠다. 제국 체제는 그래서 영구불변하는 고정된 양상으로 규정되기보다 "가족 집단 같은(family resemblances)" 서로 비슷한 모양새로 묶어볼 수 있다. 그렇다면 비교 연구를 위한 출발점은 제국 통치로 이행하는 바로 그 지점, 즉 각기 따로 떨어져 있는 국가 형성의 여러 과정을 단일한 중심에서 통합해보려는 시도 혹은 그 결과물이 될 것이다. 제국의 권력을 더 높은 질서로 변모하도록 이끌어가는 경향성의 발달이, 모두 같은 수준은 아니지만 반복해서 나타나는 현상이었다. 가장 뚜렷한 사례는 이와 같은 경향성의 축적으로 만들어지는 세계 지배의 야망이다. 더 높은 질서를 추구하는 권력은 제도적으로나 이데올로기적으로 더욱 수준 높은 중심지를 구축하려 하며, 그에 따라 통치의 개념도 더욱 고도화된다. 상상 속 최고 주권 개념이 현실적 용어로 번역되는 방식은 더욱 복잡한 문제다. 제국 권력은 전제 군주적 통치 방식을 선호하지만, 때로는 다른 요인들 때문에 과두정치를 표방하기도 한다.

　이상으로 언급한 국가와 제국 관련 논의를 염두에 두고, 우리의 논의 대상이 되는 시대 안에서 외곽 유라시아(outer Eurasia) 역사의 주요 경로를 폭넓게 비교해보고자 한다. 외곽 유라시아에서는 내륙 유라시아보다 종교와 정치 관계의 역동성이 더욱 의미심장했다는 사실도 감안할 필요가 있겠다. 우리는 먼저 서구 기독교 세계부터 논의를 시작할 텐데, 물론 이곳이 전체 논의상 중심 지역이라는 주장 따위는 하지 않을 것이다. 오히려 핵심은, 파편적이고 주변적인 상황으로부터 초기 근대 국가 체제가 확립되고 나아가 제국 체제로 발을 내딛게 될 때까지, 그 사이에 오래도록 이어져온, 그래서 결국 역사의 새로운 장을 열었던 변화가 무엇인가 하는 점이다. 또한 국가 형성에 관한 분석이나 이론이 주로 서구 유럽의 경험을 배경으로 만들어졌다는 사실도, 세계의 여러 지역 가운데 서구를 먼저 논의할 타당한 이유가 될 것이다.

### 서구 기독교 권역

유라시아 서쪽의 주변부는, 문명권으로 구분하자면 서구 기독교 권역이다. 우리가 논의하는 시기의 그곳은 대부분이 지정학적으로 그리 중요한 지역이 아니었고, 굉장히 여러 조각으로 갈라져 있었다. 비좁은 지역을 둘러싼 국경선은 서로 맞닿아 있지도 않았지만, 국경선을 확장하려는 시도도 별로 없었다. 그러나 제2천년기 중엽에 이르러, 오랜 분열의 시기를 보낸 유럽에서 소규모 국가들이 통합되는 경향을 보였고, 나아가 해외 정복 사업을 개시했다. 그런 나라들로는 잉글랜드 왕국과 프랑스 왕국, 그리고 통일 스페인, 경제와 문화의 강국이었던 네덜란드 등이 있다. 그러나 초기 근대 시기 유럽의 부상을 가능하게 한 전제 조건은 훨씬 이전 단계부터 출현했다는 사실을 간과해서는 안 된다. 그중에는 정치적 요인들도 있었다. 예전에는 그것을 의례화된 네트워크가 출현했다는 정도로 이해했지만, 요즘에는 그때 이미 국가가 출현했다고 보는 경향이 있다.[13]

---

13 See Walter Pohl and Veronika Wieser (eds.), *Der frühmittelalterliche Staat:*

중세 서구 기독교 권역의 역사적 특징을 살펴보자면, 정치적 분열뿐만 아니라 각각의 정치적 중심지 사이에 질적 편차도 현저했다. 기독교 문명권을 장기적으로 주도한 제국의 중심 같은 것은 없었다. 그러나 제국의 위엄을 자처하는 통치자와 그의 영토는 있었다. 대부분의 시기 동안 그것은 문명 복합체의 핵심 구성 요소로 나타났다. 제도로서의 황제는 최고 통치자를 의미했고, 때로는 더욱 광범위한 실효 지배를 꿈꾸는 열망으로 해석되었다. 그러나 낮은 지위의 통치자들도 그를 모방하여 자신의 정통성을 강화하는 수단으로 사용하기도 했다. 지정학적 실체로서의 제국은 당시의 다른 국가보다는 다양한 공동체를 아우르는 방향이었다. 그러나 이것은 양날의 칼과 같았다. 이를 통해 중심부를 강화할 수도 있었지만, 그 아래에서 자치적 권력 구조가 만들어질 가능성도 컸다(시간이 지날수록 결과는 분명하게 후자 쪽으로 기울었다). 서구 기독교 권역에서 제국의 위치는 교황과의 관계에 따라 규정되었다. 교황은 제도상으로 문명권 내의 최고 기구였고, 잠재적으로 (기독교 통치자들보다 높은 궁극적 권위를 주장한다는 점에서) 제국의 경쟁 상대였으며, 다양한 차원에서 정치적 분쟁과 동맹이 일어날 때는 능동적 참여자이기도 했다. 그러나 장기적으로 볼 때 국가 형성의 무대는 왕국이었다. 기독교 문명권에서 왕국의 수는 시기마다 달랐으며, 그 경계 또한 끊임없이 변화했다. 그럼에도 불구하고 전형적으로는 어느 정도 민족 정체성에 기대어, 또한 왕조의 연속성에 근거한 안정성(물론 그 수준도 다양했지만)을 바탕

*Europäische Perspektiven* (Vienna: Verlag der österreichischen Akademie der Wissenschaften, 2009).

으로 왕국이 성립했다. 마지막으로 11세기 이후에는 도시가 변화하면서 그 기세를 몰아 자율 입법, 자치 정부 및 공화정의 전통이 만들어졌다. 자치권에 대한 요구는 기존 권위에 대한 혁명적 도전으로 귀결되었다. 또한 자치 도시는 주권도 요구하게 되었다. 이는 당시 도시의 특수한 문제로, 일반적인 정치 개혁 주체로서의 도시 문제와 혼동해서는 안 된다. 이처럼 도시 공동체는 국가 형성의 또 다른 라인을 형성했다. 당시의 지정학적 무대에서 도시국가가 제국으로 나아갈 수는 없었다. 베네치아는 특수한 예외였을 뿐이다. 그런 환경에서도 도시 공동체는 나름대로 번영을 구가했다.

다양한 정치 권력의 형태에 따라 종교와 정치의 결합 또한 다양하게 나타났다. 제국과 교황의 갈등은 단순히 세속 권위와 교회 권위의 충돌이 아니었다. 양측 모두에 혼합적 성격이 있었고, 상대적 무게는 시기에 따라 변했다. 11세기의 황제들은 후계의 정통성보다 신성한 통치권을 더 강조했다. 그리고 12세기 교황권의 성공으로 정치 권력 차원에 미치는 영향이 확연하게 증가했다. 도시 공동체의 경우, 종교적 배경은 역사 속에서 다양한 방식으로 표현되었다. 고대에서 중세로 넘어오는 동안 도심지는 오히려 축소되었다. 그러나 기본적 연속성은 유지되었다. 그게 아니었다면 후대의 성장 패턴은 생각지도 못할 일이었다. 교회와, 특히 사회적 권력자로서 주교(bishop)의 지위는 도시의 유산에 제도적 뒷받침이 되어주었다. 도시의 자치는 중세번영기(High Medieval)에 획기적으로 변했다. 이는 상당 부분 새로운 종교 문화의 흐름과 지역 교회 권력에 맞서는 가운데 나타난 일이었다. 11세기 북부 이탈리아 코뮌(commune, 자치공동체)의 부상은 두 가지 측면 모두에서 시사하는 바가 있다(당시의 여러 코뮌은 통일된 실체는 아니었지만 문경권 전체적으로 가장 폭넓게 나타난 근본적 변화였다). 이탈리아에서는 카롤루스 왕조의 권력 이양으로 도시 내 주교의 권위가 더욱 강화되었다. 코뮌은 스스로 교회와 제국 동맹의 갈등 속에서 자발적으로 성립되었다. 더욱 일반적으로는 "귀족의 과두정치 현실"을 거부했고, 여기에 맞서 "형제애를 기반으로 한 단결 사상"을 내세웠다. 요컨대 "코뮌의 기초는 결국 종교 사상이었다."[14]

이와 같은 복잡한 기반에서 진화한 지정학적 패턴은 큰 변화를 몰고 왔다. 로마 제국 이후 수 세기 동안의 분열과 헤게모니 등락을 이행기로 본다면, 카롤루스 왕조 세력의 부상 및 제국의 팽창은 형성기로의 전환점이었다. 활발한 정복 활동과 더불어 교황과의 긴길한 관계를 통해 과거 제국의 통치가 되살아날 수도 있다는 가능성을 보여주었고, 그때까지 살아남은 비잔티움 제국과도 동등한 지위를 주장할 수 있었다. 제국과 교회는 이데올로기나 제도 및 행정의 차원에서 서로 얽혀 있었다. 문화적 중심과 자원 개발은 이와 같은 당시의 권력 구조에 맞추어져 있었다. 지식의 부흥은 좁은 범위에 국한되기는 했지만, 그럼에도 카롤루스 르네상스(Carolingian Renaissance)라는 개념을 정당화해줄 만큼 충분한 무게를 지니고 있었다. 서구 중세의 역사상 이와 같은 변화는 처음이었다. 이 모든 이유로 카롤루스 제국은, 비록 서구 기독교 권역 전체를 아

---

14 On all this see Hagen Keller, 'Der Übergang zur Kommune: Zur Entwicklung der italienischen Städteverfassung im 11. Jahrhundert', in Bernhard Diestelkamp (ed.), *Beiträge zum hochmittelalterlichen Städtewesen* (Cologne and Vienna: Böhlau, 1982): 55-72 (at 62).

우르지는 못했지만, 명실상부하게 문명의 기반이라 일컬을 만했다. 그러나 얼마 못 가서 더 다양하고 파편적인 패턴이 그를 대신하게 되었다. 오토(Otto) 왕조의 부흥과 962년 오토 1세가 신성 로마 제국의 황제에 오른 사건이 랜드마크였다. 제국 체제는 과거 카롤루스 제국의 변방으로 넘어갔다. 그곳에는 기존 세력의 중심이 존재했고 더불어 민족 정체성이 형성되는 중이었으므로, 제국 체제로 통제하기란 만만치 않은 일이었다. 이를 만회하기 위하여 로마(더 넓게는 이탈리아)와의 연결 고리를 강화하고자 했던 것이다. 그러나 신성 로마 제국이 상상 속의 체제였다고 해서 현실적으로 그 영향력이 미미하거나 혹은 환상이라는 의미는 아니다. 국가 혹은 제국의 비전이란 권력 추구의 현실로 들어가게 마련이며, 오랜 과정을 거쳐 결과가 나타난다. 신성 로마 제국이라는 특수한 경우는 다양한 경로를 통해 국가 형성에 영향을 미쳤다. 그와 같은 제국 체제를 명분으로 국가 구조를 강화하는 개혁을 할 수 있었지만, 현실적으로 다양한 중심을 인정하다 보니 헌법 질서의 왜곡을 불러일으키기도 했다. 제국의 이념을 통한 야망은 그 시대가 끝날 무렵 더욱 야심만만해졌다. 제국의 영토에 속한 개별 단위가 국가 체제로 나아가면서, 제국의 중심과 개별 국가 간의 연결과 동시에 경쟁 관계가 만들어졌다. 이는 제국의 주변부에서 독특한 정치적 발전이 지속되는 결과를 가져왔다(예를 들면 스위스나 네덜란드 지역의 경우).

중간천년기 후반기에 문명과 군사적 팽창이 계속되면서 새로운 정치적 중심지들이 확산되었다. 또한 당시는 과거 문명의 핵심 지역, 특히 잉글랜드 왕국과 프랑스 왕국에서 선도적으로 국가 역량이 강화되는 시대였다. 특히 이탈리아 북부와 유럽 북서부의 급성장하는 지역 중에서 도시국가 문화가 출현했다. 그래서 정치적 다원화가 극에 달했다. 지역별로 앞길의 방향이 완전히 갈라졌으며, 이런 양상은 우리가 논의하는 시대의 마지막 세기에 가장 두드러졌다. 대서양 연안 지역에서 등장한 "새로운 군주정"은 국가 형성을 분석할 때 대표적 사례로 간주되었으나, 그들 때문에 다소간의 오해가 빚어지기도 했다. 잉글랜드와 프랑스, 그리고 카스티야 왕국 및 아라곤 왕국의 통합으로 탄생한 스페인 왕국은 통제와 동원의 새로운 방식을 보여주었다. 그들의 경험은 군주정에서 국민국가로 넘어가는 근대적 전환의 분기점으로 간주되었다. 그들을 국가 형성의 대표적 사례로 간주하면 역사적 여정의 다양성을 보지 못할 우려가 있고, 특히 계속되는 제국의 야망을 간과할 수 있다. 새로운 군주제로 대표되는 국가들은, 더 큰 유럽 전체와 세계적 판도에서 보자면, 두 가지 방향에서 제국의 흐름과 연결되어 있었다. 한편으로 해안 지역 왕국들은 대양을 가로지르는 제국 건설의 선구자가 되었다. (가장 전통적이며, 결국 새로운 군주정의 변화를 최소한으로 받아들인) 통일 스페인 왕국이 최초로 대대적인 해외 영토를 획득했다. 다른 한편으로 통합 국가 체제는 중세 후기 지정학의 핵심 요소로서, 이런 흐름은 때로 제국 체제로 변모했다. 통합 국가는 단순한 왕국들의 연맹보다 더욱 안정적인 체제로 보인다. 경우에 따라서는 그에 맞추어 왕국 내부의 변화가 수반되었다. 이는 중세 후기 유럽에서 흔히 일어났던 일인데(포르투갈은 예외), 지역에 따라서 강약이 달랐다. 새로운 군주정에는 복합적 배경이 있었다. 프랑스는 중앙의 군주가 주변 공국들을 누르고 점차 중앙 집권을 강화한 대표적 사례였다. 14~15세기 부르군트 왕국은 여전히 공국들에 열려 있었던 경우다. 잉글랜드는 통합 국가였다. 그러나 중세 후기와 근대 초기 사이에는 중앙을 강화하여 다원적 측면을 억제했다. 스페인은 가장 오래 지속된 통합 국가였다. 그럴 수 있었던 것은 강력한 통치자들이 이어지며 정복을 통해 획득한 이익으로 한동안 균형을 맞추어 나갔기 때문이다. 다른 지역에서는 통합 국가 현상이 더욱 두드러졌다. 북유럽 왕국들을 하나의 통치자 아래로 묶어낸 칼마르 동맹(Kalmar Union, 1389~1523)도 국가 통합의 사례에 속한다. 동맹이 몰락한 뒤에는 덴마크 왕국이 그러한 성격을 지속했다. 또 한 가지 두드러진 사례는 폴란드-리투아니아 연방이었다. 그곳을 통치한 왕조가 잠시 중부 유럽 국가들의 권력을 차지한 적은 있지만, 동맹으로 나아가지는 못했다. 그러므로 제국으로 업그레이드하려다 실패했다고 볼 수도 있겠다. 마지막으로 신성 로마 제국은 더욱 높은 권위를 부여받아 특별한 중심의 역할을 자임함으로써 형식적으로 더욱 제도화된 통합 국가로 재구성되었다. 그러나 신흥 왕국의 통치자들에 비해 정치적 선택의 여지는 훨씬 더 제한적이었다.

### 동아시아

서구 기독교 권역의 복잡한 판세에 비하면 다른 지역의 구도는 훨씬 더 쉽게 이해할 수 있는데, 중국의 경우가 특히 더 그렇다. 중국의 체제, 문화적 지향, 지정학적 위치는 과거의 패턴과 맞물려 있었다(중간천년기 다른 어느 문명에 비하더라도 그 정도가 강했다). 무엇보다 중국에서는 다른 지역에 비해 국가 형성 시기가 빨랐다. 여러 중심지 사이에 헤게모니를 차지하기 위한 통제력과 동원력 경쟁이 치열해지다가 결국 통일 제국 체제가 탄생했고, 그 뒤 한(漢) 왕조(206 BCE~220 CE)의 이름으로 체제가 오래도록 지속되었다. 체제의 핵심은 강력한 신성 통치였다. 그 속에서 의례, 정치, 행정은 매우 긴밀히 통합되었다. 제국의 신성 권력이 지속되면서, 서구 기독교 권역 같은 체제의 분리 내지 영토의 분할 현상은 발달하기 어려웠다. 이 모델은 큰 틀은 그대로이고 그 안에서 다양한 변이가 지속되는 방식이었다. 제국의 중심부는 신성 권력에 기대어 정통성을 확보했다. 이를 근거로 제국을 구성하는 다양한 전통을 부분적으로 강조하거나 특권을 부여했다. 나중에는 불교도 그러한 구성 요소 가운데 하나로 편입되었다. 황제의 신성한 지위는 황제의 권력을 더욱 강화했으나, 동시에 독재 정치의 가능성도 내포하고 있었다.

문화적 유산과 제국 모델에 더하여 중간천년기 이전에 만들어진 또 한 가지 중국식 패턴이 있었다. 앞에서 언급했듯이 내륙 유라시아에서 제국 규모의 국가 체제가 형성되기 시작한 시기는 한나라 초기까지 거슬러 올라간다. 중국에서 한 왕조가 쇠락할 즈음, 제국보다 작은 소규모 정복 국가들이 저마다 정주 사회의 기반을 확보하고 역사의 전면에 등장했다. 결국 두 가지 전선(황제 중심의 중앙 집권과 지역 분권 사이의 전선, 내륙 유라시아 세력과 중원 세력의 전선 – 옮긴이)은 이후 중국사에서 영구적으로 고착되었다. 그러나 중간천년기 초기에는 후대에 비해서 아직 그 역할이 미미한 편이었다. 튀르크 기원의 왕조가 제국을 통일하고 안정적 기반을 만들었는데, 그들이 바로 수(隋) 왕조(581~618)와 당(唐) 왕조(618~907)였다. 그러나 그들이 어떤 체제나 전통의 조합을 중국으로 끌고 들어오지는 않았다. 당나라는 수나라의 기반 위에 성립했다. 당나라가 오랜 기간 존속했으므로 주변에서 그 모델을 받아들인 나라가 많았다. 종교적 다원주의와 주변 지역에 미친 영향을 근거로, 역사가들은 당나라를 중국 역사상 가장 세계적인 제국으로 평가한다. 그러나 그렇지 않은 측면도 얼마든지 근거가 있다. 당나라 초기에 한국과 일본은 스스로 중국 모델을 받아들였다. 결과적으로 하나의 문화권 안에 세 개의 정치적 중심지로 구성된 동아시아 지역이 형성되었다. 당나라의 팽창 정책에도 불구하고 제국의 영토가 확장되지는 않았다. 한국은 정복에 굴하지 않고 버텼으며, 일본까지는 가보지도 못했다. 대륙에서는 티베트 제국이 심각한 위협이었고, 튀르크 권역에서는 전쟁이 교착 상태로 끝나 양쪽 모두 분열로 이어졌다.

당나라 멸망 이후 세 왕조(송, 원, 명)가 그 뒤를 이었다. 이때가 우리가 논의하는 중간천년기의 후반부를 차지한다. 내륙 유라시아 제국들과의 관계뿐만 아니라 지역을 초월하는 역동성으로, 이들 세 왕조 시기 세계사에서 중국의 위치는 매우 중요했다. 이때를 당 제국과 청 제국 사이의 중간기로 보는데, 당 제국은 이후 세대에서 정치·문화적 모범으로 평가되는 시대였으며, 청 제국의 무대는 1644년 만주족의 중국 정복으로부터 시작되었다. 그러나 다른 관점에서는 이때를, 제국적 질서가 사회에 관여하는 정도가 오래도록 후퇴했던 시기로 평가하기도 한다. 국가 체제가 일상생활에 직접 개입하는 대신 도시가 성장하고 지역 엘리트 계층의 권력이 강화되었기 때문이다. 이런 관점에서 보자면 11~12세기는 국가 중심 개혁파와 탈중심 분권 옹호파의 경쟁이 새로운 국면으로 접어든 시기였다. 중앙 권력 강화를 주도했던 인물은 왕안석(王安石, 1021~1086)이다. 그는 북방의 이웃을, 제국의 영토를 빼앗고 송나라를 위협하는 세력으로 여기고 군사적으로 공격적 입장을 취했다. 이러한 시도는 결국 두 가지 전선에서 모두 돌이킬 수 없는 패배로 끝났다.

중국 내륙은 송나라 황제의 영역과, 북방에서 밀고 내려온 정복 왕조의 영역으로 나뉘었다. 나중에는 몽골이 이들 북방 왕조의 뒤를 이어 중국 전역을 통치하기에 이른다(그래서 중국의 중심부와 주변의 팽창 국가들로 분열된 중화 제국이 몽골에 의해 재통일된다). 한편 내부 전선에서는 사회적 권력이 황제 중심에서 지역별로 다양화된 사대부(士大夫) 계층으로 확산되었다. 사대부 계층은 토지 자산과 지역 내 권위를 기반으로 관료로 진출하기도 했다. 핵심은 동아시아의 지정학적 상황 변화, 제국 체제의 재개, 사회적 권력의 재분배였다. 여기에 대해서는 더 넓은 맥락에서 검토해야 할 문제가 많다. 그러나 결국 전체적인 그림에서는, 제국 체제의 회복력이 사회적 기반의 재구조화보다 훨씬 더 중요한 문제였던 것으로 보인다. 송나라 시기 사대부 계층의 신분 상승을 이런 맥락으로 이해할 수도 있는데, 이는 당나라 시기 귀족 권력과는 뚜렷이 대비되는 현상이었다. 제2천년기가 시작할 무렵부터 19세기에 이르기까지 "독립적 기반을 근거로 하는 엘리트 귀족이 황제에게 도전한 적은 없었다."[15] 공직 진출은 사대부 지위의 핵심이었다. 제국의 중심부와 제도적으로 연결되면서 이데올로기의 변화가 더욱 강화되었다. 신유학은 점차 사대부만의 이데올로기가 아니라 사상적 주류로 자리 잡아갔다. 신유학은 사대부를 제국의 질서에 편입시키는 데 기여했으며, 그런 점에서 종교와 정치의 결합과도 같은 양상을 보였다. 더욱이 신유학을 중심으로 하는 교육 정책과 세뇌 교육은 "국가적 차원에서 일반 대중의 신앙과 행동 양식에 영향을 미쳤다. 유럽의 경우 이런 정책은, 시행은 고사하고 상상조차

---

15  R. Bin Wong, *China Transformed* (Ithaca: Cornell University Press, 2000): 92.

훨씬 후대에 이루어졌다."[16] 고도로 발달한 문화적 틀은 국가 구조의 단점을 보완할 수 있었으나, (문화적 세뇌가 지나치다 보니 - 옮긴이) 외부의 도전으로 나라가 위태로워졌을 때 구조적 문제를 등한시하는 경향도 있었다. 1368년 명나라는 몽골을 축출하고 통일 왕조를 물려받았다. 그러나 명나라를 설립한 태조는 강력한 배타주의에 기대어 중국의 통합적 질서를 회복하고자 했다. 이는 중국 문명 안에서 특정 전통을 선호하는 쪽으로 나아갔으며, 지극히 독재적인 통치 모델을 구축했다. 질서의 복원을 진행할수록, 문화-정치적 패턴과 경제적 발전 사이에 지속적인 불협화음이 노출되었다. 이런 문제는 17세기 명 왕조 몰락의 배경이 되었다. 제국 중앙의 동원 능력이 시험대에 올랐으나, 오히려 역부족만 확인되었다.

결론적으로 제국 체제의 측면에서 중간천년기에 서구는 실패했지만 중국은 지속적으로 제국을 유지했다. 그러나 중국과 서구의 비교가 단순히 여기서 그칠 수는 없다. 제국을 향한 모험과 열망이 서구에서도 없지 않았으나 권력의 지속성, 문화적 파급력, 황실의 독보적 지위는 비할 바가 아니었다. 중국에서는 황제와 교황의 분리 같은 일이 전혀 없었지만, 다른 종류의 갈등이 역사에 영향을 미쳤다. 중국과 내륙 아시아에서 동시에 제국을 자처하는 경쟁자들이 출현했기 때문이다. 나아가 동아시아의 특징 중 하나로, 중국 모델이 다른 나라(한국, 일본, 베트남)에 이전되었다는 사실을 들 수 있다. 중국 모델은 그곳에서도 작지 않은 규모의 국가 건설에 틀을 제공했지만, 그곳에는 중원과 북방의 갈등 같은 지정학적 문제가 없었다. 서구에서도 중국과 같은 방식의 중심부와 주변부

---

16  Wong, *China Transformed*, 97.

분리는 나타난 적이 없었다.

### 인도와 동남아시아

인도의 경험은 중국과 유사한 면이 있었다. 양측 모두 중간천년기의 가장 뚜렷한 특징은 내륙 유라시아인의 침략이었다. 같은 시기 내륙 유라시아가 서구 기독교 권역에 미친 영향은 그리 크지 않았다. 그러나 인도의 정복 왕조는 특히 세계 종교를 받아들였다는 점, 그리고 그와 관련된 제국 체제의 전통을 계승했다는 점에서 중국의 정복 왕조와 달랐다. 인도아대륙에 미친 정복 왕조의 영향은 중국보다 훨씬 더 근본적이었다. 중국이 동아시아에 미친 영향과 인도가 동남아시아에 미친 영향을 비교해보면 공통점과 차이점을 더 깊이 들여다볼 수 있다. 공통점은 국가 건설의 전략, 전통, 이데올로기 등이 군사적 정복을 동반하지 않은 채 주변 지역에 전파되었다는 사실이며, 때로는 (예컨대 7~8세기 일본과 중국 사이에는) 모방 경쟁이 벌어지기도 했다. 그러나 중요한 차이점도 있었다. 한국과 일본의 중국 모델 수용은 결과적으로 1강 2약의 확실한 지정학적 안정 구도를 가져왔다. 그들의 삼각 구도는 간헐적으로 내륙 유라시아의 물결이 밀려올 때를 제외하면 그다지 흔들리지 않았다. 동남아시아에서는 수많은 국가가 번성하고 또한 소멸했다. 대개 경계가 모호했으며, 오직 문헌으로만 남아 있는 나라들도 있다. 이와 같은 차이에도 불구하고 유럽과 비교하면 동아시아와 동남아시아의 공통점도 보인다. 다른 데서 국가 모델을 빌려 오는 방식은, 중세 서구 기독교 권역에서는 전혀 나타나지 않았다. 결과적으로 동아시아나 동남아시아에 비하면 유럽의 국가 건설에서는 정복 과정이 훨씬 더 큰 역할을 담당했다.

더 깊이 들여다보려면 인도아대륙의 발달을 섬동남아와 대륙동남아의 기록과 연결해서 보아야 한다. 대개는 문화적 반경의 확대를 고전기 인도 문명의 종말로 보는 견해에 익숙하지만, 요즈음 연구자들은 그것을 새로운 단계의 시작으로 보는 편이다. 인도아대륙에서 중간천년기의 시작은 제국 체제 이후였다. 이는 서구 기독교 권역의 상황과 비슷했지만 새로운 제국이 잇달아 등장한 중국이나, 제국 체제가 그대로 유지·계승된 이슬람 및 비잔티움 지역과는 상황이 달랐다. 굽타 왕조는 6세기 초에 무너졌다. 내부의 압력과 북서쪽에서 들어온 침략자들 때문이었다. 범(凡)인도를 아우르는 토착 제국은 굽타 제국이 마지막이었다. 굽타 제국 이후의 소국들은 비록 규모는 굽타 제국에 비할 바가 아니었지만, 그들끼리 경쟁하는 과정에서 굽타 제국의 체제를 모방하고자 했다. 굽타 제국의 패턴은 동심원형, 분절형, 별자리형 등 여러 가지 이름으로 일컬어졌다. 핵심은 강력한 중앙 권력과 이보다 약한 지방 통치자들 혹은 하위 동맹 세력이 서로 결합하는 방식이었다. 이 패턴에서는 기본적으로 무역로를 통제했으며, 성직자와 사원의 협력 아래 의례를 통해 여러 통치자의 영역이 통일되었다. 역사적으로 통치자들과 브라만 계층의 동맹은 이런 맥락에서 완성되었다. 그러나 이와 같은 종교-정치의 연결은 상호 간섭과 경쟁을 촉발했다. 왕들의 신격화 과정에서 거꾸로 신이 왕의 모습을 띠게 되었으며, 해당 영역의 최고 주권자가 누구인지 혼동을 일으키게 되었다. 굽타 제국 이후 이와 같은 국가 체제의 패러다임이, 시기와 지역의 사정에 맞춤식으로 반복해서 복제되었다(이 시대의 특징 중 하나는 전체 인도아대륙이 문화적으로 또한 지정학적으로 통합되었다는 점이다). 권력을 추구하는 과정에서 지역 군주에서 출발해서 팽창을 지향하며 왕국으로 나아가는 방식이 누적되어갔다. 그리하여 여러 지역에서 제국의 열망을 지닌 거대 지역 국가들이 등장했다. 그들 중 어느 누구도 굽타의 통치자들이 누렸던 만큼 강력한 지배력을 확보하지는 못했다. 그런데도 상당한 규모의 권력 구조를 만들어낸 경우가 없지 않았다. 몇몇 사례에 대해서 역사학자들의 이견이 없지 않지만, 11세기의 전환점(이슬람 침략의 물결)이 닥치기 전까지는 인도아대륙 남단에 근거를 둔 촐라(Chola) 왕국이 제국을 지향한 최후의 거대 왕국이었다는 데 대개 의견이 일치한다. 촐라 왕국은 동남아시아 지역뿐만 아니라 북인도 지역으로도 원정군을 보냈고, 중국과 외교 관계를 맺기도 했다.[17]

동남아시아에서 정치 구조의 형성은 시공간적으로 매우 다양하게 나타났고, 개별 사례에 따라 그 규모와 세력의 편차가 워낙 컸다. 그러나 전반적으로 보아 분명한 사실은, 동남아시아의 통치 패턴은 인도 모델에서 구축된 가장 이념적인 구조, 즉 무조건적 브라만 우선 패턴에서 결코 벗어나지 않았다는 점이다. 종교적으로 불교가 주류인 곳에서는 (중간천년기 전반기 동안) 인도 불교의 엘리트 버전보다 더 혼합적이었다. 이러한 두 가지 역사적 특징은 신성한 힘을 믿는 원주민의 개념과 관련이 있는 것 같다. 동남아시아 문화의 인도화 과정에서 토착 개념은 계속

---

17 See especially Hermann Kulke, 'The Early and the Imperial Kingdom: A Processural Model of Integrative State Formation in Early Medieval India', in Hermann Kulke (ed.), *The State in India: 1000-1700* (Delhi: Oxford University Press, 1997): 233-62; Brajadulal Chattopadhyaya, 'Political Processes and the Structure of Polity in Early Medieval India', in Kulke (ed.), *State in India*, 195-232; and André Wink, *Al-Hind: The Making of the Indo-Islamic World* (Leiden: Brill, 2003), vols. I-III.

해서 능동적 역할을 담당했다.

　전반적 맥락에서 동남아시아 국가 형성의 과정을 추적하기란 당연히 쉽지 않은 일이며, 다른 지역에 비해 여기서는 중소 규모의 국가가 더욱더 역사 자료에 포착되지 않는다. 애매한 상황에서도 중간천년기 전반기에 분명하게 드러나는 두 가지 경우가 있었다. 양자는 성격이 완전히 달랐고 규모도 같지 않았다. 그들의 규모를 정확히 가늠하기란 쉽지 않지만 모두 제국으로 일컬어졌다. 말레이-인도네시아 군도 지역의 서부에서 스리위자야 왕국에 세력의 중심이 형성되어 무역로를 관장하고 원거리 접촉도 이루어졌으나, 왕국의 역사를 연속적으로 기술한 자료는 없었다. 이보다 더 잘 알려진 대륙동남아 지역의 왕국은 크메르(Khmer)였다. 왕국의 성립 시기는 9세기 초로 비정할 수 있다. 크메르 왕국은 발전을 거듭하여 12세기 전성기에 이르렀을 때 명실상부한 제국 체제를 갖추었으며, 그 기반은 핵심 농업 지역의 장악이었다. 그러나 동아시아 지역과 달리 중간천년기 전반기에는 안정적인 지정학적 패턴이 자리 잡지 못했다. 중간천년기 후반기에 이르러서야 체제 구성의 윤곽이 드러나기 시작했다. 또한 이때는 동아시아 모델이 동남아시아로 가장 분명하게 확장된 시기였다. 베트남에서 팽창주의 국가가 성립했는데, 중국식 체제를 나름대로 응용하여 발전을 거듭했다. 이 지역의 서부 지역에 기반을 둔 버마인의 국가, 중부 지역에 기반을 둔 타이인의 국가 체제도 같은 시기에 등장했다.[18] 중간천년기가 끝나갈 무렵, 그들의 발

---

18　여기서 말하는 타이는 오늘날의 국가인 태국이 아니라 초기 국가 형성에 관여했던 그 지역의 사람들을 가리킨다.

전이 누적된 결과 양쪽 모두 거대 통일 국가로 성장했다. 특히 16세기 버마 왕국의 팽창으로 (짧은 시간 안에) 동남아 역사상 가장 두드러지는 제국 체제가 형성되었다. 버마와 타이의 국가 형성은 종교와 정치의 새롭고도 확고한 관계 구조를 특징으로 한다. 테라바다 불교 수용은, 오늘날에는 단시간이 아닌 점진적 전환으로 보는데, 불교적 개념으로 이상화된 통치자와 사원 공동체를 더욱 밀접한 관계로 만들었다. 이를 통해 일반적으로 통제와 규율이 더욱 강화되었다.

### 이슬람 권역

11세기 이후 이슬람 정복 왕조는 인도의 역사를 주도하는 요인으로 자리 잡았다. 이슬람 팽창의 장기적 과정에 비추어볼 때 인도에서 벌어진 일은 전체적인 흐름과 반대되는 결과였다. 중간천년기의 이슬람은 몇 가지 측면에서 다른 문명권과 달랐다. 앞에서 언급했듯 이슬람의 등장은 우리가 논의하는 중간천년기의 시작을 알리는 사건이었다. 이슬람은 과거의 어느 때보다 종교와 제국의 팽창이 긴밀히 결합되는 모델을 보여주었다. 또한 종교와 정치의 철저한 결합을 통한 특유의 문화가 만들어졌다. 시간이 지나 종교와 정치를 분리하려는 힘이 강해졌지만, 그럴 때면 이슬람의 기원을 재해석하여 분리 세력을 교정하려 했다. 그러나 권력과 권위를 구축하는 이슬람의 방식 자체에 문제가 있었다. 과거를 이상화하는 것만으로 그로부터 비롯되는 문제를 모두 막아낼 수는 없었다. 이슬람의 창시자는 종교적 리더십과 정치적 리더십을 완벽히 구현했기 때문에 후대의 사람들은 그를 예언자라고 추앙했고, 그를 대신할 수 있는 존재는 없었다. 그러나 공동체를 유지하려면 어떤 식으로든 후계자가 필요했다. 이러한 딜레마를 해결할 대책으로 칼리프 제도가 만들어졌다. 칼리프는 처음부터 강력한 신성 통치를 표방했다. 칼리프를 신의 대리인으로 규정할 수 있는지를 두고 엄청난 논쟁이 벌어졌다. 내부적 분란으로 위기가 조성될 때는 칼리프 논쟁도 더욱 뜨거워졌고, 이후 이슬람의 팽창 속도는 점차 늦추어졌다. 한편 칼리프 체제는 결정적 취약점을 내포했다. 통치자는 예언자의 지위를 상속할 수도 없었고, 스스로 그 지위에 올라갈 수도 없었다. 시간이 갈수록 칼리프의 지위는 퇴보할 수밖에 없었다. 그러나 그 과정이 직선은 아니었다. 칼리프의 종교적 권위를 회복하려는 시도는 이슬람의 역사에서 주기적으로 나타났다. 동시에 승계 문제는 또 다른 분열의 요인들까지 가세해 더욱 복잡해졌다. 후계자 선정의 근거는 예언자와의 친족 관계일 수도 있었고, 혹은 무슬림 공동체에서 권력과 권위를 갖는 위치일 수도 있었다. 수니파와 시아파 분열의 결정적 계기는 바로 이와 같은 논쟁이었다. 그러나 종교와 정치의 관계를 재구축해야 하는 상황에서, 양측 나름대로 더욱 깊이 있는 구조가 발달했다. 예언자의 후손들(10세기 이스마일파와 파티마 왕조의 지도자들)이 왕조를 통치한 시기는 강력했지만 길지 않았다. 그들의 체제에는 고도로 복잡한 구조의 영적 권위가 결합되어 있었다(종교 지도자인 이맘imam이 통치하는 나라라는 의미에서 이맘국imamate을 표방했다. - 옮긴이). 그러나 이맘의 역할은 예언을 대신한다기보다 빈틈을 보충하는 정도에 불과했다.

이슬람의 여정은 종교와 정치가 결합된 매우 독특한 형태로 시작했다. 그러나 그것은 언제나 논쟁과 해석의 장 위에 놓여 있었을 뿐 일관된 모델은 아니었으며, 국가 구조나 제국의 체제와 관련된다기보다 권력을 신성화하여 위엄을 더하는 문제와 관련이 있었다. 이후 이슬람의 발전은, 특히 아라비아반도에서 출발해서 전방위적 팽창으로 나아간 역사는 양대 제국, 즉 비잔티움 및 페르시아의 사산 제국과 마주하는 과정에서 결정되었다. 두 제국과 상대하는 상황은 각기 달랐고, 이는 이슬람의 통치 방식에도 영향을 미쳤다. 사산 제국은 금방 정복되어 멸망해버렸지만, 이슬람이 사산 제국의 국가 체제를 흡수하는 데 오랜 시간이 걸렸다. 사산 제국 이후 이슬람 제국을 건설하는 과정, 사산 제국의 공백에서 국가 체제를 구축하는 과정을 겪어내야 했다. 과거 사산 제국의 영역, 즉 페르시아 지역과의 연결은 다른 측면에서도 결정적 영향을 미쳤다. 비-아랍 개종자를 통합하는 문제가 가장 첨예했는데, 그에 대한 대응은 두 가지 차원으로 전개되었다. 흔히 "아바스 혁명"이라 묘사되는 8세기 중엽 칼리프 왕조의 변화와 이후 이어진 제국 체제의 구조 조정에서 이는 매우 중요한 요인이었다. 그러나 보다 확산된 범위에서 이 문제는 또 다른 방식의 문제를 낳았다. 정복의 과정에서 살아남은 지역 공동체와 이슬람의 상호 교류 과정에서, 국경 지역을 중심으로 이단과 분리주의 갈등이 발생했고, 그것이 반란을 불러일으켰다. 비록 당시의 반란이 정치적 사건으로 이어지지는 않았지만, 9세기 칼리프 권력이 걸어갈 쇠락의 길을 예비했던 것으로 보인다. 이와 달리 비잔티움 제국은 살아남았고, 심지어 국력이 극도로 쇠약했음에도 이슬람 세력에게 끝없이 도전했으며, 이슬람이 제국의 보편성을 갖추도록 유인하는 원인이 되었다.

　요컨대 이슬람은 초기 팽창 과정에서 두 개의 서로 다른 군주정, 서로 다른 제국, 서로 다른 문명을 맞닥뜨렸는데, 성공의 정도도 달랐고 결과도 달랐다. 그러나 양쪽에서 모두 정복이라는 사실 그 자체가 신흥 권력의 세계 통일 야망을 더욱 강화시켰다. 아라비아반도의 국가에서 근동 지역의 제국으로 전환하는 과정에서 혼란을 거친 뒤, 명확하게 규정된 이슬람 제국(압드 알-말리크'Abd al-Malik 치하인 685~705년 기반이 강화되었다)은 전방위적으로 팽창을 시작했고, 이를 지원하기 위해 새로운 제도와 기존 제도를 통합했다. 몇몇 지역에서 팽창의 속도가 늦추어지고 보다 포괄적인 제국의 질서가 요구됨과 동시에 정권의 위기가 찾아왔고, 750년에 왕조가 교체되었다. 아바스 칼리파국은 초기 이슬람 역사상 국가 체제를 건설한 주역이었다. 새로운 수도는 근동 역사상 가장 거대한 메트로폴리스가 되었으며, 그곳이 제국 전역의 세금을 징수하기 위한 복잡한 관료 조직의 중심이었다. 그러나 관료 조직의 구조는 지역 엘리트 및 이권 세력과 연결되어 있었다. 요약하자면 "통제의 양상은 고도로 집중화된 행정 체제부터 느슨한 종주권의 인정까지 폭이 넓었다."[19] 아바스 세력의 상승기에는 칼리프의 종교적 권위를 회복하려는 중요한 노력이 있었다(알마으문al-Ma'mun 치하, 813~833년). 종교와 정치의 연결을 한 단계 높이려 시도했을 때는 다양한 종파와 경향의 분화가 심화되어 초기의 패턴을 벗어난 시점이었다. 이데올로기적 권력은 종교학자와 법학자 들이 가지고 있었다. 칼리프의 정책에서 비롯된 논쟁은 날카롭게 대립했고, 그들의 실패는 훨씬 더 폭넓은 결과로 연결되었다.

이슬람 역사를 장기적 맥락에서 볼 때 (9세기부터 시작된) 아바스 왕

---

19 Ira M. Lapidus, *Islamic Societies to the Nineteenth Century: A Global History* (Cambridge University Press, 2012): 97.

조의 쇠락에는 몇 가지 주목할 만한 측면이 있다. 한편으로 종교적 개입으로부터 후퇴하자 곧이어 중앙 집권과 지정학적 무게가 약화하기 시작했다. 이는 칼리프 권력의 여러 측면이 상호 의존적이었다는 점을 분명히 보여준다. 다른 한편으로 칼리프는 매우 유연한 제도였다. 칼리프가 이동하거나 변형된 많은 사례가 있었다. 그중에는 아바스 칼리프와 경쟁하거나, 적어도 그에 저항하는 칼리프들도 있었다(10~11세기 이집트에 파티마 칼리파국이 있었고, 더 멀게는 이베리아반도에도 칼리프가 있었다). 또한 아바스 칼리프는 권력을 잃고 추방되기도 했으나, 정치적 질서의 틀은 유지되었다(나중에는 오스만 제국이 그 모델을 따라 우월적 지위를 주장했다). 칼리프 체제는 무너졌고 재건될 수 없었다. 그러나 하나의 비전으로서 문명적 의미는 지속적으로 유지되었다. 심지어 칼리프 체제가 쇠락하는 동안 그 대안으로 등장한 체제에도 그 영향이 미쳤다. 새로운 민족 공동체가 이슬람 세계에 통합되었지만, 그것은 로마 제국 이후 서구에서 그랬던 경향과 달리, 민족 국가로 전환되는 계기는 나타나지 않았다. 우리가 논의하는 중간천년기 중엽에 가장 중요한 도전자는, 지정학적으로 분리된 서쪽의 파티마 칼리프국과 동부 이슬람 권역에서 변화를 거듭한 지역 정권들이었다. 파티마 칼리프국은 전성기에 제국적 면모를 갖추었고, 이를 뒷받침하기 위해 이슬람의 역사와 쿠란의 메시지를 야심 차게 재해석했다. 그러나 칼리프국을 다시 수립할 만한 정치적 모델을 발전시키지는 못했다. 군사 엘리트 계층은 중앙의 통제에서 벗어난 지방에서 유리한 위치를 점하고 있었는데, 이들이 추구한 권력 구조는 새로운 국가 유형으로 간주되었다. 즉 "이슬람의 직접적 표현이 아니라, 이슬람을 뒷받침할 책무를 자처하는 세속 기관"이었다.[20] 그들의 모호한 지위는 군사화된 정부가 칼리프의 그늘에서 작동하고 있었음을 의미한다. 칼리프의 권력은 쇠락했지만, 그럼에도 여전히 정통성의 원천은 칼리프에게 있었다. 다른 한편 군사 정권의 성립과, 특히 그들의 팽창은 이슬람의 궤도에서 벗어나는 두 가지 요인에 근거를 두고 있었다. 하나는 내륙 유라시아 출신 집단으로, 근동의 중심 지역으로 이주해 들어와서 대체로 비슷한 시기에 개종한 사람들이었다. 그리고 또 하나는 페르시아 지역의 국가 체제였다. 이러한 두 가지 근원은 통치권의 인상을 좋게 심어주거나, 일종의 신성 통치를 주장할 때 도움이 되었다. 두 가지 불평등한 권력(예언자의 권력과 왕의 권력)의 교리도 그런 경향에 도움을 줄 수 있었다.

앞에서 언급한 바와 같이 두 주요 문명(비잔티움과 페르시아)과의 만남은 초기 이슬람의 역사적 과정에 크게 영향을 미쳤다. 이와 달리 서구 기독교 권역과의 교류는 (이슬람의 관점에서 보자면) 중간천년기에 그리 의미 깊은 만남으로 발전하지 못했다(양측의 대면은 오스만 제국이 지중해로 팽창한 16세기 이후에야 시작된다). 그러나 중간천년기의 마지막 몇 세기 동안 다른 두 문명권이 이슬람과 중요한 대면을 하게 된다. 몽골의 정복과 그 이후 과정에서 내륙 유라시아 세력을 만났고, 이슬람이 인도 아대륙으로 진출하면서 인도 문명과 맞닥뜨리게 되었다. 두 가지 경우 모두 장기적으로 심대한 영향을 미치게 되지만 그 방식은 같지 않았고, 적어도 국가 및 제국의 운명과 관련해서는 완전히 다른 길을 걸었다. 몽

---

20 Ira M. Lapidus, 'State and Religion in Islamic Societies', *Past & Present* 151 (1996): 19.

골의 영향은 불신자들에 의한 막대한 파괴로 시작되었고, 그들이 개종하게 되면서 상황이 가라앉았다. 이는 모든 사건이 이슬람의 여정에 흡수되었다는 의미가 아니다. 이슬람 중심지에서 유목민과 정주민의 상호관계가 지속적으로 변화했지만, 이와 별개로 몽골과 튀르크 출신 엘리트 계층은 개종한 뒤 이슬람 세계에 정치 문화의 핵심 요소를 전수했다. 그들이 전해준 것은 작동 개념 복합체(complex of operative notions)였다(작동 개념이란 Eugen Fink의 개념으로, 사유의 대상이 아니라 사유의 틀을 일컫는다. - 옮긴이). 그중에는 몽골 제국의 사례를 통해 부활한 제국의 이념이나 칭기즈 칸의 후예와 관련되는 유난히 강력한 왕조의 권위, 마셜 호지슨(Marshall Hodgson)의 용어를 빌리자면, 이미 튀르크가 예시했던 군사 원조 국가(military patronage state)의 보다 체계적인 버전 등이 포함되어 있었다(마셜 호지슨의 저서 《이슬람의 모험》 Vol. 3 Book 4에서 몽골 제국의 유산을 설명했는데, 그 핵심 개념이 military patronage state였다. - 옮긴이).[21] 인도 문명을 마주한 이슬람에게서 그런 종류의 일반론적 패턴이 등장한 적은 없었다. 그러나 인도에서 이슬람은 팽창주의 국가를 만들어냈으며, 그 기반은 안정적 규율 속에서 타문명과 공존하는 것이었다. 공존의 측면에서 그들은 이전 시기 이슬람의 역사에 비해 탁월한 면이 있었다. 이슬람 개종은 이슬람 중심지가 아니라 힌두 사회의 주변부에서 가장 효과적으로 나타났다. 널리 인정되는바 이슬람은 과거 그리스 전통이 그랬던 것처럼 인도 사상을 흡수했던 흔적이 없다. 그러나 이

---

21 See Marshall G. S. Hodgson, *The Venture of Islam* (University of Chicago Press, 1974), vol. II, 402-10.

슬람의 팽창으로 탄생한 제국 체제는 문명 간 공존을 기반으로 삼아 제도적·실제적 측면에서 모두 인도 내부에서 안정적으로 자리를 잡았다.

### 비잔티움 제국

우리가 논의하는 지역 혹은 문명 중에서 비잔티움의 여정은 시간 범위가 중간천년기와 거의 겹친다. 비잔티움 제국의 운명에 결정적 영향을 미친 요인은 외부(더 정확하게는 서구 기독교와 이슬람교 내)에서 생성된 세력이었다. 비잔티움 제국의 종말은 중간천년기를 마감하는 가장 두드러진 사건 중 하나였다. 그러나 비잔티움의 유산은 이슬람 문화권의 오스만 제국에 전해졌고, 러시아에서 제국의 전통이 형성될 때도 그 구성 요소로 포함되었다. 비잔티움 역사의 시작을 언제로 볼 것인가 하는 점은 상당한 논란이 있는 주제다. 그러나 주요 분쟁의 시기와 연관이 있을 수밖에 없는데, 다른 문명권들도 그로부터 영향을 받았고 대대적인 영토 상실로 이어졌다. 비잔티움 제국의 구조, 사회, 세계관, 정체성에 영향을 미친 7~8세기의 내부적 변화는 거시적으로 볼 때 과거의 동로마 제국이 지정학적으로 축소되고 중심이 재편되는 과정이었다.

당시의 격변 속에서 등장한 체제에 대한 가장 적절한 표현은 아마도 "신앙 권역, 제국의 이념, 국가 체제의 아말감(amalgam, 기묘한 통합)"이라 하겠다.[22] 아말감이라고 표현한 이유는, 완벽하지 않으나 구성 요소들이 하나로 통합되었음을 강조하기 위함이며, 진정 중요한 것

---

22 Jonathan Shepard (ed.), *The Cambridge History of the Byzantine Empire, c.500-1492* (Cambridge University Press, 2008): 9.

이 바로 그것이기 때문이다. 세 가지 구성 요소의 관계는 굉장히 유연했다. 관계에 상당한 변화가 생기더라도 아말감은 그대로 유지되었다. 또한 비잔티움 제국의 문화와 제도는 국경을 넘어 외부로까지 확산될 수 있었다. 비잔티움 제국의 영향을 받은 이웃 국가들(불가리아부터 러시아 키예프 공국까지)을 일컬어 역사학에서 "비잔티움 연방(Byzantine Commonwealth)"이라는 용어를 사용하기도 한다. 그들은 스스로 위에서 언급한 세 가지 비잔티움의 패턴을 발달시켰다.

  과거 로마의 연속성을 자처한 것은 제국의 이념 때문이었다. 그것이 비잔티움 제국의 지속적이면서도 결정적인 특징이었다. 구체적으로 말하자면 비잔티움 체제의 핵심인 통치자는 황제였으며, 국가 체제는 제국이었고, 그 권위는 도시와 연결되어 있었다(비잔티움 문명은 다른 어떤 문명보다 더 도시를 중시했다). 비잔티움 제국의 역사를 통틀어 대부분 기간은 명실상부한 제국이었으나, 1204년에서 1453년까지는 그렇지 못했다. 비잔티움 제국의 마지막 단계에서 제국 체제가 상징적으로는 통합되었지만 점차 중심부의 세력이 약화되었다. 그로부터 비롯된 결과 중 한 가지는, 제국 체제와 신앙의 연결 고리가 약화된 것이다. 비잔티움 제국이 명실상부한 제국이었던 기간이 훨씬 더 길지만 비잔티움 제국의 "황제가 곧 교황(caesaro-papism)"이었다는 이론은 오늘날의 역사학에서 더 이상 인정되지 않는다. 이것이 비잔티움 연구의 가장 근본적인 재평가 중 하나다. 덕분에 정치-종교의 연결 관계에 대한 이해가 진일보할 수 있다. 물론 비잔티움 제국 체제가 교회에 대해 가진 권력은, 서유럽과 비교하자면 훨씬 더 컸다. 그러나 황제는 교회의 보호자였을 뿐 수장은 아니었다. 양측 최고 권위자의 균형은 원칙적으로 비대칭이라 하더라도 현실에서는 다양하게 나타날 수 있었고, 대립 관계가 발달할 수도 있는 문제였다. 종교에 대하여 제국의 황제가 몇 가지 중요한 간섭을 시도한 적이 있지만 끝내 실패하고 말았다. 질베르 다그롱(Gilbert Dagron)의 표현을 빌리자면, 황제와 성직자의 융합은 결코 성공하지 못했다.[23]

비잔티움 제국과 관련하여 또 한 가지 재평가가 있다. 이는 첫 번째 재평가와 무관하지 않은데, 제국을 뒷받침하는 국가 기구와 관련된 문제다. 이슬람의 팽창을 계기로 비잔티움 제국에서도 다양한 변화가 일어났다. 기존에는 이를 국가의 인프라를 재조정하는 거대한 설계로 보았지만, 오늘날에는 여러 차원에서 장기적으로 이행되어온 결과로 이해하고 있다. 또한 다양한 사회정치적 세력 사이의 복잡한 상호 관계는 국경 지역의 다양한 성공과 실패로부터 영향을 받았는데, 이것이 오늘날 비잔티움 역사 연구의 핵심 쟁점이다.[24] 한 가지 예를 들자면, 1081년 권력을 잡은 콤네노스(Komnenos) 왕조는 봉건 체제 쇠퇴의 결과가 전혀 아니었다는 사실이 충분히 밝혀진 것 같다. 그들의 국가 건설 능력은 결코 무시할 수 없는 수준이었다.

### 결론과 주안점

우리 논의의 주요 결론은, 모든 유라시아 문명에 걸쳐 (국가의 형태 중 특징적인 하나의 체제로서) 제국의 패턴이 성립했고 각기 다양한 수준

---

23 See Gilbert Dagron, *Emperor and Priest: The Imperial Office in Byzantium* (London: Cambridge University Press, 2003).
24 기존 관점을 담은 고전적 연구는 다음을 참조. George Ostrogorsky, *History of the Byzantine State* (New Brunswick, NJ: Rutgers University Press, 1986 [1963]).

을 보여주었다는 것이다. 제국의 형태는 내륙 유라시아의 사례처럼 오랜 문명의 과정에서 때때로 등장하는 경우도 있었고, 중국이나 비잔티움의 사례처럼 문화 복합체의 한 구성 요소로서 지속된 경우도 있었다(성공의 측면에서는 후자가 더 약했다). 서구 기독교 권역에서는 특유의 맥락이 있었는데, 통일 제국이 없었다는 사실이 장기적 발전에서 오히려 중요했다. 결국 제국 차원의 권력은 두 개의 중심으로 구체화되었다. 그것이 바로 신성 로마 제국과 교황이었다. 인도에서도 지역 왕조의 야망과 짧은 기간이나마 대군주의 출현 등 제국적 요소가 분명히 나타났지만, 최소한 우리가 논의하는 중간천년기 전반기의 인도에서는 소규모 제국이 그 특징이었다. 제국과 종교가 동시에 확장하는 방식은 이슬람의 발명품이었다. 그러나 그와 같은 통합이 이슬람 문명 전역에 걸쳐 영구히 지속되지는 못했다. 후대의 제국 체제는 훨씬 더 작은 규모로 나타났다.

중간천년기가 끝나고 근대로 이행하는 과정에서 당시의 여러 제국에는 몇 가지 새로운 상황이 등장했다. 이슬람 세계는 여러 제국의 분열이 예전에 비해 더욱 오래도록 지속되었다. 청 왕조의 성립으로 중화 제국과 내륙 유라시아 제국의 전통이 통합되어 균형을 잘 이루면서 오래도록 유지되었다. 러시아의 팽창은 시베리아를 가로질렀고, 스텝 지대 북서부에 근거지를 둔 세력이 러시아에 복속되었다. 서유럽 해안의 국가들이 최초로 해상 제국으로 나아갔다. 해상 제국이 곧바로 세계 지배로 이어지는 길은 아니었다. 다만 이는 다른 어떤 변화보다 근본적인 변화를 예고하는 대목이었다.

# 더 읽어보기

### General
Finer, S. E. *The History of Government from the Earliest Times*, vol. II: *The Intermediate Ages*. Oxford University Press, 1997.
Fried, Johannes and Ernst-Dieter Hehl, eds. *WBG-Weltgeschichte*, vol. III: *Weltdeutungen und Weltreligionen, 600 bis 1500*. Darmstadt: Wissenschaftliche Buchgesellschaft, 2010.
McNeill, William H. *The Rise of the West*, especially 'Eurasian cultural balance', 247-562. University of Chicago Press, 1963.

### Inner Eurasia and its neighbours
Allsen, Thomas T. *Culture and Conquest in Mongol Eurasia*. Cambridge University Press, 2001.
Amitai-Preiss, Reuven and David O. Morgan, eds. *The Mongol Empire and its Legacy*. Leiden: Brill, 2000.
Beckwith, Christopher. *Empires of the Silk Road: History of Central Eurasia from the Bronze Age to the Present*. Princeton University Press, 2011.
Di Cosmo, Nicola. 'State Formation and Periodization in Inner Asian History', *Journal of World History* 10:1 (1999): 1-40.
Golden, Peter B. *Central Asia in World History*. Oxford University Press, 2011.
Morgan, David O. *The Mongols*. 2nd edn. Oxford and Malden, MA: Wiley-Blackwell, 2007.

### Western Christendom
Barber, Malcolm. *The Two Cities: Medieval Europe 1050-1320*. London: Routledge, 2004.
Bartlett, Robert. *The Making of Europe: Conquest, Colonization, and Cultural Change 950-1350*. London: Penguin, 1994.
Elias, Norbert. *The Civilizing Process*. Oxford and Malden, MA: Wiley-Blackwell, 2000 [1939].
Jones, Philip. *The Italian City-State: From Commune to Signoria*. Oxford: Clarendon Press, 1997.
Le Goff, Jacques. *Medieval Civilization*. Oxford and Malden, MA: Wiley-Blackwell, 1990.
McKitterick, Rosamond. *Charlemagne: The Formation of a European Identity*.

Cambridge University Press, 2008.
Seibt, Ferdinand. *Glanz und Elend des Mittelalters*. Hamburg and Munich: Orbis Verlag, 1999.
Wickham, Chris. *The Inheritance of Rome: A History of Europe from 400 to 1000*. London: Penguin, 2010.

### China

*Cambridge History of China*, 13 vols. Cambridge University Press, 1979-2009, vol. III: *Sui and T'ang China, 589-906 CE, pt. 1*, ed. Denis C. Twitchett; vol. V: *The Sung Dynasty and its Precursors, 907-1279, pt. 1*, eds. Denis C. Twitchett and Paul Jakov Smith; vol. VI: *Alien Regimes and Border States, 710-1368*, eds. Denis C. Twitchett and Herbert Franke; vol. VII: *The Ming Dynasty, 1368-1644, pt. 1*, eds. Frederick W. Mote and Denis C. Twitchett; vol. VIII: *The Ming Dynasty, 1368-1644, pt. 2*, eds. Denis C. Twitchett and Frederick W. Mote.
Lewis, Mark Edward. *China's Cosmopolitan Empire: The Tang Dynasty*. Cambridge, MA: Belknap Press of Harvard University, 2012.
Mote, Frederick W. *Imperial China 900-1800*. Cambridge, MA: Harvard University Press, 2003.
Smith, Paul Jakov and Richard von Glahn, eds. *The Song-Yuan-Ming Transition in Chinese History*. Cambridge, MA: Harvard University Press, 2003.
Wong, R. Bin. *China Transformed. Historical Change and the Limits of European Experience*. Ithaca, NY: Cornell University Press, 2000.

### India and Southeast Asia

Kulke, Hermann. *Kings and Cults: State Formation and Legitimation in India and South-East Asia*. Delhi: Manohar, 2008.
Kulke, Hermann. ed. *The State in India 1000-1700*. Delhi: Oxford University Press, 1997.
Ricklefs, M. C., Bruce Lockhart, Albert Lau, Portia Reyes and Maitrii Aung-Thwin. *A New History of Southeast Asia*. New York, NY: Palgrave-Macmillan, 2010.
Singh, Upinder, ed. *Rethinking Early Medieval India*. Delhi: Oxford University Press, 2011.
Wink, André. *Al-Hind: The Making of the Indo-Islamic World*, vol. I: *Early Medieval India and the Expansion of Islam, 7th-11th Centuries*; vol. II: *The Slave Kings and the Islamic Conquest, 11th-13th Centuries;* vol. II: *Indo-Islamic Society, 14th-15th Centuries*. Leiden: Brill, 1991-2003.

## The Islamic world

Crone, Patricia. *Slaves on Horses: The Evolution of the Islamic Polity.* Cambridge University Press, 1980.

Feldbauer, Peter. *Die islamische Welt 600-1250: Ein Frühfall von Unterentwicklung?* Vienna: Promedia, 1995.

Garcin, Jean-Claude, et al. *États, sociétés et cultures du monde musulman médiéval*, vols. I-III. Paris: Presses universitaires de France, 1998-2000.

Hodgson, Marshall G. S. *The Venture of Islam*, vols. I-III. University of Chicago Press, 1974.

Kennedy, Hugh. *The Prophet and the Age of the Caliphates: The Islamic Near East from the 6th to the 11th Century.* London: Routledge, 2004.

Lapidus, Ira M. *Islamic Societies to the Nineteenth Century: A Global History.* Cambridge University Press, 2012.

_____. 'State and Religion in Islamic Societies', *Past & Present* 151 (1996): 3-27.

## Byzantium

Dagron, Gilbert. *Emperor and Priest: The Imperial Office in Byzantium.* Cambridge University Press, 2003.

Shepard, Jonathan, ed. *The Cambridge History of the Byzantine Empire c. 500-1492.* Cambridge University Press, 2008.

Treadgold, Warren. *A History of the Byzantine State and Society.* Stanford University Press, 1997.

CHAPTER 19

# 중국의 국가 형성, 수나라에서 송나라까지

리처드 폰 글란
Richard von Glahn

오래도록 지속된 중국의 한(漢) 제국과 로마 제국의 멸망은 고대 세계의 종말을 명확히 표시해주는 사건이었다. 그러나 세계 제국을 회복하려는 열망은 죽지 않고 살아남았다. 로마 제국을 재통일하려 한 6세기 유스티니아누스(Iustinianus) 황제의 시도는 명확한 실패로 끝났다(실패의 원인은 슬라브, 페르시아, 아바르 사이의 전쟁, 궤멸적 페스트의 확산, 갑자기 터져 나온 이슬람 제국의 새로운 도전 등이었다). 이로써 지중해 세계에서는 새로운 지정학적 무대가 마련되었으며, 향후 다중심 체제가 등장하게 된다. 그러나 동아시아의 사정은 달랐다. 400년에 걸친 정치적 분열과 외세 침략의 시기를 거친 뒤, 수(隋)나라를 건립한 양견(楊堅, 文帝)은 마침내 589년 과거 한나라의 영토를 대부분 장악하고 제국의 통치를 회복하는 데 성공했다. 이후로 중국에서는 제국 통일의 열망이 정치적 이상뿐만 아니라 역사적 현실로 자리 잡았다(물론 중간에 시기별로 짧은 단절이 없지는 않았다). 왕조의 교체에도 불구하고 중화 제국은 면면히 이어졌으나 이데올로기적 원칙, 제도적 구조, 이웃 나라와의 관계는 시기에 따라 극적인 변화를 겪었다.

### 북위의 정치적 유산

짧았던 수나라(581~618)의 뒤를 이은 당나라(618~907)는 정치적 통합의 산물이었다. 이런 식의 통합을 처음 만들어낸 세력은 북중국을 지배한 이민족 왕조 북위(北魏, 386~534)였다. 수나라와 당나라의 황제들은 모두 타브가치(Tabgač, 拓跋鮮卑)와 중국인 혼혈의 귀족 엘리트 계층 출신이었다. 북위에서 바로 이와 같은 결혼을 권장했다. 그들은 중국의 정주 문명과 유라시아 스텝의 유목 전통을 모두 이어받은 계승자로 자처했다. 이전의 (또한 이후의) 중화 제국과 달리 수-당 제국의 통치 계층은 국제적이고 다문화적인 사회를 포용했다. 과거 북위 때도 그와 같은 사회가 번성했다.

북위 시절 타브가치 통치자들은 선비(鮮卑, Xianbei)족 유목민의 후손이었다. 흉노 연맹이 몰락한 뒤 동부 스텝 지역의 대부분을 장악한 세력이 그들이었다. 타브가치는 중무장 기병을 활용해 막강한 군사력을 구축했다(중무장 기병술이 가능했던 이유 중 하나로 등자鐙子의 발명도 있었다). 386년 타브가치는 중국을 정복하려는 야망을 드러냈다. 왕조의 명칭도 중국식으로 바꾸어 북위(北魏)라 했다. 430년 그들은 과거 한(漢) 제국의 수도였던 장안을 점령하고, 그 이후로 530년대까지 내륙 유라시아의 광대한 지역을 통치했다. 그들의 영역은 만주에서 박트리아까지 이르렀다. 장강(長江) 이북의 중국 땅 대부분이 그들의 수중에 들어갔다.

타브가치는 점령지로부터 단지 전리품만 뜯어내려 한 흉노와 달리 중국의 농업 지역을 지속적으로 통치할 수 있는 제도를 개발했다. 대표적 예로 균전제(均田制)를 들 수 있는데, 국가가 토지를 관리하며 백성에게 경작권을 할당하는 제도였다. 균전제는 외부의 침략과 전쟁으로 궁핍해진 농가에 경제적 기반을 제공했고, 국가로서 안정적 수입을 확보할 수 있는 방안이었다(토지 임대를 근거로 곡물, 직물, 노역을 징발했다). 북위의 황제 효문제(孝文帝, 재위 471~499)는 타브가치 귀족과 중국인 귀족 가문의 결혼을 권장했고, 중국의 언어와 복식 및 관습을 도입하도록 장려했다. 효문제는 혼혈 지배층을 만들어내고자 했다. 이는 곧 스텝의 군사적 유산과 중국의 문화적 및 행정 관료적 재능을 모두 물려받은 계층의 탄생을 의도한 것이었다. 494년 북위는 수도를 평성(平城)에서 낙양(洛陽)으로 이전했다. 평성은 만리장성의 곤문에 위치했고, 낙양은 전통적으로 중화 제국의 수도였다. 이는 곧 중국식 황제의 통치 스타일을 지향한 효문제의 야망을 극명하게 보여주는 사례였다. 그러나 효문제의 정책으로 북위 지도층과 스텝 지역 타브가치 부족 사이의 적대감이 커져 내전이 발생했다. 부족민은 중국식 관습과 가치에 극렬히 저항했다. 534년 북위는 두 개의 왕국으로 갈라졌고, 극심한 내부 갈등에 시달렸다. 끊임없는 전쟁은 엄청난 참사와 황폐화를 초래했지만 북방의 왕국들은 군사력을 더욱 강화했다. 이 시기의 개혁 정책 중 하나로 부병제(府兵制)가 있는데, 이는 농민-군사 체제로 상비군의 병참 비용을 줄이는 방안이었다. 북위와 그 후계 왕조에서 이어간 정치·군사 제도는 나중에 수나라가 중국을 통일할 때 중요한 기반이 되었다.

### 수-당 제국의 통일

양견(楊堅, 隋文帝, 재위 581~604)은 피비린내 나는 쿠데타를 일으켜 당시 통치자인 일곱 살 손자(北周 靜帝)로부터 권력을 이양받았고, 581년 수(隋)나라를 세웠다. 왕권을 안정적으로 확보한 양견은 이후 남중국을 향해 다각도의 공격을 시작했다. 결국 남중국을 통치한 진(陳) 왕조를 뒤엎고 589년 중국의 재통일을 완수했다. 그 뒤 양견은 주저 없이 스스로를 황제로 선포했다. 그는 과거 한(漢) 제국의 수도 장안(長安)에 새로운 수도를 건설했다. 규모는 한나라 때보다 더 커서 면적이 84제곱킬로미터에 달했다. 이는 중국 역사상 가장 큰 수도였지만 성벽 내부에는 빈 땅이 많았다. 양견은 중앙 정부의 권위를 되살렸으며, 집행 부서와 입법 부서를 나누어 3성(省) 체제를 구축했다. 중서성(中書省, 비서실, 법안 입안), 문하성(門下省, 법안 심사), 상서성(尙書省, 행정 집행)이었다. 동시에 지방 관리의 독립성을 단호히 축소하여 군권을 박탈하고 중앙 정부에 직접 예속하도록 했다. 또한 통일 이전 시대에 귀족 가문이 누려온 관료 세습 권한도 폐지했다. 한나라 때와 마찬가지로 수나라 때도 지방 관리의 추천에 의거해 관리를 선발했지만, 일부 후보자에 한해서는 직접 필기시험을 실시했다. 이것이 이후 왕조 시대 중국의 정부, 사회, 문화를 지배하게 될 과거 시험의 시초였다. 그럼에도 불구하고 수나라의 황제는 북위의 효문제 이후로 내려오는 혼혈 귀족 가문 출신 중에서 고위 관료와 측근의 조언자를 선발했다. 이들 가문을 관중(關中, Guanzhong) 귀족이라 한다(한국에서는 관롱집단關隴集團이라는 용어로 알려져 있다. 관롱집단이란 중국 근대사학자 진인각이 제시한 학술 용어로, 관중關中과 농서隴西라는 지역명의 앞 글자를 딴 명칭이다. 관중은 섬서성, 농서는 감숙성의 옛 이름으로, 지리적으로는 오르도스 초원의 바로 아래 지역이다. 영어권 학계에서도 이를 그대로 직역하여 Guanlong Group이라는 용어를 쓰지만, 우리 논의에서 저자는 표현을 조금 바꾸어 농서를 빼고 관중 귀족이라고 표현했다. 한국에서는 관롱집단이라는 번역어가 더 일반적이지만 이 글에서는 저자의 의도를 존중하여 관중 귀족으로 번역한다. - 옮긴이).

양견은 스텝 지역 타브가치의 전통에 젖어 있던 인물이다. 그는 전사의 사냥 기술, 궁술, 매사냥 등에 매료되어 있었다. 그는 유교 정치 철학에서 말하는 도덕적 통치라든가 독재적 통치에 대한 제한 같은 것에 그다지 뜻을 두지 않았다. 그보다는 기원전 3세기 인도 마우리아(Maurya) 제국의 황제 아소카(Aśoka) 대왕처럼, 불교에서 말하는 차크라바르틴(chakravartin, 轉輪聖王, 진리의 법륜을 굴려 전 세계를 통치하는 이상적 지도자), 즉 지극한 존엄과 도전 불가능한 절대 권위를 지닌 경건한 통치자 개념이 그에게는 훨씬 더 매력적이었다. 양견은 스스로를 "보살천자(菩薩天子)"라 일컬었고, 불교 보급을 위해 노력했으며, 아소카 대왕을 본받아 제국의 주요 도시마다 불교 사찰과 암자의 건설을 후원했다. 황제의 대대적인 불교 후원은 백성에게 좋은 인상을 심어주려는 목적도 있었지만, 동시에 폭력적인 왕위 찬탈 과정에서 스스로가 저지른 죄의 무게(내생의 업보)를 덜기 위함이었다.

6세기 무렵의 중국 문화권에는 불교 신앙, 의례, 사회적 관습이 깊이 뿌리내리고 있었다. 북위는 물론 남중국 왕조의 통치자들도 불교와 성직자들에게 사치스러울 정도로 후원을 아끼지 않았다. 알려진 바로 534년 북위가 무너질 당시 낙양에 있는 사찰과 암자는 도합 1367개에 이르렀다고 한다. 다민족 백성을 통치해야 하는 수문제는 불교 신앙을 중심으로 한 공통 문화를 통해 정치·사회적 통합의 뿌리를 만들어내고자 했다.

수문제(양견)의 뒤를 이은 후계자 양광(楊廣, 隋煬帝, 재위 604~618)은 아버지가 매진한 제국 건설의 길을 계속 추진했다. 수양제의 가장 대표적인 업적은 대운하 건설이었다. 대운하는 양자강 삼각주에서 급성장하고 있는 벼농사 기반 경제와 북서부 건조 지대에 위치한 제국의 수도(장안과 낙양)를 연결하는, 생명선과도 같은 교통로였다. 그러나 수양제는 한반도까지 지배하려는 가당찮은 야망을 품었다. 612년에서 614년에 걸친 한국 침략에서 수양제는 재앙에 가까운 참패를 맛보았고, 본국에서 정치적 위기를 맞게 되었다. 결국 618년 수양제가 암살당했고, 직후 이연(李淵, 그 또한 관중 귀족 출신)이 새로운 왕조를 설립하여 국호를 당(唐)이라 했다.

북위 이래로 지배 계층을 형성한 귀족 가문들 사이에는 긴밀한 관계가 형성되었고, 그들 중에서 군사 지도자가 출현하여 쿠데타를 시도하는 일들이 잇달아 일어났다. 618년 당 왕조의 성립도 어떤 면에서는 그러한 쿠데타 중 한 사례로 볼 수 있다. 수나라 때도 그랬지만, 당나라의 통치자들도 북위와 그 이후 왕조들이 개발한 균전제나 부병제 같은 제도를 그대로 유지했다. 또한 초기 당나라 황제들도 수나라의 황제들과 마찬가지로 국제 문화적 성향을 가지고 있었다. 당나라의 제2대 황제 이세민(李世民, 唐太宗, 재위 626~649)은 후계자로 지정된 형을 죽이고 아버지까지 강제로 퇴위시키며 권력을 장악했다. 그러나 당태종은 스텝 유목민 전사의 유산과 유교의 도덕 군주 이념을 모두 받아들였다. 그는 군사력을 동원하여 동부 스텝 지역의 동돌궐(東突厥, 동튀르크)을 복속시켰다(동돌궐은 당태종을 카간, 즉 스텝의 군주로 받들었다). 또한 실크로드 주변의 여러 오아시스 도시에도 식민 지배 체제를 구축했다. 동시에 당태종은 평민 출신 관리들을 선발하여 유교식 국가 운영 전통과 문화적 세련미를 받아들이고자 했다. 7세기 중엽에 이르러 당나라는 유라시아 동부 지역에서 정치, 군사, 문화의 주도 세력이 되어 있었다(지도 19-1).

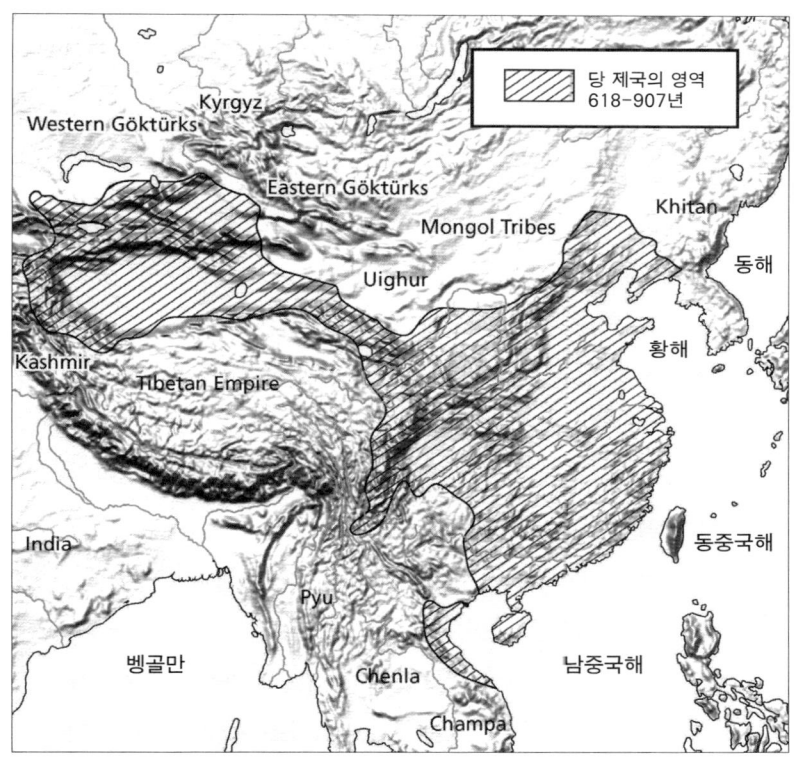

[지도 19-1] 당 제국

## 동아시아의 기원

수-당 제국 치하에서 중국의 재통일은 동아시아 공통 문명과 동아시아 정치 질서의 형성에 결정적 계기가 되었다. 수-당 제국의 권력과 위엄은 중국의 이웃 나라에 깊은 인상을 주었다. 그들은 중국 모델을 모방하고 중앙 집권을 강화하여 나름의 "민족 국가" 모델을 개발했다. 또

CHAPTER 19 - 중국의 국가 형성, 수나라에서 송나라까지     245

한 불교와 성직자를 후원하는 데도 열정을 기울였다. 7세기가 끝나갈 무렵 한국, 일본, 티베트에서 모두 단일한 최고 통치자를 중심으로 통일 국가가 성립되었다. 이때 형성된 동아시아의 다국적 정치 질서는 오늘날까지 그대로 이어지고 있다.

과거 한(漢) 제국은 한반도의 일부와 북부 베트남의 홍강(Hong River) 삼각주까지 종주권을 확장한 적이 있었다. 4세기 초엽 중국의 식민 정부가 한반도에서 최종적으로 철수했고(고구려 미천왕에 의해 313년 낙랑군, 314년 대방군이 한반도에서 축출된 사건을 말한다. - 옮긴이), 세 개의 독립 왕국이 한반도에 등장했다. 그중에서 가장 먼저 성립되고 세력도 가장 강한 나라가 고구려(高句麗) 왕국이었다. 고구려는 한반도 북부와 만주의 상당 지역을 장악했다. 고구려의 기반은 초원 유목민 방식의 중무장 기병이었지만, 여기에 유교식 군주제와 관료 정부 체제를 결합했다. 백제(百濟) 왕국은 한반도의 남서쪽에 있었는데, 남중국 지역 및 일본의 신생 야마토(大和) 정권과 외교 관계를 구축했다. 신라(新羅) 왕국은 한반도의 남동쪽에 있었는데, 주변 지역을 통합하여 왕국으로 성립된 시기가 비교적 늦었다. 그러나 철과 금이 많이 생산되는 이점을 바탕으로 정치·군사력을 급속히 키워 다른 왕국들과 대등한 반열에 올랐다. 지속적인 전쟁 때문에 세 왕국에서는 모두 전사들이 주도적 엘리트 계층을 형성했다.

기원전 4000년경부터 한반도에서 일본 열도로 건너가기 시작한 이주민이 벼농사, 양잠, 제철 기술, 소, 말 등을 일본에 소개했다. 이런 기술들이 전해지자 일본 열도의 인구가 급속도로 성장했고, 지역 기반 족장사회(chiefdom)가 여러 개 형성되었다. 기원후 3세기에 이르러 히미코

(卑彌呼)라는 이름으로 알려진 (마법을 부렸다고도 전하는) 신비의 여성 통치자가 처음으로 중국의 위(魏)나라에 사절단을 파견했다. 4~5세기에는 한반도와 일본 사이에 인적·물적·기술적 교류가 강화되었고, 일본의 전사들이 한반도 왕국들 간의 분쟁에 휘말리기도 했다. 5~6세기를 거치는 동안 야마토의 "위대한 왕들"은 일본 열도의 상당 지역을 통치하게 되었다. 한국인 승려들(주로 백제 출신)은 불교뿐만 아니라 중국식 왕권, 정부 조직, 의례 문화, 행정 관리의 전문성을 일본에 전해주는 통로가 되었다. 604년 수(隋)나라에 파견된 사절단이 귀국한 뒤, 여왕 스이코(推古)와 그의 조카이자 태자인 쇼토쿠(聖德)는 야마토 조정을 재구성했다. (한국의 관행을 모방하여) 귀족의 공식 등급을 나누었으며, 모두 군주의 절대 권력 아래 복속되도록 했다. 또한 불교 사찰에 대한 공식적 후원 제도를 만들었다.

수양제가 한국을 침략했다가 비참한 패배를 맛본 뒤 결국 제국의 멸망을 겪었음에도 불구하고, 당나라의 통치자들은 한국을 지배할 제국주의적 야망을 버리지 않았다. 신라는 경쟁 왕국에 맞서기 위해 당나라와 동맹을 맺었다. 660년 신라와 당나라 연합군은 백제를 무너뜨리고 왕을 폐위했다. 663년 백제 왕국을 회복하기 위해 파견된 일본의 야마토 해군이 실패하자, 남은 백제 조정은 일본으로 달아났다. 668년에는 신라-당나라 연합군이 고구려를 정복했다. 당나라는 신라를 속국으로 편입하려 했지만, 신라의 왕들은 당나라의 침략에 성공적으로 맞섰다. 결국 신라에 의해 한반도 최초로 통일 왕국이 성립했다.

663년 야마토 수군이 백제를 회복하기 위해 한반도에 왔다가 당나라 함대에 패퇴한 뒤, 당나라는 일본에게도 당나라의 지배권을 받아들이라고 요구했다. 일본의 지배 계급은 두려움에 떨어야 했다. 중국의 은근한 위협에 야마토의 통치자들은 귀족들의 암묵적 동조를 모아 중앙 집권을 더욱 강화했다. 그래서 중국식 절대 군주 모델을 기반으로, 강력한 법적·재정적 권력을 가진 행정 관료 체제를 구축했다. 기원후 700년에 이르러 야마토의 통치자는 스스로를 "하늘의 주권자"를 의미하는 "텐노(天皇)"로 선포했고, 중국에서 야마토를 일컫는 명칭, 즉 일본(日本, 해가 뜨는 나라)을 공식 국호로 정했다. 또한 토지세, 성직자, 국가 방위에 대한 통제를 강화하는 율령을 반포했다. 중국식 왕성이 710년 나라(奈良)에 건립되었고, 이후 794년부터 교토(京都)에서 더욱 정교하게 왕국의 수도를 건설하기 시작했다. 일본 조정은 독특한 정통성의 이데올로기를 만들었는데, 태양의 여신으로부터 대가 끊이지 않고 전해 내려온다고 하는 텐노(天皇) 혈통 순수성이 그 근거였다.

기원후 700년 현재 한국과 일본에서는 중국의 정치 제도를 대대적으로 모방한 통일 국가가 형성되어 있었다. 그러나 신라의 왕이나 일본의 텐노 모두 중국의 황제만큼 집중된 정치 권력을 확보하지 못했다. 지역별로 워낙 강력한 귀족 계층과 맞서야 했기 때문이다. 불교 승려와 종교 기관은 중국보다 한국과 일본에서 훨씬 더 큰 부와 정치적 영향력을 획득했다. 더욱이 750년 이후 (755~763년 안녹산의 난으로 - 옮긴이) 당나라의 세력이 약화하자 이웃 나라에서 당나라의 명성도 손상되었다. 한국과 일본의 왕국은 수-당 제국의 정치적 모델과 점차 멀어져갔다. 그럼에도 불구하고 이 시기에 일관된 문화적 정체성을 가진 동아시아 문화권이 탄생했으며, 다국적 정치 질서가 안착했다.

동아시아 문화권의 정체성을 형성한 가장 강력한 힘은 중국 문자의 통용이었을 것이다. 중국의 철학, 의례, 시 문학, 법령, 역사서, 불교(특히 정토종이나 선불교 같은 뚜렷한 중국식 불교)가 확산하면서 동아시아 전역에 걸쳐 문화적 어휘가 공유되었다. 중국어로 전해진 사상과 가치는 현지의 전통에 비추어 재구성되었고, 마침내 일본과 한국에서 고유의 문자 체계를 개발하기에 이르렀다(일본의 문자 가나仮名는 10세기에, 한국의 문자 한글은 15세기에 개발되었다). 그럼에도 불구하고 중국의 문자는 현지에서 개발된 문자보다 더 큰 권위를 누렸다. 중도의 철학 및 문학 전통은 이웃 나라의 지식 문화에 계속해서 심대한 영향을 미치고 있었다.

## 내부의 도전과 당 제국의 몰락

7세기 동아시아 국제 질서에서 당나라에 필적할 만한 세력은 없었다. 그럼에도 불구하고 내부의 도전 때문에 당 제국의 힘과 권위가 무너지기 시작했다. 첫 번째 주요 도전은 측천무후(則天武后, 이름 무조武照, 629~705)의 황제 계승권 장악이었다. 그는 중국 역사상 가장 논란이 많은 인물이자 중국의 황제에 오른 유일한 여성이었다. 무조(武照)는 태종의 뒤를 이은 고종(高宗, 재위 649~683)의 후궁이 돼 655년에 처음 궁에 들어갔고, 곧이어 병약하고 유순한 남편에게 강력한 영향을 미치기 시작했다. 주도면밀한 정치가인 무조는 정치 공작과 과감한 스파이 활동 및 폭력도 불사하며 관중 귀족의 혹독한 반대를 넘어섰다. 남편이 사망한 뒤에는 공개적으로 조정 업무를 관장했으며, 690년 대담하게도 당 왕조를 제쳐두고 주(周) 왕조(혹은 武周)를 선포하여 스스로 황제에 올랐다. 시호는 측천(則天, 하늘의 규범을 따른다는 의기)이라 했다. 측천무후의 권력 찬탈은 통치 엘리트 계층의 깊은 균열을 초래했다. 그러나 그녀의 통치 기간에 나라는 부강했으며, 튀르크와 티베트 등 적대 세력을 상대로 지속적인 승리를 거두기도 했다. 귀족을 견제하기 위해 측천무후는 관료의 위상과 권한을 강화했다. 이를 위해 능력 위주로 과거 시험을 개편했으며, 주요 의사 결정권을 고위 관료에게 위임했다. 그러나 그녀의 통치에 대한 반대는 결코 줄어들지 않았다. 705년 사망하기 직전, 이미 노쇠한 그녀는 황제의 자리를 포기하고 당 왕조의 복권을 승인했다.

현종(玄宗, 재위 712~756) 시기에 이르러 당 왕조는 완전히 복원되었다. 이때부터 당 제국 최고의 전성기와 문화적 번영의 시대(盛唐)가 시작되었다. 중국사 전체를 놓고 보더라도 당시의 문화적 화려함에 비견할 예가 거의 없을 정도였다. 그러나 현종은 관중 귀족을 지나치게 편애했다. 그들이 강력한 황제의 통치를 뒷받침해주기를 기대했기 때문이다. 그래서 측천무후 시기 과거 시험으로 선발된 문인 관료의 권한은 축소되었고, 파벌 간 분쟁이 격화되었다. 경제적 번영과 상업의 성장은 갈수록 엄격한 틀에 기초한 균전제 같은 토지 제도와 충돌을 빚었고, 결국 중앙 정부의 재정 기반을 위협하게 되었다. 부병제 또한 실효적 군사력으로 활용되지 못했고, 내륙 유라시아와 한국의 국경을 따라 대규모 상비군이 주둔함으로써 그들을 대체하게 되었다. 귀족 계층과 문인 관료 계층 사이의 분쟁에 군대가 동원될 것을 우려한 현종 황제는 주요 군부 사령관직을 비-중국인 혈통의 장군들에게 맡겼다. 그들이 당파적이거나 정치적이지 않다고 믿었기 때문이다.

이방인 출신 장군들 가운데 지도자는 소그드인 안녹산(安祿山)이었다. 그는 현종 황제의 전폭적인 신임을 얻었다. 당시 소그드 상인 네트워크는 실크로드 카라반을 주도했으며, 안녹산 같은 운 좋은 군인뿐만 아니라 수많은 소그드 상인 가문이 당나라의 수도 장안에 정착해 있었다. 황제가 연로하여 쇠약해지자 안녹산의 정적들이 궁중에서 세력을 강화해갔다. 마침내 755년 안녹산을 비롯한 국경 지역의 장군들은 군대를 이끌고 당 제국에 대항하여 반란을 일으켰다. 756년 안녹산의 군대는 장안을 점령했고, 현종은 남서부 사천(四川) 지역으로 도망쳤다. 가는 도중에 황제의 자리를 아들에게 물려준 현종은 결국 내전이 끝나기 전에 목숨을 잃었다. 안녹산도 757년 아들의 손에 죽었고, 당나라를 전복시키려던 그의 시도 또한 실패로 끝났다. 그럼에도 불구하고 반란은 8년 동안(755~763) 지속되었다. 당나라 황제는 튀르크 용병의 도움을 받아 가까스로 반군을 진압하고 통치를 회복할 수 있었다.

### 안녹산의 난 이후 중국 정부와 사회의 변화

비록 당 제국이 아직 멸망하지는 않았지만 안녹산의 반란으로 북중국이 황폐화되었고, 손상된 중앙 정부의 권위는 회복되기 어려웠다. 반란 이후 중국의 정부, 사회, 경제 변화는 중국사의 중요한 분기점 중 하나가 되었다.

첫째, 반란을 계기로 북위 시기에 시작된 낡은 질서는 완전히 붕괴되었다. 균전제가 와해되자 실질적인 토지 사유 관행이 등장했다. 부병제는 이미 전투 병사를 양성하는 데 거의 쓸모가 없었고, 균전제와 마찬가지로 완전히 무너졌다. 권력은 스스로 지방 통치권을 주장하며 중앙 정부로부터 상당한 자유를 누리는 지방 군벌 중심으로 재편되었다. 궁정의 권력이 급격히 무너지면서 과거 한(漢) 제국 이후로 중국 정부를 주도해온 귀족 계층, 특히 관중 귀족이 치명타를 맞았다. 정치 관료로 지명될 때 결정적 기준이 된 귀족 혈통 대신 과거 시험과 행정 관료로서의 전문성이 중시되었다. 이후 수 세기를 거치는 동안 귀족 계층은 단일한 사회 계급으로서의 정체성을 잃어버렸고, 대부분의 귀족 가문은 모호한 역사 속으로 사라져갔다.

둘째, 반란은 당 제국 초기의 국제적 문화, 특히 불교에 대한 반발을 불러일으켰다. 저명한 시인이자 논객인 한유(韓愈, 768~824)는 당나라 궁정의 다문화주의를 격렬히 비판했다. 불교가 세계 보편주의를 지향하면서 중국 백성의 도덕성을 망쳐놓았고, 백성에게 도덕적·정신적 안녕을 제공해야 할 제국 정부로 하여금 본연의 임무를 폄하하게 했다는 한유의 주장은 당시 주변의 많은 사람으로부터 널리 인정받았다. 과거 시험 기반의 새로운 정치 엘리트가 부상하면서 유교는 다시 한 번 정치적·문화적·지적 가치의 우월성을 되찾았다. 더욱이 유교 자체도 변해서 고대의 철학자 맹자로부터 이어져온 이상주의적 전통이 부활했다. 이러한 수정주의를 신유학(Neo-Confucianism)이라 하는데, 매우 널리 퍼진 그 영향력을 감안하면 적절한 명칭이다. 신유학 사상은 11~12세기에 전성기를 맞았고, 이후 19세기까지 중국 학계를 주도했다.

셋째, 안녹산의 반란은 중화 제국 경제의 무게 중심이 전통적인 북중국 평원에서 장강(양자강) 삼각주로 바뀌는, 장기적 변화의 중요한 계기가 되었다. 수백만 농민 가구가 전쟁으로 황폐해진 북중국을 버리고 장강(양자강) 삼각주의 비옥한 평야 지대로 달아났다. 당시 그곳은 거의 개척되지 않은 변경 지역이었다. 남쪽에서 자리를 잡은 이민자들은 남중국의 풍성한 경제 자원을 활용하기 시작했다. 남중국의 벼농사는 생산성이 매우 높아 인구 증가를 가속화했고, 벼농사용 관개시설 건설에 필요한 대규모 인구가 창출되었다. 토지 소유가 더 이상 균전제의 제약을 받지 않게 되자, 토지는 자유롭게 사고팔 수 있는 상품이 되었다. 귀족의 영지는 대부분 해체되었다. 일부 지방 세력과 신흥 부자 가문이 상당한 규모의 토지를 소유하게 되었으나, 토지 대부분은 소규모 자작농의 소유로 남아 있었다. 민간 기업은 무역과 농업 양쪽에서 모두 번성했다. 남중국에는 선박 운항이 가능한 수로가 풍부했다. 덕분에 상업과 도시의 성장이 가능했고, 새로운 산업(차, 도자기, 종이, 설탕, 선박 건조)이 등장했다. 그러나 화폐 경제가 전면적으로 발달하지는 못했다. 국가의 화폐 공급 능력 부족이 제한 조건으로 작용했기 때문이다. 기원전 3세기 중국에서 처음으로 제국 체제가 건설된 이후 중국 정부는 국가 발행 청동 화폐만을 유일하게 합법적 통화로 인정했다. 그러나 동전의 가치가 낮았기 때문에 언제나 화폐 부족으로 경제적 곤란을 겪을 수밖에 없었다.

당나라의 재정 구조도 극적 변화를 겪었다. 균전제가 무너진 뒤 균전제를 기반으로 한 조세 체계에도 문제가 닥쳤다(당시 조세는 곡물과 직물로 지불하는 일원화된 현물세와 노역으로 구성되어 있었다). 당나라는 1년에 두 차례 세금을 거두었는데(兩稅), 가구의 재산 규모(주로 토지 소유량으로 측정)에 따른 누진세를 적용했다. 그러나 전체 재정에서 직접세의 비중은 상당히 낮았다. 대신 간접세, 예컨대 다양한 상업 활동에 따른 세금이 갈수록 많아졌고, 특히 소금 전매를 통해 거두어들이는 정부 수익이 컸다. 동시에 관련 전문 관청(특히 막대한 신규 세금을 담당한 탁지사度支司)의 세력이 막강해져, 기존에 국가 권력의 중심에 있었던 중서성을 비롯한 정부 부처를 무색하게 했다.

## 5대 시기의 분열(907~960)

황소(黃巢)의 반란(875~884)은 당 제국의 몰락을 재촉했다. 반란은 10여 년 동안 거침없이 중국 전역을 휩쓸었으며, 손상된 제국 정부는 결국 파산하고 말았다. 907년 당 제국 최후의 황제는 아직 어린 아이(15세)에 불과했다. 황소의 반란 당시 황소의 부하였다가 배신하고 당 제국의 장군으로 복무한 주전충(朱全忠)은 스스로 황제에 오를 야심으로 당 제국의 황제를 폐위시켰다. 당 제국이 해체되자 수많은 경쟁 세력이 서로 끝없는 전쟁을 계속했다. 거대하고 국제적이었던 수-당 제국과 달리 이 시기의 통치자들은 지방 차원의 정치적 기반을 구축하는 데 초점을 맞추었다. 북중국에서는 친위 쿠데타가 잇달아 반세기 만에 5개의 왕조가 교체되었다. 이와 같은 정치적 혼란 가운데 실질적 권력은 10여 곳의 지방 군벌에게 집중되었다. 한편 남중국에서는 7개의 왕조가 출현하여 다국 체제가 자리를 잡았다. 왕조의 경계는 지리적 권역의 구분과 대개 일치했다. 남중국의 다국 체제 구조는 나중에 송 왕조의 권역별 행정 체제로 이어졌으며, 이후 명나라와 청나라의 지방 단위가 되었다.

당나라 말기에 성행한 군벌 통치는 5대(代) 시기에도 그대로 이어졌다. 군인-농민을 양성한 부병제가 쇠퇴하자 당나라는 국경 방어를 위해 직업 군인에 의존했다. 5대 시기 왕조의 통치자들도 마찬가지로 대규모 상비군을 보유했다. 수십만 명의 병사에게 지급되는 식량과 의복이 국가 재정 지출의 대부분을 차지했다.

정치적 분열은 스텝 지역에 기반을 둔 공격적 국가들의 침략을 초래했다. 당시 만주를 통치한 거란(契丹)은 독자적으로 강력한 군사 정권을 만들어 오늘날 북경 주변 지역을 점령했다. 930년대에 이르러 거란은 북중국에서 영향력이 가장 큰 존재가 되었다. 947년 개봉(開封, Kaifeng)에 근거지를 둔 후당(後唐) 왕국과 싸워 승리한 거란은 아예 북중국 전역을 장악해버릴 태세를 갖추었다. 그들은 중국식 왕조의 명칭을 따라 국호를 요(遼)라 하고 제국의 위엄도 갖추었지만, 결국 북중국의 다른 지역은 병합하지 않기로 했다. 북서쪽에서는 또 다른 유목 정권인 탕구트인의 서하(西夏) 왕국이 내륙 유라시아로 통하는 실크로드 길목에 걸터앉아 있었다.

끊임없는 정치 투쟁과 전쟁의 와중에도 남중국의 경제는 굳건한 성장을 지속했다. 치열한 경쟁 속에서 남중국의 왕조들은 중상주의 경제 및 화폐 정책을 촉진했고, 광물 자원과 삼림 자원을 집중적으로 개발했다. 차, 소금, 목재, 종이, 구리, 은, 직물의 지역별 전문 생산이 강화되었다. 여러 왕조에서 저마다 유리한 자원에 투자했기 때문이다. 정치적 분열과 경쟁이 지역 간 무역의 장애가 되긴 했지만, 이들 왕국의 통치자로서도 철, 소금, 황, 명반 등 필수적 재화나 차 같은 필수 소비재를 입수하려면 상거래에 의존할 수밖에 없었다. 남중국의 여러 왕조에서는 북방 국경 지역에 있는 요나라 혹은 서하 왕국 등 먼 외국과의 통상을 적극 권장했다. 주로 차를 팔고 전투마를 샀다. 오월(吳越), 민(閩), 남한(南漢) 등 해안의 왕조들은 요나라와 해상 교역을 추진했으며, 한국의 신생 왕국 고려(高麗)는 물론 일본과 동남아시아까지 무역을 확대했다.

이 시기의 통치자들은 중상주의 정책을 취하여 국가 경제를 강화하고 통화(동전과 금괴, 은괴)가 이웃 경쟁국으로 유출되는 것을 막고자 했다. 안녹산의 반란 이후 당나라 중앙 정부에서 그랬던 것처럼, 5대 시기의 왕조들도 수입의 대부분을 간접세에 의존했다. 북중국의 왕조들은 자체적으로 구리 공급이 원활하지 못해서 심각한 통화 부족에 시달렸다. 955년 북주(北周)가 선포한 불교 금지령은, 사찰이나 개인 신도가 가지고 있는 불상과 불교 장식물을 몰수하여 동전 주조용 원재료로 쓰기 위한 얄팍한 책략이었다. 오월(吳越)이나 남당(南唐)처럼 구리 공급이 충분한 왕국에서도 동전(銅錢)의 국외 유출을 막기 위해 철전(鐵錢)을 주조했다. 민(閩), 남한(南漢), 초(楚) 같은 다른 남중국의 왕국들에서는 더 저렴한 납으로 동전을 발행했다. 이와 같은 통화 정책은 지역별 경제 자립 패턴이 만들어지는 데 기여했으며, 이러한 경향은 송나라 시기까지 지속되었다.

### 송 제국의 번영과 위기(960~1279)

북중국 군벌들 사이의 패권 다툼으로부터 통일 제국의 회복이 시작되었다. 950년대의 후주(後周) 왕국은 요나라를 상대로 우위를 확보했다. 후주의 근위대 사령관(殿前都點檢) 조광윤(趙匡胤)은 960년 후주의 통치자로부터 왕위를 물려받아 송(宋)나라를 세웠다. 이후 송나라가 최후의 지역 왕조까지 모두 정복하는 데 20년이 걸렸다. 조광윤은 새로운 왕조의 수도를 개봉으로 정했다. 그곳은 전통적인 제국의 수도 장안(長安)이나 낙양(洛陽)에 비해 훨씬 서쪽, 대운하의 중간 지점이었다. 조광윤의 결정은 당시 새로워진 지정학적 질서를 반영한 조치였다. 학계에서는 송나라의 특징을 "작은 제국"으로 규정해왔다. 요(遼) 혹은 서하(西夏) 같은 강력한 스텝 기반 왕국들이 만리장성 안쪽까지 들어와 송나라를 둘러싸고 있었기 때문이다. 송나라는 북방 국경의 안정을 구축하려 할 때마다 반복해서 좌절을 겪어야 했다. 이는 송나라가 멸망할 때까지

줄곧 이어진 일이었다. 요나라를 상대로 굴욕적 패배를 맛본 뒤 송나라와 요나라 사이에 이른바 전연지맹(澶淵之盟, 1004)이 체결되었고, 송나라의 황제는 요나라의 통치자를 자신과 대등한 지위로 받아들일 수밖에 없었다. 조약에 따라 송나라는 요나라에 상당량의 은과 비단을 조공으로 지불했다. 다만 그 비용은 수익성이 높은 국경 무역과 관세 수입으로 회수되는 금액이었다.

안녹산의 반란 이후 군부 지도자들이 분열을 조장한 사실을 기억하는 송 제국의 황제들은 강력한 문인 통치를 시행했다. 조광윤은 그의 즉위를 도운 장군들을 무장 해제하여 퇴위시킨 일로 유명하며, 송나라 군대는 문관(文官)의 지휘 아래 놓였다. 송나라의 황제들은 신유학 운동의 부활을 지원했다. 유교 경전 학습과 유교식 정치 이데올로기에 근거한 과거 시험이 정부 관료로 진출할 수 있는 거의 유일한 통로가 되었다. 과거 시험은 치열한 경쟁이었기 때문에, 과거 귀족 가문들 같은 폐쇄형 정치 계급이 형성되는 것을 원천적으로 막을 수 있었다.

국내의 평화와 안정으로 안녹산의 반란 이후 시작된 경제적 흐름이 더욱 가속화되었다(여기에 여러 가지 기술 발전이 더해졌다). 결과적으로 농업 생산성이 지속적으로 증가했으며, 소비재 시장(비단과 차)이나 생산재 시장(철과 강철)이 모두 확대되었고, 화폐 경제와 도시가 모두 발달했다. 광산업과 제철 산업은 막대한 호황을 누렸다. 송나라의 동전 발행량은 엄청나게 확대되었다. 1070년대의 발행량은 당나라 최전성기에 비하더라도 거의 20배가 많았다. 송나라는 또한 세계 최초로 종이 화폐를 도입했다. 처음(1024)에는 사천(四川) 지역에서만 통용되었으나 12세기 말엽 제국 전역으로 확대되었다. 수도작(水稻作) 재배 기술에는 대

〔지도 19-2〕 서하, 요, 송 제국

규모 농장보다 소규모의 집약적 가족 영농이 더욱 알맞았다. 대부분의 농가에서는 아주 적게나마 자신의 토지를 소유했다. 그래서 생산성 증대에 따른 경제적 이익은 비교적 폭넓게 분배되었다. 송 제국의 인구는 두 배로 늘어나 1100년경 1억 명에 달했고, 그중 3분의 2가 남중국 벼농사 지역에 몰려 있었다. 당나라 후기와 마찬가지로 송나라에서도 간접

세 비중이 월등히 높았다. 정부는 상거래 세금, 해상 무역 관세, 소금이나 술, 차 같은 독점 상품에 징수하는 세금으로 막대한 현금을 거두었다.

712년 아랍이 소그디아(Sogdia)를 정복하고, 9세기 중엽 위구르 연맹이 무너졌다. 이후 실크로드 무역에 혼란이 불가피했다. 중국의 육로 무역은 대개 북방의 적대 세력에 가로막혔기 때문에 대외 무역은 해로를 향할 수밖에 없었다. 일본, 동남아시아, 인도양 지역과의 해상 무역은 송나라 시기에 폭발적으로 증가했다. 중국 남해안의 항구 도시 광주(廣州, Guangzhou)와 천주(泉州, Quanzhou) 등지에는 아랍, 페르시아, 말레이, 타밀 무역업자들의 대규모 공동체가 형성되었다.

송나라의 국가 수입은 왕조 수립 이후 처음 1세기 동안 급속도로 증가했지만, 이후 군비 지출이 치솟아 국가 수입을 초과했다. 1040년대 탕구트인의 서하 왕국을 상대로 전쟁의 참화를 겪고 나서 송나라는 국경 수비를 위해 100만 명 이상의 상비군을 유지했다. 스텝 기반 국가들의 군사적 위협과 방위비 부담으로 송나라의 전략, 조직, 물류 역량이 혹독한 시험대에 놓이게 되었다.

### 왕안석의 신법(新法)

군사적 좌절과 재정적 긴급 상황 때문에 개혁을 호소하는 목소리가 반복해서 터져 나왔다. 유교에 입각한 학자-관료들은 모든 정치적 문제를 통치 윤리의 문제로 보는 경향이 있었다. 그들의 개혁안은 교육 과정과 과거 제도부터 시작해서 관료의 성격과 자질을 개혁하는 데 집중되어 있었다. 1040년대 초엽 젊은 관리들은 고위 관료들에게 주어진 관리 임명의 특권을 줄이고, 공립 학교 투자를 늘리며, 군사 준비 태세를 강화하는 개혁안을 추진했다. 그러나 1045년에 이르러 보수 반대파가 개혁 인사들을 몰아내고 주도권을 회복하는 데 성공했다.

보다 근본적인 개혁의 기회가 다시 찾아오기까지는 20년을 더 기다려야 했다. 젊은 나이의 군주 신종(神宗, 재위 1067~1085)은 제위에 오르자 곧바로 왕안석(王安石, 1021~1086)을 재상으로 임명했다. 그는 훌륭한 능력을 갖춘 야심만만한 관료였다. 왕안석은 경직화된 관료 사회를 우회하여 과제 중심의 새로운 관직 체계를 만들었다. 새로운 부서의 책임자는 능력 위주로 선발했으며, 관료의 여러 가지 복잡한 의례로부터 자유로운 지위를 부여했다. 1991년 역사학자 폴 스미스(Paul J. Smith)는 이를 "기업가형 관료제(bureaucratic entrepreneurship)"라 일컬었다. 과거 시험도 방향을 바꾸어 공공 정책과 현안에 중점을 두었는데, 시문(詩文)을 짓는 능력으로 평가한 기존의 과거 시험과는 전혀 다른 방식이었다. 왕안석이 실시한 재정 개혁은 그야말로 원대했다. 노역 대신 현금을 납부하도록 하고, 농업 개선을 위해 국가 자원을 투자했다(중앙 정부가 주도한 관개시설 공사만 1만 1000건에 달했다). 시장에 방대한 양의 동전이 풀리면서 경제는 급속히 화폐 경제로 전환되고 있었다. 이를 통해 왕안석은 경제에 생산적 활력을 불어넣고자 했다.

왕안석의 지휘 아래 재정 관리(理財)가 정부의 가장 핵심적인 기능이 되었다. 왕안석이 보기에 시장의 상거래가 통제받지 않을 때 부의 불평등이 생겨났고, 시장은 상인의 담합에 속수무책이었다. 왕안석이 우려한 것은 바로 이런 문제들이었다. 이와 같은 불평등 문제를 미연에 방지하려면 정부가 상거래와 자금 대출에 적극 개입해야 한다고 생각했다. 왕안석은 새로운 국가 기관을 설치하여 수도에서 도매상을 관리하게 했고, 소매상에게 대출을 해주었으며, 사적으로 활동하는 중개인을 정부 관료로 채용했다. 또한 대외 무역을 엄격히 통제했으며, 기존 소금 생산의 국가 독점 체제에 더하여 차(茶) 생산도 대부분 국가에서 관장하도록 했다. 왕안석의 재정 정책 가운데 가장 논란이 된 (그래서 가장 많은 비난을 받은) 정책은 이른바 청묘법(靑苗法)이었다. 고리대금의 굴레에서 벗어나게 하기 위해 도입된 청묘법 때문에 재산을 몰수당하는 사례가 발생했다. 지방 관료들이 부채 상환 능력을 감안하지 않고 농가에 무조건적 압박을 가했기 때문이다. 그래서 청묘법 실시 이후 부채 문제가 오히려 악화되었다. 왕안석의 신법(新法) 이후 국가 재정에서 현금 수입 비중은 72퍼센트까지 올라갔다. 비교하자면 기원후 1000년경의 비중은 43퍼센트였다.

송나라 관료들의 대다수는 왕안석의 능동적 정책에 완강히 반대했다. 특히 사적 경제에 개입하는 것을 두고 비난이 심했다. 이는 시간을 초월하는 유교의 가치에 거스르는 방향이었다. 도학(道學)계를 중심으로 신법에 반대하는 지식인들이 뭉쳤다. 그들은 윤리에 관한 지식과 개인의 도덕적 청렴이 올바른 통치의 근본이라 여겼다. 왕안석은 반대 세력의 강요에 밀려 1076년 영구 은퇴했지만, 뜻을 같이한 인물들이 여전히 궁정의 정책에 직접 개입했다. 이는 1085년 신종이 사망할 때까지 지속되었다.

왕안석의 신법 이후 중국은 반세기 동안 끝없는 당파 싸움으로 굴러떨어졌고, 그사이 수많은 개혁 정책이 시행되다 엎어지기를 반복했다. 당파 싸움은 결국 송나라 정부를 마비시켰다. 당시 만주에서는 요나라를 밀어내고 여진족의 금(金, 1115~1234)나라가 부상했다. 그들이 쳐들어오자 송나라는 맞설 힘이 없었다. 1127년 금나라 군대는 제국의 북쪽 절반을 차지했으며, 수도 개봉도 그들의 수중에 들어갔다. 송나라 정부는 남쪽으로 달아나 장강(양자강) 삼각주에 위치한 도시 항주(杭州, Hangzhou)에 "임시 수도"를 건설했다. 왕안석과 그의 개혁안을 추종한 후계자들의 잘못으로 북중국을 잃었다는 비난이 거세게 일어났다. 군사적 실패의 원인은 사실 매우 복잡했다. 그러나 남송 시기의 관료들은 왕안석의 신법을 멸시했다. 그들은 중앙 정부가 사회·경제적 변화의 엔진 역할을 해야 한다는 왕안석의 사상을 더 이상 따르려 하지 않았다(지도 19-3).

### 남송의 "국수주의 전환"

남송(南宋, 1127~1276/9) 또한 끊임없는 군사적 위협이 시대적 특징이었다. 금나라와 불안한 휴전이 1161년 가까스로 성립되었으나, 곧 다시 전쟁이 시작되었고, 1205~1207년 내전까지 벌어지자 군사 및 재정 위기가 밀어닥쳤다. 금나라 또한 몽골의 침략에 시달렸고, 마침내 1234년 몽골이 금나라를 정복했다. 이후 송나라는 더욱 강력한 적과 대면하게 되었다. 남송 시기에는 처음부터 혈세를 짜낸다는 비난에도 불구하고 온갖 세목으로 재정 수입을 늘리는 정책을 시행했다. 지역별로 네 곳에 총령소(總領所)를 설치하여 국방 관련 물류를 총괄하도록 했다. 그 결과 중앙 정부의 재정 관련 부서가 약화되었다. 이는 이후 왕조에서 지방 정부가 형성되는 단초가 되었다. 지방관들은 중앙 정부의 급증하는 요구와 통제 범위를 넘어서는 사회-경제적 변화의 사이에 끼어 있었다.

12세기 말엽은 중국 지성계에서 도학(道學) 운동의 전성기였다. 이

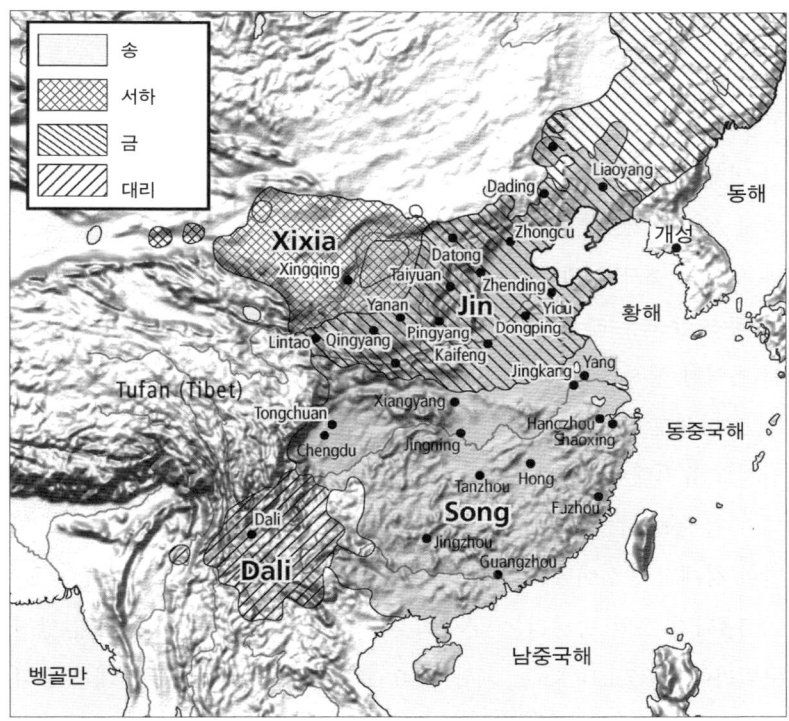

〔지도 19-3〕 남송, 서하, 금, 대리(大理)

후 중국에서 왕조 시대가 끝날 때까지 도학의 주도권이 지속되었다. 철학자 주희(朱熹, 1130~1200)는 도학의 가르침을 체계적 철학 원리로 정리했다. 유교 경전에 주석을 달고, 역사서를 해석하며, 행동 규범과 의례 체계도 수립했다. 1241년 송나라 궁정에서는 주희를 비롯한 도학의 저명인사들을 문묘(文廟)에 모셨다. 이후 몽골이 건국한 원(元)나라에서는 1315년 주희의 철학과 정치적 견해를 과거 시험에서 표준으로 삼았다.

주희 같은 도학의 선구자들은 왕안석 같은 정부 주도의 개혁을 거부
했다. 대신 공동체 중심의 지방 정부와 사회적 복지(기근 구휼, 신용 대출,
공동 의례)를 추구했다. 이와 같은 프로그램의 사회적 영향은 미미했지
만 언제나 이상형으로 남아 있었다. 신유학자들이 이를 유교적 이상 사
회에 적합한 제도로 여겼기 때문이다. 국정의 "국수주의적 전환"은 국가
와 사회의 중국식 개념을 바꾸어놓았다. 유학 교육을 받은 지역 엘리트
가 공적 문제를 주도해야 한다는 사고방식이었다. 그들은 때로 국가에
서 지명한 행정관의 권위를 뛰어넘기도 했다.

그럼에도 불구하고 남송의 중앙 정부는 대부분의 지역에서 강력한
입지를 유지했다. 그러나 더욱 놀라운 일은, 경제 성장과 시장 경제의 확
대가 활발했다는 사실이다. 남송 시기 장강(양자강) 삼각주는 제국의 활
발한 경제적 중심이었을 뿐만 아니라 지적·문화적 중심으로 번성했다.

13세기 초엽 송나라는 군사적 위기를 모면했지만, 1250년대 말경
쿠빌라이 칸(Qubilai Khan, 재위 1260~1294)이 이끄는 몽골 군대가 송나
라를 지속적으로 공격했다. 결국 남송은 수도 항주가 함락당하며 1276
년 멸망했다. 당대는 물론 후대의 역사가들은 몽골의 정복, 즉 역사상 처
음으로 중국 전역이 외국의 통치 아래 놓이게 된 것의 원인으로 온갖 희
생양을 갖다 붙였다. 그러나 송나라의 정치적 실패보다는 몽골 병참술
의 우위에서 몽골의 성공 비결을 찾는 편이 더 믿을 만한 설명이 될 것
이다.

### 국가-사회 관계의 장기적 경향성

기원후 500~1300년 중국의 통치는 극적 변화를 겪었다. 제국 체제

가 바뀌었고, 국가와 백성의 관계도 변했으며, 동아시아에서는 새로운 국제 질서가 형성되었다.

첫째, 북위(北魏) 시기에 만들어져 수-당 제국 시기 지속된 호한 체제(중국인-유목민 통합 체제)를 밀어내고 유교식 제국 체제가 복원되었다. 북위는 한 제국 이후 가장 강력한 왕국이었다. 그들은 스텝 유목민의 군사 통치 리더십과 불교의 이상형인 우주의 통치자 전륜성왕(轉輪聖王)을 결합했다. 이와 같은 군주의 개념 아래 북위의 통치자는 신앙의 수호자로 사실상 제한 없는 절대 권력을 추구했다. 다만 현실적으로 그의 권력은 귀족과 대토지 소유자들에 의해 강력한 제약 아래 놓여 있었다. 균전제와 부병제를 통해 재정 수입, 노역 자원, 군사력의 측면에서 중앙 집권을 어느 정도 강화할 수는 있었다. 그러나 힘의 균형을 중앙 정부로 완전히 끌어갈 수 있었던 것은, 당·송 시기 지식인 계층에 의해 문인 관료 체제가 재건된 덕분이었다. 신유학의 정치 이념에서 말하는 이상형이란 도덕 정치를 실현하는 초월적 황제, 유교 윤리와 국정을 학습한 관료들에게 정부 위임, 엄격한 경쟁 시험에 따른 관료 선발 등이었다. 왕안석의 개혁 운동이 실패하면서 중앙 정부의 혁신은 잠재력을 인정받지 못하게 되었다. 그 결과 개혁의 방향은 지방으로 넘어갔다. 지식인이 주도하는 지방 사회가 곧 도학에서 말하는 개혁의 방향이었다.

둘째, 관료 국가의 부활 이후 국가와 개인의 관계도 달리 설정되었다. 균전제를 바탕으로 하는 고정적인 사회경제 질서와 달리, 송나라의 지도자들은 급성장하는 시장 경제 안에서 관료의 개입을 통한 자원의 동원 방안을 마련하고자 했다. (왕조 시대 말기까지 거의 그대로 지속된) 양세(兩稅) 제도 아래 현물세와 노역(勞役)으로 징수해온 세금은 현금

단일 누진세(보유 자산 근거)로 바뀌었다. 군역과 노역의 비중은 국가 징수 체제에서 상당히 축소되었다. 송나라에서는 징병보다 유급 상비군에 의존했고, 노역의 대부분도 현금으로 대신 낼 수 있었다. 게다가 국가 수입에서, 농업 생산에 부과하는 직접세보다 상거래에 부과하는 간접세의 비중이 갈수록 커졌다. 부부 중심 가구 단위(戶)는 국가 재정 체제나 사적 경제 양 측면에서 모두 기본 단위로 확고히 자리 잡았다.

가구는 더 큰 범위에서 친족 집단 혹은 마을 공동체에 소속되어 법적·사회적 통제를 받았다. 법률의 변화로 귀족과 평민의 구분이 사라졌다. 시장 경제의 성장으로 귀속적 지위가 아니라 부에 근거한 새로운 사회적 위계질서가 만들어졌다. 관리의 가족들이 법적·재정적 특권을 일부 누리기도 했지만, "양민(良民, 선량한 백성)"은 명목상 법 앞에 평등했다.

끝으로 이 시기 동아시아에서는 다국적 체제가 등장하여 확고히 자리 잡았다. 수-당 제국의 중앙 집권 통일 국가 모델은 한국, 일본, 티베트, 이후의 베트남을 포함하여 중국의 이웃 지역에서 국가 형성을 촉진했다. 그러나 동아시아의 다른 지역에서는 강력한 중앙 집권 정부가 뿌리내리지 못했다. 일본에서는 왕실의 권한이 꾸준히 양도되었다. 토지, 인구, 자원에 대한 통제권이 귀족, 종교 기관, 왕실 친족 등 신흥 지주 계층에게 넘어갔다. 티베트에서 불교의 전륜성왕 개념에 뿌리를 둔 강력한 군주는 9세기 중엽에 무너졌고, 정치 권력은 지방의 사원 지도자들에게 넘어갔다. 한국에서도 군주의 권위가 쇠락하기는 마찬가지였다. 그러나 1400년경 한국과 베트남의 통치자들은 중국의 정치적 가치와 제도를 모범으로 하는 "신유학 혁명"을 추진했다.

중국과 정주민 이웃 사이의 국경이나 외교 관계는 안정적이었지만, 스텝 기반 국가들은 중국에 끊임없는 위협이 되었다. 소속 부족의 변화에 따른 취약성을 내포한 유목 연맹은 900년 이후 보다 안정적인 "이중 국가 체제"로 대체되었다. 거란의 요나라가 선구적 사례였는데, 이들은 유목민과 정주민 인구에 대한 행정 관리를 분리했다. 금나라와 이후 쿠빌라이 칸의 원나라 또한 중국 관료 정부의 많은 측면을 받아들였다. 그러나 쿠빌라이 칸은 이중 국가 체제를 중국 전역에 적용하고자 했으나 끝내 실패했다. 몽골 통치자들과 그들에게 빌붙은 상인들의 수탈, 몽골 귀족들 사이의 치열한 권력 다툼이 적잖은 실패의 원인이었다.

  명(明) 왕조(1368~1644)에서 중국인의 통치가 회복되고 신유학 혁명도 완성되었다. 명나라의 창업주는 신유학의 복고적 이상향을 받아들였다. 즉 맹자가 꿈꾼 농경 사회와 마을 공동체의 회복이었다. 명나라 정부는 기업형 지주가 축적한 대토지를 몰수하고, 상업과 해외 무역을 억압했으며, 화폐 징세는 현물세와 노역으로 되돌려놓았다. 이런 정책으로 송-원 시기에 번성한 시장 경제는 완전히 무너졌다. 16세기에 가서야 명나라 초기 재정 정책이 백지화되었고, 이후 중국 경제가 과거의 활력을 되찾을 수 있었다.

## 더 읽어보기

Adshead, S. A. M. *T'ang China: The Rise of the East in World History.* London: Palgrave Macmillan, 2004.
Beckwith, Christopher. *Empires of the Silk Road: A History of Central Eurasia from the Bronze Age to the Present.* Princeton University Press, 2009.
Bol, Peter K. *Neo-Confucianism in History.* Cambridge, MA: Harvard University Area Center, 2008.
Elman, Benjamin A. *A Cultural History of Civil Examinations in Late Imperial China.* Berkeley, CA: University of California Press, 2000.
Hartwell, Robert M. "Demographic, Political, and Social Transformations of China, 750-1550," *Harvard Journal of Asiatic Studies* 42.2 (1982): 365-442.
Holcombe, Charles. *The Genesis of East Asia, 221 B.C.-A.D. 907.* Honolulu, HI: University of Hawai'i Press, 2001.
Hymes, Robert P. and Conrad Schirokauer, eds. *Ordering the World: Approaches to State and Society in Sung Dynasty China.* Berkeley, CA: University of California Press, 1993.
Kuhn, Dieter. *The Age of Confucian Rule: The Song Transformation of China.* Cambridge, MA: Harvard University Press, 2009.
Lewis, Mark Edward. *China's Cosmopolitan Empire: The Tang Dynasty.* Cambridge, MA: Harvard University Press, 2009.
Mote, Frederick W. *Imperial China, 900-1800.* Cambridge, MA: Harvard University Press, 1999.
Rossabi, Morris, ed. *China among Equals: The Middle Kingdom and its Neighbors, 10th-14th Centuries.* Berkeley, CA: University of California Press, 1983.
Sen, Tansen. *Buddhism, Diplomacy, and Trade: The Realignment of Sino-Indian Relations, 600-1400.* Honolulu, HI: University of Hawai'i Press, 2001.
Smith, Paul J. *Taxing Heaven's Storehouse: Horses, Bureaucrats, and the Destruction of the Sichuan Tea Industry, 1074-1224.* Cambridge, MA: Harvard Council on East Asian Studies, 1991.
Smith, Paul J., and Richard von Glahn, eds. *The Song-Yuan-Ming Transition in Chinese History.* Cambridge, MA: Harvard University Asia Center, 2003.
Wright, Arthur F. *The Sui Dynasty.* New York: Knopf, 1978.

CHAPTER 20

# 몽골 제국과 문명 교류

미할 비란
Michal Biran

\* 소중한 의견을 보내주신 Tom Allsen에게 감사드린다.

13세기 초 칭기즈 칸과 그의 후계자들은 역사상 유례가 없는 대제국을 건설했다. 그들의 영역은 단절 없이 이어졌고, 전성기에는 한반도에서 헝가리까지, 버마에서 이라크와 시베리아까지 이르렀다. 칭기즈 칸계 왕조는 유라시아 유목민의 고향인 스텝 지역을 모조리 정복했을 뿐만 아니라 그 외 세 개의 문명권을 흡수했다. 중국 문명의 중심부와 주변부가 모두 그들의 통치 아래 놓이게 된 때는 1279년이었다. 이슬람 문명과, 이들의 오랜 수도 바그다드는 1258년 정복되었다. 이슬람 영역의 동부 상당 지역은 이미 그 이전에 몽골의 수중에 들어갔다. 기독교 정교회 (Orthodox) 문화권은, 비록 그 중심지 비잔티움 제국 자체는 아니지만 그 외부 영역이 1241년 몽골에 넘어갔다. 13세기의 몽골은 독보적인 슈퍼파워였다. 그래서 그들 영역의 바깥 지역 내지 문명, 예컨대 일본, 동남아시아, 인도아대륙, 무슬림 중동, 유럽의 상당 부분에도 뚜렷한 영향을 미쳤다.

인구학적으로 몽골인은 미미한 주변부 집단에 지나지 않았다. 그러나 그들은 장악한 지역에서 끌어낼 수 있는 모든 자원(인적 자원과 물적 자원 모두)을 적극 이용해서 거대 제국을 일구어낼 수 있었다. 보다 구체적으로 말하자면, 그들은 자신이 차지한 영토는 물론 그 너머의 더 먼 곳에서 인력, 물품, 기술, 제도, 문헌, 사상을 방대하게 동원하여 제국의 형성, 지속적 팽창, 행정 체제의 수립을 위해 사용했다. 이 과정에서 문명 간 교류를 향한 강력한 첫걸음이 시작되었다.

끊임없이 성장하는 통일 제국(1206~1260) 안에서 사람들은 역사상 유례가 없을 정도로 많이 이동했다. 나중에는 네 개의 칸국으로 갈라졌지만, 그래도 각각의 규모가 상당했다. 각각의 제국에는 모두 칭기즈 칸의 후손이 통치자의 지위에 올랐다. 훗날 원(元)나라로 알려진 대칸의 칸국(1271~1368)에는 중국, 몽골, 티베트, 만주가 포함되었다. 비록 명목상의 대칸이었지만 필적할 만한 상대는 없었고, 다른 칸국들에 비해서도 월등했다. 일 칸국(Ilkhanate, 1260~1335)은 문자 그대로는 "종속된 칸들을 통치하는 제국"이라는 의미였는데, 오늘날의 이란, 이라크, 아제르바이잔, 투르크메니스탄, 아나톨리아 일부, 캅카스 지역이 포함되었다. 차가타이 칸국(Chaghadaid Khanate)은 중앙아시아 세력의 중심이었다. 오늘날 중국의 신강(新疆) 동부에서 우즈베키스탄에 이르는 지역을 포괄했는데, 티무르(Timur)가 권좌에 오른 1370년까지 존속했고, 중앙아시아 동부 지역에서는 1600년대까지 유지되었다. 금장 칸국(Golden Horde, 1260~1480)은 유라시아 스텝 지역의 북서부를 통치했다. 헝가리의 동쪽 국경에서 시베리아까지 포괄했으며, 러시아 공국도 소속되었다. 4대 칸국 사이에는 수많은 분쟁이 있었고 종종 피를 보는 투쟁이 벌어졌지만, 그럼에도 모두가 칭기즈 칸계라는 공통 인식을 강하게 가지고 있었다. 14세기 중엽 4대 칸국 모두 정치적 위기에 빠졌다. 결국 일 칸국과 중국의 원나라는 각각 1335년과 1368년 멸망했고, 스텝 지역 칸국들의 세력도 크게 위축되었다. 일반적으로는 원나라의 몰락이 몽골 시대를 마감하는 하한선으로 평가된다. 그러나 무슬림의 관점에서 "몽골의 시대"는 티무르 왕조가 멸망한 1500년까지 지속되었다고 보기도 한다(지도 20-1).

왕조의 주기로 봤을 때 몽골의 시대는 비교적 짧았다. 그러나 칭기즈 칸계 왕조의 영향은 세계사에서 훨씬 오래도록 지속되었다. 그렇게 된 주된 이유는, 그들이 문명 간 접촉과 종교 및 민족 정체성의 변화를 (물론 항상 의도한 것은 아니지만) 권장해서 인구 이동이 촉진되었다는 데 있다. 더욱이 몽골이 유라시아 전역의 왕조에게 물려준 제국을 향한 야심과 다양한 제도도 무시하기 어렵다. 칭기즈 칸에 경의를 표한 나라(중앙아시아의 티무르 제국과 우즈베크 칸국, 중국의 청 제국, 인도의 무굴 제국)뿐만 아니라 칭기즈 칸의 유산을 적극적으로 부정한 나라(중국의 명 왕국, 모스크바 공국, 오스만 제국)까지 모두 몽골의 유산에서 벗어나지 못하기는 마찬가지였다.

몽골 제국이 세계사에 미친 영향을 때로는 "타타르의 멍에"라고도 하고, 때로는 "팍스 몽골리카"라고도 한다. 이러한 논쟁은 수 세기 동안 이어져왔으며, 특히 민족주의적 색채가 강한 어조로 논의될 때가 많았다. 몽골 제국이 처음 일어날 때 몽골인은 무자비한 파괴를 자행했다. 지금도 많은 사람이 이를 몽골 제국 전체와 연결시켜 이해하고 있으며, 그런 일이 없었다고 변호할 이유는 전혀 없다. 그러나 문제는 그렇게 단순하지 않다. 이후로도 오래도록 지속된 문화적 열정, 학문적 번영, 과학의 교류, 번성한 국제 무역, 새로운 정통성과 합법성, 제국 체제, 수많은 종교적·민족적·정치적 변화의 주인공들이 그들로부터 비롯되었기 때문이다. 뿐만 아니라 몽골은 역사상 유례가 없을 정도로 유라시아 세계의 통합과 구세계(Old World)의 세계화를 이끌어냈다. 이는 신세계(New

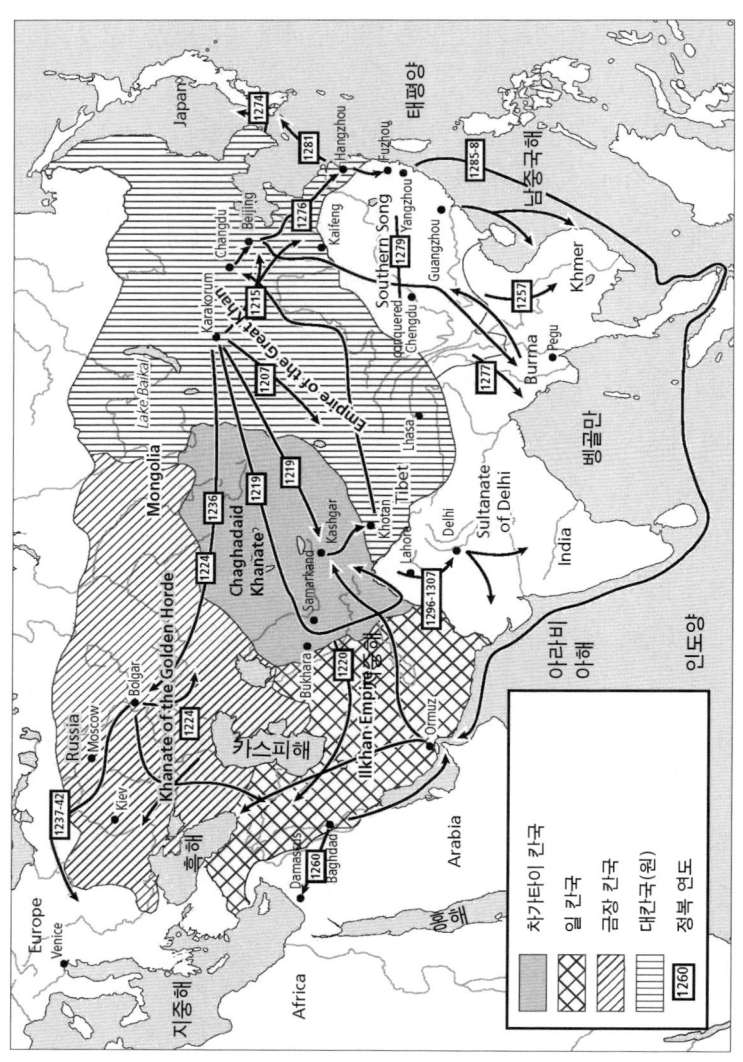

[지도 20-1] 몽골의 정복과 4대 칸국

World)의 발견과 초기 근대의 형성에 기여했다.

이번 장에서 논의의 중점은 몽골이 촉진한 문화·종교·경제 교류의 문제다. 또한 그들이 미래의 여러 제국에 남긴 유산에 대해서도 논의하고자 한다. 다만 먼저 몽골 제국의 대강을 스케치하여 이후 논의의 무대를 설정해보기로 한다.

### 제국의 건설

1206년 테무진(Temüjin)은 20년이 넘는 투쟁을 거쳐 몽골의 부족들을 통일하고 칭기즈 칸의 자리에 올랐다. 당시 테두진의 머릿속에 세계를 정복할 생각은 없었다. 그러나 잇달아 눈부신 승리를 쟁취하자 칭기즈 칸과 주변 사람들은 그가 세계를 지배할 운명을 타고났다는 확신을 갖게 되었다. 칭기즈 칸의 성공에는 여러 가지 요인이 있었다. 몽골의 부상 이전 수 세기 동안 유라시아가 겪은 정치적 분열과, 동아시아와 중앙아시아 및 서아시아 전역에서 유목 국가 이후의 새로운 국가 체제가 등장한 현실도 모두 칭기즈 칸의 성공에 기여한 요인이었다. 그러나 무엇보다 결정적인 요인은, 내륙 아시아 문화유산의 창의적 활용과 기꺼이 타자로부터 배우고자 한 실용적 태도 등 칭기즈 칸의 정책 그 자체였다.

몽골 지역에서 부족 기반을 넘어서는 통일의 기초는 과거 스텝 제국의 유산이었다. 대표적 사례가 튀르크(c. 552~743)였다. 정치와 종교가 결합된 이데올로기, 군사 조직의 기본 틀이 모두 그들의 유산이었다. 스텝의 이데올로기는 최고의 하늘신 텡그리(Tengri)를 중심으로 한다. 하늘신은 하나의 부족에게 카리스마(suu)와 이 땅을 통치할 권리를 내려주고, 그 부족의 구성원들은 최고 통치 정부인 카간국까지 올라갈 수 있다. 그러나 텡그리가 모든 세대에 천명을 내려주지는 않기 때문에, 카간은 전쟁의 승리와 주술적 의례를 통해 텡그리의 뜻을 확인해야 한다. 최고 주권자는 샤먼의 능력을 일정 정도 가지고 있어야 하고, 또한 몽골 중부의 오르혼강 유역을 장악하면 정통성이 더욱 강화된다. 튀르크인이 과거 그곳에 비석을 새겨둔 적이 있었다. 그로부터 400여 년이 지난 뒤 몽골인은 그 지역에 속하는 카라코룸(Qara Qorum)을 수도로 정했다. 튀르크가 멸망한 뒤 그 후계자는, 몽골에서는 위구르인(744~840)이었고 서부 스텝 지역에서는 하자르인(c. 618~965)이었다. 그들 중 어떤 카간도 스텝 전역의 통일을 시도한 적이 없었다. 그러나 이데올로기는 여전히 이어지고 있었다. 미래의 누군가가, 즉 칭기즈 칸 같은 인물이 결실을 볼 수 있도록 "예비"된 이데올로기였다.

보다 실용적인 측면에서 정복의 성공을 뒷받침한 비결은 군사 조직이었다. 칭기즈 칸은 전형적인 10진수 단위 조직 체계를 운용했는데, 이는 예전부터 내륙 아시아 제국의 특징이었다. 군대는 10명 단위로 편성되고, 다시 10개의 편대가 모여 상위 부대가 조직되었다. 군대 편성에서 부족 체계와의 연관성은 완전히 배제되었다. 새로운 몽골의 편제에서 서로 다른 부족 출신자들을 묶어 하나의 편대를 구성했다. 그리고 각각의 부대는 부족의 우두머리가 아니라 칭기즈 칸의 누케르(nöker)가 지휘를 맡았다("누케르는 친구, 벗, 동무라는 의미다. 칭기스칸이 젊었을 때 말떼를 도둑맞은 사건을 당했는데, 보오르추라는 젊은이와 누케르 관계를 맺고 도둑을 추격하여 말을 되찾았다고 한다. 칭기스칸은 수많은 전사들과 누케르 관계를 맺고 전사단을 조직했다. 원래는 평등한 동맹 관계였으나 칸으로 추대된 뒤에는 상하관계로 바뀌었다. 칭기스칸은 누케르들을 각 부대의 사령관으로 임명했다." 김호동, 《몽골제국과 세계사의 탄생》에서 발췌 – 옮긴이). 능력과 충성도에 따라 선발된 새로운 엘리트 계층은 몽골인 가운데 가장 뛰어난 군사 지도자들이었다. 칸의 군대는 유라시아 대륙의 끝까지 나아갔음에도 신뢰가 두터웠다. 칸은 배신을 두려워하지 않았다. 모든 몽골인은 군인이 되었다(여성은 병참을 담당). 이는 곧 사회 혁명을 불러왔다. 충성심의 대상은 부족에서 사령관으로 바뀌었고, 연쇄적으로 조직을 타고 올라가 최종적으로는 칭기즈 칸계 가문에 대한 충성심으로 이어졌다. 엄격한 규율과 전리품으로 군인의 충성심은 더욱 강화되었다. 단위 부대를 관리하기 위한 규율과 점차 불어나는 판례(칭기즈 칸의 명에 따라 1206년 이후 판례를 기록으로 남겼다)를 기초로 아마도 그 유명한 자사크(Jasaq, 튀르크어 Yasa)가 제정되었을 것이다(자사크는 칭기즈 칸의 명에 따라 제정되었다고 전하는 법전이다. 몽골 제국에 속하는 모든 지역에서는 해당 지역의 전통 법률과 자사크가 함께 통용되었다).

    10진수 단위에 따른 군사 조직은 신규 병사 흡수도 용이했다. 정복의 과정이 진행되면서 몽골은 군대를 재편하여 기존의 유목민 엘리트를 빼고 충성도 높은 추종자들에게 부대 지휘를 맡겼다. 이렇게 해서 스텝 전역에 걸쳐 군권을 하나의 정점으로 모아낼 수 있었고, 주요 군사 자원인 기마 궁수를 별도로 운영할 수 있었다. 정주민 인구를 병사로 포함시키자 몽골의 군대 체계는 더욱 확장되었다. 그 결과 몽골의 정복이 진행될수록 다음 정복을 위해 더 많은 인력이 확보되었다. 군대가 진군하면 도로를 넓히고 다리를 놓았으며 무기를 압수했다. 이렇게 해서 더 멀리 팽창하기 위한 토대를 마련했다. 그 과정에서 무기는 물론 기술자도 징발했다. 그리고 그들을 동쪽으로 보내어 제국의 통치를 돕도록 했다.

칭기즈 칸은 또한 내륙 아시아의 친위대 전통(케식kešik)을 물려받았으며, 군사 및 행정 조직의 지도자들이 여기서 배출되었다. 친위대는 칸의 개인적 안전과 안녕을 책임졌다. 친위대의 보직 중에는 칸의 음식과 음료, 의복, 무기, 가축 떼를 담당하는 관리도 있었고, 칸의 명령을 문서로 발행하고 칸의 행위를 기록하는 사람도 있었다. 케식은 또한 경찰 기능을 수행했으며, 제국의 최정예 부대로 활동했다. 구성원은 10진수 단위 조직에서 선발했다. 각 부대의 사령관은 자신의 아들, 그리고 족보와 상관없이 부대에서 가장 뛰어난 전사를 친위대로 보내야 했다. 결과적으로 케식은 잠재적으로 인질을 잡아두는 기능과 동시에 향후 몽골의 군대 지휘관이 될 인재를 훈련하는 역할을 했다.

이와 같은 조직 체계, 부대 지휘관의 자질, 군대의 충성심과 이동 전투 수행 능력 등이 세심한 작전 계획과 함께 몽골의 성공 비결이었다. 또 한 가지 요인은 궤멸적인 황폐화와 대량 학살이었다. 정복 과정에서 보여준 참사의 규모는 전례를 찾아보기 어려울 정도였다. 이러한 폭력을 단순히 무자비한 잔인함의 문제로 해석해서는 안 된다. 이는 곧 전쟁 기술로서 심리전 효과를 넘어서는 전략적 행동이었기 때문이다. 파괴는 잔인했지만, 몽골의 수적 열세를 극복하고 훗날의 저항을 미리 예방할 수 있는 효과적 대안이었다. 좀 더 구체적으로 말하자면, 몽골 제국이 차지한 땅보다 황폐화시킨 땅이 더 많았다. 국경선 근처에 거대한 파괴의 띠가 만들어졌던 것이다. 이렇게 조성된 완충 지대는 향후 외부의 침입으로부터 몽골 영역을 보호하는 기능을 했고, 몽골의 지속적 팽창에도 도움이 되었으며, 목초지도 그만큼 더 늘어났다. 정복 과정의 후기에는 (예를 들면 남중국을 정복할 당시) 황폐화의 규모가 현저히 줄어들었다. 피정복민을 살려두는 쪽이 훨씬 더 유리하다는 것을 정복자가 깨달았기 때문이다. 일부 지역에서는 복구하는 데 파괴 못지않은 에너지가 투입되었다.

몽골 성공의 또 다른 요인은, 기꺼이 타문화로부터 배우고자 하는 의지와 능력이었다. 대표적 사례는 몽골 제국을 위해 사용된 중국과 이란의 공성전 기술이었다. 남중국을 정복할 때는 해군도 조직했다. 재능과 혁신을 알아보는 몽골인의 안목은 행정 관리 분야에서 가장 두드러졌다. 몽골의 입장에서는 이 업무를 담당할 인원이 모자랐고 전문성과 기술도 부족했다. 일찍이 1204년에 칭기즈 칸은 몽골어 표기를 위해 위구르 문자를 받아들였고, 문자 사용이 가능한 관리를 양성했다. 나중에는 정복지에서 경험 많은 인원을 선발해서 해당 업무를 맡겼다.

제국의 성장과 함께 행정 관리 방식도 진화하고 체계화되었다. 특히 발달한 시기는 칭기즈 칸의 두 후계자, 우구데이(Ögödei, 재위 1229~1241) 칸과 뭉케(Möngke, 재위 1251~1259) 칸의 재위 당시였다. 하층 관료는 주로 일반 백성으로 채웠고, 몽골인은 중요한 고위직을 맡았다. 몽골인의 자리는 세습되는 직책이었다. 몽골의 정부 최고 기구인 중서성(Central Secretariat)은 케식(kešik)에서 진화한 조직이었다. 구성원은 개인적으로 칸에게 충성을 다했다. 중서성은 1237년 우구데이 칸이 왕성을 건설하여 몽골 제국의 수도로 삼은 카라크룸에 위치했다. 중서성의 주된 임무는 제국의 운영과 지속적 팽창을 위한 자원을 확보하는 일이었다.

몽골은 정복지 대부분을 직접 통치했다. 정복 기간에 기존의 엘리트 계층이 대부분 제거되었기 때문에 이는 불가피한 선택이기도 했다.

몽골 이전에 스텝 지역을 근거로 한 제국들은 대개 정복지를 간접 통치하고 기존의 엘리트 계층에게 계속해서 통치 업무를 담당하도록 했다. 몽골의 직접 통치는 행성(行省) 조직을 통해 이루어졌는데, 이는 중앙 정부 기관의 명령에 따르는 하위 기구였다. 행성은 북중국, 투르키스탄, 이란 북부 등지에 설치되었고, 나중에 중국의 원나라, 이란의 일 칸국, 차가타이 칸국 행정의 핵심 역할을 했다. 몽골인은 아니지만 경험 많은 행정가들, 예컨대 호레즘의 상인 출신 마흐무드 얄라와치(Mahmud Yalawach)와 그의 아들 마수드 베그(Masʻud Beg), 혹은 거란인 야율초재(耶律楚材) 등이 행정 관서를 이끌었다. 그들의 임무는 인구 조사와 세금 징수였다. 중국인부터 적용한 인구 조사를 근거로 세금을 부과하고, 군역과 노역을 징발하고, 인적·물적 자원을 파악했다. 그러므로 인구 조사는 몽골이 정복지로부터 수익을 이끌어내기 위한 핵심 사업이었다. 몽골은 정복지에서 대개 기존의 세금 제도를 그대로 유지했다. 그러나 통치자가 필요에 따라 특별 징수를 하기도 했는데, 이를 쿱치르(Qubchir, 기부금)라 했다. 나중에는 상업세인 탐가(Tamgha)도 추가되었다. 유목민도 세금을 냈으나 전리품을 배당받았는데, 전리품은 중앙에서 모두 모은 뒤 재분배했다.

몽골의 행정 체제는 몇 가지 측면에서 이중적 성격을 띠었다. 우구데이 칸의 재위 시기 이후로 군사 행정과 민간 행정은 대체로 분리되었다. 뿐만 아니라 같은 직위에 두 사람을 배치하는 경우가 흔했는데, 주로는 몽골인 한 명과 외국인 한 명을 쌍으로 배치했다. 원나라의 기록에 이와 같은 방식이 상세히 기록되어 있으며, 일 칸국에서도 같은 방식이 채택되었을 가능성이 매우 크다. 그렇게 하면 두 명의 관리가 서로를 견제할 수 있었으므로 몽골이 매우 선호하는 방식이었다. 그들은 모든 정주 지역(즉 중국이나 투르키스탄 혹은 이란)의 행정이 (어느 정도 지역별 차이는 있겠지만) 기본적으로 같다고 보고, 행정 인력을 교환하는 경우가 흔히 있었다.

대체로 지역 왕조는 그 자리에서 그대로 유지되었다. 다만 제국의 승인이 필요했고, 몽골 중앙에서 임명한 상주 관리(다루가치, 바스칵, 시흐나)의 감독을 받아야 했다. 감독관 파견은 서요(西遼, Qara Khitai)부터 유래한 전통이었다. 이들 감독관은 대상 지역에 직접 가서 관리 업무를 보았다. 이와 같은 방식의 간접 행정은 러시아의 여러 공국 등 주로 스텝 북부 지역에서 시행되었다. 이외에도 만주나 시베리아 등 북방 민족들, 그리고 아르메니아, 조지아, 아나톨리아, 티베트, 한국 등 제국의 다양한 변방 지역 왕국에도 감독관이 파견되었다. 간접 행정 대상 지역의 왕국들은 몽골에 조공을 보내고, 인구 조사 결과를 보고하며, 요청에 따라 군대를 제공하고, 통치자의 친인척을 몽골 제국 친위대에 보내야 했다.

광대한 제국의 영역 안에서 기마 우편 체제가 운영되었다. 이를 잠(Jam, 站) 이라 했다. 잠은 거란(契丹)의 전통을 기반으로 만들어진 시스템으로 추정되는데, 우구데이 칸 재위 시기에 체계화되었다. 33~45킬로미터마다 설치된 잠에는 항상 말과 말에게 먹일 건초, 그리고 인력을 준비해두어야 했다. 이 시스템을 이용하면 명령을 받은 여행자가 하루에 350~400킬로미터를 이동할 수 있었다. 잠 시스템을 통해 칸의 명령이 효율적으로 전달될 수 있었고, 멀리 떨어진 지방의 소식도 칸에게 전해질 수 있었으며, 외교관이나 상인의 여정도 안전을 보장받을 수 있었다.

칭기즈 칸의 중앙 집권화 시도와, 제국이 칭기즈 칸계 왕조의 공동

소유라는 유목민 고유의 관념이 서로 균형을 이루었다. 여기서 통치자는 프리무스 인테르 파레스(primus inter pares), 즉 동등한 가운데 첫 번째일 뿐이었다. 이런 사고방식의 대표적 사례가 쿠비(Qubi), 즉 상속 영지 개념이었다. 정복 기간에 광대한 영토는 여성을 포함한 칭기즈 칸 가문의 여러 왕공에게 분배되었다. 중앙 정부가 영지를 관리했지만 거기서 나오는 수입은 소유주에게 바로 지급되었다. 이와 비슷한 맥락에서 행성(行省)은 칸과 동시에 여러 왕자를 위해 복무하는 사무국이었다. 그러므로 칭기즈 칸계 가문 전체의 이익을 고려해야 했다. 대개는 새로운 팽창의 물결이 일어날 때 동시에 행정 개혁이 시행되었다. 마침 시기가 그렇게 맞물린 이유 중 하나는, 새로운 정복전에 나가기 위해 중앙 정부가 자금을 안정적으로 확보해야 했기 때문이다. 그러나 반대로 강화되는 중앙 집권 체제에 전통적인 몽골 엘리트 계층의 동의를 이끌어내기 위해서 추가로 제국의 팽창이 필요하기도 했다. 제국의 팽창과 중앙 집권화는 뭉케 칸의 재위 시기 극에 달했다. 그런 뭉케 칸도 영지 체제를 폐지하지는 못했다. 1259년 뭉케 칸이 사망한 뒤 연합 제국이 해체되었다. 상속 분쟁이 있었고, 정치 단위의 경계가 스텝 지역에 접하게 되자 경계 설정에 대한 논란도 일었다. 더 이상의 팽창을 위해 각각의 칸국이 내놓을 수 있는 자원은 확연히 줄어들었다. 제국이 해체된 뒤로는 남중국을 제외하고 이렇다 할 정복의 성과가 없었다. 당시 남중국은 부와 사치가 집중된 지역으로, 정복을 위해 노력을 기울일 가치가 충분했다. 행정과 관련해서는 4대 칸국에서 저마다 지역별 정책이 우선시되었다. 그럼에도 몽골식 제도(케식, 잠, 세무 기관 등)와 칸국들 사이의 행정 교류는 그대로 유지되었다.

### 문화 교류

몽골 제국의 규모는 실로 거대했고, 경계 안쪽은 물론 바깥 지역과의 문화 교류도 활발했다. 유사 이래 유라시아 인재들이 그토록 광범위하게 하나로 모인 적은 없었다. 토머스 알슨(Thomas T. Allsen)이 세미나에서 지적했듯이,[1] 몽골은 그러한 접촉이 일어나도록 단순히 매개자 역할만 한 것이 아니었다. 오히려 그들은 주체적으로 교류를 촉진한 주요 지휘자였다. 더욱이 그들은 어떤 문화 요소를 유라시아 전역으로 확산시킬 것인지를 결정하는 관문 역할을 맡았다. 결과적으로 몽골의 유목 문화는 정주 문명의 교류에 막대한 영향을 미쳤다. 이러한 문화적 연결은 1220년대 몽골이 투르키스탄을 침공할 때부터 시작되었다. 당시 몽골은 전쟁 수행을 위해 동북아시아의 인적·물적 자원을 끌어들였다. 정복 전쟁이 끝난 뒤 몽골은 무슬림 세계에서 재능 있는 인재와 중요한 물품을 가지고 고향으로 돌아왔다. 실제로 제국의 건설 과정에서 문화 교류의 첫 단계가 만들어지는 경우가 많았다. 앞에서 말했듯이 막대한 인적·물적 자원의 흐름이 그 과정에 포함되기 때문이다. 칭기즈 칸은 숙련된 기술 인력을 일종의 전리품으로 여겼다. 그래서 가문의 일원뿐만 아니라 제국 전역으로 전리품을 분배했다. 제국의 군사적·행정적·문화적 필요에 따라 수많은 사람이 유라시아 전역을 옮겨 다녔다.

가장 우선적이며 동시에 가장 강력한 동원의 촉매는 군대였다. 몽골은 유목민과 정주민을 가리지 않고 피정복민을 차출했다. 그리고 10진

---

1 Especially Thomas T. Allsen, *Culture and Conquest in Mongol Eurasia* (Cambridge University Press, 2001). 글 말미 〈더 읽어보기〉에 수록된 Allsen의 다른 저서도 함께 참조할 것.

수 체계에 따라 부대를 편성하여 유라시아 전역의 전장으로 보냈다. 그들의 군대가 전진하면 수많은 사람이 도망쳤다. 다가오는 폭풍을 피하기 위해 모든 계급과 모든 직업의 사람들이 피난민의 무리에 합류했다. 뿐만 아니라 전쟁으로 황폐화된 지역을 재건하기 위해 수많은 농부와 기술자가 파견되었다. 몽골은 온갖 전문가를 모집했다. 행정, 군사 기술, 무역, 종교, 수공업품 생산, 과학, 예능 등 분야도 다양했다. 전문가를 모집하는 방식은 1230년대에 이미 체계화되었다. 즉 인구 조사를 할 때 아예 직업 기술을 기준으로 제국의 군사적·행정적·문화적 필요에 따라 분류했다. 나중에는 여러 칸국이 전문가 모집을 위해 경쟁하고 서로 전문가를 교환하기도 했다. 그리고 확보한 전문가들에게는 정주 지역의 토지 경제와 문화적 자산의 분석, 칸의 명성을 드높이는 일을 맡겼다. 더욱이 몽골은 충성에 대한 보상, 무역 장려, 종교적 다원주의로 유명했다. 능력 있는 많은 인사가 칭기즈 칸 가문의 왕궁으로 몰려들었다.

외국의 행정 전문가를 채용한 사례는 칭기즈 칸 재위 시기까지 거슬러 올라간다. 이는 더 많은 이동과 교류를 촉진했다. 중국의 원나라에서 이런 정책은 더욱 다듬어졌다(원나라는 지배 민족과 피지배 민족 인구의 불균형이 다른 지역에 비해 특히 높은 곳이었다). 원나라에서는 외국인을 색목인(色目人, 몽골인이나 중국인이 아닌 외국인)으로 분류했는데, 이들이 관료 조직에서 상당히 중요한 업무를 담당했다. 색목인의 계급은 몽골인보다 낮았으나 현지 중국인보다는 높았다. 몽골은 유목 제국 혹은 유목 제국을 계승한 여러 왕국, 예컨대 거란, 위구르, 호레즘 출신 이민자를 특히 선호했다. 그들은 도시의 법령도 잘 알았지만 동시에 스텝 지역과도 인연이 있었기 때문이다. 마르코 폴로(Marco Polo)의 사례를 보면 재능 있는 사람들이 환영받았다는 사실을 잘 알 수 있다. 새로운 이민자의 충성심을 이끌어내기 위해 몽골은 그들에게 "고향의 맛"을 선물하고자 했다. 그래서 외국(대개 무슬림) 음식, 의약, 여흥거리도 중국의 원나라로 수입했다. 중국의 경우 다른 칸국들에 비해 기록이 잘 남아 있는 편이다. 그러나 몽골 지배하의 이란이나 스텝 지역의 칸국에서도 분명 극동 지방의 음식, 의약, 학문, 여흥거리가 존재했다는 증거가 있다.

제국의 네트워크를 타고 제국 전역으로 확산된 것은 몽골의 문화가 아니라 오히려 그들이 지배한 정주민의 문화였다. 그러나 이처럼 막대한 규모의 교류를 처음 일으킨 것은 대부분 칭기즈 칸계 왕국들이었다. 문화를 전파한 사람들은 외교관을 비롯한 제국의 관료, 상인, 행정관, 장인, 군인, 인질 등이었다. 유라시아 전역으로 전파된 특정 문화 상품은 몽골의 규범이나 신앙에 어긋나지 않는 것들이었다. 예를 들면 의학(치유), 천문학과 점성술(하늘의 해석), 지리와 지도 제작(땅의 해석) 등이었다. 이를 통해 몽골은 과학의 전파도 촉진하게 되었다. 요컨대 유라시아 전역에 걸친 사람, 사상, 물품의 흐름은 대개 몽골의 수요에 따라 결정되었다.

무역의 성장(이후 다시 논의한다)에 따라 상당한 규모의 사람, 물품, 사상이 유라시아 전역에서 끊임없이 이동했다. 이와 같은 통합의 과정이 발달하는 동안 통합을 촉진하는 도구도 만들어졌다. 예를 들면 지도나 다국어사전 혹은 여행기 등이었다. 이로써 제국의 안팎에서 교류가 더욱 긴밀해졌다. 13~14세기에 다국어사전은 이란과 중국뿐만 아니라 아르메니아, 한국, 인도 북부, 이집트, 예멘, 크림반도 등지에서도 제작되었다. 가장 유명한 여행기 두 편을 들자면 마르코 폴로의 여행기와 이븐 바투타(Ibn Battuta)의 여행기인데, 각각 베네치아 출신의 마르코 폴로와 탕헤르(북아프리카) 출신의 이븐 바투타가 저술했다. 몽골 제국의 통치 아래 학문과 정보의 지평이 확장되는 가운데 진정으로 세계사라는 이름에 걸맞은 업적이 나왔다. 대표적으로 라시드 앗 딘(Rashīd al-Dīn, 사망 1318)의《집사》를 들 수 있다.《집사》는 페르시아의 일 칸국 칸을 위해 저술된 책이었고, 라시드 앗 딘은 일 칸국의 재상이었다. 그는 유대인 혈통으로 의학, 신학, 요리, 농업, 역사, 지리 등 다방면에 관심을 가진 박식가였다.《집사》에서는 칭기즈 칸 이전부터 쿠빌라이의 후계자 울제이투(Öljeitü) 칸(成宗, 재위 1265~1307)에 이르기까지 몽골의 역사를 상세히 기록했을 뿐만 아니라 중국, 인도, 무슬림 권역, 유대인, 프랑크인의 연대기를 별도의 장으로 구성했으며, 부록으로 계보와 지리지(諸域圖志)를 수록했다(그림 20-1). 중국에서 공식 역사서를 편찬할 때와 마찬가지로《집사》를 저술할 때도 라시드 앗 딘의 지휘 아래 연구자들이 팀을 이루어 그를 보조했다. 이와 같은 저술들이 편찬되면서 당시 중동 지역에서는 세계(특히 동아시아)에 대해 기존보다 더 많은 정보를 얻게 되었다. 그중에서 무슬림 지도학자들의 도움을 받아 1330년대에 생산된 지도를 보면, 서유럽 지역에서 100곳 이상, 아프리카에서도 30곳 이상의 지명이 표기되어 있었다. 또한 중국의 원나라에 대한 지식도 증가했다. 그 여파로 유럽인도 지식의 범위를 중앙아시아, 동아시아, 남아시아, 동남아시아까지 넓혔다. 유럽의 문학 작품들, 예컨대《켄터베리 이야기(Tales of Caunterbury)》나《신곡(La Divina Commedia)》에서는 몽골인과 타타르인을 극찬하는 내용이 등장했다.

몽골 시기 문화 교류의 중요한 축은 중국 문화와 이슬람 문화의 교

〔그림 20-1〕 예언자 무함마드의 탄생, 《집사》에 등장하는 삽화, 1307년경(양피지)
스코틀랜드 에든버러대학교 소장.

류였고, 여기에 기독교 정교회(Orthodox) 문화권이 주변부로 붙어 있는 형국이었다. 그 이유는 주로 (크게 보아 문화적으로 대등한) 중국 문화권과 이슬람 문화권에서 몽골 제국에 기여할 부분이 많았고, 기독교 정교회 문화권 가운데 몽골의 지배 아래 놓인 지역은 문화권의 중심지가 아니어서 제국에 기여할 바가 별로 없었기 때문이다. 러시아인은 군인과 기술자를 멀리 떨어진 유라시아의 곳곳에 공급했지만, 유목 제국의 통치자를 위해 복무한 경험이 있는 행정가나 과학자(천문, 지리, 수학)가 별로 없었다. 이런 분야의 유명한 인재는 중국이나 중앙아시아 혹은 이란 지역에 많았다. 더욱이 이란, 중앙아시아, 중국에서 몽골인은 현지인과 섞여 살았다. 그래서 모든 분야에서 경제적 자원을 공유했고, 전문 인력의 협력을 강화해 나갔다. 그러나 금장 칸국(Golden Horde)의 몽골인은 그들의 지배를 받는 러시아인과 멀리 떨어진 스텝 지역에 살았고, 러시아인의 지도자도 인정했다. 중국의 원나라와 이란의 일 칸국은 정치적 동맹 관계 아래 상호 교류를 장려했다.

문화 교류의 또 다른 측면은 문화의 직접적 영향이었다. 몽골 문화는 몽골 통치하의 사람들뿐만 아니라 이웃 지역에까지 영향을 미쳤다. 칭기즈 칸계 왕조가 대대적인 성공을 거둔 뒤, 유라시아 전역에서는 몽골식 이름, 복식, 헤어스타일, 음식, 음악을 모방하는 사례가 속출했다. 예를 들면 "타타르 드레스(Tatar dress)"라고 하는 양식이 있었는데, 말하자면 중세의 청바지 같은 것으로, 작은 패턴 문양, 조끼, 모피 테두리 장식 등의 요소를 일컫는 말이었다. 14세기에 이와 같은 복식 요소들이 잉글랜드, 중국의 원-명 왕조, 이란의 일 칸국과 이후 계승 왕국, 중앙아시아의 차가타이 칸국과 티무르 왕국, 이집트의 맘루크 왕국과 북인도의 여러 왕국 등지로 전파되었다. 몽골인이 궁전을 텐트와 비슷하게 만들기 위해 사용한 러그(rug)나 태피스트리(tapestry) 등의 텐트용 장식품은 태평양에서 아드리아해 주변 지역에 이르기까지 지배 엘리트들 사이에서 크게 유행했다. 중동에서 기원했지만 몽골인이 즐겨 먹은 파스타 또한 중국과 이탈리아로 퍼져 나갔다. 뿐만 아니라 유라시아의 엘리트 계층은 칭기즈 칸 가문과 관련된 지식에 정통했다. 몽골의 사회적 규범은 몽골 제국의 통치를 받는 사람들의 삶에도 스며들었다. 예를 들어 죽은 형제의 아내와 결혼하는 취수혼(娶嫂婚, levirate marriage)은 이슬람 율법과 유교의 윤리에서 모두 반대했지만, 일 칸국과 중국의 원나라에서 드물지 않았다. 마지막으로 몽골인과 결혼한 페르시아와 한국의 공주들은 높은 사회적 지위를 얻었고, 정치적으로도 내밀한 영향력을 행사했다.

13세기 이후 형성된 타문화의 결속은 세계적으로 어떤 영향을 미치게 되었을까? 수입된 지식이 모두 수용될 수 없었고, 수용된 모든 지식이 오래도록 영향력을 지속할 수도 없었다. 핵심은 의학 이론 같은 지적 자산이었다. 이런 종류의 지식은 특정 세계관과 긴밀히 연결되어 있기 때문에 쉽게 전파되지 않는 편이다. 기술은 그보다 쉽게 확산될 수 있었다. 화약 기술을 중국에서 서양으로 전해준 것도 몽골이었다(그러나 당시는 화약이 "게임 체인저"가 되려면 아직 멀었을 때다). 설탕 추출 기술도 몽골 시대에 무슬림 세계에서 동쪽으로 전해졌다. 물질문화, 특히 예술은 쉽게 받아들여지고 현지 상황과 취미에 맞게 변용도 잘 되는 편이었다. 중국 회화는 페르시아 미술에 지속적으로 영향을 미쳤다. 그것이 몽골 시대의 유산이라는 점은 충분한 연구를 통해 밝혀진 주지의 사실이다. 그 영향은 심지어 이탈리아에서도 흔적이 나타난다. 중국의 영향을 받은 일 칸국의 회화와, 그 여파로 생겨난 새로운 예술 양식이 이슬람 전역을 휩쓸었다. 새로운 양식은 오스만 제국에서 인도의 무굴 제국에 이르기까지 고급 회화의 표준이 되었다. 요컨대 몽골의 정책은 유례없이 광대한 규모로 유라시아의 통합을 가속화했다.

### 종교 교류

몽골인에게는 전통적인 토착 신앙이 있었다. 하늘신 텡그리(Tengri)와 샤먼 의례를 중심으로 하는 다신론 종교였다. 그러나 몽골인은 자신의 신앙을 가르치려 들거나 강요하는 법이 없었다. 그럼에도 불구하고 그들의 정책과 성향이 누적되어 결국 유라시아 전역의 종교적 상황을 상당히 변화시켰다. 가장 뚜렷한 현상은 이슬람의 팽창과 티베트 불교의 번성이었다.

몽골 제국을 가장 혹독하게 비난하는 비평가들조차 몽골의 "종교적 관용"은 칭송해왔다. 사실 칭기즈 칸계 왕조들은 어느 종교도 배타적으로 대하지 않는 다종교 환경에서 등장했다. 더욱이 그들은 토착 종교와 세계 종교의 적용 범위를 나누어 생각하는 경향이 있었다. 대개 샤머니즘으로 일컬어지는 토착 종교는 현생의 삶에 영향을 미치는 것이고, 세계 종교는 사후 세계에 중점을 두는 것이었다. 그러므로 세계 종교가 몽골의 샤머니즘과 경쟁할 일은 전혀 없었다. 오히려 세계 종교는 최고신 텡그리에게 나아가는 또 다른 길에 지나지 않았다. 모든 종교는 저마다 다른 방식으로 최고신을 섬긴다고 생각했다. 칭기즈 칸에게 종교적 영향을 준 인물도 있었다. 도교 성직자(道士) 구처기(丘處機, 1148~1227, 호는 장춘長春)는 칭기즈 칸에게 불려 가서 장수의 비결을 알려주었다. 그는 세금 면제를 비롯한 여러 특권을 얻었는데, 그 대가로 통치자의 안녕을 비는 기도를 해주었다고 한다. 칭기즈 칸의 후계자들은 기도와 특권을 교환하는 칭기즈 칸의 정책을 더욱 확대하여, 주요 종교적 신앙(불교, 도교, 유교, 이슬람교, 기독교)이 모두 포함되었다. 그러나 국가 권력과 상관없는 종교, 예컨대 유대교, 마니교, 조로아스터교의 성직자들에게는 그러한 특권이 주어지지 않았다. 몽골인은 안정적 통치 기반을 확보하는 데 영적 지도자와 종교적 자유를 이용하는 편이 유리하다는 점을 금세 깨달았다. 그러므로 종교적 관용 정책이 몽골인에게는 현실 정치의 일부분이었다. 다시 말해서 그것은 신을 달래기 위한 수단일 뿐만 아니라 정복지의 통치 기반을 다지는 일이기도 했다. 칭기즈 칸은 몽골의 신앙에 어긋나지 않고 정치적 입지에 위협을 주지 않는 한, 누구나 자신이 원하는 의례를 거행할 수 있도록 했다. 그러나 칭기즈 칸은 예컨대 칭기즈 칸 가문의 분열을 획책한 샤먼 텝 텡그리(Teb Tengri)가 그랬던 것처럼 어떤 식으로든 해를 끼친다면 즉시 죽였다. 또한 몽골인은 필요하다면 주저 없이 종교적 금기를 활용했다. 1220년대에 몽골의 장군 제베(Jebe)와 수부타이(Subutai)가 아르메니아에 도착했을 때, 그들은 몽골군의 방패에 십자가를 그리도록 했다. 기독교도인 적들로 하여금 공격을 주저하게 만들기 위한 전술이었다. 아르메니아인이 성스러운 상징을 보고 경계를 늦추자 몽골인은 즉시 공격을 개시했다.[2]

제국의 엘리트 계층인 몽골인은 여러 종교의 선교사들이 전도를 하고자 탐내는 대상이었다. 통일 제국이 유지되는 한 통치 계급의 유일신은 텡그리였다. 그러나 제국이 해체된 뒤 각각의 칸국에서는 현지 백성의 민심을 얻기 위해, 혹은 이데올로기적 독립을 강조하기 위해 세계 종교를 받아들였다. 당시 무슬림은 제국 내에서 가장 이동성이 강하고, 상업적이며, 세계시민적 사회 구성을 가진 종교였다. 이슬람은 유목민을 포함하여 수많은 사람의 동화를 이끌어낸 경험이 있었다. 종교 간 경쟁에서도 크게 앞섰다. 몽골 4대 칸국 가운데 3개국에서 이슬람을 받아들였다. 이외에도 이슬람은 중국, 인도, 동남아시아, 아프리카 등 다른 지역으로 팽창을 계속했다. 그야말로 고삐 풀린 팽창이었다. 이슬람의 팽창은 칸국이 이슬람을 받아들이기 이전부터 시작된 일로, 몽골 시대의 인구 이동이 가져다준 예기치 못한 파급효과 중 하나였다.

몽골 칸국의 이슬람화(일 칸국은 1295년, 금장 칸국과 차가타이 칸국은 그로부터 약 50년 후)는 점진적이고 복잡한 과정이었다. 주로는 칭기

---

2 Peter Jackson, 'The Mongols and the Faith of the Conquered', in Reuven Amitai and Michal Biran (eds.), *Mongols, Turks, and Others: Eurasian Nomads and the Sedentary World* (Leiden: Brill, 2005): 245-90.

즈 칸계 왕조와 무슬림 신하들, 특히 몽골 군대에서 막대한 비중을 차지한 튀르크계 장교 및 군인과의 긴밀한 관계 때문이었다. 기본적으로 몽골의 이슬람화는 왕의 개종과 아래로 확산된 과정으로 추측되지만, 적어도 일 칸국과 차가타이 칸국의 경우에는 그 과정이 군대의 일반 사병들로부터 시작되었다. 주로는 문화적 동질화, 결혼, 권위 있는 설교자 등의 영향이었다. 개종 현상을 고려할 때 신앙심 문제를 부정할 수 없지만, 적어도 리더십과 관련해서는 정치적 동기 또한 못지않은 중요성을 지녔다. 예를 들어 일 칸국의 가잔(Ghazan) 칸(재위 1295~1304)은 계승 문제로 내분이 일어났을 때 이슬람으로 개종했다. 이를 통해 몽골의 고위 지휘관들뿐만 아니라 군대 내의 무슬림으로부터 지지를 얻어냈다. 더욱이 칼리프국이 무너진 이상 이슬람 세계 전체를 아우르는 지도자는 더 이상 없었다(명목상 서구 기독교 권역을 대표하는 교황은 남아 있었다). 그래서 몽골인은 이슬람으로 개종하는 즉시 비어 있는 이슬람 권역의 지도자 자리를 노렸다. 나아가 그들은 무슬림 백성이 보기에는 정통성 면에서 개종 즉시 유리한 위치를 얻었는데, 그것은 어떠한 "이교도"도 감히 도달할 수 없는 위치였다. 일 칸국의 개종 이면에는 다른 이득, 혹은 적어도 유리한 부산물이 또 있었다. 금장 칸국의 통치자들이 개종을 통해 기독교 신자인 러시아인과 멀어졌다면, 반대로 일 칸국의 통치자는 현지의 튀르크인과 더 가까워졌다.

개종을 촉진한 또 다른 요인은 수피(Sufi)였다. 이슬람의 수피즘은 특히 다른 종교 전통을 존중하고 "마술"(즉 치유)의 능력을 강조했다. 많은 왕실 인사의 개종 뒤에는 수피가 있었다. 그들은 과거의 어느 누구보다 주도적인 이슬람 세력으로 유지되었다. 왕실의 개종 이후 대개는 불신자를 정복하는 사업이 뒤따랐다(예컨대 가잔 칸의 치위 시기 이란에서 불교도를 처형하는 일이 있었다). 이로써 몽골 칸국에서 이슬람의 지위는 더욱 견고해졌다. 일 칸국 인구의 대부분은 이미 무슬림이었지만, 차가타이 칸국과 금장 칸국의 경우 통치자의 개종 이후 이슬람이 중앙아시아와 동유럽 스텝 지역으로 파고 들어갔다. 1300년대 중엽 칭기즈 칸계 칸국들의 이슬람화로 새로운 엘리트 계층이 형성되었다. 천산산맥(키르기스스탄과 중국에 걸쳐 있다)과 볼가강 사이 지역에 분포하는 튀르크-몽골계 민족들이었다. 그들은 종교적으로 이슬람을 신봉하고, 언어적으로 튀르크어를 사용하며, 몽골 제국의 전통을 존중하는 문화를 가지고 있었다. 그토록 광대한 지역이 언어, 종교, 문화적 공유 지대를 형성했던 사례를 다른 시대에서 찾아보기는 어렵다.

중국의 몽골인은 결코 이슬람으로 개종하지 않았다. 그럼에도 이 시기 중국에서 무슬림의 형세는 상당히 확장되었다. 중국으로 들어간 무슬림은 징집병이었고, 강제로 끌려간 기술자도 최소한 수천 명 이상이었다. 그러나 자의로 간 경우도 있었는데, 주로 상인이었고, 또한 원나라 정부 관료로 채용된 사람들이었다. 사이드 아잘(Sayid Ajjal, 贍思丁, 사망 1283)은 관료로 중책을 맡았던 인물로, 쿠빌라이 칸 시기에 운남행성(雲南行省)의 관리(平章)였다. 그는 많은 무슬림을 운남성으로 끌어들였다. 더불어 몽골인 왕공(王公)이나 소속 군대가 이슬람으로 개종하는 일이 없지는 않았다.

이처럼 직접적인 경우는 아니지만, 인도아대륙으로 이슬람이 진출한 것도 몽골의 영향이 컸다. 대체로 중앙아시아에서 칭기즈 칸의 군대를 피해 달아난 망명자들의 물결이 인도로 흘러 들어갔고, 나중에는 차가타이 칸국의 혼란 때문에 또한 많은 사람이 인도로 들어갔다. 오직 재능만을 고려하여 인력을 활용한 몽골의 사례를 본받아 델리의 몇몇 술탄은 무슬림 종교학자, 과학자, 상인, 군인 들을 적극 초청했다. 이민자들은 새로 성립한 델리 술탄국의 종교적 위엄을 드높이는 데 기여했으며, 술탄국이 남인도로 팽창할 때도 중요한 역할을 맡았다. 해상 무역의 성장으로 상당한 규모의 무슬림 공동체가 인도의 항구에 자리를 잡았는데, 특히 구자라트 해안에 많았다. 그들 공동체 가운데 일부가 나중에 다른 지역의 사람들이 이슬람으로 개종할 때 핵심 역할을 했다.

동남아시아와 아프리카의 이슬람화 또한, 더더욱 간접적이기는 하지만 몽골의 영향이 컸다. 주요 계기는 무역이었다. 활발한 몽골 제국의 무역은 인도의 무역에도 더욱 활력을 불어넣었다. 마르코 폴로가 수마트라 북부의 페를락(Perlak) 왕국을 방문했을 때, "사라센(무슬림) 상인들이 빈번하게 그곳에 들렀고, 현지인들을 무함마드의 법으로 개종시켰다." 중국이나 인도와 마찬가지로 아프리카에서도 이슬람 신앙은 몽골의 시대보다 훨씬 이전에 시작되었다. 특히 말리, 잔지바르, 짐바브웨 등지에서 이슬람이 번성했다. 13세기에도 이들 지역의 이슬람화가 완전히 이루어졌다고 할 수는 없겠지만, 대부분 지역에서 꾸준히 발전하고 있었다.

몽골의 시대는 무슬림과 다른 종교의 관계 측면에서도 풍성했던 시기다. 이슬람교, 불교, 기독교, 샤머니즘 전문가들을 제국의 차원에서 모두 한자리에 모았기 때문이다. 일 칸국 친위대 출신의 유명한 수피(Sufi)인 알라 알-딘 알-심나니('Ala' al-Din al-Simnani, 사망 1336)는 아르군(Arghun) 칸(재위 1284~1291) 당시 궁전에서 불교 승려 및 몽골의 샤먼과 대화한 내용을 기록해두었다. 그는 불교의 규범인 다르마(Dharma)가

샤리아 율법과 다를 바 없다고 결론지었다. 수피즘에서는 다양한 종교를 다양한 빛깔의 물에 비유했는데(즉 다를 바 없다는 의미), 이러한 수피의 입장은 앞에서 언급했던 종교에 대한 몽골 제국의 태도를 연상케 한다.

이러한 종교 간 접촉의 매력적인 표현은 일 칸국과 티무르 제국의 예술 작품에서 찾아볼 수 있다. 당시에는 이슬람 예술에서 처음이자 마지막으로 무함마드(와 여러 예언자)의 형상이 그려졌다. 이들 작품에서 무함마드는 불교나 기독교 모델로 등장했다. 예를 들어 《집사》에 수록된 예언자의 탄생화는 기독교의 〈예수 탄생 성화(Nativity scene)〉를 따라 그린 장면이다(그림 20-1). 이런 그림은 틀림없이 칭기즈 칸계 왕조의 취향에 맞았을 것이다. 당시는 수니파와 시아파가 몽골인을 개종시키기 위해 서로 경쟁할 때였고, 《집사》에 수록된 작품도 그러한 노력의 일환으로 그려졌기 때문이다. 다시 말해 시각 문화를 이용하여 교리를 전파하던 불교의 독특한 방식이 무슬림 치하 이란 지역에 전해져 불교, 기독교, 중국의 요소가 결합된 새로운 종교 예술이 등장했다.[3]

왕실 개종의 또 다른 사례는 중국에서 일어났다. 쿠빌라이 칸은 뛰어난 불교 스승 팍파(Phags Pa, 八思巴, 1235~1280)의 영향으로 티베트 불교를 받아들였다. 일 칸국과 차가타이 칸국은 나중에 이슬람으로 개종했지만, 그 이전의 통치자들은 티베트 불교를 상당히 선호했다. 나아가 티베트 불교는 쿠빌라이 칸의 정통성을 더욱 강화해주는 역할을 했다. 과거 불교가 중국의 통치자들에게 그러했듯이, 티베트 불교 또한 쿠

---

3 Johan Elverskog, *Buddhism and Islam on the Silk Road* (Philadelphia, PA: University of Pennsylvania Press, 2010): 167-74.

빌라이 칸을 불교의 이상적 통치자인 차크라바르틴(chakravartin), 즉 진리의 수레바퀴를 굴리는 세계의 법왕으로 인정했다. 몽골인의 입장에서 티베트 불교의 특별한 매력이라면, 물론 정치적 속성이나 샤머니즘적 마술 혹은 색채도 있었겠지만, 이를 통해 피지배 중국인과 자신을 확연히 구분 지을 수 있었고, 티베트인과 위구르인의 우호적 태도를 이끌어 낼 수 있었기 때문이다. 나중에 16세기가 되면 몽골인이 티베트 불교를 받아들이거나 이슬람으로 개종하게 되지만, 초기에는 불교를 포용하는 일이 아직은 상당히 엘리트적인 문화 현상이었을 뿐 일반 몽골인 중에서는 불교에 영혼을 의탁하는 이가 거의 없었다. 어쨌든 칭기즈 칸계 왕조들이 불교에 대하여 우호적 입장을 보임으로써, 다양한 문화적 배경과 종파에 의거하는 수많은 불교도가 함께 모였다. 예컨대 《집사》에 수록된 종교 관련 내용에는 중국 불교, 티베트 불교, 위구르 불교, 카슈미르 불교가 모두 등장한다. 한국과 일본의 불교도도 원나라로 건너가 종교 교류에 참여했다. 다양한 언어의 불교 경전 번역본(주로 티베트어에서 몽골어, 위구르어, 중국어로 번역)이 중국과 중앙아시아에서 출현했다. 더욱이 티베트 불교의 예술 및 건축 양식이 원 제국의 궁전을 장식하는 요소로 포함되었다. 몽골의 지지 아래 티베트는 인도를 넘어서는 불교의 중심지가 되었고, 티베트에서 신권 통치가 시작되었다. 티베트 불교는 명나라(1368~1644)에서도 왕실 의례로 유지되다가, 만주족이 세운 청나라(1644~1911)에 이르러서야 지위가 격상되었다. 그에 대한 보답으로 티베트 불교는 청나라 황제를 칭기즈 칸 혹은 쿠빌라이 칸의 환생으로 인정했다. 몽골 제국 이후 스텝 지역에서는 종교적으로 이슬람과 티베트 불교가 주요 경쟁 상대였다.[4]

기독교는 사정이 전혀 달랐다. 당시 기독교는 교리의 분열이 심했고, 배타적이었으며, 마술에 호의적이지 않았고, 칸으로부터 교황의 우월적 지위를 인정받고자 했다. 선교사들의 집중적인 노력에도 불구하고, 칭기즈 칸계 왕조 치하에서 자유로운 선교 활동을 지속적 성과로 안착시키는 데 실패하고 말았다.

**경제 교류**

몽골은 문화 영역에서 그러했듯 경제 영역에서도 제국의 경계를 넘어 관계를 발전시켰다. 몽골인은 약탈이나 자산 재분배, 세금 혹은 조공 수탈, 선물 공여 등 여러 가지 방식으로 자원을 끌어냈다. 그 과정에서 재화의 교환 체계가 더욱 발달했다. 뿐만 아니라 다양한 무역로를 계승하고 활력을 불어넣어 무역 네트워크가 팽창했다. 몽골은 지역 내 안전을 보장하고 교통 인프라를 제공했을 뿐만 아니라 투자자이자 소비자로서 무역에 적극적으로 참여했다.

무역은 오래도록 유목민에게 필수적인 생활 여건이었다. 그들이 보유한 자원만으로는 생활에 필요한 모든 수요를 충족할 수 없었다. 그래서 유목 정치 문화에서는 지도자가 소속 구성원을 상대로 자원을 재분배하는 것이 반드시 필요한 일이었다. 유목 국가 체제가 성립할 시기에는 귀금속, 보석, 특히 고급 직물 수요가 최고조에 달했다. 신생 정권이 이런 물품을 통해 자신의 권위를 입증하고자 했기 때문이다. 칭기즈 칸은 틀림없이 상업의 이익을 알고 있었다. 그가 중앙아시아로 진출한 전

---

4  Elverskog, *Buddhism and Islam*, 145-62.

제가 바로 상업이었다. 또한 그의 초기 지지자 중에는 무슬림 상인들과 위구르 상인들이 포함되어 있었다. 제국이 성장함에 따라 체계적 약탈은 사치품의 주요 원천이었다. 이는 몽골 엘리트 계층에게 재분배되었고, 이를 분배받은 몽골의 여러 칸과 왕공은 국제 무역에 상당한 재산을 투자하곤 했다. 결국 그들이 가진 자산을 오르톡(ortoq, 대리인)에게 위탁했는데, 위탁받은 사람들은 대개 무슬림과 위구르인이었다. 오르톡은 무역상(또는 무역 회사)으로서, 몽골인이나 기타 유명 인사의 자금을 위탁받아 거래를 하고 투자자와 수익을 나누었다. 수입은 대개 사치품을 소비하는 데 사용했는데, 그것이 신흥 부자들의 전형적 행태였다. 카라코룸(Qara Qorum)의 건설로 무역은 더욱 활성화되었다. 몽골에서 나오는 자원만으로는 도시를 운영할 수 없었다. 스텝의 기준으로 보자면 너무 큰 도시였기 때문이다. 칭기즈 칸계 왕조들은 스텝 지역에 머물면서도 가장 안락한 정주 세계의 삶을 향유하고자 했고, 이를 위해서 막대한 자금을 지불할 준비가 되어 있었다. 많은 무역상은 안전한 교통로와 역참의 혜택을 적극 활용하여 이 기회를 결코 놓치려 하지 않았다. 결국 정복 전쟁이 끝나자 곧바로 사치품 무역과 대량 상품 무역이 재개되었다.

몽골 제국이 4대 칸국으로 나뉜 뒤 몽골의 팽창은 확연히 느려진 대신 무역 네트워크의 팽창은 가속화되었다. 주요 수입원은 이제 전리품이 아니라 세금이었다. 여러 몽골 칸국 정부는 지역 내 상거래뿐만 아니라 국제 무역을 장려했다. 세금, 시장, 이익, 권위가 모두 국제 무역에서 나왔기 때문이다. 여러 칸국은 상업 전문가를 두고 서로 경쟁했고, 대륙 관통 무역 인프라를 건설했으며, 문명 간 교역(동서 축)과 생태 환경을 넘어서는 교역(남북 축) 양쪽에서 모두 중요한 역할을 담당했다. 북쪽 끄트머리까지 올라가면 시베리아와 만주 지역에서 모피가 공급되었다. 전통적인 물물 교환 방식의 거래도 있었고, 조공 관계도 있었다. 제국의 중심부에는 칭기즈 칸계 왕조의 궁정이 자리 잡고 있었다. 궁정을 떠받치는 힘은 자원의 재분배였다. 통치자들은 정주민으로부터 착취한 사치품을 친위대와 협력자들에게 나누어주었다. 아제르바이잔, 볼가강 유역, 북중국 지역에 위치한 몽골 칸국들의 수도는 국제 무역 시장의 허브가 되었으며, 결과적으로 무역로는 북쪽으로 이동했다. 중앙아시아에서는 실크로드와 특히 볼가강 유역에 새로운 교역 중심 도시들이 형성되었다.

통일 제국 시기에는 육로 무역이 번성했다. 이후 14세기 전반기에 그런 시대가 다시 찾아왔는데, 1304년 여러 칸국 사이에 평화 협정이 체결된 뒤부터였다. 해상 무역로 또한 번성해서, 특히 몽골이 남송을 정복한 1280년대 이후 더욱 활기를 띠었다. 항구의 발달뿐만 아니라 원나라와 중앙아시아의 대립이 육로에서 해로로 물동량이 이동하는 데 영향을 미쳤다. 남중국의 항구, 특히 천주(泉州, 오늘날 福建省)가 국제 무역의 중심지가 되었다. 무역로는 제국의 경계로부터 멀리 떨어진 곳까지 이어져 인도, 무슬림 권역, 동남아시아, 유럽의 상인들을 끌어들였다. 교역의 중심축은 (동아시아와 동남아시아의 상품이 모이는) 남중국-인도, 그리고 인도-페르시아만 혹은 인도-홍해였다. 그곳에 도착한 화물은 다시 육로를 통해 이란, 이라크, 아나톨리아, (동서) 유럽으로 가는 길, 이집트와 지중해 해로를 거쳐 유럽까지 가는 길, 아덴에서 동아프리카 연안을 따라가는 길로 이동했다. 금장 칸국의 흑해 연안 항구와 이집트를 연결하는 짧은 해상 무역로에서 노예 무역이 활발히 진행되었다. 무슬림, 이탈리아 상인, 비잔티움 상인들이 여기에 참여했다. 해로와 육로는 대개 밀접하게 연결되어 있었다. 흑해의 항구는 동양에서 오는 사치품을 받아 대륙의 통로로 넘겨주었으며, 항해가 어려운 계절에는 카라반이 인도양 해안에서 출발해서 육로로 이동했다. 이 광대한 네트워크를 통해 구세계 전역이 연결되었다. 남부의 발달한 경제권에서는 더욱 복잡한 시장 주도 거래가 이루어졌다. 예컨대 원나라의 작업장에서는 북유럽으로부터 코발트를 수입해서 청자와 백자를 만들 때 사용했다. 무슬림 권역에서 이 도자기의 수요가 높았다. 마찬가지로 일 칸국의 궁정에서는 인도양과 지중해 사이에 유통되는 화폐의 통화량, 금괴와 은괴의 유통량을 고려하여 재정 정책을 수립했다. 원나라의 지폐를 뒷받침하여 은이 유통되었고, 송나라가 보유한 은의 상당량이 오르톡의 손을 거쳐 서쪽으로 흘러 들어갔다. 1280년대에서 1360년대 사이(송나라 정복 이후 원나라의 몰락까지) 잉글랜드에서 벵골과 북아프리카까지 유라시아 전역에 걸쳐 은의 유통이 급격히 증가했다. 주조되지 않은 은괴는 유라시아 전역에서 가치 표준 단위가 되었으며, 다른 수단으로 지불할 때도 은 환산 가치가 적용되었다.[5]

이 글로벌 네트워크에서 몽골인 이외의 주요 참여자가 있었는데, 바로 인도의 왕국들과 이탈리아의 도시국가들이었다. 이탈리아 도시국가에서는 정부 지원 아래 흑해 연안의 카파(Caffa)와 타나(Tana), 일 칸국의 타브리즈(Tabriz)에 영구 식민 거점을 개척했다. 동시에 많은 이탈리아 모험가와 사업가(그중 제일 유명한 사람이 마르코 폴로다)가 더 멀리 동

---

5 Kuroda Akinobu, 'The Eurasian Silver Century, 1276-1359: Commensurability and Multiplicity', *Journal of Global History* 4 (2009): 245-69.

쪽으로 민간 투자를 감행했다.

　제국의 대내외 무역을 뒷받침하는 제도로는 상업이나 세금 혹은 전리품 이외에도 몇 가지가 더 있었다. 먼저 몽골의 영지 분배 시스템은 여러 칸국의 경제를 연결해주었다. 제국이 해체된 뒤에도 왕공들은 대부분 자신이 거주하는 칸국이 아닌 다른 칸국에 영지를 가지고 있었다. 거기서 나오는 수익은, 때로는 소유주의 감독하에 걸단 해당 칸국에서 징수하여 영지 주인에게 전달했다. 그러나 양쪽 칸국 사이에 전쟁이 일어날 경우 수익금은 동결되어 지불이 유예되었다. 예를 들어 우구데이의 후손인 왕자 차파르 카이두(Chapar b. Qaidu)는 40년간의 분쟁을 끝내고 1310년 원나라에 복속되었을 때, 중국에 있는 아버지의 영지에서 나온 수익금을 한꺼번에 받았다.

　또 다른 제도는 선물 제공이었다. 이는 전체적으로 외교의 과정에 포함된 일부 절차였다. 일종의 대사로 파견되는 사람들을 중국 측에서는 조공으로 기록해두었는데, 이들이 이국적인 물품(보석, 치타 같은 동물, 아름다운 노예 등)을 가지고 왔다. 사절단이 방문할 때는 공무역과 사무역이 부수되는 경우가 많았다. 예컨대 1297~1298년 일 칸국의 가잔 칸이 파크르 알-딘 알-티비(Fakhr al-Din al-Tibbi)를 원나라에 파견했다. 키시(Kish, 페르시아만의 섬) 출신 상인인 그에게 세 가지 임무, 즉 외교 관계의 진전, 가잔 칸 영지 수익금 수령, 금 10만 디나르 투자의 임무가 주어졌다. 물론 그는 이 기회를 자신의 사업에도 활용했다.

　일 칸국이 몰락할 때(1335)까지도 국제 무역은 번성했다. 무역로만 금장 칸국으로 이동했을 뿐이었다. 그러나 유럽과 중동에 흑사병이 창궐하고 그 여파로 원나라가 멸망했고(1368), 동시에 금장 칸국마저 내란에 휩싸이자, 몽골의 국제 무역 시스템은 심각한 손상을 피할 수 없었다.

## 몽골 정치의 유산

수십 년 전까지만 해도 학자들은 대개 몽골 제국의 시대를 피로 얼룩진 막간의 촌극으로 보았다. 즉 유라시아 역사에 어떤 흔적을 남기지도 않았고, 정복 이후 해당 지역에 발생한 여러 문제에 별다른 책임이 없다는 식으로 이해했다. 칭기즈 칸계 왕조의 영향을 주목하기란 쉽지 않았다. 그들이 고유의 민족 문화나 언어 혹은 종교를 남긴 바가 없었기 때문이다. 그들이 남긴 것은 오히려 복잡하고 이질적인 제국의 문화였다. 더욱이 그들은 자신들이 만난 다양한 문명 각각에 서로 다른 제도적 유산을 남겼다. 가장 깊은 흔적은 그들이 가장 오래 통치한 곳, 그리고 중앙 집권 국가 체제의 토착 전통이 강하지 않은 곳에 남겨졌다. 바로 중앙아시아와 러시아다. 제도적 흔적은 중국, 이란, 심지어 몽골 제국의 영역을 넘어, 주로는 무슬림 세계에서 나타난다. 그러나 몽골의 제도를 실제로 답습하는 것과 칭기즈 칸계 왕조의 이데올로기를 표방하는 것은 구별해서 보아야 할 것이다.

몽골 제국은 이후 유라시아에서 성립한 여러 제국에 흔적을 남겼다. 초원과 농지, 즉 목축민의 유목 사회와 농경민의 정주 사회가 모두 포함되었다. 칭기즈 칸계 왕조의 원칙은 몽골 제국 이데올로기의 기본 원칙이었다. 현실적으로 수많은 조작이 개입되기는 했지만, 그들의 원칙에 따르면 오직 칭기즈 칸의 후예만이 최고 통치권자의 자리에 오를 수 있었다. 중앙아시아에서 이 원칙은 18세기까지 유지되었다. 이 원칙은 중국의 청 제국, 인도의 무굴 제국, 모스크바 공국, 심지어 오스만 제국에서도 군주의 관습이나 사회적 위계에 적용되었다. 야사(Yasa)로부터 진화한 법률 체계는 이슬람 율법과 여러 측면에서 명백한 모순을 빚었지만, 그럼에도 불구하고 무슬림 세계에서 상당히 중요한 역할을 했다. 몽골 제국의 우편 제도는 중국의 명나라와 청나라, 이란의 사파비 왕조, 모스크바 공국에서도 그대로 적용되었다. 몽골 제국의 군사 조직은 (화약 무기가 보편화되기 전까지) 중국의 명나라와 모스크바 공국에서 그대로 유지되었다. 오늘날 중국의 지방 행정 단위는 그 기원이 원나라까지 거슬러 올라간다. 몽골 제국의 상업세와 화폐 정책은 러시아, 이란, 중앙아시아에서도 계속 시행되었다.

지정학적 측면에서 몽골인은 여러 칸국의 수도를 북쪽으로 옮겼다. 아마도 스텝 지역에 다가가고자 하는 유목민의 심정을 고려했을 것이다. 중국의 수도는 개봉이나 항주에서 북경으로 이동했다. 이슬람 권역의 동부에서 중심지는 바그다드에서 타브리즈(이란령 아제르바이잔)로 옮겼다. 키예프 공국에서는 처음에 사라이(Saray, 키예프의 남동쪽)로 갔다가 결국 모스크바(다시 북동쪽)로 옮겼다. 중앙아시아에서는 발라사군(Balasaghun, 키르기스스탄)에서 알말리크(Almaliq, 신강의 북부)로 옮겼다. 아제르바이잔은 16세기 말엽까지 상당히 비중 있는 지역으로 남아 있었고, 중앙아시아의 중심지는 1300년대 후기에 사마르칸트에서 알말리크로 넘어갔다. 북경과 모스크바의 비중은 이후로 흔들린 적이 없었다.

더욱이 몽골인은 무슬림 세계에서 이란이 독자적 정치 단위라는 개념을 되살려냈다. 중국에서 그들은 통일 제국 체제를 만들었으며, 왕조 시대가 끝날 때까지 이는 변함 없이 유지되었다. 당시 만들어진 다민족 정치 체제 아래 유목 지역의 상당 부분도 중국의 통제 범위에 포함되었다. 마찬가지로 몽골 제국에 의해 도시국가 집단이 거대 러시아 제국의 핵심이 될 수 있었다. 중앙아시아에서 몽골 제국 시대의 가장 중요한 여파는 주요 민족 구성의 재편이었다. 몽골인의 이동에 따라 거란, 탕구트, 위구르, 킵차크 같은 기존의 다양한 스텝 지역 민족이 사라졌다. 대신 새로운 집단이 등장했는데, 예를 들면 우즈베크, 카자흐, 타타르 등이었다. 그들은 근대 중앙아시아의 무슬림 민족으로 자리 잡았다.

## 결론

몽골 유목민은 사람과 상품과 사상의 유례없는 이동을 촉발했다. 그 결과 단절 없이 이어진 땅에 세계 역사상 가장 거대한 제국이 만들어졌다. 그리하여 유라시아를 통합했고, 통치의 지평과 이웃의 범위를 확대했다. 몽골의 유목 문화는 그들의 후원 아래 유라시아 교류에 막대한 영향을 미쳤다. 몽골 이전에 성립한 유목 제국의 유산을 그대로 이어받은 칭기즈 칸계 왕조들은 훨씬 더 복잡한 문제에 맞닥뜨렸는데, 스텝 지역뿐만 아니라 정주 문명의 중심지까지 통치해야 했기 때문이다. 동서양의 인물과 제도와 제국 체제의 장점을 수용하여 몽골은 그들의 제국 행정 체제와 문화를 발달시켰다. 이는 여러 지역에서 각각의 문화와 융합되었다. 특히 무슬림 세계와 중국에서 그러한 현상이 잘 드러나는데, 결과적으로 초원과 농지를 모두 통치할 수 있는 세련된 통치 방식이 만들어졌다. 이러한 통치 수단들은 근대 초기까지 거대 유라시아 정치 단위에서 그대로 사용되었다. 결국 초원은 모스크바 공국과 중국의 청 제국으로 분할 흡수되었고, 유목민의 희생은 불가피했다.

말하자면 칭기즈 칸계 왕조의 유산은 대륙의 제국을 넘어섰다. 원거리 무역과 금융 교류를 촉진하고, 해양 능력을 진작하며, 새로운 집단을 형성하는 등 다양한 지역의 "연결성"을 한층 끌어올림으로써 몽골 제국은 세계를 초기 근대로 밀고 나갔다. 새뮤얼 애드셰드(Samuel Adshead)가 지적했듯이, "유럽이 세계를 지배하려면, 먼저 지배할 세계가 존재한다는 사실 자체를 알아야 했다."[6] 콜럼버스가 1492년 첫 항해에 나섰을 때, 그의 주된 목적은 그가 존경해 마지않는 마르코 폴로의 책에 나오는 "위대한 칸"의 땅을 찾는 것이었다. 이런 배경을 전제로 말하자면, 오늘날 우리의 세계화 또한 몽골 제국의 기획에서 비롯된 후예라 할 수도 있겠다.

---

6 Samuel A. M. Adshead, *Central Asia in World History* (New York: St Martin's Press, 1993): 77.

# 더 읽어보기

Adshead, Samuel A. M. *Central Asia in World History*. New York, NY: St Martin's Press, 1993.

Aigle, Denise, ed. *L'Iran face à la domination mongole: Études*. Teheran: Institut Français de Recherche en Iran, 1997.

Akasoy, Anna, Charles Burnett and Ronit Yoeli-Tlalim, eds. *Islam and Tibet: Interactions along the Musk Routes*. Farnham: Ashgate, 2011.

Allsen, Thomas T. *Commodity and Exchange in the Mongol Empire: A Cultural History of Islamic Textiles*. Cambridge University Press, 1997.

_____. *Culture and Conquest in Mongol Eurasia*. Cambridge University Press, 2001.

_____. *Mongol Imperialism: The Policies of the Grand Khan Möngke in China, Russia, and the Islamic Lands, 1251-1259*. Berkeley, CA: University of California Press, 1987.

Amitai, Reuven. *The Mongols in the Islamic Lands: Studies in the History of the Ilkhanate*. Aldershot: Ashgate, 2007.

Amitai, Reuven and Michal Biran, eds. *Mongols, Turks, and Others: Eurasian Nomads and the Sedentary World*. Leiden: Brill, 2005.

_____, eds. *Eurasian Nomads as Agents of Cultural Change*. Honolulu, HI: University of Hawai'i Press, 2015.

Amitai-Preiss, Reuven. *Mongols and Mamluks: The Mamluk-Ilkhanid War, 1260-1281*. Cambridge University Press, 1995.

Amitai-Preiss, Reuven and David O. Morgan, eds. *The Mongol Empire and its Legacy*. Leiden: Brill, 1999.

Atwood, Christopher P. *Encyclopedia of Mongolia and the Mongol Empire*. New York, NY: Facts on File, 2004.

Bentley, Jerry H. *Old World Encounters: Cross-Cultural Contacts and Exchanges in Pre-Modern Times*. Oxford University Press, 1993.

Biran, Michal. *Chinggis Khan (The Makers of the Islamic World)*. Oxford: Oneworld, 2007.

_____. 'Kitan Migrations in Eurasia (11th-14th centuries)', *Journal of Central Eurasian Studies* 3 (2012): 85-108.

_____. 'The Mongol Transformation: From the Steppe to Eurasian Empire', *Medieval Encounters* 10 (2004): 338-61.

_____. *Qaidu and the Rise of the Independent Mongol State in Central Asia*.

Richmond, Surrey: Curzon, 1997.
Birge, Bettine. 'Levirate Marriage and the Revival of Widow Chastity in Yüan China', *Asia Major* 8 (1995): 107-46.
Blair, Sheila S. *A Compendium of Chronicles: Rashid al-Din's Illustrated History of the World*. London: Nour Foundation in Association with Azimuth Editions and Oxford University Press, 1995.
Broadbridge, Anne F. *Kingship and Ideology in the Islamic and Mongol Worlds*. Cambridge University Press, 2008.
Brose, Michael C. *Subjects and Masters: Uyghurs in the Mongol Empire*. Bellingham, WA: Center for East Asian Studies, Western Washington University, 2007.
DeWeese, Devin. *Islamization and Native Religion in the Golden Horde: Baba Tükles and Conversion to Islam in Historical and Epic Tradition*. Philadelphia, PA: Pennsylvania State University Press, 1994.
Di Cosmo, Nicola. 'Black Sea Emporia and the Mongol Empire: A Reassessment of the *Pax Mongolica*', *Journal of the Economic and Social History of the Orient* 53 (2010): 83-108.
Di Cosmo, Nicola, Peter B. Golden, and Allen J. Frank, eds. *The Cambridge History of Inner Asia*. Cambridge University Press, 2009.
Elverskog, Johan. *Buddhism and Islam on the Silk Road*. Philadelphia, PA: University of Pennsylvania Press, 2010.
Endicott-West, Elizabeth. 'Merchant Associations in Yuan China: The *Ortogh*', *Asia Major* 2 (1989): 127-54.
_____. *Mongolian Rule in China: Local Administration in the Yuan Dynasty*. Cambridge, MA: Council on East Asian Studies, Harvard University, 1989.
Fletcher, Joseph F. 'The Mongols: Ecological and Social Perspective', *Harvard Journal of Asiatic Studies* 46 (1986): 11-50.
Fragner, Bert G. et al., eds. *Pferde in Asien: Geschichte, Handel und Kultur = Horses in Asia: History, Trade and Culture*. Vienna: Verlag der Österreichischen Akademie der Wissenschaften, 2009.
Franke, Herbert. *China under Mongol Rule*. Aldershot: Variorum, 1994.
von Glahn, Richard. 'Monies of Account and Monetary Transition in China, Twelfth to Fourteenth Centuries', *Journal of the Economic and Social History of the Orient* 53 (2010): 463-505.
Halperin, Charles. *Russia and the Mongols: Slavs and the Steppe in Medieval and Early Modern Russia*. Bucharest: Editura Academiei Române, 2007.
Jackson, Peter. *The Delhi Sultanate: A Political and Military History*. Cambridge

University Press, 1999.
_____. *The Mongols and the West, 1221-1410.* New York, NY: Pearson Longman, 2005.
_____. 'The State of Research: The Mongol Empire, 1986-1999', *Journal of Medieval History* 26 (2000): 189-210.
Kadoi, Yuko. *Islamic Chinoiserie: The Art of Mongol Iran.* Edinburgh University Press, 2009.
Kauz, Ralph, ed. *Aspects of the Maritime Silk Road: From the Persian Gulf to the East China Sea.* Wiesbaden: Harrassowitz, 2010.
Kim, Hodong. 'The Unity of the Mongol Empire and Continental Exchange over Eurasia', *Journal of Central Eurasian Studies* 1 (2009): 15-42.
Komaroff, Linda, ed. *Beyond the Legacy of Genghis.* Leiden: Brill, 2006.
Kuroda, Akinobu. 'The Eurasian Silver Century, 1276-1359: Commensurability and Multiplicity', *Journal of Global History* 4 (2009): 245-69.
Lambton, Ann K. S. *Community and Change in Medieval Persia: Aspects of Administrative, Economic and Social History, 11th-14th Century.* London: I. B. Tauris, 1988.
Lane, George. *Early Mongol Rule in Thirteenth Century Iran: A Persian Renaissance.* London: Routledge Curzon, 2003.
Langlois, John D., ed. *China under Mongol Rule.* Princeton University Press, 1981.
Larner, John. *Marco Polo and the Discovery of the World.* New Haven, CT: Yale University Press, 1999.
Laufer, Berthold. 'Columbus and Cathay, and the Meaning of America to the Orientalist', *Journal of the American Oriental Society* 51 (1931): 87-103.
Manz, Beatrice F. 'The Rule of the Infidels: The Mongols and the Islamic World', in David O. Morgan and Anthony Reid (eds.), *The Eastern Islamic World Eleventh to Eighteenth Centuries.* Cambridge University Press, 2010: 128-68.
May, Timothy. *The Mongol Art of War.* Yardley, PA: Westholme, 2007.
Melville, Charles. *The Fall of Amir Chupan and the Decline of the Ilkhanate, 1327-37: A Decade of Discord in Mongol Iran.* Bloomington, IN: Indiana University Research Institute for Inner Asian Studies, 1999.
Morgan, David O. *The Mongols.* Oxford: Blackwell Publishing, 2007.
Ostrowski, Donald G. *Muscovy and the Mongols: Cross-Cultural Influences on the Steppe Frontier, 1304-1589.* Cambridge University Press, 1998.
Pochekaev, Roman, Iu. *Khanyï Zolotoi Ordy.* St Petersburg: Eurasia, 2010.
Prazniak, Roxanne. 'Siena on the Silk Roads: Ambrogio Lorenzetti and the Mongol

Global Century, 1250-1350', *Journal of World History*, 21 (2010): 177-217.

de Rachewiltz, Igor et al., eds. *In the Service of the Khan: Eminent Personalities of the Early Mongol – Yuan Period.* Wiesbaden: Harrassowitz, 1993.

Ratchnevsky, Paul. *Genghis Khan: His Life and Legacy.* Trans. and ed. Thomas N. Haining, Oxford: Basil Blackwell, 1991.

Robinson, David M. *Empire's Twilight: Northeast Asia under the Mongols.* Cambridge, MA: Harvard-Yenching Institute; Harvard University Press, 2009.

Rossabi, Morris. *Khubilai Khan: His Life and Times.* Berkeley, CA: University of California Press, 1988.

Schottenhammer, Angela. *The East Asian Mediterranean – Maritime Crossroads of Culture, Commerce, and Human Migration.* Wiesbaden: Harrassowitz, 2008.

Silverstein, Adam J. *Postal Systems in the Pre-Modern Islamic World.* Cambridge University Press, 2007.

Smith, Paul J. and Richard von Glahn, eds. *The Song-Yuan-Ming Transition in Chinese History.* Cambridge, MA: Harvard University Asia Center, 2003.

Vásáry, István. *Cumans and Tatars: Oriental Military in the pre-Ottoman Balkans 1183-1365.* Cambridge University Press, 2005.

Wink, André. *Al-Hind: The Making of the Indo-Islamic World.* Leiden: Brill: 1997, 2004, vols. II and III.

Winkler, Dietmar W. and Li Tang, eds. *Hidden Treasures and Intercultural Encounters: Studies on East Syriac Christianity in China and Central Asia.* Berlin: Lit Verlag, 2011.

CHAPTER 21

# 비잔티움 제국

장-클로드 쉐네Jean-Claude Cheynet
미셸 볼뒤크Michelle Bolduc 영역

동로마 제국을 비잔티움(Byzantium)이라 한다. 비잔티움은 나름의 변화는 있었지만 유럽 및 지중해 지역에서 형성된 고대 국가들 가운데 유일하게 근대 초엽까지 유지되었다.[1] 이는 비잔티움의 놀라운 적응력을 보여주는 결과였다. 역사적으로 비잔티움은 막대한 도전에 직면할 수밖에 없었다. 지정학적으로 비잔티움은, 중앙아시아의 스텝 지대에서 아라비아반도의 뜨거운 사막에 이르기까지 이동하는 모든 사람이 거쳐 가는 길목에 위치했다. 비잔티움 제국의 체제는 여러 차례에 걸쳐 변화를 겪었다. 한때 비잔티움은 지중해 해안선의 대부분을 장악했다. 실로 동방의 로마 제국이라 할 만했다. 그러나 바바리안과 무슬림의 정복 이후 비잔티움의 영역은 소아시아(Asia Minor)와 약간의 섬, 그리고 연안 지역으로 쪼그라들었다. 그러다가 1000년경에 이르러 다시 한 번 지중해의 중심 세력으로 올라서기도 했다. 그러나 튀르크가 도래하여 두 차례에 걸쳐 비잔티움을 거세게 몰아붙였다. 마침내 에게해의 그리스 제

---

[1] 사건 중심으로 서술한 비잔티움 제국의 역사는 다음을 참조. Warren T. Treadgold, *A History of the Byzantine State and Society* (Stanford University Press, 1997). 구조 분석은 최근의 일반적인 연구들이 있다. Elizabeth Jeffreys, John Haldon and Robin Cormack (eds.), *The Oxford Handbook of Byzantine Studies* (Oxford University Press, 2008), and Jean-Claude Cheynet, Angeliki Laiou, and Cécile Morrisson (eds.), *Monde byzantin*, 3 vols. (Paris: Presses universitaires de France, 2004–11).

국 비잔티움은 더 이상 생명을 부지할 수 없었다.

기나긴 역사를 거치는 동안 비잔티움은 세 가지 주요 도전에 직면했다. 첫 번째 도전은 국경선 방어였다. 비잔티움의 국경선은 여러 대륙에 걸쳐 있었기에 사방에서 밀려오는 적들을 막아내야 했다. 두 번째 도전은 제대로 된 지도자를 국가의 수반으로 옹립하는 정치적 질서를 만들어내는 일이었다. 세 번째 도전은 중앙 권력과 지방 권력의 균형을 맞추는 일이었다. 지방의 엘리트 계층과 일반 백성에게 어느 정도의 자율성을 부여한 이유는 (민족적-언어적 다양성과 종교적 대립 등) 분열의 조건을 극복하기 위함이었다.

비잔티움 제국의 통치자들은 이와 같은 도전에 대응하는 법을 알고 있었다. 첫 번째로 로마 제국의 유산이 있었다. 과거 로마 제국도 당시의 상황에 대응하기 위해 나름의 방책을 마련했다. 페르시아 같은 조직화된 적에 맞서기 위해 로마 제국은 아르메니아나 아라비아반도 등 국경지대에 로마가 영향력을 행사할 수 있는 여러 왕국의 네트워크를 조성하려고 노력했으며, 남쪽의 에티오피아로 간 선교사들도 로마의 네트워크를 강화하는 데 도움이 되었다. 비잔티움 제국 또한 과거 로마의 정책을 지속하여, 적의 침략이 발생할 경우 이 네트워크가 위기를 알려주고 시간을 벌어주었다.

두 번째는 종교적 통일성이었다. 기독교를 통해 최고 주권자가 원하는, 자신을 중심으로 하는 종교적 단결이 가능했다. 기원후 500년을 기준으로 비잔티움 인구의 대부분이 기독교 신자였고, 기독교인은 최고 통치자를 하느님의 대리인으로 여겼다. 그러나 신앙은 분파로 나뉘게 마련이었다.

451년 칼케돈 공의회(Council of Chalcedon)에서 몇몇 분파가 이단으로 판정되어 당국의 승인을 얻지 못했다. 거부된 이단 가운데 단성론(單性論, Monophysites)도 있었다. 그들은 그리스도의 본성을 신성(神性) 한 가지로만 이해했고, 두 가지 본성(신성과 인간성)을 동시에 지녔다는 이론을 거부했다. 당시 대다수의 교회와 황제는 후자를 신봉했다. 단성론파가 오래도록 황제의 편에 서고자 노력했고, 기원후 500년경의 황제 아나스타시우스(Anastasius, 재위 491~518)는 단성론파로 마음이 기울었다. 그러나 6세기 중엽 유스티니아누스(Iustinianus) 황제 시기부터는, 그의 황후 테오도라(Theodora)의 서운한 감정에도 불구하고, 칼케돈 공의회 지지자들이 공식적으로 교회를 장악했다. 6세기 후반에는 단성론파가 소속 교회의 자율성을 획득했다. 당시 콥트 교회(Coptic Church)와 시리아 정교회(Syriac Orthodox Church, Jacobite)도 마찬가지였다(모두 칼케돈 공의회의 결론에 반대했던 교파다. - 옮긴이). 제국을 통치하는 황제들로서는 언제나 종교적 통일성에 관심을 두었지만, 동부 지역이 제국에 포함되어 있는 한 그것은 헛된 꿈에 불과했다. 칼케돈 공의회 지지파는 콘스탄티노폴리스의 제국 이데올로기를 선호했는데, 그렇다고 해서 단성론자들이 제국의 소멸을 구상하거나 바랐다는 의미는 아니다.

콘스탄티노폴리스의 주교(bishop)는 451년 칼케돈 공의회 이후 총대주교(patriarch)가 되었다. 아랍이 비잔티움 제국의 동부 지역을 점령한 뒤로 로마 교황의 유일한 경쟁자는 콘스탄티노폴리스 총대주교밖에 남지 않았다(서로마 제국 멸망 이후 동로마 제국에서는 기독교 권역을 총대주교 교구 중심으로 나누었다. 총대주교가 있는 성당은 로마, 콘스탄티노폴리스, 알렉산드리아, 안티오키아, 예루살렘에 있었다. 이 다섯 곳을 합쳐서 펜타르

키라 한다. 이슬람의 부상 이후 로마와 콘스탄티노폴리스를 제외한 나머지 세 곳은 이슬람 통치 아래 놓였다. 이후 프랑크 제국과 동로마 제국이 경쟁하는 가운데 로마 총대주교와 콘스탄티노폴리스 총대주교 또한 경쟁이 심화되었고, 결국 서로가 서로를 파문하여 완전히 결별하는 단계로까지 나아갔다. – 옮긴이). 총대주교는 방대한 지역을 대상으로 교회 행정을 관장했는데, 당시 교회 행정 체계는 제국의 행정 체계와 긴밀히 얽혀 있었다. 콘스탄티노폴리스 대궁전 근처에 있는 하기아소피아(Hagia Sophia) 성당(오늘날 아야소피아 성당)은 기독교 방문객들이 보기에 비할 데 없는 장관이었다. 불가르인과 러시아인이 각각 9세기와 10세기에 기독교로 개종한 뒤 비잔티움 정교회는 러시아의 광대한 지역까지 영향력을 확장했다. 그사이 로마 교회와 다른 정교회만의 특징이 더욱 강화되었다. 특히 성십자가(聖十字架, True Cross)를 비롯해 예루살렘의 유물을 콘스탄티노폴리스로 가져온 때는 7세기였다. 이후 콘스탄티노폴리스는 중요한 순례 여행의 중심지가 되었다. 심지어 라틴어권에서도 그곳을 찾아왔는데, 그들은 제국의 수도에 머무르는 동안 획득한 수많은 유물을 고향으로 가져가고자 했다. 1204년 이후 라틴어권의 순례자들은 엄청난 양의 유물을 훔쳐다가 서유럽으로 보냈으나, 그보다 독실한 신도가 더 많았다. 특히 러시아 같은 총대주교 교구에서 오는 방문객은 콘스탄티노폴리스를 성스러운 도시로 여겼다.

팔레올로고스(Palaiologos) 왕조가 비잔티움 제국을 통치하는 동안(1261~1453) 제국의 세력이 약화되었고, 점차 무슬림 제국 오스만튀르크에 흡수되었다. 그러는 동안에도 총대주교 교구의 활동은 활발했다. 불가리아, 세르비아, 러시아의 교회들 덕분이었다. 그래서 콘스탄티노폴리스가 1453년 함락된 뒤에도 총대주교 교구는 살아남았을 뿐만 아니라 오스만 제국 치하의 발칸 지역 백성이 나름의 정체성을 유지했고, 그것이 나아가 19세기에는 민족 국가로 발전했다.

세 번째는 수도의 방어 시설이었다. 콘스탄티노폴리스 건설로 로마 제국 동부에 아주 훌륭한 수도가 자리 잡았다. 도시는 아시아와 유럽을 가르는 보스포루스(Bosphorus) 해협에 면해 있어서 방어가 쉽고 물과 곡식의 공급 문제가 해결되었다. 테오도시우스(Theodosius) 황제(재위 379~395) 시절에 쌓은 성벽은 50만 명에 가까운 성내 인구를 충분히 보호할 수 있었다. 그러나 8세기에 인구는 6만~10만 명에 불과했으며, 15세기에는 5만 명이 채 못 되었다. 도시에는 제국의 행정부가 자리했다. 콘스탄티노폴리스는 천년 제국 비잔티움의 역사 속에서 심각한 변화를 겪었지만, 1204~1261년 서유럽 세력(제4차 십자군)이 도시를 정복했을 때를 제외하고는 단절 없이 자리를 유지했다.[2] (정복 기간은 매우 짧았다. 그러나 이후에 닥쳐올 심각한 변화가 그때 잉태되었다.) 인상적인 도시 콘스탄티노폴리스를 배경으로 제국의 의례가 거행되었고, 대궁전(Great Palace)의 여러 건물은 최고 권력자의 위엄을 더해주었다.

네 번째는 도시에 가득했던 보물을 안전하게 브관하는 능력이었다. 1204년을 제외하고는 보물이 적들의 손에 넘어간 적이 없었다. 그때도

---

2 Cyril Mango, *Le développement urbain de Constantinople (ive-viie siècles)* (Paris: De Boccard, 1990); Paul Magdalino, *Constantinople médiévale: Études sur l'évolution des structures urbaines* (Paris: De Boccard, 1996); and Raymond Janin, *Constantinople byzantine: Développement urbain et répertoire topographique* (Paris: Institut Français d'Études Byzantines, 1964).

상당량의 보물은 이미 빼돌린 뒤였다. 세금 행정은 느슨해진 적이 없었다. 페르시아의 침략과 경기의 쇠퇴로 로마 제국으로부터 물려받은 도시 네트워크가 해체되고, 6세기 이후 제국의 시골화(ruralization) 과정을 거쳐, 더 이상 농촌 마을 이외에는 안정적 세금 자원을 기대할 곳이 없어진 뒤에도 이는 마찬가지였다. 콘스탄티누스(Constantinus) 황제 시기부터 만들어진 금화(nomisma, 복수형 nomismata)의 안정성은 이후 11세기까지 700년 동안 제국의 신망을 더해주었다. 아랍 통치하의 이집트와 시리아 사람들도 화폐는 오직 비잔티움 황제가 발행한 노미스마(nomisma)만 신뢰했다. 노미스마는 오늘날 서유럽 전역뿐만 아니라 중국에서도 발견되었다.

통화가 안정되었기 때문에 잔금 보유량과 군인의 수가 어긋나지 않는 한 지속적으로 군대에 급여를 지급할 수 있었다. 재원 또한 정치적 위엄을 뒷받침했다. 제국의 권위 아래 지급되는 돈은 강력한 단결의 요인이었다. 제국의 심장부에서 엘리트 계층은 간절히, 또한 오래도록 제국의 위엄을 만들어갔다. 또한 제국의 바깥에서 동맹을 구축할 때도 제국의 위엄은 상당한 도움이 되었다. 제국의 넉넉함은 실제의 이점을 제공했다. 연 단위로 로가(roga, 급여)를 지급했고, 귀한 직물을 선물로 주었는데, 종종 고급 비단도 포함되어 있었다.

이와 같은 네 가지 장점(로마의 유산, 종교적 위계질서, 방어 시설이 잘 갖추어진 수도, 안정적 통화 체계) 덕분에 비잔티움은 수많은 도전에도 불구하고 중간천년기를 잘 견뎠다. 결국 세 가지 주요 도전(국경을 침략하는 적들, 황제 계승의 불안정, 지방 엘리트의 도전) 때문에 제국의 운명은 벼랑 끝까지 몰렸다. 그러나 그때는 서로마 제국이 멸망한 뒤 거의 1000

년이 지난 후였다.

## 혼란, 적응, 그리고 안정(500~750)

기원후 500년이 채 되기 전에 서로마 제국이 해체되었다. 이는 로마의 후계자로 자처한 거대 게르만 왕국들의 이익으로 돌아갔다. 그러므로 동로마 제국과 공유한 가치는 변함없이 유지되고 있었다. 예컨대 프랑크의 왕 클로도베쿠스(Chlodovechus, 재위 481~511)는 동로마의 황제 아나스타시우스(Anastasius)가 수여한 파트리키(patrícii, 원로원 의원) 칭호를 좋아했다. 당시까지는 법적으로 로마 속주들의 관계가 어느 정도 남아 있었다. 그러나 이후로는 분리가 시작되었다. 동로마 제국은 콘스탄티노폴리스를 중심으로 광대한 영역을 장악했지만, 과거 로마 제국의 대관구(praefectura) 4개 중에서 2개(오리엔트Orient와 일리리쿰Illyricum)를 가졌을 뿐이다. 유스티니아누스(Iustinianus) 황제의 통치 시기에는 아프리카와 이탈리아를 다시 정복했고, 적어도 나머지 2개 대관구도 부분적으로는 회복했다(지도 21-1). 그러나 541년 흑사병이 도래하면서 경제가 쇠퇴하고 무엇보다도 인구가 감소했다. 제국의 야망은 깨질 수밖에 없었다. 병력의 수 자체가 콘스탄티누스(Constantinus) 황제 시기만큼 되지 못했다.

경제적 차원에서 지중해 무역은, 7세기 비잔티움의 침입 이전에도 이미 뚜렷하게 지역 경제권을 형성하고 있었다. 유스티니아누스 황제가 지중해 지역을 다시 정복한(reconquest) 사업은 전체적으로 볼 때 손해는 아니었다. 결과적으로는 당시 아프리카에서 가장 부유한 지역과, 특히 번영하는 시칠리아를 소유한 덕분에 후대, 즉 7세기의 비잔티움 제

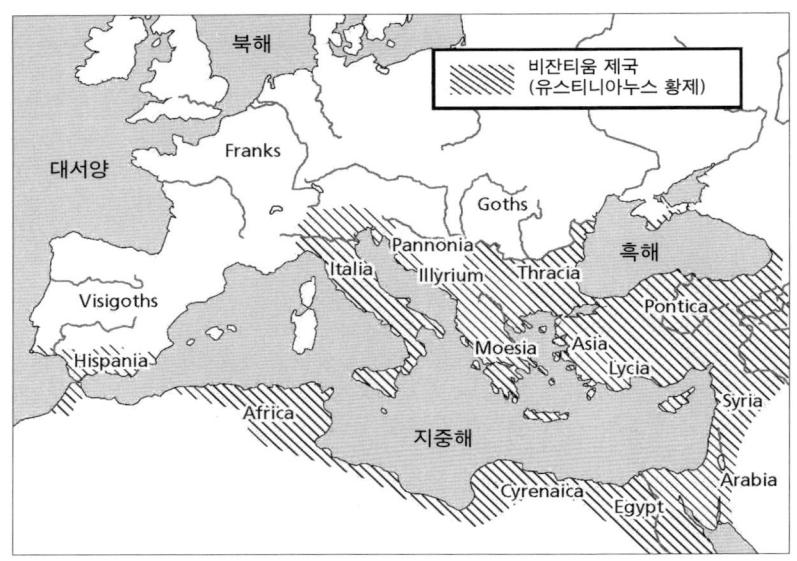

[지도 21-1] 유스티니아누스 황제 시기의 비잔티움 제국, 기원후 555년

국이 생존할 수 있었기 때문이다.[3] 580년부터 시작해서 헤라클리우스(Heraclius) 황제가 사망한 641년까지 비잔티움 제국은 서서히 축소되었다. 영토뿐만 아니라 금융 자원의 측면에서도 마찬가지였다. 제국의 구조 변화는 불가피했다.[4]

---

3 John F. Haldon, *Warfare, State and Society in the Byzantine World 565-1204* (London: UCLA Press, 1999) and John F. Haldon, *State, Army and Society in Byzantium* (Aldershot: Variorum, 1995).
4 비잔티움 제국의 세금 제도에 대해서는 다음을 참조. Wolfram Brandes, *Finanzverwaltung in Krisenzeiten: Untersuchungen zur byzantinischen Verwaltungsgeschichte* (Frankfurt am Main: Löwenklau, 2002), and Nikolaos Antōniu Oikonomidès,

붕괴는 갑작스러운 일이라, 사람들은 오래도록 그 의미를 이해할 수 없었다. 시리아, 팔레스타인, 이집트에서는 주민 대부분이 단성론파(單性論派, Monophysites)였다(비잔티움의 국교는 양성론파Dyophysites였다. – 옮긴이). 그럼에도 불구하고 그들은 비잔티움 황제가 돌아오기를, 그래서 로마 제국의 영원한 권력이 다시 구축되기를 오래도록 소망했다. 이들 지역에서는 당시 세금을 무슬림 통치자에게 바쳤지만, 행정은 과거 로마 제국의 체제가 그대로 유지되고 있었기 때문이다. 641년 비잔티움 제국은 여전히 3대륙에 걸쳐 있었고, 이탈리아와 아프리카에 확고한 거점을 구축해둔 상태였다. 그러나 새로운 적국인 메디나(Medina)의 칼리프국과 콘스탄티노폴리스 사이에는 아무런 장애물이 없었다. 그들은 비잔티움 제국의 동부 지역을 장악했고, 비잔티움의 오랜 경쟁 상대인 페르시아를 접수하는 중이었다. 그렇게 되면 그들은 고대 세계에서 가장 자원이 풍부한 지역, 즉 나일강 유역과 메소포타미아 지역을 모두 장악할 참이었다. 우마이야 칼리프국이 성립하자 위협은 한층 더 강력해졌다. 시리아 군대를 위주로 한 그들이 다마스쿠스에 정착하자, 이제 한 걸음만 더 가면 콘스탄티노폴리스였다.

아르메니아고원은 전통적으로 전략적 요충지였다. 아르메니아인은 기독교도였지만, 그곳의 군주들은 아랍인과 조약을 맺었다. 그에 따라 그들도 약간의 양보를 한 점이 없지 않지만, 오랫동안 열망한 자치권을 얻어냈다. 7세기 후반의 황제들, 예컨대 콘스탄티누스 4세(재위

*Fiscalité et exemption fiscale à Byzance* (ixe-xie s.) (Athens: Institut de Recherches Byzantines, 1996).

668~685)나 유스티니아누스 2세(재위 685~695 / 705~711) 등이 아르메니아고원을 차지해보려 했으나 결국 허사였다. 아르메니아인이 우마이야 칼리프의 추가 요구(인력과 세금)를 받았을 때는 이미 너무 늦어서 돌이킬 수 없었다.

641년 헤라클리우스 황제가 사망한 이후부터 741년 아크로이논(Akroinon, 아나톨리아고원의 가장자리 - 옮긴이)에서 최초의 대규모 승리를 거둘 때까지 비잔티움 제국은 파괴의 위협에 시달려야 했다. 발칸 지역은 오래도록 슬라브인의 공격을 받았고, 그다음에는 뛰어난 유목 전사인 아바르인이 쳐들어왔다. 아바르인이 처음 콘스탄티노폴리스를 포위한 때는 626년이었다. 6세기가 끝나갈 무렵, 슬라브인은 펠로폰네소스반도까지 뚫고 들어왔다. 비잔티움 제국에게 남은 영토는 에게해 연안과 섬 지역뿐이었다. 그리고 아드리아해의 디라키우(Dyrrachiou, Durrës)에서 콘스탄티노폴리스까지 동서로 연결된 비아 에그나티아(Via Egnatia) 도로는 몇 세기 동안 끊어진 채였다. 그래서 이탈리아 지역과의 소통은 더욱 어려워졌는데, 변덕스러운 날씨와 해적의 위협에 노출된 해로에 의존할 수밖에 없었기 때문이다. 콘스탄티노폴리스에서 멀리 떨어진 아프리카와 이탈리아는 6세기부터 엑사르코스(exarchos, 총대주교의 대리인 혹은 지방 총독을 의미하는 그리스어 - 옮긴이)가 통치를 맡았다. 그들에게는 위급한 경우 현지 상황에 따라 공권력과 군권을 동원할 수 있는 권한이 주어졌다.

지중해 동부 지역에서는 키프로스가 급속도로 떨어져 나갔고, 소아시아 킬리키아 평원(Cilician plain)은 전략적 요충지로서 더욱 혹독한 전장으로 변해갔다. 8세기 초엽 전쟁은 아랍의 승리로 끝났다. 아랍은 타르수스(Tarsus) 등 여러 도시에 요새를 건설했다. 나중에 아나톨리아 평원으로 진격할 때를 대비한 전초 기지였다. 칼리프는 두 차례(c. 670, 717~718)에 걸쳐 콘스탄티노폴리스 정복을 시도했다. 그러나 콘스탄티노폴리스의 성벽은 난공불락이었다. 아랍 함대는 그리스 화약(Greek fire, 관을 통해 액체를 내뿜어 불을 붙이는 장치) 때문에 손실이 컸다. 마침내 8세기 중반에 이르러 우마이야 왕조를 몰아낸 아바스 칼리프들이 메소포타미아로 중심지를 옮기면서 모종의 균형이 이루어졌다. 763년 바그다드의 건설로 상징되는 변화였다. 요약하자면 국경선은 타우루스산맥과 안티-타우루스산맥에서 멀어져 도시 셀레우키아(Seleucia)-트라브존(Trabzon)을 연결하는 선이 되었고, 국경 지대는 이후 2세기 동안 무인 지대로 남아 침략을 방어하는 기능을 했다. 콘스탄티누스 5세(재위 741~775) 시기부터 비잔티움 제국은 칼리프국 국경 지대의 도시를 목표로 반격을 가하기 시작했다.

이와 같은 상황이 오기까지 황제들은 점진적 조정을 해 나가야 했다. 결국 제국의 조직 구조는 심각한 변화를 겪었다. 개혁의 본질에 관해서는 아직 학계에서 논쟁이 끝나지 않았다. 특히 개혁 부문 가운데 가장 중요하다고 할 군대 개혁 문제를 두고 논란이 남아 있다. 제국의 재정 수입은 틀림없이 3분의 1로 줄어들었는데, 어떻게 그 많은 인원의 군대를 배치할 수 있었을까? 게다가 소박한 지역 상거래를 제외하면 상업 체계 또한 붕괴한 뒤였다. 알려지지 않은 가장 중요한 분야는 인구 문제다. 전쟁, 전염병, 자연재해가 인구 변화에 얼마나 영향을 미쳤는지는 아직 밝혀지지 않았다. 그러나 고고학 발굴을 통해 분명한 사실 한 가지는 드러났다. 즉 기존의 도시가 거의 완전히 사라졌던 것이다. 예외라면 콘스탄티노폴리스와 강력한 군대 주둔지가 있는, 예컨대 아모리움(Amorium) 같은 몇몇 소도시뿐이었다. 다른 도시들은 요새화된 성벽 안쪽으로 쪼그라들어서 과거 도시를 기준으로 보자면 아주 작은 일부 지역만 보호할 수 있게 되었다. 앙고라(Angora, Ankara)가 그랬고, 페르가뭄(Pergamum, Pergamon)이 그랬으며, 심지어 에페수스(Ephesus)조차 마찬가지로 극적인 변화를 보였다.[5] 또한 우리는 당시 시골의 상황이 어떠했는지 알지 못한다. 슬라브인의 유입으로 발칸 지역이 활기를 띠게 되었다는 이론은 더 이상 신뢰를 받기 어렵다. 과연 도시 인구가 줄어든 만큼 농민의 수도 같은 비율로 줄어들었는지 모를 일이다. 해당 지역이 전염병의 영향을 받았는지 여부, 혹은 적의 침략 경로상에 위치했는지 여부에 따라 결과는 많이 달랐을 것이다. 콘스탄티노폴리스에서 가까운 지역(트라케Thrace와 비티니아Bithynia)은 비교적 괜찮았고, 오리엔트 속주(praefectura Orientis)는 포위당한 일을 제외하면 그렇게 심각한 손상이 없었다.

군비 지출 또한 논쟁의 주제 가운데 하나다. 이는 곧 테마(thema) 제도(군관구제軍管區制)의 조직 구성과 관련되는 주제이기 때문이다. 한때 동방의 먼 지역에 주둔했던 일부 군대는 소아시아 지역으로 소환되었다가 점차 정착하게 되었고, 현지에서 군인도 모집했다.[6] 여기서 새로운

---

5 Clive Foss, *Cities, Fortresses and Villages of Byzantine Asia Minor* (Aldershot: Variorum, 1996).
6 Constantin Zuckerman, "Learning from the Enemy and More: Studies in 'Dark Centuries' Byzantium," *Millennium: Jahrbuch zu Kultur und Geschichte des ersten Jahrtausends n. Chr.* 2 (2005): 79-135.

군대-행정 조직이 탄생했는데, 비잔티움 제국에서는 이를 테마(thema)라 했다. 8~9세기를 거치면서 테마는 로마 제국 이래 유지된 지방 조직을 대체하게 되었다. 각각의 테마는 스트라테고스(strategos)가 지휘했다. 스트라테고스는 장군으로서 일반 행정 책임자를 좇하는 직책이었다. 현금 지출이 줄어든 만큼 현물 자원이 필요했고, 농민은 군인과 군용 가축에 필요한 물품을 공급했다. 화폐 통화량이 부족했기 때문이다.

고난의 시기에 제국을 구할 수 있었던 것은 중앙 권력이 유지된 덕분이다. 물론 때로는 흔들릴 때도 있었다. 예를 들면 695년에서 717년 사이 쿠데타가 여러 차례 잇달아 일어나 황제들이 자주 교체되었다. 그러나 비잔티움 제국의 국경 안에는 언제나 제국이 의지할 수 있는 지방들이 있어서 충성을 다했다. 멀리 떨어진 시칠리아도 그중 하나였다. 당시 시칠리아는 화폐 유통과 경기 활성화의 측면에서 군계일학이었다. 비잔티움 제국의 연이은 패배에도 불구하고 여러 지방에서는 예정된 세금과 필요한 인력을 보내주었다. 아랍이 아나톨리아 평원에서 장기 지속적 거점을 마련하지 못한 것도 바로 이런 분위기 때문이었다.

### 제국의 구조 조정과 회복, 750~1000년

8세기 중엽부터 흑사병이 잦아들고 아랍의 압박도 어느 정도 줄어들었다. 이사우리아(Isauria) 왕조(717~802)가 비잔티움 제국의 통치를 맡은 이후로 제국의 군사화 및 군인 황제의 계승이 이어졌고, 제국의 생존은 안정화되었다. 그렇지만 심각한 패전도 없지 않았다. 811년 불가르인과의 전투에서 비잔티움 제국의 황제 니케포로스(Nikephoros) 1세(재위 802~811)가 전사했고, 838년 칼리프 알-무타심(al-Mu'tasim)과의 전투에서 패하여 아나톨리아 지방의 수도 아모리온(Amorion)이 아랍에 넘어가기도 했다. 아모리온은 비잔티움 제국 최초로 설정된 테마(thema, 군관구)였다.

그런 상황에서 사회도 변해갔다. 과거 지역 엘리트 계층인 원로원 의원들이 사라졌기 때문이다. 다만 콘스탄티노폴리스만은 예외였으니, 그곳에서는 의원들이 보호받고 있었다. 황제에게 충성을 바치는 새로운 귀족 계층이 형성되었다. 그들이 지방의 주요 군권과 재정권을 모두 장악했다. 아나톨리아에서는 대아랍 항전에서 두각을 나타낸 가문이 귀족이 되었다.[7]

소아시아(Asia Minor)에서 저항은 성공적이었으나, 그 대신 제국의 서부에서 치러야 할 대가도 적지 않았다. 751년 랑고바르드 왕국의 공격으로 라벤나(Ravenna) 엑사르카톤(exarchaton, 엑사르코스 관할구 – 옮긴이)을 상실했다. 랑고바르드의 침략에 대해 교황은 전통적으로 비잔티움 제국에 구원을 요청했지만, 이제는 당시 서방에서 새롭게 부상하는 세력인 카롤루스 왕조에 의지할 수밖에 없게 되었다. 비잔티움 제국은 고립된 채 스스로를 지키고 있었다. 과거 비잔티움 제국의 공국(dux)인 베네치아도 9세기에 독립했다. 다만 베네치아의 통치자는 계속해서 도제(doge)라는 칭호를 사용했고, 이후 수 세기 동안 비잔티움 제국의 승인을 받았다. 이탈리아 남부와 시칠리아가 비잔티움 제국의 영토로 남아 있었으나, 9세기에 이르러 아프리카의 에미르(emir, 토후)가 서서히

---

[7] Michael Angold (ed.), *The Byzantine Aristocracy, IX to XIII Centuries* (Oxford: B.A.R, 1984), and Jean-Claude Cheynet, *The Byzantine Aristocracy and its Military Function* (Aldershot: Ashgate, 2006).

그곳을 차지했다. 비잔티움 제국은 이탈리아 남부에서 랑고바르드가 차지한 공국들과 가에타(Gaeta) 공국, 나폴리(Napoli) 공국, 아말피(Amalfi) 공국에 대하여 외교적으로 영향력을 유지하려 했고, 서방의 세력에 대해서도 예의 주시하고 있었다. 비잔티움 제국의 명의로 외국의 일부 엘리트 계층에게 호칭을 하사하는 식으로 연결 고리를 유지했다.

생존을 확보한 뒤 효율적 군사 행정 체제까지 갖춘 비잔티움 제국은 9세기에서 11세기를 거치는 동안 모든 방면(인구, 경제, 군사)에서 회복세를 보였다. 팽창이 극대화된 시기는 11세기였다. 당시 콘스탄티노폴리스 최고 통치자의 세력 범위는 이탈리아 남부에서 캅카스 지역까지, 도나우강에서 시리아 북부까지 이어졌다. 통치자는 더 이상 과거처럼 지방 엘리트 관료에 의존하지 않고 지방 귀족과 연계를 맺었다. 테마(군관구)의 지휘자도 지방 귀족 중에서 나왔다. 당시 가장 중요한 자리라고 하면 소아시아 중부의 아나톨리아 지역 테마를 관할하는 스트라테고스(strategos, 복수형 strategoi), 혹은 스콜라이(Scholai, 친위부대)의 사령관 도메스티코스(domesticos)였다. 도메스티코스에게는 황제 궐위 시 군사 지휘권이 주어졌다. 그들은 반드시 직접 궁정으로 나아가 근무 내용에 따른 계급과 로가(roga, 급여)를 받아야 했다.[8] 그들에게는 가문이 있었고, 그에 소속된 하인들도 있었다. 황제에게서 받은 계급과 혜택은 가문과 하인들에게도 영향을 미쳤고, 가문의 대표자에게는 황제가 친히 호의를

---

8  Paul Lemerle, "'Roga' et rente d'État aux xe-xie siècles," *Revue des études byzantines* 25 (1967): 77-100; repr. in Lemerle, *Le monde de Byzance: histoire et institutions* (London: Variorum, 1978).

베풀었다. 가문의 지도자는 가문의 일을 대표해서 건의할 수 있었고, 황제는 그들에게 돈과 직책을 직접 하사하기도 했다. 이런 과정을 통해 지방 엘리트 귀족 가문과 콘스탄티노폴리스 중앙 권력은 (공식 지방 행정 체제를 통해서뿐만 아니라 – 옮긴이) 간접적으로도 연결되었다.

비잔티움의 정책은 한마디로 후원과 유혹이었다. 비슷한 정책이 비잔티움 제국 주변의 여러 공국에 적용되었다. 이를 통해 비잔티움 제국의 황제들은 그들을 영향력의 범위 안에 묶어두고자 했다. 주변국 통치자들에게 주어지는 칭호는 대개 높은 등급으로, 비잔티움 제국에 속한 신하들에게 주어지는 것보다 더 높았다. 예를 들어 캅카스 지역 이베리아(Iberia) 왕국(오늘날 조지아)의 통치자는 11세기 중엽까지 전통적으로 쿠로팔라테스(Kuropalates)라는 호칭을 받았는데, 이는 원래 황실의 가족에게 주어지는 호칭이었다. 금전적 혜택도 주어졌다. 호칭에 따른 로가(roga)는 막대한 현금과 수많은 비단으로 구성되었다. 혜택을 받은 주변국의 통치자는 이를 다시 신하들에게 나누어주었다. 이로써 비잔티움 제국과 우호적 관계를 유지하려는 선의의 압력이 형성되었다. 이와 같은 방식으로 비잔티움 제국은 상당히 충직한 동맹을 거느렸다. 이탈리아, 아르메니아, 무슬림 세계에도 그런 공국들이 존재했다. 그래서 국경으로부터 멀리 떨어진 지중해 세계와 서유럽 라틴어권에도 비잔티움 제국의 영향력이 미쳤다. 파티마 칼리프국의 통치자는 비잔티움 제국의 황제가 콘스탄티노폴리스에서 보내온 선물을 꼼꼼히 기록해두었다. 비잔티움의 비단은 갈구하는 이가 많았다. 서유럽의 통치자나 주교에게 주어진 비잔티움 비단은 수많은 교회의 수장고에서 성유물(聖遺物, relic)을 덮는 데 사용되었다. 그 성유물 또한 콘스탄티노폴리스에서 보내준 경우도 있었다. 콘스탄티노폴리스를 방문한 중요한 손님에게 유물을 나누어 주곤 했는데, 받는 사람은 그것을 매우 고맙게 생각했다.

비잔티움 제국의 변화에 따른 사회적 결과가 없을 수 없었다. 이른바 "암흑기" 동안 전체 인민이 참여하는 인민방위(popular defense) 개념이 이상화되었다. 군인의 사회적 기반은 대개 중소 규모 지주였다. 물론 이 시기에 대지주가 전혀 없지는 않았다. 부유한 부재지주로 구성된 전통적 원로원 의원 귀족은 아마도 동방 속주의 상실과 이탈리아를 휩쓴 전쟁의 여파로 쇠락의 고난을 겪었을 것이다. 다만 콘스탄티노폴리스에 거주한 귀족의 운명은 우리가 자세히 알 수 없다. 제국의 동방이나 서방에서 겪어야 했던 단절이 그들에게는 해당되지 않기 때문이다. 8세기를 기준으로 황제도 자신의 영지를 소유했고, 세금 징수 기관에 속한 영지도 있었으며, 사원이나 심지어 개인 지주가 소유한 영지도 있었다. 예컨대 암니아(Amnia)의 성자 필라레토스(Philaretos, 8세기 초)는 끝도 없는 관대함으로 유명한 성인전(hagiography)의 주인공이지만, 원래는 개인적으로 막대한 규모의 영지를 소유한 지주였다. 당시에는 토지 소유의 집중화가 진행되고 있었다. 혹독한 겨울로 유명한 927/8년 이후에도 사정은 달라지지 않았다. 형편이 어려운 농민은 대지주에게 자신의 토지를 팔아야 했다. 대지주의 신분은 공공 기관일 수도 있고, 사적 개인일 수도 있었다. 토지를 팔아버린 농민은 파로이코스(paro.kos, 복수형 paroikoi), 즉 기존의 토지에서 계속 농사를 짓지만 임대료를 내는 소작농 신세가 되었다. 세금은 마을의 지주들 전체를 대상으로 부과되었다. 넓게는 행정 구역 전체가 그 대상이었다. 이 체제의 균형이 무너지면 군대의 인력 충원과 자금도 위협을 받았다.

이런 상황에 즈음하여 황제는 소규모 농가를 보호하기 위한 엄격한 법률을 잇달아 공포했다. 그러나 별다른 소용은 없었다. 농민은 더 이상 군 복무에 흥미를 느끼지 못했고, 대다수는 병적에 이름을 올리는 대신 무기를 팔아치우더라도 세금을 내는 쪽을 선호했기 때문이다. 바실레이오스(Basileios) 2세(재위 976~1025)가 대규모 영지에 대한 악명 높은 몰수 정책을 실시했음에도 불구하고 대세를 바꾸지는 못했다.

농민에게 농지를 되찾을 수 있는 기회를 준다는 것은 현실적이지 못한 방안이었다. 그렇게 하려면 농민에게 토지 구입 자금이 있어야 하기 때문이다. 스트라테고스(군관구의 책임자)는 동기 부여가 충분치 못한 군인을 굳이 받아들이려 하지 않았다. 스트라테이아(군관구)에서 나오는 세금으로 돈을 지불하면 비잔티움 사람이든 외국인이든 전문 군인을 채용할 수 있었다. 중앙의 타그마(tagma, 황제 직속 부대, 복수형 tagmata)에도 용병의 수가 점점 늘어났다. 타그마타는 콘스탄티누스 5세 때 창설된 엘리트 친위대로, 대부분이 기병으로 구성되었다.[9]

테마(군관구) 소속 군대도 변화의 흐름에 놓여 있었다. 군대는 지역마다 자체적으로 군인을 모집했다. 규모가 너무 큰 테마는 분리하기도 했는데, 스트라테고스 한 사람에게 권력이 너무 집중되는 일을 막기 위함이었다. 그럼에도 불구하고 테마 아나톨리코이(Anatolikoi)의 스트라테고스가 몇 차례 반란을 일으켰고, 일부는 성공하여 권력을 잡기도 했다. 레온(Leon) 3세 이사우로스(Isauros, 재위 717~741)와 레온 5세 아

---

9 John Haldon, *Byzantine Praetorians: An Administrative, Institutional, and Social Survey of the Opsikion and Tagmata, c.580-900* (Bonn: Habelt, 1984).

르메니오스(Armenios, 재위 813~820)가 바로 그런 사례였다. 초기의 대규모 테마들, 예컨대 아나톨리코이, 아르메니아코이(Armeniakoi), 옵시키우(Opsikiou) 등은 규모가 크게 줄어들었다. 《탁티카(Taktika)》(궁중에서 전하던 전술 교범)에 등장하는 위계에서는 그들이 언급조차 되지 않았다.[10] 발칸 및 아나톨리아 지역을 다시 정복하면서 테마의 수는 뚜렷이 증가했다. 10세기 말엽에는 주로 아르메니아인으로 구성된 소규모 테마가 동부 국경선에 배치되었고, 때로는 조그만 요새를 건설하기도 했다. 정복 과정이 끝난 다음에도 이런 거점에 스트라테고스와 주둔 병력이 배치되었는지는 확실하지 않다. 세력의 분산을 막아보고자 국경 지대의 테마들을 큰 구역으로 묶어서 공작(duke)의 지휘 아래 두거나, 혹은 카테파노(katepánō)라는 새로운 지휘관을 임명했다. 안티오케이아(Antiokheia), 이베리아(Iberia), 이탈리아(Italia)도 이와 같은 공작령에 속했다. 이후 세기에는 모든 국경선에 이와 같은 방식의 조직이 배치되었다.

발칸 지역의 해군은 육군 모델에 따라 소함대로 구성되었다가 나중에 중앙 함대로 확대되어,[11] 에게해 해안 지역과 몇몇 해안 요새, 예컨대 이피로스(Ipiros)와 달마티아(Dalmatia)에 주둔했다. 최고위 요새는 에그나티아 도로(Via Egnatia)의 출발점에 해당하는 디라키우(Dyrrachiou)였다. 발칸 내륙 지역의 남부에는 슬라브인이 거주했고, 북부에는 7세기

---

10 Nikolaos Antōniu Oikonomidès, *Les listes de préséance byzantines des ixe et xe siècles* (Paris: Éditions du Centre national de la recherche scientifique, 1972).
11 Hélène Ahrweiler, *Byzance et la mer. La marine de guerre, la politique et les institutions maritimes de Byzance aux vii$^e$-xv$^e$ siècles* (Paris: Presses universitaires de France, 1966), and Elizabeth M. Jeffreys and John H. Pryor, *The Age of the Dromon: The Byzantine Navy ca 500-1204* (Boston: Brill, 2006).

이래 불가르 카간이 통치하는 강력한 국가가 형성되어 있었다. 발칸 지역을 회복하는 데는 무려 3세기 이상의 시간이 필요했다. 헬라스(Hellas, 그리스)와 펠로폰네소스를 되찾는 일은 9세기에 비교적 쉽게 이루어졌다. 군사적 압박과 전통적인 후원 및 유혹 정책을 병행한 결과였다. 그들을 스클라베노이(Sklabenoi, 혹은 Sclaveni)라 했는데, 그들의 땅은 반(半) 독립적 자치 구역으로 비잔티움 행정 체계에 흡수되었다. 불가르인이 세운 나라는 결코 무시할 수준이 아니었다. 전사 민족인 그들은 비잔티움 군대에 막대한 손실을 입혔다. 그들의 지도자 크룸(Krum)과 후대의 시메온(Simeon)은 심지어 콘스탄티노폴리스를 포위하기도 했지만, 정복에 성공하지는 못했다.

### 동서 양방향 팽창 및 그 한계

군대와 비잔티움의 금은 효과가 없지 않았다. 기독교의 선교 활동은 그 효과에 더욱 힘을 보탰다. 황제들의 입장에서도 이교도 지역의 기독교 선교를 선호했다. 새로운 신자들의 마음속에 충성심을 심어주는 효과를 기대했기 때문이다. 기독교에서는 황제가 신에 의해 세계의 통치자로 선택된 사람이라고 가르쳤다.[12] 무슬림을 대상으로 이런 가르침은 턱도 없는 일이었다. 발칸 지역에서 비잔티움 제국은 펠로폰네소스와 헬라스를 되찾았고, 그에 따라 비잔티움 성립 이전에 이미 구성되어 있던 주교 관할구(bishopric) 네트워크가 복원되었다. 그러나 이교도인 슬

---

12 On the missions, see the special issue of *Harvard Ukrainian Studies* 12-13 (1988-9).

라브인이 침략하면서 다시 발칸을 내주게 되었다. 365년 불가르의 카간 보리스(Boris)가 기독교로 개종했고, 그의 대부(godfather)인 비잔티움 제국의 황제 미하일(Michael) 3세(재위 842~867)의 이름을 사용했다. 그러나 불가르의 통치자는 황제에게 종속된다거나 황제를 기독교 국가의 "아버지"로 받아들일 의사가 전혀 없었다. 수십 년간의 투쟁을 거쳐 마침내 1018년 불가르의 독립은 막을 내렸다. 바실리오스(Basilios) 2세는 불가르 잔여 세력의 마지막 저항을 막아냈고, 승리한 보야르(boyar, 불가르 귀족)들에게 칭호와 직책을 약속했다.

한편 동쪽에서는 세력 균형이 서서히 진행되면서 비잔티움 제국의 팽창이 천천히 모습을 드러냈다. 대규모 원정군을 조직할 능력이 있는 아바스 칼리파국은 9세기 후반부터 분열되기 시작했다. 비잔티움 제국과 비교하자면 아바스 제국은 세금 체계에서 구조적 약점이 있었다. 아바스 제국의 지방관들은 징수된 세금을 공적 자금과 군대 비용으로 지출한 뒤 남는 돈을 바그다드로 보냈다. 한편 비잔티움 제국의 지방관들은 금화로 세금을 거두어 먼저 콘스탄티노폴리스로 총액을 보냈다. 수도로 모인 세금은 재무 담당관(logothete, 일반 재무logothete génikon, 군사 재무logothete stratiôtikon)의 손을 거쳐 지방 정부의 관리와 군인의 급여로 다시 내려보냈다. 이와 같은 체계를 지탱하기란 쉬운 일이 아니었다. 막대한 금화의 유통이 뒷받침되어야 했기 때문이다. 테마(군관구)에 지급한 급여(roga)가 중간에 적들에게 탈취되었다는 기록도 많이 남아 있다. 그러나 중앙에서 자금의 흐름을 관장하는 것은 중앙의 권위에도 유리한 면이 있었다. 이와 달리 칼리프국의 거대 지방 총독들, 예컨대 이란이나 이집트 총독은 단순히 초과 이익을 보내지 않으면 그만이었고, 독립 정권으로 전환하기도 그만큼 수월했다.

아바스 칼리프국이 약화되자 그 빈틈을 노려 에미르(emir, 혹은 amir, 토후)가 부상했다. 그래서 비잔티움 제국의 국경 지역에는 멜리테네(Melitene), 타르수스(Tarsus), 알레포(Aleppo) 등의 에미르가 자리를 잡고 지하드(jihad, 성전)를 표방하며 세력을 모았다. 장기적 관점에서 볼 때 에미르는 비잔티움 제국의 중심부를 위협할 만한 능력이 없었다. 그러나 그들이 심각한 손상에도 불구하고 군대를 재건할 수 있었던 것은 지하드를 표방하며 자원 입대자를 모으는 데 성공했기 때문이다. 또한 그들은 돈을 받고 이교도와 싸울 용병도 모집했다. 한 세기가 넘는 시간이 지난 뒤 테마의 군대는 타우루스산맥의 고갯길에서, 때로 중앙에서 파견된 군대의 도움을 잠깐씩 받아가며 에미르의 군대를 완전히 격파했다(자원 입대자 때문에 에미르 군대의 병력은 과거보다 더 많았다). 그러나 정복은 더 이상 그들의 목적이 아니었다. 오히려 습격을 통해 재물을 약탈하고 포로를 잡아 팔아넘기는 돈벌이 수단이었다. 함단(Hamdan) 왕조 시기 알레포(Aleppo)의 에미르인 사이프 알-다울라(Sayf al-Dawla)의 공격에 맞서, 강력하고 부유한 비잔티움 제국의 장군인 니케포로스(Nicephoros)와 레오포카스(Leo Phokas) 형제가 나섰다. 국경을 마주하는 두 개의 사회가 형성되었지만 삶의 방식은 다를 바가 없었다. 이를 그리스어로 아크리타이(akritai)라 하는데, 국경 수비대를 의미하는 어휘다. 양쪽 진영에서 추구하는 가치는 동일했다. 즉 자신의 종교 공동체를 위해 싸우며, 전장에서 죽어간 병사를 찬양했다. 비잔티움 제국의 국경 지역에서 전사자는 곧 순교자로 간주되었으며, 국경을 마주한 무슬림 세계에서도 마찬가지였다. 전투를 찬양하는 것도 양쪽 진영에서 다르지 않았다. 아부-피라스(Abu-Firas)나 무타나비(Mutanabbi) 같은 시인들은 함단 왕조의 에미르인 사이프 알-다울라(Sayf al-Dawla)의 승전을 칭송했는데, 비잔티움 제국에서는 이에 비견할 만한 것이 디게네스 아크리타스(Digenis Akritas)를 칭송하는 노래였다. 그는 비잔티움의 귀족 여인과 아랍의 에미르가 결혼하여 태어난 영웅이었다.[13]

동방으로 제국의 영토가 확장되면서 과거 기독교 중심지들도 회복되었다. 그중에서 가장 유명한 도시는 안티오케이아(Antiokheia)였다. 새로운 주교좌 도시들도 재조직되었다. 영토를 회복하는 동안 황제는 시리아 정교회 교인들(단성론자로 무슬림 에미르의 치하에서 살던 사람들)을 불러들여 아랍으로부터 회복한 지역에 거주하도록 했다. 또한 그들을 아르메니아의 주요 주둔지에 배치하기도 했다. 그래서 아르메니아 정교회 혹은 시리아 정교회 주교좌 교구가 형성되었다. 처음에는 황제들이 대규모 시리아 정교회 건축물을 후원했고, 그중 일부에 필사실을 기부하기도 했다. 종교적 다양성(단성론파와 양성론파의 공존 – 옮긴이)은 분쟁을 불러왔다. 그러나 칼케돈 공의회를 지지하지 않는 기독교인(단성론자 – 옮긴이)이라 할지라도 튀르크 침략자의 통치 아래 사는 것을 더 좋아하지는 않았을 것이다.

서부 지역인 라틴어권에서는 동부 지역에서만큼 성공적이지 못했다. 비잔티움 제국의 서쪽에서는 고작 이탈리아 남부의 풀리아(Puglia) 지방

---

13 아나톨리아 지역에서 지하드 사상의 매력을 논의한 다음의 글을 참조. Gilbert Dagron, "Byzance et le modèle islamique au xe siècle: à propos des *Constitutions tactiques* de l'empereur Léon VI," *Comptes rendus de l'Académie des Inscriptions et Belles-Lettres* 2 (1983): 219–43.

을 획득하는 데 그쳤다. 그곳을 근거지로 관찰을 지속하는 한편 개입할 수 있는 기회를 노렸다. 서양의 군주국들도 재편되었다. 서유럽에서 로마 제국을 재건한다고 인정받은 군주가 두 차례나 등장했다. 800년의 카롤루스 마그누스(Carolus Magnus)와, 962년의 오토(Otto) 1세였다(교황으로부터 로마 제국 황제로 승인받았다. - 옮긴이). 콘스탄티노폴리스의 통치자만이 유일하게 로마 왕국(Roman basileia)의 호칭을 독점하는 상황에서, 황제의 호칭과 관련해서 등급을 다투는 문제도 있었지만, 이는 어디까지나 부차적인 문제에 불과했다. 분쟁의 핵심은 이탈리아와 로마의 소유권 문제였다. 서유럽의 통치자들은 395년에 맺은 분할의 약속을 잊지 않고 있었다. 당시에는 이탈리아 전역과 달마티아의 일부 지역을 서로마 황제의 치하에 두기로 했었다. 그래서 비잔티움 제국의 야망은 이탈리아반도 남부에 거점을 유지하고, 이탈리아 전부와 특히 로마를 장악하는 세력의 출현을 방지하는 정도에 그쳤다.

## 11세기의 발전

11세기는 역사학자들에게 상당히 매력적인 시기였다. 비잔티움 제국의 마지막 모습이 이때 만들어졌기 때문이다. 최고의 전성기는 1025년이었으나, 1081년에 이르러 제국은 이미 고민에 빠져 있었다(지도 21-2). 또한 서유럽 라틴어권도 11세기에는 세력 판도의 재편이 뚜렷하게 나타났다. 그들의 급작스러운 몰락이 인구 문제는 아니었다. 비잔티움 제국뿐만 아니라 유럽과 지중해 지역에서도 느리지만 꾸준히 인구 증가가 이루어지고 있었다. 예외라면 일시적 침략에 노출된 지역들뿐이었다. 비잔티움 제국이 쇠퇴하면서 테마(군관구)의 군대도 점차 사라져갔다. 11세기 후반기까지는 그 형태가 유지되었지만, 실질적 전투 단위로서의 기능도 수행하지 못하는 경우가 많았다.

유럽의 인구 증가로 무역이 활기를 띠었고, 특히 이탈리아가 그랬다. 지중해 권역의 지속적 무역 활성화로 콘스탄티노폴리스에도 혜택이 돌아갔다. 11세기 콤네노스(Komnenos) 왕조 치하의 콘스탄티노폴리스는 다시 인구가 30만에 달하는 거대 도시가 되었다. 중요한 소비의 중심지인 콘스탄티노폴리스는 지중해 전역으로부터 상인들을 끌어들였다. 상인들은 제국의 수도에 넘쳐나는 사치품을 구하러 왔다. 비단, 청동으로 제작한 문, 상아, 모자이크, 귀금속으로 만든 성상(聖像) 등이었다. 그러나 오랜 상식과 달리, 비잔티움의 상인들도 수도의 안락한 가게에 그저 앉아서 손님을 기다리기만 했던 것은 아니다. 오히려 해외의 부자 손님을 찾기 위해 과감한 항해에 나서기도 했다. 과거 6세기의 유명한 상인이자 지리학자인 코스마스 인디코플레우스테스(Cosmas Indicopleustes)의 시대와 달리, 비잔티움의 상인들은 더 이상 홍해나 에티오피아 혹은 인도까지 가지는 못했을 것이다. 그러나 그들 중 상당수는, 특히 지방의 상인들은 지중해의 항구들, 특히 알렉산드리아를 방문했으며, 육로로는 유프라테스강을 넘어 가기도 했다. 중세에 인도에서 온 향수와 희귀 목재 같은 상품이 콘스탄티노폴리스의 대궁전 근처 시장에서 판매되었다. 라틴어권의 상인들도 자신의 사업을 위해 그곳에서 상품을 사가지고 갔다.[14] 비잔티움 제국은 경제적 측면에서 거의 개입하는 바가 없었다. 다

---

14 상인의 이동성과 지중해 무역에서 비잔티움 상인의 위치와 관련해서 David Jacoby가 여러 논문을 발표했는데, 특히 다음 저서를 참조. *Latins, Greeks and Muslims: Encounters*

만 콘스탄티노폴리스 안에서 몇몇 직종은 통제를 받아야 했다. 특히 환전상이나 대장장이 같은 귀한 물건을 다루는 직종, 혹은 빵을 굽거나 고기를 도축하는 등 수도의 식량 안보와 관련되는 직종이었다. 주로는 공공 질서와 관련되는 품목이었다.

외국의 상인에 대해서는 처음에 가장 귀중한 비단의 수출을 제한하려 했다. 심지어 자주색 염료의 수출을 금지했는데, 자주색은 황제를 의한 옷감에 사용되는 색깔이었기 때문이다. 9~10세기에 불가르인이나 루스인과 맺은 협정의 내용도 이런 관점에서 보아야 하는데, 이들은 비잔티움의 귀중품을 몹시 탐낸 민족이었다. 11세기에 황제는 이탈리아의 여러 도시에 큰 특권을 내려주었다. 그들의 해군을 황제가 사용하는 데 따른 대가였다. 1082년 특혜를 받은 최초의 도시는 베네치아였다. 그 뒤로 베네치아만큼은 아니지만 피사(Pisa)와 제노바(Genova)도 비슷한 혜택을 받았다. 이러한 체제를 통해 결과적으로 비잔티움 제국의 상품 유통량이 늘어났지만, 또한 비잔티움의 상인들이 약화되는 결과를 가져오기도 했다. 이탈리아 상인들과의 경쟁에서 오히려 불리한 위치에 놓여 있었기 때문이다. 13~15세기 비잔티움 제국은 팔레올로고스(Palaiologos) 왕조가 통치했는데, 당시의 황제들은 무역 수익을 이탈리아, 특히 제노바 상인들에게 넘겨주었다. 그들은 금각만(Golden Horn)을 사이에 두고 콘스탄티노폴리스 바로 건너편에 위치한 갈라타(Galata)에 식민 거점을 설치하여 관세를 거두어보고자 했다(그러나 뜻대로 되지

*in the Eastern Mediterranean, 10th-15th centuries* (Farnham-Burlington, VT Ashgate, 2009).

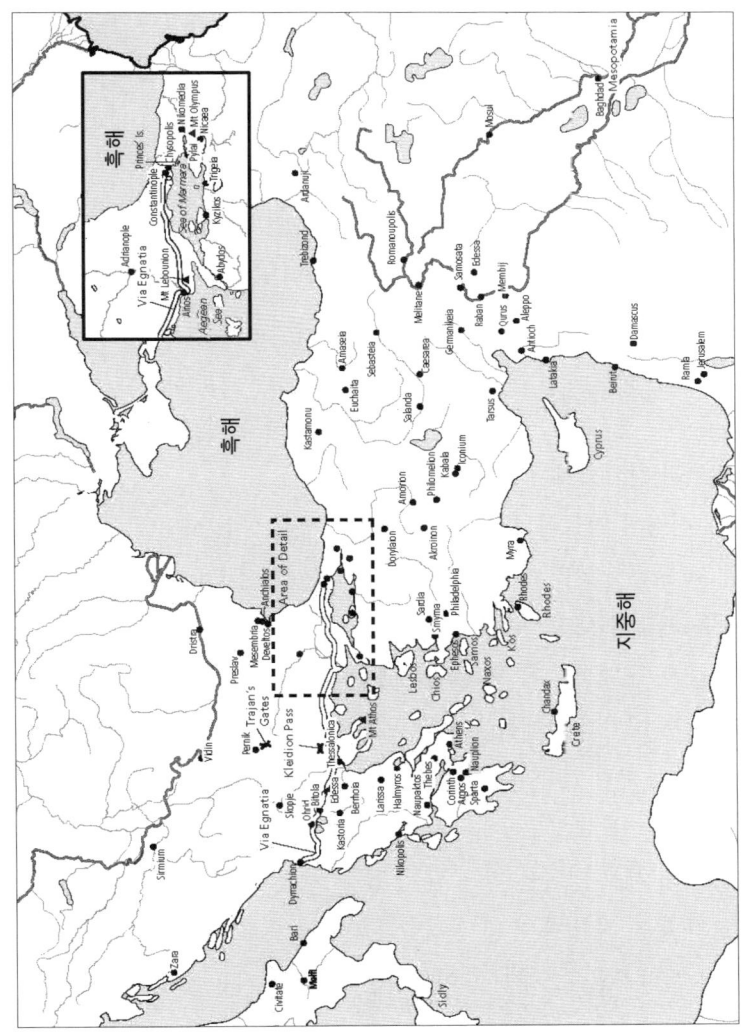

[지도 21-2] 11세기 비잔티움 제국

못했다. 1348~1349년 비잔티움 황제는 제노바 상인들의 해상 무역 독점에서 벗어나고자 독자적으로 해군을 창설했으나 곧바로 제노바 상인들에게 포획되고 말았다. 결국 보스포루스 해협 통행 관세의 87퍼센트를 제노바 상인들이 가지기로 하고 분쟁은 마무리되었다. – 옮긴이).

시인 체체스(Tzetzes)는 마누일 1세 콤니노스(Manuel I Komnenos, 재위 1143~1180) 황제 시기의 인물로, 콘스탄티노폴리스를 방문한 상인을 비롯해 모든 사람이 사용하는 언어를 기록하고 논평을 남겼다. 같은 시기 테살로니키(Thessaloniki)에서는 도시의 수호 성인 데메트리오스(Demetrios)의 축일에 큰 시장이 열렸는데, 몇 주 동안 이어진 행사에는 유럽 전역과 캅카스에서 상인들이 몰려왔다.

경제 성장과 영토의 확장, 특히 활발한 거대 상업 도시인 동방의 멜리테네(Melitene), 안티오케이아(Antiocheia), 에데사(Edessa)의 병합으로 비잔티움 제국의 재정 여력도 증대되었다. 더불어 마케도니아 왕조 시기에는 중소 규모 토지를 등록하려 했으나 성공하지 못했는데, 이를 거울삼아 이후 시기의 황제들은 세금 체제를 재편했다(11세기 이후 비잔티움 제국에서는 고위 귀족이나 관료에게 급여를 제공하는 대신 세금 징수권을 나누어주었다. 이를 프로노이아pronoia 시스템이라 한다. – 옮긴이).

이때부터 세무 당국은 정복 활동, 몰수, 세금 등의 문제로 달아난 농민의 토지 등을 직접 유지 및 관리했다. 전통적으로 세무 행정을 맡았던 기관들은 사라지고, 그 대신 오이케이콘(oikeikôn, 사유 재산) 관리인들만 남은 셈이었다.

지방 군사 귀족들은 비잔티움 제국 군대의 중추였으나, 그 점이 황제의 입장에서는 오히려 위험할 수도 있었다. 그들이 보유한 군대가 귀족 가문 네트워크 아래 놓였고, 군인은 황제보다 각각의 귀족에게 충성을 바쳤기 때문이다.

10세기에 이르러 비잔티움 제국에 크나큰 위기가 찾아왔다. 포카스(Phokas) 가문의 반란에 정권이 거의 넘어갈 지경이었다. 그들은 아나톨리아 중부를 주도한 군사령관 가문이었다.[15] 포카스 가문 일족 가운데 한 명이 짧은 기간 동안 황제의 자리에 올랐지만 혁명이 일어나 곧바로 물러났다. 바실리오스(Basilios) 2세 치하에서 비잔티움 제국은 다시 군사 귀족들의 차지가 되었다. 콤니노스(Komnenos) 가문과 수많은 이방인, 특히 캅카스 지역 출신자가 많았던 신진 세력(homines novi)이 이를 뒷받침했다. 당시 황제들은 귀족들이 콘스탄티노폴리스에 정착하도록 장려했다. 좋은 직책을 맡으려면 콘스탄티노폴리스의 궁전에서 황제를 자주 알현해야 했다. 이는 두 가지 결과를 가져왔다. 첫째, 주요 가문의 권력에 굴레가 씌어졌다. 다만 아드리아노폴리스(Adrianopolis, 혹은 Hadrianopolis, 오늘날 에디른Edirne)의 귀족들은 예외였다. 그곳은 콘스탄티노폴리스에서 너무 가까운 곳이었다. 둘째, 엘리트 귀족들은 지방의 권리를 일정 부분 포기할 수밖에 없었다. 그래서 이후 외적이 침입해 왔을 때 이는 상당히 문제가 되었다. 지방과의 연계가 끊어진 귀족들이 해당 지역에서 적들을 상대로 싸움을 독려할 입장이 못 되었기 때문이다. 아랍이 쳐들어왔을 때 바로 그런 상황이 벌어졌다.

새로 구성된 전문 직업 군인의 군대에는 외국인이 더 많았다. 아르메

---

15 Jean-Claude Cheynet, *Pouvoir et contestations à Byzance (963-1210)* (Paris: Publications de la Sorbonne, 1990).

니아인은 옛날부터 군인으로 복무했고, 새롭게 바랑기아인 친위대가 구성되었으며, 나중에는 프랑크인의 부대도 만들어졌다. 그들을 통해 북부 시리아와 불가리아를 다시 정복할 수 있었고, 뒤이어 아르메니아 공국들도 병합되었다.[16] 그럼에도 불구하고 11세기 중엽에 이르러 비잔티움 제국의 국력은 다시 쇠락했다. 승계 문제의 취약성 때문이었다. 일반적 경우라면 아들이 아버지를 계승했다. 그러나 누군가 왕위 찬탈에 성공하여 권력을 잡으면 대개 유약한 황제를 대신하여 능력 있는 황제가 정부를 이끌었지만, 그래도 정통성 문제에 따른 불안정성이 조성되었다. 마케도니아 왕조는 867년부터 비잔티움 제국을 통치했다. 그러나 콘스탄티누스 8세가 두 딸을 공식 후계자로 지정했음에도 1028년부터 왕조의 쇠락이 뚜렷하게 나타났다(두 딸의 호칭인 포르피로게니타 Porphyrogenita는 "자주색에서 태어났다"는 의미로, 궁중의 출산실이 황제를 상징하는 자주색으로 치장되어 있었기 때문이다). 그리고 새로운 왕조의 구성 작업은 잠시 연기되었다.

반세기가 지나도록 쿠데타가 잇달아 일어났고, 국경 지대의 위기가 급증했다. 두 가지 요인이 겹친 결과는 파국이었다. 1071년 8월 만지케르트(Manzikert) 전투는 당시 상황을 증언하는 상징적 사건이었다. 당시 황제 로마노스 디오예니스(Romanos Diogenes, 재위 1068~1071)는 전임 황제의 미망인과 결혼하여 권력을 잡았는데, 전례가 없는 상황은 아니었다. 군사적 능력을 인정받아 황제로 선택된 그는 전임 황제의 아

---

16 Hélène Ahrweiler and Angeliki E. Laiou (eds.), *Studies on the Internal Diaspora of the Byzantine Empire* (Washington, DC: Dumbarton Oaks, 1998).

들 미하일 7세 두카스(Michael Ⅶ Doukas, 재위 1071~1078)가 준비될 때까지 임시로 제국을 맡아 다스리기로 했다. 비잔티움 제국의 군대는 여전히 능력이 있었고, 군인도 상당한 규모로 남아 있었다. 디오예니스와 그의 군대는 우연히 셀주크 술탄 알프 아르슬란(Alp Arslan)의 군대와 마주쳤다. 알프 아르슬란의 목적은 이집트를 통치하는 무슬림 파티마 칼리프국과 싸우는 것이었다. 디오예니스는 군사적 승리를 통해 신임 황제의 권력 기반을 다지고자 협상을 거부했다. 당시 전위 부대를 뒷받침한 후방 부대의 사령관은 미하일 7세의 사촌 안드로니코스 두카스(Andronikos Doukas)였는데, 그의 관심은 신임 황제와 정반대 방향이었다. 안드로니코스 두카스는 전장에서 달아나버렸다. 덕분에 튀르크의 승리가 눈앞에 다가왔고, 로마노스 디오예니스 황제를 포위하여 체포할 수 있었다. 황제는 잠시 적들의 포로가 되었으나 막대한 배상금을 지불하기로 약속하고 금방 풀려났다. 그러나 황제의 자리를 두고 내전과 음모가 판을 쳤고, 장군들의 반란이 뒤를 이었다. 결국 튀르크가 소아시아로 들어올 수 있는 문이 활짝 열렸다.

### 콤니노스 왕조 치하의 균형

비잔티움 제국의 권력 다툼은 알렉시오스 1세 콤니노스(Alexios Ⅰ Komnenos, 재위 1081~1118) 시기에 다소 약화되었다. 그는 주요 귀족 가문 출신으로, 두카스(Doukas) 왕조의 공주와 결혼하여 황제의 자리에 올랐다. 그의 제국은 반세기 전 바실리오스 2세 치하의 제국과는 상황이 달랐다. 그는 새로운 상황에 맞추어 행정 체제에 변화를 주었다. 니케아(Nicaea) 공방전의 결과로 셀주크 튀르크로부터 소아시아 서부의 비옥한 평원 지대를 되찾았지만, 나머지 소아시아는 거의 상실한 상태였다. 그러나 발칸 지역에서 알렉시오스 황제는 비잔티움 제국을 위협하던 튀르크 민족 페체네그(Pecheneg) 유목민을 몰아냈고, 발칸은 다시 제국의 경제적 심장부가 되었다. 행정 단위는 집중되어 있었고, 가장 중요한 동시에 수적으로는 가장 적은 자리는, 특히 군사령관의 직위는 황제의 측근들, 대부분 같은 가문의 구성원들로 임명했다.[17] 재정 당국은 메가스 로가리아스테스(megas logariastes, 재무대신)라고 불린 두 명의 관리 책임 아래 놓였다. 한 사람은 제국의 중앙 재정을 담당했고(sékréta), 또 한 사람은 종교 기관을 담당했다.

11세기 마지막 분기에 약간의 혼란기를 거친 뒤 지방 행정 조직은 거대 구역 단위로 되돌아갔다. 모든 지방 행정 조직은 공작(duke)의 책임 아래 놓였다. 세금 관련 행정도 마찬가지였다. 지방관의 토착화 경향을 방지하기 위해 한 사람의 지방관은 같은 지역에 오래 두지 않았다. 여러 지방에 순회 발령을 받다 보니 한 지방에 같은 사람이 두 번 임명되는 경우는 있었다. 지방관의 인장 내용에는 그들의 책임 지역이 거의 등장하지 않는 대신 황제와 어떤 친인척 관계인지 언급되었다. 이런 중에서 황제와의 관계에 따라 계급이 형성되었다. "황제의 사람(emperor's man)"이라는 표현이 말해주듯이, 최고 주권자와 지방관의 개인적 관계가 강화되었고, 11세기부터는 공문서와 인장에도 그런 내용이 포함되었다.

---

17 Nikolaos Antōniu Oikonomidès, "L'évolution de l'organisation administrative de l'empire byzantin au xi$^e$ siècle (1025-1118)," *Travaux et Mémoires* 6 (1976): 125-52.

호칭의 위계 구조가 확장되고 그중 상당수가 경칭(敬稱, honorific) 이었던 것도 이러한 변화를 나타낸다. 콤니노스 왕조 치하에서 세바스 토-(sebasto-)는 황실 가족 구성원이나 황제와 밀접한 관계가 있는 사람들에게 사용되는 호칭이었다. 예를 들어 황제의 형제는 세바스토크라토레스(sebasto-kratores) 등으로 일컬어졌다. 전부는 아니지만 점차 프로노이아(pronoia)가 로가(roga, 급여)를 대체해 나갔다. 프로노이아는 일시적으로 수입을 보장하는 혜택으로, 황제가 언제든지 회수할 수 있었다. 프로노이아 수혜자에게는 황제를 대신해서 일정 정도의 세금 혹은 공적 수입을 받을 수 있는 권리가 주어졌다. 먼저 프로노이아를 확인하는 문서가 발급되었고, 그에 따라 프로노이아가 결정되었다. 프로노이아 수혜자는 대리인을 보내 세금을 징수하도록 했고, 해당 지역에서는 이들이 황제가 임명한 세무 관리를 대신했다. 이 제도에 따르면 황제의 입장에서도 유리한 점이 있었다. 세금 징수 기관과 세무 공무원의 수가 줄어들었기 때문이다. 황제의 가족은 거대 규모의 프로노이아를 받았다. 황제와 친인척 관계가 아닌 관리들에게는 겨우 체면을 유지할 정도의 프로노이아만 주어졌다. 프로노이아 수혜자가 세금 징수권을 영구적으로 가져갈 위험성은 별로 없었다. 프로노이아는 연봉 같은 성격으로, 특정 임무에 따른 보상이었다. 해당 임무가 완수되면 프로노이아는 즉시 황제에게 회수되었다. 원칙적으로 프로노이아 수혜자가 자신의 몫을 초과해서 이익을 가져가는 것을 방지하기 위해 궁중에서는 통제 및 회수를 엄격히 관리해야 했다.

이와 같은 행정의 중앙 통제 강화로 대립의 가능성이 줄어들었다. 그럼에도 국경 지대 최전선에 배치된 몇몇 군공이 황제에게 등을 돌렸다.

그들이 제국의 적대 세력으로 구축되는 것을 막을 수는 없었다. 예를 들어 안드로니코스 콤니노스(Andronikos Komnenos)는 귀족 신분으로 황제 마누일 1세 콤니노스(Manuel I Komnenos, 재위 1143~1180)에 대항하여 반란을 일으켰다. 이와 같은 문제들도 있었지만 1081~1180년에는 "상속" 시스템에 따라 황실 내부가 안정되었고, 이전 시대와 같은 대규모 군사 반란은 일어나지 않았다.

국제 관계 속에서 비잔티움 제국의 위치가 바뀌기 시작한 때는 마케도니아 왕조가 막을 내린 1056년부터, 특히 이후 콤니노스(Komnenos) 왕조가 자리를 잡은 뒤부터였다. 바실리오스 2세는 여동생 안나 포르피로게니타(Anna Porphyrogenita)와 키예프 공국 블라디미르 대공(Prince Vladimir)의 결혼을 승인했다. 소아시아의 반란으로 군사적 위기 상황에 몰려 있었기 때문이다. 그는 또한 결혼 조건으로 블라디미르 대공의 개종을 요구했다. 두카스(Doukas) 왕조가 시작되면서 원칙적으로 황제들은 다른 나라의 왕들에 비해 우월적 지위를 계속해서 주장했지만, 기독교 왕국들의 왕과 대등한 입장에서 협정을 맺는 데 동의했다. 특히 독일 황제와의 관계도 그러했다. 혼인 정책에는 이러한 변화가 그대로 반영되었다. 전통적으로 비잔티움 제국의 황제는 특별한 위기 상황이 아니라면 비잔티움의 귀족 가문과 결혼했다. 그러나 미하일 7세 두카스(Michael VII Doukas) 때부터 시작해서, 이미 약혼이나 결혼을 한 뒤에 왕위를 찬탈한 경우를 제외하면, 모든 비잔티움 제국의 황제는 외국의 공주와 결혼해서 왕실 간의 관계를 강화하고자 했다. 심지어 공식적으로는 로마의 세계적 위상을 회복한 황제로 칭송받는 마누일 1세 콤니노스조차 외교에서는 매우 실용적인 입장을 취했다. 비잔티움 제국의 방위와 국경의 안전을 확보하기 위해 마누일 1세는 독일 황제 콘라트 3세(Conrad Ⅲ)의 처제와 결혼했고, 나중에는 안티오케이아 공국의 공주와 재혼했다.

서구 라틴어권의 경제력이 상승하고 인구가 증가하자 세력 관계도 재편되었다. 베네치아는 무역 이권을 얻는 대가로 알렉시오스 콤니노스를 군사적으로 지원하기로 약속했다. 1082년 금인칙서(金印勅書), 즉 황제의 명령서로 무역 허가서가 발행되었다. 무역과 방위력의 교환은 무엇보다 비잔티움 제국의 지주들에게 큰 도움이 되었다. 그들은 곡물, 기름, 치즈 등을 수출해서 돈을 벌었다. 그러나 콘스탄티노폴리스 상인들의 입장에서는 손해였다. 이탈리아의 무역 도시들, 그중에서도 특히 베네치아는 훨씬 더 강력한 힘을 얻었다. 마누일 1세는 아직 비잔티움 제국 최후의 대규모 함대를 조직할 여력을 가지고 있었지만, 그럼에도 불구하고 베네치아 함대가 지중해를 주름잡았다. 외곽의 군공들도 나름대로 대규모 군대를 조직할 수단을 가지고 있었다. 십자군이 도착함으로써 튀르크에 맞선 비잔티움 제국은 유리한 입장에 놓였다. 그러나 동시에 서유럽의 라틴어권 왕국들은 국경에서 멀리 떨어진 곳까지 원정군을 파견할 여력이 된다는 사실을 과시할 수 있었다.

그래서 서구 라틴어권 왕국들과 비잔티움 제국의 관계는 양면적이었다. 그들은 동맹이면서 동시에 적이기도 했다. 종교적 분쟁과 맞물리면서 상황은 더욱 복잡해졌다. 1054년의 위기(콘스탄티노폴리스 교회와 로마 교회의 상호 파문 사건 – 옮긴이) 이후 복잡했던 상황은 비잔티움 제국에게 더욱 악재로 작용했다. 이후 교황은 그레고리오 개혁(Gregorian Reforms)을 거쳐 기독교 전체의 종주권을 주장하고 나섰다.

### 해결되지 않은 문제들과 제국의 몰락

13세기 초엽 비잔티움 제국의 오랜 전통과도 같은 쇠락의 징후가 다시 나타났다. 1180년 마누엘 1세 콤니노스가 사망한 이후 승계 문제가 다시 불거졌던 것이다. 과거 불가르인의 반란은 제압했지만 당시 콘스탄티노폴리스 대중에게 "민족주의" 비슷한 감정이 강하게 자리 잡았다 (그리스인이 아닌 사람은 조심해야 한다!). 제4차 십자군이 도착하고, 1204년 4월 서구 라틴어권 출신의 황제가 즉위했다. 비잔티움 제국에서는 전례가 없는 상황이 벌어졌다. 황제 자리에 오른 인물이 이방인이었기 때문이다. 일부 그리스인이 동조하여 새로운 통치자와 함께 제국의 영광을 되살릴 수도 있었겠지만, 1205년 불가르인이 아드리아노폴리스(Adrianopolis)에서 라틴 세력을 격파함으로써 그럴 가능성은 사라져버렸다.[18]

지방 사람들은 더 이상 콘스탄티노폴리스의 지도력을 기대하지 않았다. 그 대신 도시를 중심으로 하지 않는 그리스인의 국가를 세워보고자 했다. 이를 시도한 세력은 둘이었다. 동방의 테오도로스 1세 라스카리스(Theodoros Lascaris), 그리고 이오니아해 연안의 이피로스(Epiros)를 근거지로 한 테오도로스 두카스(Theodoros Doukas)였다. 양쪽 모두 스스로를 황제로 선포했다. 곧이어 라스카리스 쪽의 세력이 더 강해졌다.

---

18 라틴 세력 치하 콘스탄티노폴리스에서 그리스인의 문제는 다음을 참조. David Jacoby, "The Greeks of Constantinople under Latin Rule 1204-1261," in Thomas F. Madden (ed.), *The Fourth Crusade: Event, Aftermath, and Perceptions: Papers from the Sixth Conference of the Society for the Study of the Crusades and the Latin East, Istanbul, Turkey, 25-29 August 2004* (Aldershot: Ashgate, 2008): 53-73.

1211년 메안데르(Meander) 강변의 안티오케이아 전투에서, 테오도로스 라스카리스는 셀주크 튀르크에 맞서 그의 조그만 나라를 지키는 데 성공했다. 라틴 용병 기사들의 희생 덕분이었다. 그의 손자 테오도로스 2세 라스카리스(재위 1254~1258)는 자국민 중에서 군인을 선발하고자 했다. 그렇게 하면 라틴 용병들에게 지급되는 재정도 줄일 수 있고, 황제에 대한 충성심도 더 강할 것으로 예상했다. 그러나 새로운 정책을 밀어붙이기에는 그의 재위 기간이 너무 짧았다. 게다가 이런 정책은 라틴 용병들의 우려를 피할 수 없었다. 그들의 지원으로 용병 지도자가 권력을 잡았는데, 그가 바로 그들의 사령관 미하일 8세 팔레올로고스(Michael Palaiologos, 재위 1259~1282)였다. 라스카리스 가문의 근거지인 소아시아에서, 미하일 8세는 라스카리스 가문에서 전임 황제의 계승자였던 나이 어린 황제 요안니스(Iōannēs) 4세 라스카리스를 폐위하고 그의 눈을 멀게 했다. 미하일 8세는 라스카리스 왕조의 지지자들을 잇달아 격파했지만, 그 때문에 장기적으로 팔레올로고스 왕조는 민심을 전반적으로 잃어버렸다.

미하일 8세는 1259년 펠라고니아(Pelagonia)에서 아하이아(Achaea) 공국의 통치자 기욤 드 빌라르두엥(Guillaume de Villehardouin)을 상대로 승리를 거두었다. 그럼에도 불구하고 이피로스(Epiros)의 그리스인은 미하일 8세의 정통성을 인정하지 않았다. 그들은 심지어 서구 라틴어권 세력과 동맹을 맺더라도 독립을 유지하고자 했다.[19] 반세기 전 소아

---

19 On the Palaiologoi, see Donald MacGillivray Nicol, *The Last Centuries of Byzantium: 1261-1453* (Cambridge University Press, 1993).

시아의 흑해 연안에 트라페준타(Trapezunta, 오늘날 튀르키예의 트라브존 Trabzon)라는 소국을 건설했던 그리스인도 완전한 독립을 유지했다. 적대 관계였던 무슬림 에미르(토후)들의 틈바구니에서 그들의 생존은 쉽지 않았다.

1261년 미하일 8세 팔레올로고스는 라틴계 황제와 그의 동맹 베네치아 세력을 물리치고 콘스탄티노폴리스를 되찾았다. 그러나 그가 수도로 돌아온다고 해서 1204년에 있었던 일을 지울 수는 없었다. 미하일 팔레올로고스가 도시로 돌아왔을 때 그리스인은 모두 그를 반기지 않았다. 지방 사람들은 중앙 권력 없이 관행대로 자치 정부를 이어갔다.

미하일 8세는 과거 콤니노스 왕조 당시의 제국을 재건하려는 야망을 품고 있었다. 제도 또한 거의 그대로 답습했다. 군대는 여전히 용병들로 구성되어 있었다. 그것이 군사를 모집하는 가장 경제적인 해결책이었기 때문이다. 그중에서도 가장 효율성이 높은 용병은 라틴 용병이었다.[20]

미하일 8세는 나폴리와 시칠리아의 왕 샤를 당주(Charles Ier d'Anjou)를 몰아냄으로써 환상적인 제국의 영광을 되살리는 데 성공했다. 그러나 아시아 지방에서 그 대가를 치러야 했다. 콘스탄티노폴리스 방위에는 막대한 예산이 들어갔다. 성벽을 유지하고 수리하는 데 돈이 필요했기 때문이다. 이러한 노력은 계속될 수 없었는데, 그의 아들 안드로니코스(Andronikos) 2세 재위 시기(1282~1328)에 아시아 지방이 무너졌다.

---

20 Mark C. Bartousis, *The Late Byzantine Army: Arms and Society, 1204-1453* (Philadelphia: University of Pennsylvania Press, 1992).

이는 황제 혼자만의 책임은 아니었다. 이미 소아시아를 장악한 몽골의 압박에 밀려 튀르크인이 비잔티움으로 밀고 들어왔기 때문이다. 더 많은 재정적 뒷받침이 필요했던 미하일 8세는 튀르크에 맞서 국경을 수비하는 군인들의 세금 특권을 폐지했다. 그로부터 30년이 채 지나지 않아 아시아의 부유한 지방들이 이슬람 에미르(토후)들의 손에 넘어갔다. 그중 가장 세력이 활발했던 에미르는 오스만(Ottoman)이었다. 그들은 콘스탄티노폴리스에서 보스포루스 해협 바로 건너편에 위치한 비티니아(Bithynia)를 장악했다. 안드로니코스 2세 황제는 최후의 수단을 썼다. 카탈루냐인으로 구성된 서구의 용병 부대를 고용했던 것이다. 그러나 국가 재정에는 그들에게 급여로 지불할 돈이 남아 있지 않았다. 튀르크 군대에 비해 힘이 약하지 않았음에도 불구하고 그들은 비잔티움 제국의 유럽 쪽 지방으로 발길을 돌려 파괴와 약탈을 자행했다. 지방에서는 더 이상 충분한 규모의 군대를 유지할 수 없었다.

안드로니코스 3세(재위 1328~1341)는 소아시아에서 실패했지만 그의 친척인 요안니스 칸타쿠지노스(Ioannes Kantakouzenos, 요안니스 6세) 장군의 도움을 받아 유럽에서 다시 비잔티움 제국을 세우는 데 성공했다. 디라키우를 되찾은 뒤 새로운 제국의 영토는 보스포루스 해협에서 아드리아해까지 이어졌다. 펠로폰네소스와 아티카 지역을 통치한 프랑크인 귀족들도 황제에게 협력하고자 했다. 그러던 참에 안드로니코스 3세 황제가 갑자기 사망했다. 이후 극심한 내분이 일어났다. 안드로니코스 3세의 아들 요안니스 5세 팔레올로고스(재위 1341~1376, 1379~1391)와 요안니스 6세 칸타쿠지노스(재위 1347~1354, 요안니스 5세와 공동 황제)가 권력을 다투었으며, 1347년에는 일시적으로 칸타쿠지노스가 승리했다. 요안니스 칸타쿠지노스는 세르비아인과 튀르크인을 비잔티움 제국의 지방에 대규모로 받아들였다. 이는 훗날 비잔티움 제국 분할의 밑바탕이 되었다. 흑사병이 돌아오면서 전반적인 염세주의 분위기가 강화되었고 인구 재앙이 닥쳐왔다. 내전 또한 사회의 중심부에서 날카로운 긴장을 드러냈다. 도시의 상인 계층 사람들이 지주 귀족 계층을 살해하는 폭력 사태도 있었다. 테살로니키에서는 질로트(Zealot)라는 이름의 반-귀족 단체가 7년 동안이나 도시를 장악했다. 도시 콘스탄티노폴리스 또한 요안니스 칸타쿠지노스에 저항했는데, 당시 도시를 이끈 세력은 상인과 수공업자였다.

이와 같은 상황에서 비잔티움 사회는 마지막 변화의 단계로 접어들었다. 세금 저항이 강화되었다. 어떤 사람들은 황제가 스스로의 수입에 의지해 살아야 한다고 생각했고, 수도원도 소유 토지가 회수되는 것을 거부했다. 프로노이아 특혜를 받은 사람들은 대를 이어 특혜를 이어갔다. 황제의 수입은 없었고 달리 어찌해볼 방법도 없었다. 이오안니나(Ioannina) 같은 도시들, 혹은 모넴바시아(Monemvasia) 같은 항구 도시는 황제에게 충성을 바치는 대가로 세금을 면제받았다. 제국의 영토는 더 이상 유지되지 못했다. 황제는 황실 가족에게 부여한 특권에 기대어 근근이 생활을 유지했다.

14세기 후반에는 귀족들이 토지의 상당 부분을 잃어버렸다. 오스만 세력이 발칸 지역으로 빠르게 진격해 들어왔기 때문이다. 토지를 버리고 상업이나 은행업으로 전환하지 못한 귀족들은 결딴이 났다. 펠로폰네소스반도 대부분이 소속된 지역인 모레아(Morea)의 총독들은 일단 문제를 피할 수 있었다. 오스만이 진군한 만큼 다른 영토를 확보해 나갔기 때문

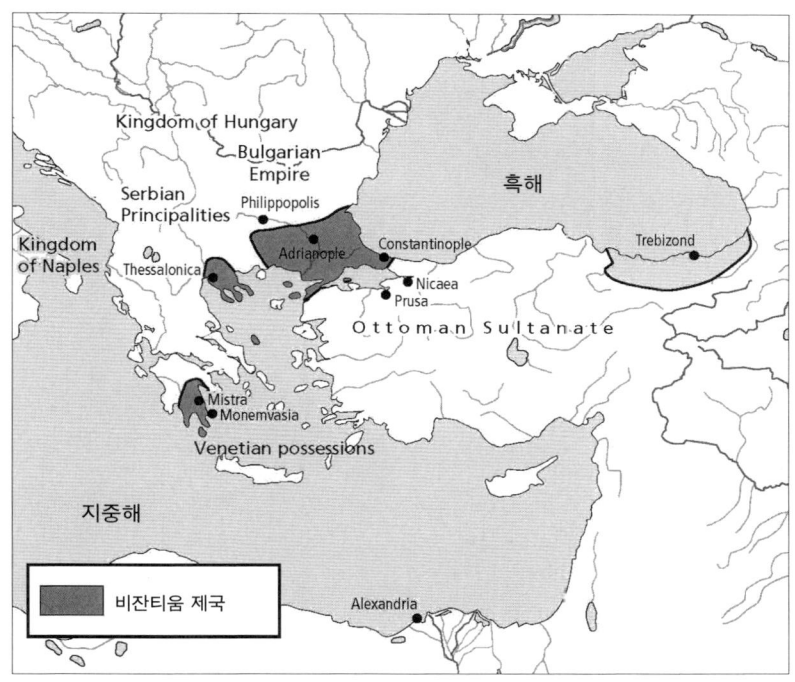

[지도 21-3] 비잔티움 제국, 1350년

이다. 그들은 1460년에 오스만에 정복될 때까지 이를 유지해 나갔다.

황제들, 특히 요안니스 6세 칸타쿠지노스는 이탈리아 상인들이 장악한 경제권을 회복해보려 노력했으나 허사였다. 이탈리아인은 계속해서 무역을 주도했다. 요안니스 6세는 제노바 상인을 내쫓는 것조차 실패했는데, 그들은 콘스탄티노폴리스에서 금각만을 건너 맞은편 갈라타에 거점을 설치하고 관세를 거두었다. 몇몇 그리스인은 무역을 통해 재산을 모으기도 했으며, 대개는 노타라스(Notaras)나 고우델라이(Goudelai) 같은 이탈리아 상인 가문과 연대하여 사업을 전개했다. 그들은 모은 재산을 신중하게 제노바나 베네치아의 은행에 예치했다. 교황에 대해서는 적대적이었지만 이탈리아의 은행에 대한 신뢰는 전폭적인 경우가 많았다.

1402년 티무르가 앙카라에서 오스만을 패퇴시킨 뒤, 비잔티움 제국은 일시적으로 몇몇 영토를 회복하기도 했다. 그러나 콘스탄티노폴리스는 인구 5만 명 정도의 도시국가로 축소되었다. 비잔티움 제국은 여전히 중요한 이해 당사자였다. 오스만이 완전히 통일된 국가가 되는 것을 막고, 라틴어권 상인들이 흑해의 무역 거점에 진출할 수 있는 허가권도 가지고 있었기 때문이다. 그러나 부유한 엘리트 계층에도 불구하고 국가는 스스로를 방위할 수단을 갖지 못했다. 국방은 서구 세력에게 의존해야 했다. 1430년 테살로니키가 오스만에 포위되었을 때, 도시의 방어는 베네치아인에게 맡겼다. 그 대가로 서방 교회와 동방 교회의 통합을 승인해야 했다. 제국이 스스로 국방을 감당하지 못한다는 이유로, 요안니스 8세 팔레올로고스(재위 1425~1458)는 로마 교황이 주도하는 동서 교회의 통합에 동의했다. 통합은 1439년 피렌체-페라라 공의회에서 서방 교회와 동방 교회의 대표들에 의해 승인되었다. 이로써 비잔티움 제국의 교회와 대중 사이에는 강한 긴장이 조성되었다. 오스만 시기 초대 총대주교 예나디오스 스홀라리오스(Gennadios Scholarios)는 통합에 반대했고, 동방 교회는 통합을 결코 받아들이지 않았다.[21]

콘스탄티노폴리스에 있는 라틴어권 세력은 1453년 도시가 포위되

---

21 Marie-Hélène Blanchet, *Georges-Gennadios Scholarios (vers 1400-vers 1472): un intellectuel orthodoxe face à la disparition de l'Empire byzantin* (Paris: Institut Français d'Études Byzantines, 2008).

었을 때 영웅적으로 투쟁했고, 목숨을 바치는 경우도 많았다. 도시의 그리스인도 격렬하게 싸웠다. 그러나 그들의 노력은 성공하지 못했다. 오스만 군대가 도시를 접수했고, 콘스탄티노스 11세 팔레올로고스 황제도 전투 중 살해당했다. 메흐메트 2세는 1453년 5월 29일 콘스탄티노폴리스에 입성했다. 트라페준타와 모레아를 비롯하여 제국에 소속된 다른 공국들 또한 항복할 수밖에 없었다.

## 결론

비잔티움 제국에 관해서는 대개 안정적인 인상을 가지고 있지만 실제 역사는 그렇지 않았다. 비잔티움 제국의 구조는 끊임없이 변화를 거쳤다. 비잔티움 제국의 최대 약점은 황제 선출 시스템이었다. 그 문제 때문에 몇 차례나 내전이 벌어졌고, 여기에 외침이 겹치자 제국은 몰락의 길로 이끌려 갔다. 제국의 변화 과정은 크게 보아 유럽의 맥락 아래 놓여 있었다. 8세기부터 시작해서 11세기 초까지 유럽 인구가 대체적으로 증가했는데, 이때 비잔티움 제국에도 이득이 있었다. 마찬가지로 유럽 전역이 전염병의 재앙을 겪을 때는 비잔티움 제국도 고통을 겪었다. 사회적 변화는 서유럽처럼 근본적이지는 않았다. 그러나 팔레올로고스 왕조 시기 비잔티움 도시와 도시의 상인 및 수공업자가 중요해졌다. 이 점에서는 같은 시기 이탈리아 도시와 별반 다를 바가 없었다. 도시의 상인과 수공업자가 토지 소유 귀족을 적대시하고 세금에 도전한 것도 마찬가지였다. 한편 서유럽의 거대 군주국, 예컨대 프랑스와 잉글랜드는 최고 통치자를 중심으로 국가 구조를 점차 발전시켰다. 반면 비잔티움 제국은 그 반대의 길을 걸었다. 처음에는 거의 절대 군주 체제로 출발해서 나중에는 무기력한 통치자 아래 분열 혹은 일정 정도의 자치 체제로 나아갔다. 1453년에 결정적 순간이 찾아왔다. 콘스탄티노스 11세는 부유한 그리스인의 재산을 동원하여 도시를 방어해보려 했다. 그러나 그에게는 그렇게 할 힘이 남아 있지 않았다.

# 더 읽어보기

Angold, Michael, ed. *The Byzantine Aristocracy, IX to XIII Centuries*. Oxford: BAR, 1984.

Ahrweiler, Hélène. *Byzance et la mer. La marine de guerre, la politique et les institutions maritimes de Byzance aux viie-xve siècles*. Paris: Presses universitaires de France, 1966.

Bartousis, Mark C. *The Late Byzantine Army: Arms and Society, 1204-1453*. Philadelphia, PA: University of Pennsylvania Press, 1992.

Blanchet, Marie-Hélène. *Georges-Gennadios Scholarios (vers 1400-vers 1472): un intellectuel orthodoxe face à la disparition de l'Empire byzantin*. Paris: Institut Français d'Études Byzantines, 2008.

Brandes, Wolfram. *Finanzverwaltung in Krisenzeiten: Untersuchungen zur byzantinischen Verwaltungsgeschichte*. Frankfurt am Main: Löwenklau, 2002.

Cheynet, Jean-Claude. *The Byzantine Aristocracy and its Military Function*. Aldershot: Ashgate, 2006.

_____. *Pouvoir et contestations à Byzance (963-1210)*. Paris: Publications de la Sorbonne, 1990.

Cheynet, Jean-Claude, Angeliki Laiou, and Cécile Morrisson, eds. *Monde byzantin*, 3 vols. Paris: Presses universitaires de France, 2004-11.

Foss, Clive. *Cities, Fortresses and Villages of Byzantine Asia Minor*. Aldershot: Variorum, 1996.

Dagron, Gilbert. "Byzance et le modèle islamique au xe siècle: à propos des *Constitutions tactiques* de l'empereur Léon VI," *Comptes rendus de l'Académie des Inscriptions et Belles- Lettres* 2 (1983): 219-43.

Haldon, John F. *Byzantine Praetorians: An Administrative, Institutional, and Social Survey of the Opsikion and Tagmata, c. 580-900*. Bonn: Habelt, 1984.

_____. *State, Army and Society in Byzantium*. Aldershot: Variorum, 1995.

_____. *Warfare, State and Society in the Byzantine World 565-1204*. London: UCLA Press, 1999.

Jacoby, David, ed. Latins, *Greeks and Muslims: Encounters in the Eastern Mediterranean, 10th- 15th centuries*. Farnham: Ashgate, 2009.

Janin, Raymond. *Constantinople byzantine: Développement urbain et répertoire topographique*. Paris: Institut Français d'Études Byzantines, 1964.

Jeffreys, Elizabeth M. and John H. Pryor. *The Age of the Dromon: The Byzantine Navy ca 500-1204*. Boston: Brill, 2006.

Jeffreys, Elizabeth M., John Haldon and Robin Cormack, eds. *The Oxford Handbook of Byzantine Studies*. Oxford University Press, 2008.

Lemerle, Paul. *Le monde de Byzance: Histoire et institutions*. Aldershot: Variorum, 1978.

Madden, Thomas F., ed. *The Fourth Crusade: Event, Aftermath, and Perceptions: Papers from the Sixth Conference of the Society for the Study of the Crusades and the Latin East, Istanbul, Turkey, 25-29 August 2004*. Aldershot: Ashgate, 2008.

Magdalino, Paul. *Constantinople médiévale: Études sur l'évolution des structures urbaines*. Paris: De Boccard, 1996.

Mango, Cyril. *Le développement urbain de Constantinople (ive-viie siècles)*. Paris: De Boccard, 1990.

Nicol, Donald MacGillivray. *The Last Centuries of Byzantium: 1261-1453*. Cambridge University Press, 1993.

Oikonomidès, Nikolaos Antōniu. *Fiscalité et exemption fiscale à Byzance (ixe-xie s.)*. Athens: Institut de Recherches Byzantines, 1996.

_____. "L'évolution de l'organisation administrative de l'empire byzantin au xie siècle (1025-1118)," *Travaux et Mémoires* 6 (1976): 125-52.

_____. *Les listes de préséance byzantines des ixe et xe siècles*. Paris: Éditions du Centre national de la recherche scientifique, 1972.

Treadgold, Warren T. *A History of the Byzantine State and Society*. Stanford University Press, 1997.

Zuckerman, Constantin. "Learning from the Enemy and More: Studies in 'Dark Centuries' Byzantium," *Millennium: Jahrbuch zur Kultur und Geschichte des ersten Jahrtausends n. Chr.* 2 (2005): 79-135.

CHAPTER 22

# 수단 서부 지역의 고대 정치

데이비드 콘래드
David C. Conrad

\* 이 글을 느헤미아 레프치온(Nehemia Levtzion)에게 바칩니다.

8세기 후기부터 1500년까지 수단어권 지역(Sudanic zone)에서 주요 정치 단위들이 잇달아 출현했다. 수단어권 지역이란 니제르강과 대서양 사이를 말한다. 그 시대 아랍인이 기록한 연대기에 따르면, 그들은 모두 황금, 소금, 노예 등을 거래한 원거리 무역과 사하라 관통 무역(trans-Saharan trade)에서 중요한 공급처였다. 가나(Ghana, 구술 역사 전통이 있는 소닌케Soninke 사람들의 기억 속에서는 와가두Wagadu라 한다)와 가오(Gao, 송가이어로 "Gaawe", 타마삭어로 "Gawgaw")는 모두 8세기 후기에서 10세기 사이의 기록물에 언급되었다. 11세기 무슬림 지리학자 알-바크리(al-Bakri)의 저술에 (특히 가나에 대한) 상세한 기록이 등장한다. 알-바크리는 또한 세네갈강(Senegal River) 강변에 위치한 나라 타크루르(Takrur)에 관한 최초의 기록을 남기기도 했다. 13세기에는 이들 모두가 말리(Mali) 제국의 확고한 헤게모니 아래 놓여 있었다. 여러 기록물 가운데 특히 14세기 중엽 이븐 바투타(Ibn Battuta)가 직접 목격한 기록이 남아 있고, 또한 순자타(Sunjata) 서사시 전통(뒤에 다시 설명한다)의 여러 버전에도 그와 같은 내용이 등장한다.

서부 수단의 정치사는, 우리가 논의하는 시대 범위에서는 주로 세 나라에 집중된다. 최초의 국가는 소닌케인이 세운 와가두(가나) 왕국이다(대서양 연안의 현대 국가 가나와 혼동해서는 안 된다). 와가두(가나) 왕국은

500~700년에 등장해서 11세기 후반기에 몰락했다. 얼마나 지속되었는지는 알 수 없지만 정치적 혼란기가 있었고, 그 시기는 아마도 13세기 전반기였을 가능성이 크다. 이후 니제르강 상류와 그 지류 유역에 거주한 만딩어(Manding, 만데어파에 속한다. – 옮긴이) 사용자들의 부족 사회가 통합하여 말리 제국이 형성되었다. 말리 제국의 최전성기는 14세기였고, 15세기 중엽 이후 쇠락이 시작되었다. 말리 제국에서 동쪽으로 더 들어간 니제르강 중류 만곡 지대에서 750~950년경 가오(Gao) 왕국이 성립되었다. 가오 왕국은 사하라 관통 무역의 종착지로서 충분한 번영을 이루었으며, 이후 1490년대에 송가이(Songhay) 제국에 편입되었다. 송가이 제국은 말리 제국을 밀어내고 서부 수단어권의 주도 세력이 되었으나, 1591년 모로코 군대에 정복되고 말았다. 이번 장에서는 이상 세 나라를 집중적으로 검토하고자 하는데, 그 이전에 먼저 알아두어야 할 두 가지 사항, 즉 구술사 전통의 역할과 서아프리카 고고학 발굴 성과에 대한 최근의 해석을 논의해보도록 하겠다.

### 서아프리카 역사에서 구술 전통의 중요성

유럽의 역사 기준을 엄격히 적용하면 서아프리카 구술 전통으로부터 추출할 수 있는 역사적 사실이 별로 없다. 구술 전통에서 등장하는 인물 혹은 사건은 기록 문서나 동시대 목격자의 증언 같은 독립적인 증거로 확인되지 않는다. 그럼에도 불구하고 구술 전통은 직접적 혹은 은유적으로 유의미한 정보를 담고 있다. 이를 통해 우리는 아프리카인이 과거를 어떻게 인식하고 있는지, 그러한 인식이 오늘날 문화적 가치에 어떤 영향을 미치는지 알 수 있다. 서부 아프리카 시골의 수많은 공동체에서는, 왕국의 수도나 기타 도심 지역과 달리, 전통 사회의 가치와 관습이 외국의 영향력에 매몰되지 않았다. 농촌 마을이나 시장이 서는 시골의 중심지에 가면 과거의 일들이 지금도 구전으로 전해 내려오고 있다. 그리고 그것이 오늘날 사람들이 살아가는 일상생활의 일부 구조를 형성하고 있다. 옛 조상들의 영웅적 업적이 이야기로 전하는데, 한 세대가 그다음 세대에게 구술로 이야기를 전해주는 방식으로, 이야기가 포괄하는 시간 범위는 몇 세대에서부터 수 세기까지 다양하다. 어떤 전설은 서사시처럼 풍성한 요소를 갖추기도 했다. 이야기와 노래를 통한 풍부하고 다채로운 수사학적 표현이 가득하며, 그로부터 비롯된 문화적 가치를 반영하고 있다. 서사시적 이야기의 길이도 다양하다. 내용의 복잡성은 청중의 구성과 바람에 따라, 또한 구술자의 지식, 목적, 일시적 기분에 따라 달라진다. 마을 공동체, 왕국, 제국에 관한 이야기들이며, 위대한 남녀 지도자들이 등장한다. 그들로부터 가문의 계보가 비롯된다. 시간적 배경은 과거의 결정적 순간이다.

중세 서아프리카 왕국의 후예들은, 서사적 이야기를 표현하는 수준 혹은 구전 전통에 대한 인식의 차원에서 최고의 수준을 자랑했다. 만딩어 공동체 및 그들과 문화적으로 연결된 일부 사회에서 전해오는 이야기에 등장하는 조상은 그들의 정체성을 확인하는 수단이었다. 이는 틀림없이 수 세기 이상 지속되어온 전통으로, 마을에 들어오는 모든 이방인과 이방인을 맞이하는 가정의 모든 주인은 구술 전통 속의 조상들과 만나는 과정을 거쳤다. 진지한 인사를 나눌 때면 그들은 언제나 조상을 불렀고, 도처에 존재하는 음유시인들이 조상을 찬양하는 노래를 불렀다. 모든 회합에는 조상의 영혼도 참석했으며, 중요한 일을 하기 전에는 반드시 조상의 혼령을 위한 희생 의례를 치렀다. 쿠마 코로(kuma koro), 즉 "옛이야기"에 등장하는 조상들은 만데어권 사회(Mande society)에서 성별을 막론하고 모든 구성원 각자의 정체성을 규정했다. 그래서 만약 조상들이 잊힌다면, 고유 가치(사람들이 스스로 느끼는 가치)의 본질이 사라질 것이다. 이방인 학자의 입장에서, 영웅 순자타(Sunjata)와 그 동료들의 이야기가 기억에만 의존해서 수 세기가 넘도록 그렇게 오랫동안 전해지기란 불가능하며 그들의 업적 또한 전적으로 신비화된 결과라고 주장한다면(어느 작가의 표현대로 그것을 "상상 속의 역사imaginary history"라고 한다면), 독특한 문화적 생명력이라고 하는 기본적 사실 관계를 부정하는 것이다. 조상에 대한 진정한 경외심 덕분에, 문자로 기록된 그 어떤 사례보다 더 생생하게 특정 과거가 기억될 수 있었던 것이다.

## 도시와 무역, 국가 권력의 기반

1970년대 말 고고학 연구팀이 말리 공화국 니제르강 중류 삼각주 지역에 있는 제니-제노(Jenne-jeno) 유적지를 최초 방문했다. 이는 서아프리카 고고학에 획기적 계기가 되었다. 고고학자들은 광활한 고대 정착지에서 깊은 인상을 받았다. 폐허 위에는 진흙 벽돌로 지었던 주거 유적의 파편이 흩어져 있었고, 유골 항아리는 여전히 뼈를 간직한 채 노출되어 있었다. 방대한 제철 작업을 실행한 증거가 있었으며, 기타 잡다한 유물들 가운데 토기 파편이 수 톤에 이를 정도로 많았다. 그곳은 도시 유적이며(기원전 3세기부터 최초 정착지가 형성되었고, 가장 시기가 늦은 흔적은 기원후 400~1000년경까지 올라간다), 인구가 밀집했던 부유한 도시이자 이슬람 도래 이전 무역의 중심지로 추정되었다. 그러나 도시의 증요성에 걸맞은 건축물의 흔적은 지표면에서 전혀 나타나지 않았다. 한때 고고학계에서는 산업화 이전 경제에 기반을 둔 고대 도시에서 강력한 왕국 혹은 국가 권력을 나타내는 무언가가 발견될 것으로 기대했다. 근대 식민지 시기 역사학자와 고고학자도 제니-제노 유적의 존재는 알고 있었으나, 고대 도시 중심지로 인식하지는 못했다. 강력한 국가 통치 지위에 걸맞은 항구적·기념비적 건축물의 흔적이 전혀 없었기 때문이다.

니제르강 중류의 고대 정착지에서는 애초에 국가 권력을 나타내는 기념비적 건축물이 없었다는 사실이 이제는 분명해졌다. 고대 중동을 비롯한 다른 지역의 권력 중심지는 위계질서와 그에 수반되는 상징 체계를 갖춘 도시로 성장했지만, 제니-제노는 그와는 전혀 다른 방식의 도시로 진화했다. 오늘날 우리에게 익숙한 독재적 국가 주도 사회에는 지속 가능성이 결여되어 있다고 분석하는 이론도 있다. 이런 사회는 경직된 위계적 인프라 구조 때문에 오히려 유약하고 마침내 붕괴하기 쉽다는 이론이다. 니제르강 중류 삼각주 지역에서 고고학자들은 다른 방식의 고대 도시를 확인했다. 그곳은 다양한 협력 집단으로 구성된 독재 없는 공동체였고, 굳이 왕을 필요로 하지 않았으며, 국가 기반 도시의 흔적 같은 것도 없었다. 사하라 이남 니제르강 중류 지역의 자연환경은 예측 불가능하고 잠재적 위험을 내포하고 있다. 제니-제노의 공동체들은 이와 같은 자연환경의 영향을 받아, 로드릭 머킨토시(Roderick McIntosh)의 표현에 따르면 "자발적 조직화 도시(self-organizing landscape)"로 진화했다. 도시의 진화 과정은 여러 단계를 거쳤다. 그러한 과정이 축적되면서 기원후 제1천년기 중엽에 이르러 일종의 "다중 위성, 다중 협력 도시 복합체"가 형성되었다. 그들의 도시에는 장기적 지속 가능성을 충분히 확보할 만한 혁신과 유연성이 존재했다. 매킨토시 발굴팀은 제니-제노를 비롯하여 니제르강 중류 삼각주 지역의 여러 곳에서 그러한 사회를 확인했다.[1]

최근 수십 년간의 연구에 따르면, 기원후 제1천년기의 사회정치적 발전은 다양한 수준의 이동성을 포함한 폭넓은 범위의 경제 활동에서 영향을 받았다. 기원전 300년부터 기원후 300년까지 오랜 시간에 걸친 건조 기후가 끝나갈 무렵 어느 시점에 낙타 사육자들이 등장했고, 이들이 사막 경제를 바꾸기 시작했다. 이는 건조 기후가 크게 강화되는 환경에 반응한 결과였다. 이를 포함하여 여러 반응이 나타나면서 사회·정치·경제적 결과를 초래했는데, 기원후 300년 기후 조건이 회복된 뒤에도 당시에 만들어진 결과가 지속되었다. 제1천년기 당시 말(馬)의 중요성에 주목한 일부 학자들은 특정 시간 및 장소에서 정치경제에 말이 미친 효과를 조사한 바 있다. 예를 들어 말은 이웃 집단 사이의 교역 능력 증진에 도움이 되었을 수도 있고, 혹은 그들 사이에 습격과 조공 강요의 수단으로 작용했을 수도 있다. 이 문제는, 그리고 이동 경제, 정주 경제, 양자를 결합한 경제를 포함하는 관련 주제들은 장기적 시대 구분의 틀에서 중요한 요소로 작용한다. 서부 수단어권(Western Sudanic) 정치 단위의 발전 또한 그러한 시대 구분 속에서 논의될 것이다.

고대 시기 사하라 관통 무역과 서부 수단 지역의 무역 기반 정치 단위에 관해서는 적지 않은 논의가 이어져왔다. 기원전 제1천년기 중엽

---

1 Roderick J. McIntosh, *Ancient Middle Niger: Urbanism and the Self-Organizing Landscape* (Cambridge University Press, 2005): 32-3, 43.

북아프리카에서 니제르강 만곡 지대까지 이르는 무역로에 관해 논의한 학자들도 있었다. 모리타니 남부에서 로마의 동전이 발굴된 유적은 단 세 곳에 불과하지만, 케빈 맥도날드(Kevin MacDonald)는 준보석(semi-precious stones)을 근거로 "한계선 이남 기존 교환 체계의 존재"를 주장하기도 했다.[2] 수전 매킨토시(Susan McIntosh)는 남브 사하라와 사헬 지대 전역에서 존재했던 다양한 지역별 교환 체계에 관해 상당량의 증거를 제시했다. 수전 매킨토시의 제니-제노 발굴 결과에 따르면, 사막과 사바나 지대의 교역로가 연결된 시기를 비정할 수 있는, 논란의 여지가 없는 명백한 증거는 구리(銅)였고, 그 시기는 기원후 5세기였다. 또한 이를 통해 사막 소금 무역의 가능성도 확인되었다.[3] 무역로에 관한 논의에는 물론 사하라 무역로를 통한 황금 무역이 북아프리카에 도달한 시기가 언제였는가 하는 문제도 포함되었다. 북아프리카 금화 주조를 근거로 보자면, 카르타고에서 금화 주조가 다시 시작된 시기는 기원후 296년이었고, 695년까지 지속적으로 제국의 금화가 주조되었으므로, 이 시기에 서부 아프리카의 자원이 북아프리카에 도달했을 가능성이 크다. 그러나 이와 다른 견해도 고려할 필요가 있다. 즉 750~800년 이전 황금의 사하라 관통 무역 문제에 관해서는 증거가 드러날 때까지 결론을 유보해야 한다는 견해도 있다.

---

2 Kevin C. MacDonald, "A View from the South: Sub-Saharan Evidence for Contacts between North Africa, Mauritania and the Niger, 1000 BC – AD 700," in Amelia Dowler and Elizabeth R. Galvin (eds.), *Money, Trade and Trade Routes in Pre-Islamic North Africa* (London: The British Museum Press, 2011): 72-80.

3 Susan Keech McIntosh, *Excavations at Jenné-jeno, Hambarketolo, and Kaniana: The 1981 Season* (Berkeley: University of California Press, 2005).

사하라 인접 남쪽 지역에서 구리(銅)와 유리(琉璃)의 수입은 400~800년에 증가했다. 해당 시기 후반부는 아랍이 처음 북아프리카로 진출하고, 마그레브 지역 티아레(Tiaret, 혹은 Tahert)와 시질마사(Sijilmasa)에 무역 거점을 건설한 때와 겹친다. 소금이나 금속 같은 무거운 물품의 대규모 운송은 기원후 제1천년기에 낙타가 사막의 운송 수단으로 확산된 뒤부터 가능해졌다. 이슬람 및 문자 문화의 확산과 함께 기원후 1000년경에 이르러 무역 네트워크가 확장되었고, 훨씬 더 많은 상품이 취급되었다. 11세기에 산하자(Sanhaja) 연맹이 결성되었다. 그들은 사막 지대에 거주하는 베르베르인의 일파로, 강력한 무라비트(Murabit) 제국을 건설했다. 그들에 의해 세네갈강 유역에서 마그레브(즉 북서부 아프리카), 스페인 남부, 이집트에 이르는 무역을 뒷받침할 통일된 정치 지형이 마련되었다.

### 와가두/가나 왕국

이 시대에 서아프리카에서 최초로 성립한 주요 국가는 와가두(Wagadu)/가나(Ghana) 왕국이었다. 기원후 500~700년 사헬 지대(사막과 사바나 사이)에서 형성된 여러 마을이 왕국의 기원이었다. 주요 민족은 소닌케(Soninke)인으로, 만데(Mande)인 가운데 가장 북쪽에 살던 사람들이다. 만데인이라 하면 문화적으로 연결된 여러 민족 집단이 포함되는데, 후에 말리 제국에 거주한 사람들도 만데인이었다. 소닌케인은 기원전 3000~1000년 사헬 초원 지대에서 수수와 기장류(millet) 재배를 시작한 신석기 시대 농민의 후예로 추정된다. 기원전 1000년경 소닌케인의 조상은 소규모 정착 공동체를 조성하기 시작했고, 이런 마을의 규모가 커져서 기원전 600년경 족장이 지배하는 족장 사회 단계로 성장했다. 서아프리카에서 제철 기술은 기원전 500~400년경 시작되었는데, 이를 최초로 활용한 사람들이 초기 농민이었다. 만데인 가운데 소닌케인은 최북단에 거주했기 때문에 사하라 지역의 유목민과도 접촉이 있었고, 그들이 북아프리카에서 가져온 키가 작은 말을 입수할 수 있었다. 우수한 철제 무기와 말 덕분에 소닌케인은 초기적 정치 체제를 어느 정도 발달시킬 수 있었다. 점차 영토를 확장하고 이웃 지역으로 통치 범위를 확대해간 결과, 10세기에 이르러 소닌케인의 왕국이 성립되었다(지도 22-1).

와가두/가나는 왕국이었을까? 제국이었을까? 아니면 다른 무엇이었을까? 일부 학자들은 고대 가나에 "제국"이라는 용어를 사용하는 데 문제를 제기했다. 그렇게 되면 그나마 자료를 통해 얻을 수 있는 희박한 정보를 더욱 모호하게 만드는 경향이 있기 때문이다. 와가두/가나 같은 아프리카의 정치 단위를 설명할 때 "국가"나 "왕국" 혹은 "제국"이란 실제로 무엇을 의미하는가? 이 문제에 답하기 위해 인류학, 역사학, 지리학에서는 나름대로 꾸준히 이론을 제시해왔다. 식민지 시기에는 아프리카 정치 시스템을 논의했고, 식민지 시기가 끝난 직후에는 국가 시스템의 기원과 발전 같은 주제들이 거론되었으며, 오늘날에는 도시화와 국가 형성에 관한 논의로 이어졌다. 기존의 논의는 외부자의 시선으로 초기 국가(pristine states)나 2차 국가(secondary states) 혹은 기술의 소유권과 기술 발전의 적응 등의 관점에서 서아프리카를 분석했다. 그러나 서아프리카 내부자의 관점에서 의미 있는 대안을 제시하는 학자들도 있었다.[4] 그래서 식민지 이전 고대 서아프리카의 도시와 국가에 관해서는,

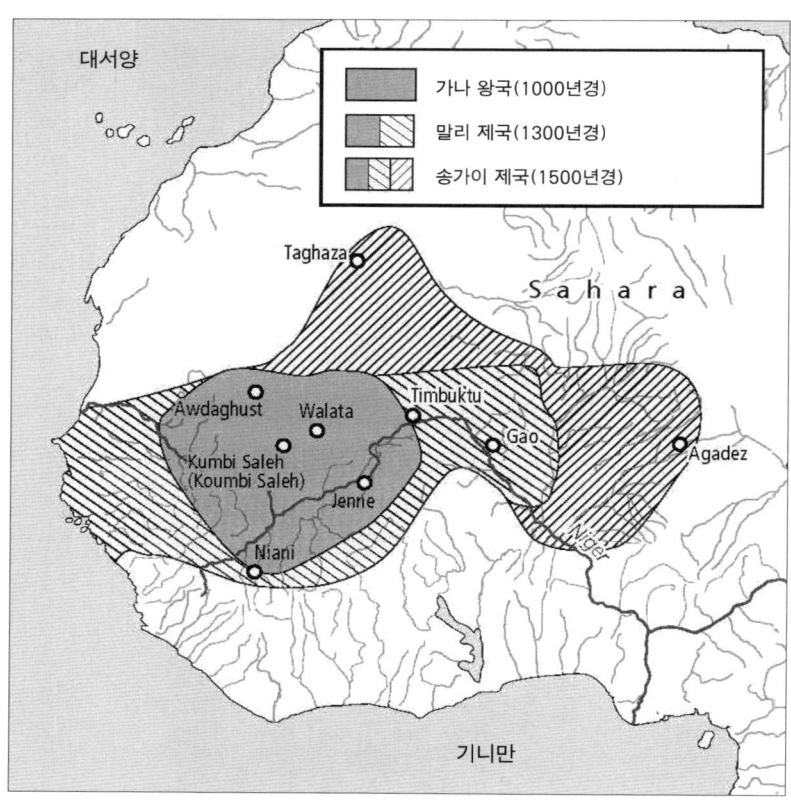

[지도 22-1] 가나, 말리, 송가이

고고학적 성과를 제외하더라도 이미 복합적 주제를 다룬 방대한 이론적 성과가 축적되었다. 최근 수십 년 동안에는 고고학 발굴 또한 상당히 많

4 Raymond N. Asombang, "Sacred Centers and Urbanization in West Central Africa," in Susan Keech McIntosh (ed.), *Beyond Chiefdoms: Pathways to Complexity in Africa* (Cambridge University Press, 1999): 80-7.

이 진척되었다. 그럼에도 불구하고 수전 매킨토시(Susan McIntosh)는 지금까지 확인된 근거를 모두 고려할 때 "수단 지역 초기 정치 단위의 발전과 정치적 조직화에 관한 논의는, 아직은 이론적이며 동시에 추측의 단계라는 점을 인정해야 한다"라고 주장했다.[5] 로드릭 매킨토시(Roderick McIntosh)가 제시한 모델도 이런 관점에서 보아야 할 것이다. 그는 지금까지 알려진 고고학 정보에 근거해서 와가두/가나 모델을 설명했다. 그가 보기에 와가두/가나는 전제 군주 치하의 정복 왕조가 아닌 다른 방식의 국가였다. 왜냐하면 "중심부와 다양한 방식으로 관계를 맺은 수많은 '부족 사회(chiefdom)'의 느슨한 연맹체가 서서히 강화된 결과가 와가두/가나였기 때문이다." 최근에는 "국가 체제의 기원을 그 이전의 여러 소규모 정치 조직으로 보는" 견해가 있는데, 로드릭 매킨토시는 자신의 모델이 그와 같은 맥락이라고 설명했다. 나중에 등장하는 말리 제국이나 송가이 제국의 경우는 이와 달랐다. 그때는 "왕국들 간의 투쟁이나 중심부에서 정치적 혼란이 발생하는 경우, 주변부의 구성 요소가 금세 국가 체제로 편입되었으며, 그에 따라 정치적 자율성의 범위가 강화 혹은 약화되었다." 그러나 와가두/가나가 부상하는 동안 "니제르강 중류, 예컨대 젠네(Jenne) 같은 지역은 아마도 완전히 독립적이며 우호적인 정치 체제를 유지했다"는 것이 로드릭 매킨토시의 설명이었다.[6]

소닌케인은 자신의 역사에 관한 그들만의 생각을 가지고 있었다. 그

---

5 Susan Keech McIntosh, "Reconceptualizing Early Ghana," *Canadian Journal of African Studies* 42 (2008): 366.
6 Roderick J. McIntosh, *The Peoples of the Middle Niger* (Oxford: Blackwell Publishers, 1998): 256.

러한 생각은 "와가두(Wagadu) 전설"에 잘 나타나 있다. 소닌케인 중에는 구술사와 음악을 담당하는 게세레(gesere)라는 전문가가 있는데, 이들이 세대를 거듭하며 구술 전통을 전해주었다. 게세레 개인에 따라 세부 사항에는 다소 차이가 있었지만, 전해주는 내용은 대체로 여러 소닌케 부족의 기원과 초기 업적이다. 이야기는 주로 그들의 선조 딩가(Dinga)로부터 시작된다. 그는 중동의 어딘가에서 건너와 오늘날 말리에 속하는 여러 지점에 정착했다. 니제르강 중류 삼각주 지역에서 딩가는 젠네(Jenne)에 한동안 살다가 디아(Dia)로 이주했다. 디아에서 후손을 낳았는데, 그들이 사헬 지대 곳곳에서 살아가는 모든 소닌케인의 조상이 되었다. 마지막으로 딩가는 니오로(Nioro)의 남서쪽에 도착했는데, 숲의 영혼이 지배하는 곳이었다. 이야기에서는 이러한 영혼을 "정령(genie)"이라고 했다. 여러 버전의 이야기에 등장하는 내용으로, 딩가와 정령들 사이에 일종의 마법 시합이 벌어졌고, 딩가가 승리하여 가장 지위가 높은 정령의 세 딸과 결혼하게 된다. 그 아내들로부터 얻은 아들들이 수많은 소닌케 부족의 조상이 되는데, 씨쎄(Cissé) 부족의 조상도 그중 하나였다. 와가두 왕국의 통치 가문이 바로 씨쎄 부족이었다.

전설에 나오는 다음 이야기는 성경에 등장하는 야곱과 에서의 이야기를 연상시킨다. 딩가는 늙고 눈이 멀어, 죽기 전에 추장의 권력을 큰 아들 키네(Khiné)에게 물려주려 했다. 그러나 작은아들 디아베(Diabe)가 큰아들로 위장하고 들어가 아버지로부터 추장의 권력을 물려받았다. 딩가가 죽은 뒤 디아베는 분노한 형을 피해 달아났다. 황량한 들판에 숨어 있을 때 나무에서 신비한 북이 그의 발아래로 굴러떨어졌다. 북을 울리자 황야의 사방에서 그 소리를 들은 기마군단 네 부대가 나타났다. 네

명의 지휘관은 디아베를 상관으로 인정하고 그의 부하를 자처했다. 나중에 와가두 왕국이 성립된 뒤 그들은 네 지방의 추장 혹은 총독으로 임명되었다.

디아베는 정착할 수 있는 곳을 찾기 위해 길을 나섰다. 그가 도착한 곳은 쿰비(Kumbi)라는 마을이었는데, 오늘날 모리타니 남부이자 말리의 북쪽 국경선을 마주 보고 있는 곳이다. 쿰비에 도시를 건설하려던 디아베는 비다(Bida)라는 거대한 뱀이 그곳을 지키고 있다는 사실을 알게 되었다. 큰 뱀은 이야기에서 주로 비단뱀으로 묘사되는데, 이는 곧 새로운 정착지에 물이 있음을 암시하는 것이다. 디아베는 정착을 허락받는 대신 비다를 수호신으로 섬기겠다는 계약을 맺었다. 더불어 매년 젊은 처녀를 거대한 뱀에게 제물로 바친다는 조건이 붙었다. 그 대가로 비다는 와가두에 풍부한 비를 내려주며 금을 풍성하게 제공하기로 했다.

쿰비를 수도로 삼은 와가두 왕국은 디아베 씨쎄(Diabe Cissé)와 그 후손들의 통치 아래 번영을 지속했다. 통치자의 칭호는 마간(Maghan)이었다. 디아베와 네 명의 사령관(Fado)의 후손은 여전히 소닌케인 가운데 와고(Wago), 즉 귀족으로 인정받고 있다. 와고(Wago)란 어휘는 아마도 "와가두(Wagadu)"와 관련이 있을 텐데, 와가두는 와가두구(wagadugu)의 준말이다. 와가두구란 말 그대로 해석하면 "와고의 땅"이라는 의미다.

전설에 따르면 네 지방의 대표자들은 매년 한 차례씩 수도 쿰비에 모여 의례에 참여했다. 수호신 뱀 비다에게 처녀를 희생물로 바치는 의례였다. 매년 이 행사를 통해 디아베 씨쎄와 비다의 계약이 갱신되었다. 그러면 비다는 계속해서 금을 공급하고 비를 충분히 내려주었다. 어떤 버전의 이야기에 따르면, 매년 각 지방에서 돌아가며 희생물로 바칠 처녀를 데려왔다. 실제로 그런 관습이 있었다면, 이는 왕국의 통합을 유지하기 위한 방편이었을 것이다.

몇 세대를 거듭했는지 알 수 없지만 마침내 어느 한 해에 이르러 희생물로 선택된 처녀가 있었는데, 그녀의 약혼자는 귀족 가문의 청년이었다. 희생물을 바치려는 순간 청년은 칼로 뱀의 목을 잘라버렸고, 이로써 와가두 왕국의 멸망이 촉발되었다. 비다의 잘린 머리는 하늘 높이 치솟아 올랐고, 더 이상 와가두에는 비가 내리지 않을 것이며 금도 찾을 수 없게 하겠다는 무시무시한 저주가 선포되었다. 비와 금을 잃어버린 와가두 왕국은 몰락하여 폐허가 되었고, 소닌케인은 흩어졌으며, 농촌은 사막으로 변했다.

와가두 왕국의 전설은 분명 신화적 요소로 구성되어 있다. 그러나 소닌케인의 역사에서 실제로 일어났던 사회 및 환경의 변화를 일부 반영하고 있는 것도 사실이다. 언어학적으로는 소닌케어도 만데어에 속하며, 만데어로 이복형제를 파데냐(fadenya)라 하는데, 파데냐의 분쟁은 만데어 사용자 공동체에서 흔히 일어났던 일이다. 이러한 현실은 전설에 나오는 형 키네와 동생 디아베 씨쎄의 경쟁과 비슷하다. 국가 조직 수준에 도달했던 초기 서부 수단 왕국에서도 왕위 계승 문제를 둘러싼 형제 간의 혈투가 비일비재했다(특히 송가이 제국의 경우).

자연환경의 요소와 관련해서, 비단뱀이 물과 육지 양쪽에 근거지를 마련하는 것도 사실에 부합한다. 비다와 디아베 씨쎄 사이의 거래에서 보듯이, 비단뱀은 분명 기후의 상징으로, 정착지에 알맞은 습윤 기후가 있었음을 의미한다. 이슬람과 기독교가 도래하기 이전 고대에는, 사하라 이남 서아프리카 사헬 지대부터 대서양 연안에 이르기까지, 거대한 비단뱀이 신성한 영적 상징으로 간주되었다. 최근의 동물학 연구에 따르면, 비단뱀은 건기에 뜨거운 태양을 피하기 위해 물을 찾아 몸을 물속에 숨긴다고 한다. 그러므로 거대한 뱀이 왜 물의 신탁과 관련된 영물로 인식되었는지 쉽게 추측해볼 수 있다.

"가나(Ghana)" 관련 정보를 기록해둔 초기 아랍의 지리학자들에게, 가나는 신비롭고 보물이 넘쳐나는 기대의 땅이었다. 그들의 정보는 정확하지 못하고 심지어 환상적인 개념도 포함되어 있었지만, 그럼에도 불구하고 중요한 정보를 제공했다. 738년 마그레브(Maghrib)의 총독은 "흑인들의 땅"으로 상업 탐사단을 보냈고, 상인들은 노예와 황금을 가득 싣고 돌아왔다. 무역은 사막의 사람들로부터 시작된 것으로 추정된다. 그들 중 가장 강력한 세력은 산하자(Sanhaja)인이었는데, 그들이 남쪽에 있는 소닌케인과의 교역을 담당했다. 소닌케인이 일찍이 사하라 무역에 참여한 것도, 그들의 와가다/가나 왕국이 다른 중세 사헬의 부족 사회보다 먼저 세력을 모은 비결 중 하나였다. 또 한 가지 중요한 이유를 들자면, 와가두 왕국은 소금과 황금 자원을 둘 다 장악했다. 988년에 아랍인 지리학자 이븐 하우칼(Ibn Hawqal)은 "가나의 통치자는 그의 선조들의 시대와 그의 시대에 캐낸 황금과 보물 덕분에 이 땅 위에서는 가장 부유한 왕일 것"이라는 기록을 남겼다.[7]

원활한 식량 생산, 제철 기술 확보에 따른 우등한 무기 생산, 말(馬)의 획득 등을 통해 소닌케인은 주변의 이웃들에 비해 일찍이 우월한 위

---

[7] Nehemia Levtzion and J. F. P Hopkins (eds.), *Corpus of Early Arabic Sources for West African History* (Cambridge University Press, 1981): 49.

치에 서게 되었다. 무슬림 저술가 알-야쿠비(al-Ya'qubi, 사망 897)는, 가나를 서부 수단에서 가장 강력한 두 개의 왕국 중 하나이며 가나의 왕이 다른 왕들을 그의 아래에 거느렸다고 서술했다. 소닌케인의 왕국이 마침내 제국 수준으로 올라서게 된 비결은 지역 내 무역과 사하라 관통 무역을 모두 장악한 데 있다. 지역 간 무역의 품목은, 사하라의 경우 소금, 구리, 대추야자 등이었다. 사바나의 상품으로는 노예, 가축, 철제 도구, 무기, 생활 도구, 동물 가죽, 가죽 제품(신발, 방석, 가방), 현지에서 직조하고 염색한 직물, 토기, 수공예품(바구니, 침상깔개), 약초, 식료품(말린 생선, 쌀, 다양한 곡물, 양념, 향신료, 꿀, 과일 등)이 있었다. 사바나에서 남쪽으로 더 내려가 숲 지대 가까운 곳에서는 금과 콜라 열매가 생산되었다.

넓게 보자면 와가두/가나의 지리적 위치는 서부 사하라 지역 전체를 아우르는 카라반 무역을 장악하기에 유리한 입지였다. 이 지역 상업 발전의 가장 중요한 요인은 낙타였다. 기원후 1세기를 거치는 동안 로마인이 북아프리카 지역에 낙타를 소개해주었다. 기원전 5000년경 아라비아 남부에서 가축화된 단봉낙타는 기원전 3000년경 북동부 아프리카에 소개되었고, 사하라 사막 지대로 낙타가 도입된 시기는 기원후 1세기의 어느 시점이었을 것이다. 그때부터 낙타를 이용하여 사하라를 가로지르는 정기적이고 광범위한 무역이 가능해졌다.

기원후 2~3세기에는 북아프리카의 베르베르인도 낙타를 이용하는 등 낙타가 더욱 확산되었다. 산하자 베르베르인은 기원후 4~5세기에 상당수의 낙타를 확보했고, 사막 무역 루트를 더욱 발전시키며 점차 장악해 나갔다. 사하라 관통 무역 카라반의 규모는 작으면 낙타 6마리 정도였고, 규모가 크면 200마리로 구성되기도 했다. 대개는 4~5월에 북아프리카를 출발해서 베르베르인 전문 가이드의 안내를 받았다. 그들이 우물이나 샘물의 위치를 알고 있었다. 험난한 여정은 2.5개월 내지 3개월이 소요되었다. 기간은 카라반의 규모와 교통로의 여건에 따라 달라졌다. 특히 건조한 해에는 우물에 물이 부족할 수 있었고, 가혹한 모래폭풍 때문에 카라반 전체가 고사할 수도 있었다.

이슬람이 도래하기 이전에도 마그레브 지역과 사하라 남부 지역은 이미 연결되어 있었다. 중개인은 사하라 사막에 살며 베르베르어를 사용하는 유목민이었다. 그들은 사헬 지대의 정주민과 교류가 있었는데, 그곳을 빌라드 알-수단(Bilad al-Sudan, "흑인들의 땅")이라 했다. 8세기를 거치는 동안 어느 시점에 아틀라스(Atlas)산맥 지대에서 베르베르인의 일족인 자나타(Zanata)를 비롯하여 여러 베르베르인 부족이 이슬람을 받아들여 무슬림이 되었다. 그러나 사하라 남부의 산하자 베르베르인이 이슬람을 받아들인 시기는 더 나중인 11세기 전반기였다. 당시 그들이 무라비트 술탄국 건설에 강제로 참여한 것이 개종의 계기가 되었다. 광범위한 베르베르인의 개종으로 상업적 연결 고리는 더욱 확대되었고, 무역의 규모와 품목의 다양성도 증가했으며, 덕분에 베르베르인은 전반적으로 더욱 번성했다. 이런 현상은 사하라 이남의 상업 중심지에서 더욱 뚜렷이 드러났다. 대표적인 예로 경쟁이 치열했던 도시 아우다고스트(Aoudaghost)가 있는데, 그곳은 원래 베르베르인의 지배 아래 상업적 명성을 얻었던 곳이다. 11세기 초엽 소닌케인의 왕국 와가두/가나가 아우다고스트를 장악했지만, 무라비트 술탄국의 산하자 베르베르인이 1055~1056년에 이를 되찾았다.

11세기에 이르러 사하라 이남의 흑인 왕국들, 즉 서부 사헬 지대의 와가두/가나 왕국과 니제르강 만곡 지대의 가오(Gao) 왕국에서는 북아프리카 무슬림 상인들의 활동을 허용했다. 무슬림 상인들은 도시의 정해진 구역에서 활동했고, 대부분의 현지 주민은 전통 종교 관습을 이어갔다. 상인들의 경우 광대한 사헬 지대의 상업 네트워크에 참여하려면, 적어도 명목상으로는 이슬람으로 개종해야 했다. 풀라(Fula)인, 월로프(Wolof)인, 만데(Mandé)인 등 사하라 이남의 흑인 상인들도 마찬가지였다. 사바나 지대의 금 생산지인 밤부크(Bambuk)와 부레(Buré)를 물류 거점인 왈라타(Walata), 젠네(Jenne), 팀북투(Timbuktu)와 연결한 주역도 흑인 상인들이었다.

사헬 지대에 위치한 와가두/가나 왕국의 지리적 이점 덕분에 소닌케인은 중개상으로 활동할 수 있었다. 그들은 남쪽의 사바나 및 숲 지대와 북쪽의 사하라 및 마그레브 지역을 잇는 상업 활동을 장악했다. 세네갈강 지류를 타고 소금, 금, 상아, 말린 생선, 절인 생선, 농산물, 수공업품 등이 물류 거점 아우다고스트(오늘날 Tegdaoust)로 모여들었다. 더욱 넓게는 사바나 지역과 숲 지대로부터 금, 코끼리 상아, 하마 상아, 흑단(ebony), 노예, 타조 깃털, 야생 동물과 가축의 가죽, 아라비아고무, 대추야자나 콜라 열매 등의 농산물, 토기, 가죽 제품, 기타 수공업 제품이 수입되었다. 지리학자 야쿠트(Yaqut, 1179~1229)는 그리스인의 후예로 다랍의 노예였다가 풀려난 인물이었으며, 또한 무슬림이었다. 그는 당시의 상업을 이렇게 묘사했다. "상인들은 가나에서 서로 만나서 출발하는데, 건조한 황무지를 지나 황금의 땅을 향해 간다. 가나가 아니고서는 이 여정 자체가 불가능하다. 황금의 땅은 수단의 땅에 있는데, 서쪽 세계로부터 완전히 고립되어 있기 때문이다. 상인들은 황금의 땅까지 가는 길이

필요한 식량을 가나에서 가져간다."⁸

남북 무역을 연결하는 교통로의 네트워크는 와가두 왕국의 물류 거점 아우다고스트(테그다우스트)에서 마그레브의 구역 도시 시질마사(Sijilmasa), 그리고 알안달루스와 트리폴리 및 이집트까지 연결된다. 북쪽에서 남쪽으로 내려가는 상품은 지중해, 유럽, 북아프리카에서 제조된 물품과 사치품 등이었다. 예를 들면 칼, 가위, 바늘, 면도기; 황동 및 구리 그릇; 비단, 벨벳, 브로케이드 등의 직물; 유리와 도자기 구슬을 비롯한 장신구와 보석; 은, 유리그릇, 거울, 카펫, 향수, 종이, 차, 커피, 설탕 같은 사치품 등이었다. 그중에서도 북아프리카의 말(馬)은 가장 중요한 상품이었다. 개오지조개(cowrie)도 그에 못지않게 중요했는데, 서아프리카의 시장에서 화폐로 사용되었기 때문이다.

12세기에 접어들면서 와가두/가나 왕국의 지배력은 점차 약화되었다. 한때 생산성이 높았던 지역이 사막화로 잠식되었을 뿐만 아니라, 강력한 사막 유목민이 세대를 거듭하며 소닌케인을 공격했다. 수많은 소닌케인은 조상의 땅을 버리고 좀 더 살기 편하고 변화가 덜한 환경을 찾아 이주해 갔다. 소닌케인의 세력이 쇠퇴하면서 한동안 힘의 공백이 생겨났다. 그러자 규모가 작았던 남쪽 사바나 지대의 왕국들이 그 공백을 메웠다. 소닌케인에 비해 그들은 강이나 호수에 좀 더 가깝고 강우량이 비교적 안정적인 지역에 근거지를 두고 있었다. 13세기 전반기에는 니제르강 상류 지역에 있는 일부 만데인 부족 국가(jamanaw)들이 통합되어 새로운 왕국이 성립했고, 장차 발전을 거듭하여 말리 제국(Mali

---

8  Levtzion and Hopkins, *Corpus of Early Arabic Sources*, 172.

Empire)이 되었다.

## 말리 제국

앞에서 10~12세기 와가두/가나 왕국의 시장에서 유통된 상품들을 설명했는데, 이 모든 상품은 13~14세기 말리 제국의 시장에서도 계속해서 수익을 창출해냈다. 그중에서도 황금은 가장 중요한 상품이었다. 사하라 이남 지역에는 중요한 황금 생산지가 세 곳 있었다. 그중 한 곳인 밤부크(Bambuk)는 와가두/가나 왕국 시절에도 금을 캐던 곳이며, 세네갈강과 팔레메(Faleme)강 사이에 위치한다. 또 한 곳은 부레(Buré)인데, 마찬가지로 와가두/가나 왕국이 장악했던 곳으로, 오늘날 기니 쿡 동쪽에 해당하는 니제르강 상류에 위치한다. 세 번째는 오늘날 코트디부아르와 가나에 걸친 숲 지대 근처에 위치한 아칸(Akan)이다. 말리 제국은 이들 세 곳의 금광을 모두 활용해서 사하라 관통 무역에 참여했다. 당시의 귀금속 무역에서 말리의 상인들은 북아프리카, 중동, 유럽의 상인들과 경쟁했다. 개별 금광으로부터 금이 유통된 정확한 경로와 빈도를 모두 정확히 파악하기는 어렵지만, 밝혀진 바로 부레의 금은 대부분 니제르강을 따라 젠네(Jenne)로 이동한 다음 낙타 카라반을 만나 육로로 사하라를 건넜다. 그중 일부는 계속해서 강을 따라 팀북투까지 올라가서 북쪽으로 가는 카라반을 만났다.

만데인의 구술 전통은 "만데 마나(Mande Maana)"라 하는데, 말리 제국의 기원에 관하여 그들만의 이야기를 담고 있다. 외부에서는 이를 "순자타 서사시(Sunjata Epic)"라 일컫는다. 최근 현지인의 구술을 기록한 자료가 엄청나게 증가했고, 중요한 이야기들이 많이 알려졌으며, 특히 기존에 알려지지 않았던 순자타 서사시의 다른 버전들도 드러났다. 더 많은 구술 자료가 축적되면서, 역사적 근거를 통해서는 잘 포착되지 않던 여러 가지 가능성을 합리적 추론으로 비정하는 복잡한 방법론들도 증가하게 되었다.

순자타 서사시란 제목은 순자타 케이타(Sunjata Keita)라는 인물의 이름에서 비롯되었다. 그는 카리스마 넘치는 남녀 영웅 몇 사람과 함께 말리 제국의 기초를 놓은 중요한 인물로 알려져 있다. 이야기는 13세기의 어느 즈음 파라코로(Farakoro)에서 시작된다. 그곳은 만데인 부족 국가 중 하나였다. 파라코로를 비롯하여 말리의 정치사에서 중요한 지명이 확인된 시기는 비교적 최근이었다. 1960년대 초 니안(D. T. Niane)이라는 역사학자가 순자타 서사시를 바깥 세계에 소개할 때, 산카란(Sankaran)강의 기니 쪽 강변에 있는 도시 니아니(Niani)가 순자타의 아버지의 고향이자 말리 제국의 "수도"라고 했다. 최근에는 콘파라(Konfara)가 순자타의 아버지가 추장으로 있던 부족 국가였으며, 그 마을 이름이 파라코로였다는 증거가 상당히 축적되어 있다. 그곳은 부레에 있는 금광에서 멀지 않았다. 부레의 금광은 옛날부터 가나 왕국의 중요한 금 생산지였고, 말리 제국에서도 마찬가지로 중요한 금광이었다. 순자타 서사시에 등장하는 중요한 도시들 가운데 하나인 다카잘란(Dakajalan)은 순자타가 어린 시절을 보낸 곳이자 추방되었다가 돌아왔을 때 찾은 곳이며, 소소(Soso) 왕국과 전쟁을 할 때 그가 본부를 두었던 곳이다.

만데 문화에서 강력했던 인물들이 으레 그러했듯이, 순자타의 아버지 마간 콘파라(Maghan Konfara)는 미래를 예측할 수 있는 예언가들을 옆에 두었다. 예언가들은 마간 콘파라에게, 그가 위대한 영웅의 아버지가 될 테지만 영웅의 어머니가 될 여인은 아직 찾지 못했다고 말했다. 오래도록 찾은 끝에 마침내 도 니 키리(Do ni Kiri) 왕국에서 여인을 찾았다. 그녀의 이름은 소골론 콘데(Sogolon Condé)였으며, 도 니 키리 왕국 만사(mansa, 왕)의 누이였다. 소골론은 못생긴 데다 꼽추였지만 강력한 마법의 능력을 가지고 있었다. 그녀가 영웅 순자타를 생산할 인물로 인정받았다. 사람들은 그녀를 파라코로 데리고 가서 마간 콘파라와 결혼시켰다. 그에게는 이미 많은 아내가 있는 상태였다. 예언가들이 소골론을 칭송하자 이에 질투를 느낀 다른 아내들은 소골론의 잉태를 방해하기 위해 할 수 있는 모든 일을 했다. 예언에 따른 영웅의 탄생은 몇 년 동안 지연되었다. 마침내 아이가 태어났지만 불구자였다. 그는 "소골론의 자라(Jara, 사자)"로 불렸다. 소골론의 자라(순자타)는 걸음마를 배우는 데 몇 년이 걸렸지만, 마침내 위대한 사냥꾼이 되었다. 마간 콘파라의 다른 아내들 중 한 명에게는 순자타가 태어나기 전에 낳은 아들이 하나 있었다. 순자타가 위대한 인물이 되리라는 예언이 있었음에도 불구하고 그녀는 자신의 아들을 다음 추장으로 세우고자 했다. 그들이 순자타를 암살하려 했지만 실패했다. 이후 소골론은 순자타와 다른 아이들을 데리고 망명을 떠났고, 결국 그들은 니제르강 중류 지역에 있는 소닌케인의 왕국 메마(Mema)에 자리를 잡았다.

소골론과 아이들이 망명을 떠난 사이, 만데인의 부족은 소소(Soso) 왕국에 정복되었다. 정복군의 지휘자는 강력한 왕 수마우로 칸테(Sumaworo Kanté)였다. 수마우로 칸테의 압제에 시달리던 만데인은 옛날의 예언을 떠올렸다. 마간 콘파라의 아내 소골론이 위대한 지도자를 출산하리라는 예언이었다. 수색대가 조직되어 메마에 있는 순자타를 찾아냈다. 그들은 순자타를 다시 만데인에게 데려왔다. 순자타는 만데인의 부족을 소소 왕국의 압제에 맞설 강력한 군대로 바꾸어놓았다. 순자타의 군대는 마침내 소소 왕국의 군대를 격파했다. 그리고 만데인의 여러 부족을 통합하여 강력한 왕국의 기초를 닦았다. 만데인의 왕국은 이웃 지역까지 확대되어 결국 말리 제국이 성립했다. 만데인의 구술 전통에는 이 사건이 언제 일어났는지 시점이 언급되지 않는다. 그러나 아랍의 문헌에 따르면, 만데인이 소소 왕국을 격파한 사건은 1230년대의 어느 시점에 일어났다. 말리 제국에 관한 가장 상세한 정보는 아랍의 지리학자 및 역사가의 기록에 남아 있다. 알-우마리(Al-'Umari, 1301~1349)와 이븐 바투타(Ibn Battuta, 1304~1368/9 혹은 1377), 그리고 이븐 할둔(Ibn Khaldun, 1332~1406)의 기록이다. 이븐 바투타는 실제로 말리의 궁정을 방문한 적이 있었다.

 이븐 할둔은 말리가 서부 수단에서 가장 강력한 제국이 되었다는 소식을 들었다고 한다. 또한 그는 말리의 가장 위대한 왕의 이야기를 전해주었다. 소소인과 그들의 왕국을 정복한 왕으로, 이름은 마리 자타(Mari Jata, 일명 순자타Sunjata)였으며, 25년 동안 말리 제국을 통치했다. 순자타 이후에는 그의 아들 만사 왈리(Mansa Wali, 만사는 "왕" 혹은 "황제"라는 의미)가 통치자의 자리를 물려받았다. 만사 왈리는 이집트와 시리아를 통치한 맘루크 술탄 바이바르스(Baybars)의 재위(1260~1277) 때 메카로 순례를 다녀온 적이 있으며, 당시의 행적도 기록으로 남아 있다. 몇몇 유명한 왕들 이외에 말리 제국의 통치자에 관한 기록은 비교적 희박한 편이다. 이는 여러 차례에 걸쳐 말리의 주요 리더십에 문제가 불거졌음을 의미하는데, 효율적인 왕위 계승의 기준이 제대로 확립되지 못했기 때문일 것이다. 이는 말리 제국의 치명적인 문제였다. 순자타의 통치 시기 이후 14세기의 만사 무사(Mansa Musa) 및 만사 술라이만(Mansa Sulayman)의 통치 시기 사이 수십 년 동안, 말리 제국에서는 불안정한 정세가 지속적으로 반복되었고, 만사 술라이만 사후에도 또다시 문제가 불거졌다. 실패한 통치자의 사례는 그저 평범한 인물에서부터 정신이 나간 살인자까지 다양했다. 사악한 폭군, 암살자, 국가의 재산을 빼돌린 파렴치한, 뜻은 좋았지만 무능했던 군주, 왕위를 찬탈하여 혼란을 초래한 자도 있었다. 만사 아부 바크르(Mansa Abu Bakr)의 아랍식 이름을 통해 이슬람이 통치 엘리트 계층에 지속적으로 영향을 미쳤음을 알 수 있다. 노예 군대의 사령관을 역임한 사쿠라(Sakura)라는 인물이 왕위에 오르기도 했다(1298~1308). 이는 말리 제국을 창업한 순자타와 그의 동생 만덴 보리(Manden Bori)의 자손들이 때로 왕위 계승에 실패했음을 명확히 보여주는 사례다. 사쿠라가 사망한 뒤 왕위는 잊혔던 순자타의 후손에게 돌아갔고, 한 대를 더 거친 뒤에는 만덴 보리의 후손에게 왕위가 넘어갔다. 그러다가 마침내 말리의 위대한 통치자 중 하나인 만사 무사(재위 1312~1337)가 왕위에 오르게 된다.

이 시대에 이르러 사막의 도시 왈라타(Walata)는 아우다고스트(Aoudaghost, 오늘날 테그다우스트)를 제치고 사하라 관통 무역의 서쪽 종착지가 되어 있었다. 그러나 이후에는 니제르강을 통해 팀북투와 연결되는 젠네가 무역의 핵심 거점이 되었다. 사하라 중부에서 팀북투를 거쳐 남쪽으로 이동하는 소금 무역과, 북쪽의 마그레브를 향해 가는 여러 상품, 특히 황금 무역의 중심지가 젠네였다. 와가두/가나 왕국과 말리 제국의 중요한 차이점은 영토 면적이었다. 전성기의 말리 제국은 과거 와가두/가나 왕국보다 훨씬 넓은 면적을 장악했고, 따라서 개발할 자원도 더 많았다. 14세기 초엽 말리 제국은 니제르강 내륙 삼각주(Inner Niger Delta)와 나아가 가오(Gao)까지 팽창했고, 마침내 훗날의 송가이 제국 동부에 해당하는 지역까지 진출했다. 새로 확장한 영토에서는 무역, 군사, 농업에 사용할 노예 자원을 확보했다. 복속한 지역의 왕 혹은 추장들이 바치는 조공과, 새로 장악한 무역로에서 거두어들이는 세금으로 말리 제국의 재정도 더욱 풍성해졌다.

　이런 과정을 거쳐 만사 무사(Mansa Musa)의 재위 기간 25년은 그야말로 말리 제국의 전성기였다. 메카로 순례 여행을 떠난 사하라 이남 아프리카의 통치자들 가운데 가장 유명한 인물이 만사 무사였다. 그를 수행한 카라반은 사금(砂金) 80부대를 싣고 갔다고 전한다. 1324년 그가 이집트에 도착했을 때 워낙 많은 금을 선물로 나누어주는 바람에 대소동이 일어날 정도였다. 그를 따라온 말리 사람들도 이집트의 시장에서 금을 넉넉히 사용했다. 그 바람에 금값이 폭락해서 원상회복되기까지 몇 년의 세월이 걸렸다고 한다(그림 22-1). 선풍적인 인기를 끈 그의 방문으로 북아프리카, 중동, 유럽의 사람들에게 말리 제국의 인지도가 높아졌다. 그 덕분에 지중해 권역의 부유한 지역에서 사하라 이남을 향해 자본이 움직였다. 만사 무사가 모로코의 술탄과 외교 사절을 교환한 뒤 말리 제국과 마그레브 지역의 무역은 폭발적으로 증가했다. 북아프리카 전역으로부터 점점 더 많은 무역상이 사하라를 건너 상업적 모험에 나섰다. 14세기 중엽에 이르러 이집트 무역상들은 말리 제국을 정기적으로 방문하기에 이르렀다. 왈라타 등 상업 중심지에 사는 사람들은 천으

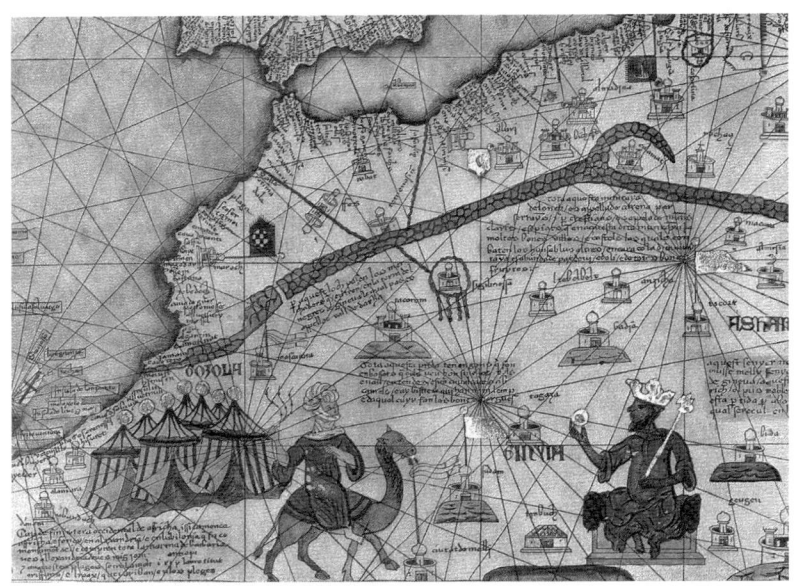

[그림 22-1] 〈카탈루냐 지도첩〉에 등장하는 만사 무사, 1375년, 양피지, 크레스케스 아브라함(Cresques Abraham, 1325~1387) 제작

로 만든 옷을 입었으며, 지중해 연안에서 수입한 여러 가지 상품을 구입했다.

만사 무사의 메카 순례 결과 중 또 한 가지 중요한 사건은 건축가 알-사힐리(Abu Ishaq al-Sahili)의 말리 방문이었다. 그는 안달루스(오늘날 스페인) 출신의 무슬림이었다. 건축가는 만사 무사에게 화려한 디자인의 석고로 장식된 직사각형 돔하우스를 지어 주었다. 그때 소개된 건축 양식은 서부 수단의 도시와 마을에 지금도 남아 있다. 만사 무사의 저택 중 하나가 팀북투에 있었는데, 그것이 지금도 유명한 상코레 모스크(Sankoré Mosque)로, 알-사힐리가 설계한 건물로 알려져 있다.

1337년 만사 무사가 사망한 뒤 그의 아들 만사 마가(Mansa Magha)가 왕위를 계승했다. 그러나 몇 해 지나지 않아서 만사 무사의 형제인 만사 술라이만(Mansa Sulayman, 재위 1341~1360)에게 자리가 넘어갔다. 만사 술라이만은 백성에게 그다지 인기가 없었지만, 강력하고 효율적으로 제국을 다스렸다. 1352~1353년에 그의 궁정을 방문한 북아프리카의 지리학자 이븐 바투타(Ibn Battuta)는 자신이 목격한 말리 제국의 궁정을 훗날 기록으로 남겼는데, 세계의 다른 어느 무슬림 왕국보다 더 부유하고 사치스러웠다고 한다. 왕의 알현실(throne room)은 "우뚝 솟은 천막"으로, 금박을 입힌 아치와 비단으로 장식되어 있었다. 덮개를 씌운 야외의 왕좌에는 양산으로 그늘을 드리웠는데, 비단으로 만든 양산의 끝에는 황금 매가 장식되어 있었다. 왕을 알현할 때는 정교한 의례를 거행했다. 북을 치고 코끼리 상아로 만든 나팔을 불며 행진했고, 무장 병사 수백 명이 계급에 따라 줄지어 섰다. 이븐 바투타는 만사 술라이만이 왕좌에 오를 때 거행된 화려한 의례 장면을 묘사했다. 만사는 금관을 쓰고 붉은색 옷을 입었으며, 활과 화살통을 차고 있었고, 노래 부르는 사람들과 "금과 은으로 띠를 두른 악기"를 연주하는 음악가들의 행렬이 그를 인도했다.[9] 궁정의 웅장함에도 불구하고 경건한 무슬림인 이븐 바투타가 보기에는 남녀 사이의 가벼운 사회적 관계가 매우 못마땅했다. 궁정에서 그는 수십 명의 벌거벗은 여성 노예와 하인을 보았다. 이에 대해 미국의 역사학자 제리 벤틀리(Jerry Bentley)는 "이교도의 전통"이 남아

---

9  Levtzion and Hopkins, *Corpus of Early Arabic Sources*, 290-1.

있었다는 명백한 증거라고 지적했다. 그곳에서 이슬람 율법은 제한된 범위에서 유행했을 따름이다.[10]

만사 무사와 만사 술라이만의 통치 시기는 1312년에서 1360년까지 이어졌고, 그때가 말리 제국의 전성기였다. 1360년 만사 술라이만이 사망했을 때 그의 아들들과 만사 무사의 아들들이 계승 문제로 서로 다투었다. 내전이 벌어졌고, 수 세대에 걸친 권력 투쟁이 이어졌으며, 리더십은 왜곡되었다. 14세기가 끝나갈 무렵, 권력 투쟁과 약화된 리더십 때문에 말리 제국도 쇠락했다. 멀리 떨어진 국경 지역은 더 이상 통제하기가 어려워졌다. 심지어 1433년경에는 팀북투마저 잃어버렸다. 그렇다면 니제르강 만곡 지대 너머, 가오(Gao)를 비롯한 동쪽 지방은 이보다 훨씬 이전에 상실했을 수 있다.

## 가오 왕국

니제르강 만곡 지대에 일찍부터 거주한 민족 가운데 하나인 산하자(Sanhaja)인은 사막에 거주하며 낙타를 탈 줄 아는 사람들이었다. 현지에서는 투아레그(Tuareg)인으로 알려진 그들은 거대한 사막에서 벗어나 니제르강 인근에 무역 거점을 설치했다. 또 다른 초기 거주민 가운데 소르코(Sorko)인도 있었다. 그들은 강변에 살던 사람들로, 덴디(Dendi)라고 하는 곳에서 강을 거슬러 올라와 정착했다. 니제르강을 기준으로 덴디는 가오(Gao)에 비해 더 하류에 위치했다. 소르코인의 기원은 모호하

---

10 Jerry H. Bentley, *Old World Encounters: Cross-Cultural Contacts and Exchange in Pre-Modern Times* (New York: Oxford University Press, 1993): 131.

지만, 밝혀진 바로 그들은 원시 송가이어(proto-Songhay) 사용자였다. 그들이 가오로 이주할 때 이미 원시 송가이어를 사용했을 수도 있고, 아니면 나중에 덴디에서 강을 따라 올라온 송가이 기마 민족이 가오 지역을 장악한 뒤에 송가이어를 받아들였을 수도 있다. 750년에서 950년 사이 고대 가나 왕국이 서쪽에서 "황금의 땅"으로 번성할 때, 가오의 무역 중심지는 사하라 관통 무역의 남쪽 종착지로 점차 중요성을 더해가고 있었다. 10세기에 이르러 가오의 통치자들은 소규모 왕국을 건설하고, 무역로 근처에 거주하는 민족들을 장악했다. 1300년경에 이르러 가오는 워낙 번성해서 말리 통치자들의 관심을 끌었고, 앞에서 살펴보았듯이 결국 그들에게 정복되었다. 최근에 이르기까지 송가이 정치 조직의 역사에 관한 학계의 연구는 대개 17세기 후반 팀북투에서 기록된 연대기에 의존하는 편이었다. 연대기에 따르면 세 왕조가 잇달아 송가이 왕국을 통치했다. 처음 송가이 왕국을 다스린 통치자의 칭호는 주와(Zuwa)였다. 주와 왕조는 14대를 이어온 뒤 제15대 통치자에 이르러 이슬람으로 개종했다. 제2왕조의 통치자는 호칭을 시이(Si:) 혹은 소니이(Sonyi)라 했다(c. 1430~1492). 그 뒤를 이은 제3왕조 통치자의 호칭은 아스키아(Askia)였는데, 1591년 모로코의 침략으로 아스키아 왕조도 막을 내렸다.

언어적 증거를 비롯한 여러 자료를 종합해 볼 때, 시이 혹은 소니이 왕조의 통치자들은 말리 제국에서 온 만데(Mande)인 전사 집단 출신이었다. 오늘날 널리 알려진 팀북투에서 저술된 연대기와, 더불어 보충적으로 구술 전통을 참조하자면, 시이 왕조에서 가장 두드러지는 통치자는 시이 알리(Sii Ali) 베에리(Beeri, "대왕")였다. 그는 가오 왕국을 송가이 제국으로 바꾸어냈고, 말리 제국을 밀어내고 서부 수단의 최강국으로 만들었다. 시이 알리는 충분히 훈련된 대규모 군대와 강을 운항하는 함대를 조성했다. 이를 통해 가오 왕국은 니제르강 중류 삼각주 지대 전체를 장악했다. 니제르강 만곡 지대가 시이 알리의 손에 들어가자, 팀북투와 젠네를 거쳐야 하는 풍성했던 금과 소금 무역도 그의 통제 아래 놓였으며, 팀북투와 젠네는 각각 송가이 제국 제2, 제3의 도시가 되었다.

팀북투 연대기에 따르면 시이 왕조의 뒤를 이은 제3왕조 통치자의 호칭이 아스키아였다. 1480년대부터 이 호칭이 사용되었다고 하는데,[11] 파울로 모라에스 파리아스(Paulo Moraes Farias)가 발견한 비석을 통해 1234년 가오에서 이 호칭이 사용된 증거가 발견되었다. 기존에 알려진 것보다 2세기 반이나 앞서는 증거였다. 제1대 아스키아는 아스키아 무함마드 대왕(Askia Muhammad the Great, 재위 1493~1529)이었다. 16세기 초엽 송가이 제국은 그의 통치 아래 수십 년 동안 번영을 지속했다. 송가이 제국의 세력은 마침내 북쪽으로 사하라 사막 타가자(Taghaza)의 염전까지, 서쪽으로 과거 말리 제국의 영토까지, 동쪽으로 투아레그인의 왕국 아가데즈(Agadez) 술탄국까지 흡수했다. 송가이 제국은 워낙 커져서 군대를 둘로 나누어야 했다. 하나는 서부 지역의 팀북투에, 다른 하나는 동부 지역의 가오에 거점을 두었다. 아스키아 무함마드의 아들들은 대부분 이복형제였고, 1529년 아스키아 무함마드는 그들 중 한 명에게 왕위를 빼앗겼다. 말리 제국의 경우와 마찬가지로 송가이 제국 또한 효

---

11 Ibn al-Mukhtar, *Taʾrikh al-fattash*, ed. and trans. Octave Houdas and Maurice Delafosse (Paris: Adrien-Maisonneuve, 1964): 88.

율적인 승계 과정을 만들지 못해 결국 멸망에 이르렀다. 아스키아 무함마드의 아들 무사(Musa, 재위 1529~1531)는 권좌를 유지하기 위해 이복형제들을 거침없이 죽였다. 이런 분위기에서 1591년 모로코가 송가이 제국을 정복할 때까지 혼란이 이어지며 왕위가 무려 7번이나 바뀌었다.

    2003년 말리 공화국에서 중세 아랍어 비문 연구서가 출간되었다. 파울로 모라에스 파리아스의 소개에 따르면, 비문을 통해 볼 때 팀북투 연대기는 상세한 역사적 기록물이 아니었다. 기존에 알려진 것처럼 수백 년 이전 과거의 사실을 기록한 것이 아니라, 이념적 기반 위에서 과거를 재구성한 결과물이었던 것이다. 모라에스 파리아스는 연대기가 일종의 "재난 대응 매뉴얼" 같은 것으로, 1591년 모로코의 송가이 제국 파괴에서 비롯된 감정적·지적 욕구에 대응하기 위한 기록이라고 평가했다. 송가이 제국에 닥친 모로코의 재앙 이후 아스키아의 역할은 꼭두각시로 축소되었고, 도시 엘리트 계층은 고통스러운 삶을 살았으며, 그들의 사회·정치적 지위는 격하되었다. 이런 현실을 점차 자연스럽게 받아들이도록 만들기 위해 연대기의 과거 재구성이 필요했다는 것이 모라에스 파리아스의 추론이다. 더욱이 그의 주장에 따르면, 팀북투의 연대기 저자들은 모로코의 송가이 제국 침공 이후 아르마(Arma, 아랍어 al-rumāh, "머스킷 총을 쏘는 사람들") 정권을 인정하고 그들의 개혁을 뒷받침하고자 했다. 그런 입장에서 송가이 제국과 팀북투의 과거를 단절 없는 시간과 정치적 연속성 속에 확고히 자리매김하고자 했던 것이다. 송가이 제국의 역사를 세 개의 왕조로 이어지는 단절 없는 서사에 맞추어 넣으려다 보니, 연대기 저자들은 왕의 목록을 길게 작성했고 시대 순서와 간극을 의도적으로 모호하게 만들었다. 모라에스 파리아스가 발굴된 비문을 통해 확인한 결과, 팀북투의 연대기에서는 말리 제국이 니제르강 만곡 지대 동부를 지배한 기간을 의도적으로 축소했고, 주와(Zuwā, 혹은 Za) 왕조의 과거를 가능한 한 앞당겨 서술했다.

비문에서는 연속적인 왕의 칭호가 네 가지로 확인되며, 그중 두 가지는 말릭(Malik, 복수형 Mulūk)이었다. 초기 말릭(왕)은 알 수 없는 과거로부터 1083년 혹은 1084년까지,[12] 후기 말릭은 1084년경부터 1203년경까지 통치를 맡았다. 후기 말릭 계열의 비문에서도 조상의 이름이 등장하지만 그 이름에 왕호가 분명하게 언급되지 않았다. 이를 근거로 모라에스 파리아스는 다음과 같은 가설을 도출했다. 말릭 계열의 통치자들은 순환제에 따라 왕좌에 올랐으며, 따라서 그들에게는 왕의 후손이라는 점보다 순환 체제가 더욱 중요한 문제였다.

세 번째 통치자의 칭호에는 여성이 등장하는데, 바로 말리카트(Malikāt, 여왕)다. 모라에스 파리아스의 해석에 따르면, 말릭과 말리카트는 동시에 존재했고 비교적 자율적인 관계였다. 비문에서 말릭 칭호는 1203년 마지막으로 등장하고 주와(Zuwā)라는 관직은 1127년 처음 등장하므로, 이 두 가지 칭호는 시기적으로 겹치는 기간이 있었다. 모라에스 파리아스는 주아(Zu'a) 혹은 주와(Zuwā)를 연속적인 왕의 칭호로 설명했지만, 이는 어디까지나 "잠정적"이라는 단서를 달았다. 왜냐하면 아직 그들의 정치적·의례적 역할을, 특히 초기 사례의 경우 정확히 파악

---

12 알 바크리의 기록을 분석해보면, 그들이 사하라 사막의 베르베르인이 아니라 강변에 살던 민족으로 추정된다. 다음의 논의를 참조. P. F. de Moraes Farias, *Arabic Medieval Inscriptions from the Republic of Mali: Epigraphy, Chronicles and Songhay-Tuāreg History* (Oxford University Press for The British Academy, 2003)

할 수 없기 때문이다. 더욱이 주와 비문에서 말릭이라는 호칭이 명확히 첨부된 사례는 단 두 건에 불과하다. 여러 가지 가능성 가운데 모라에스 파리아스가 제시한 가설은, 12세기에 가오와 주변 지역의 정치 권력이 통일되지 않아서, 일부 공동체들은 서로 다른 통치자들이 다스리며 평화적 관계를 유지했을 것으로 추정했다. 또 다른 가설로, 12세기에는 주와가 말릭 아래에서 일하는 관직으로 말릭에 도전하는 입장이 아니었지만, 1203년 이후로 말릭의 지위를 대체했을 가능성도 있다.

주와라는 관직이 확인된 시기적으로 가장 늦은 사례는 1280년 혹은 1299년으로 해석되는데, 그때가 가오 왕국의 독립적 지위가 막을 내리고 니제르강 중류 지역에서 말리 제국의 통제가 시작된 시점이었다.[13]

### 다른 왕국들

역사서에서 중세 서아프리카의 왕국이라 하던 대개 와가두/가나 왕국, 말리 제국, 가오/송가이 제국을 가장 주목하는 경향이 있지만, 그 외에도 의미 있는 정치 단위들이 없지 않았다. 9~11세기 타크루르(Takrur) 왕국은 세네갈강 유역의 주도 세력으로 와가두/가나 왕국과 경쟁하며 서부 사하라에서 부상한 무라비트 운동과 긴밀한 동맹 관계를 맺고 있었다. 무라비트 운동은 10세기 후반에 시작되었다. 베르베르인의 일파로 사막에 거주한 산하자인 출신의 압달라 이븐 야신('Abdallah ibn Yasin, 사망 1059)이 시작해서 나중에는 강력한 이슬람 제국으로 성

---

13  Moraes Farias, *Arabic Medieval Inscriptions* clix. clxii, cvi-cvii, clxv-clxvi, clxvii, and 29-30.

장했다. 앞에서 언급했듯이 와가두/가나 왕국의 쇠락과 무라비트 술탄국의 부상이 시기적으로 겹쳤다. 무라비트 술탄국은 이후 2세기 동안 서부 사하라와 마그레브 지역의 헤게모니를 장악했는데, 그 과정에서 소닌케인의 영토를 접수했다. 1062년에 그들은 마그레브 지역에서 수도 마라케시(Marrakesh)를 건설했다. 전성기의 무라비트 술탄국은 오늘날의 모리타니, 서부 사하라, 모로코, 서부 알제리, 남부 스페인을 포괄했다.

같은 시기에 비교적 짧은 기간 동안 존속한 왕국들도 있었다. 그들은 와가두/가나 왕국의 속국이거나 그에 속하는 지방 정권이었다. 부족 사회 혹은 소규모 왕국은 대개 이슬람을 받아들이는 데 훨씬 느렸다. 대부분의 경우 무슬림 요소와 고유의 전통 신앙 체계가 융합되었는데, 이는 지방 통치자의 권력과 권위를 뒷받침하는 필수 불가결의 요인이었다. 카니아가(Kaniaga)와 디아푸누(Diafunu) 왕국도 바로 그런 경우였다. 그들은 와가두/가나 왕국이 몰락하는 과정에서 생겨난 권력의 공백을 이용하여 잠깐 사헬의 권력을 차지한 적이 있었다. 킨구이(Kingui)와 메마(Mema) 왕국도 마찬가지였다. 그들은 가오 왕국의 서쪽 니제르강 중류 삼각주 지역에 위치했는데, 나중에 말리 제국에 흡수되었다. 와가두/가나 왕국의 몰락과 말리 제국의 부상 사이에 일어난 가장 강력한 왕국은 소소(Soso) 왕국이었다. 제국으로 성장하려 한 그들의 야망은 13세기에 막을 내렸다. 경쟁 상대는 만데어 사용자들의 부족 국가 연맹이었다. 소소 왕국을 정복한 그들이 곧 말리 제국의 기초가 되었다.

## 결론

 기원후 500~1500년 사하라 사막의 남쪽 끄트머리와 세네갈강과 니제르강 등 주요 강줄기 사이에 위치한 서부 아프리카의 정착지에서는, 지리적 이점과 천연자원에 힘입어 다양한 수준의 도시들, 그리고 그곳을 중심으로 하는 주변의 위성 공동체들이 형성되었다. 결국 그들은 서부 수단 지역의 왕국으로 발전했다. 그들이 공유한 핵심 가치는 친족 체제, 부족 간 관계를 결정한 관습과 의례, 권력과 권위의 영적 기반 등이었다. 그것이 만데어 사용자들의 사회가 보유한 핵심 가치였다. 그러한 가치의 원형에 기반하여 고대 도시가 생겨날 수 있었고, 또한 천년기와 그 절반을 더한 세월을 거치는 동안 지속될 수 있었다. 후대에 등장한 와가두, 말리, 송가이 등의 국가 체제에서는 전제적 통치의 행태를 보였지만, 이와 달리 중심 도시들은 발전 과정에서 여러 가지 다양한 단계를 거쳤다. 그것이 축적되어 중간천년기가 시작될 무렵에는 복합적 도시 구조로 나타났으며, 오래도록 지속 가능할 정도로 혁신과 유연성을 갖추었다. 초기 도시의 단계에서는 아직 통치 계층이 출현하지 않았다. 그래서 헤테라키(heterarchy), 즉 경쟁 집단(농민, 목축민, 어민, 사냥꾼, 수공업자, 상인 등)의 네트워크가 다층적으로 작동했다.

 서부 수단 지역의 정치 공동체에서는 이후 위계에 기반한 질서가 발달했다. 가장 이른 사례 중 하나가 와가두/가나 왕국이었다. 그들은 사하라 관통 무역의 이익을 향유하며 이를 기반으로 이웃 지역까지 팽창해 나갔다. 중개 무역의 기능에 최적화된 지리적 이점 덕분에 와가두/가나 왕국은 수공업 생산품, 농산물, 광물까지 장악했으며, 밤부크를 금 생산 중심지로 만들었고, 11세기에 이르러서는 베르베르인의 주요 무역 거점인 사하라 남서부의 도시 아우다고스트(Aoudaghost)까지 흡수했다. 11세기에 무라비트 술탄국이 부상하고 12세기 말엽에 와가두/가나 왕국이 몰락하면서, 결과적으로 무역로는 동쪽으로 더욱 멀리까지 이어졌다. 14세기에 이르러 말리 제국은 서부 수단 지역의 주도 세력이 되었다. 말리 제국의 통제 아래 오늘날 기니에 해당하는 니제르강 상류의 한 지류에 접한 부레(Buré)에서 금광이 발달했고, 젠네와 팀북투가 주요 무역 중심지로 부상했다. 한편 그보다 더 동쪽인 니제르강 만곡 지대에는, 10세기 이전에 이미 사냥, 어로, 농업, 선박 운송, 목축, 수공업에 종사하는 사람들이 정착해 있었다. 이후 송가이어를 사용하는 기마 민족이 그곳에 진출하여 지역 내 정치 주도 세력이 되었다. 14세기 전반기에 가오 왕국이 성립하여 번성했으며, 말리 제국이 쇠락하면서 발생한 권력의 공백을 채웠다. 가오 왕국은 이후 거대 제국으로 성장했다. 중세 서아프리카에서 세 번째로 출현한 거대 제국이었다. 제국을 주도한 사람들이 송가이인이었기 때문에 송가이 제국으로 알려졌다. 마지막 왕조(아스키아)는 1493년 성립하여 송가이 제국을 통치했다. 1591년 모로코의 침공으로 송가이 제국은 멸망했으며, 그와 함께 서부 수단 지역에서 중세 거대 제국의 시대도 막을 내렸다.

## 더 읽어보기

Brooks, George. *Landlords and Strangers: Ecology, Society, and Trade in Western Africa, 1000-1630*. Boulder, CO: Westview Press, 1993.
Cisse, Youssouf Tata and Wa Kamissoko. *La grande geste du Mali des origines à la fondation de l'Empire*. Paris: Karthala-Arsan, 1988.
_____. *Soundjata, la gloire du Mali*. Paris: Karthala-Arsan, 1991.
Connah, Graham. *African Civilizations: Precolonial Cities and States in Tropical Africa: An Archaeological Perspective*. Cambridge University Press, 1987.
Conrad, David C. "From the Banan Tree of Kouroussa: Mapping the Landscape in Mande Traditional History," *Canadian Journal of African Studies* 42 (2008): 384-408.
_____. "Mooning Armies and Mothering Heroes: Female Power in Mande Epic Tradition," in Ralph Austen (ed.), *In Search of Sunjata: The Mande Epic as History, Literature and Performance*. Bloomington, IN: Indiana University Press, 1999: 189-229.
_____. "Oral Tradition and Perceptions of History from the Manding Peoples of West Africa," in Emmanuel Kwaku Akeampong (ed.), *Themes in West Africa's History*. Athens, OH: Ohio University Press, 2006: 73-96.
_____. "A Town Called Dakajalan: The Sunjata Tradition and the Question of Ancient Mali's Capital," *Journal of African History* 35 (1994): 355-77.
Conrad, David C. and H. J. Fisher. "The Conquest that Never Was: Ghana and the Almoravids, 1076," *History in Africa* 10 (1983): 53-7.
Garrard, Timothy. "Myth and Metrology: The Early Trans-Saharan Gold Trade," *Journal of African History* 23 (1982): 443-61.
Hunwick, John, trans. and ed. *Timbuktu & the Songhay Empire: Al-Sa'di's Ta'rikh al-sudan down to 1613 and Other Contemporary Documents*. Leiden: Brill, 1999.
Kea, Ray A. "Expansions and Contractions: World-Historical Change and the Western Sudan World-System (1200/1000 B.C. - 1200/1250 A.D.)," *Journal of World-Systems Research* 10 (2004): 723-816.
Law, Robin. *The Horse in West African History*. Oxford University Press, 1980.
Levtzion, Nehemia. *Ancient Ghana and Mali*. London: Methuen, 1973.
_____. "The Western Maghrib and Sudan," in *The Cambridge History of Africa*, vol. III. Cambridge University Press, 1977: 331-462.
Levtzion, Nehemia and Randall L. Pouwels, eds. *The History of Islam in Africa*.

Athens, OH: Ohio University Press, 2000.

McDougall, E. Ann. "The Sahara Reconsidered: Pastoralism, Politics, and Salt from the Ninth through the Twelfth Centuries," *African Economic History*, 12 (1983): 263-86.

_____. "The View from Awdaghust: War, Trade and Social Change in the Southwestern Sahara, from the Eighth to the Fifteenth Century," *Journal of African History* 26 (1985): 1-31.

McIntosh, Roderick J., Joseph A. Tainter, and Susan Keech McIntosh, eds. *The Way the Wind Blows: Climate, History, and Human Action.* New York, NY: Columbia University Press, 2000.

McIntosh, Susan Keech. "Floodplains and the Development of Complex Society: Comparative Perspectives from the West-African Semi-Arid Tropics," in Elizabeth A. Bacus and Lisa J. Lucero (eds.), *Archaeological Papers of the American Anthropological Association* 9 (1999): 151-65.

_____. "A Reconsideration of Wangara/Palolus, Island of Gold," *Journal of African History* 22 (1981): 145-58.

Mitchell, Peter. *African Connections: Archaeological Perspectives on Africa and the Wider World.* Walnut Creek, CA: Altamira Press, 2005.

Moraes Farias, P. F. de. "Intellectual Innovation and Reinvention of the Sahel: the Seventeenth-Century Timbuktu Chronicles," in Shamil Jeppie and Souleymane Bachir Diagne (eds.), *The Meanings of Timbuktu.* Cape Town: HSRC Press, 2008: 95-107.

Munson, P. J. "Archaeology and the Prehistoric Origins of the Ghana Empire," *Journal of African History* 21 (1980): 457-66.

Niane, Djibril Tamsir. *Sundiata: An Epic of Old Mali.* Trans. G. D. Pickett, London: Longman, 1965.

Nicholson, Sharon. "Saharan Climates in Historic Times," in M. A. J. Williams and Hugues Faure (eds.), *The Sahara and the Nile: Quaternary Environments and Prehistoric Occupation in Northern Africa.* Rotterdam: A. A. Balkema, 1980: 173-200.

as-Sa'di, 'Abd ar-Rahman b. 'Abdullah. *Ta'rikh as-Sudan*, trans. and ed. Octave Houdas and Maurice Delafosse. Paris: Librarie d'Amérique et d'Orient Adrien-Maisonneuve, 1964.

Sutton, John E. G. "West African Metals and the Ancient Mediterranean," *Oxford Journal of Archaeology* 2 (1983): 181-8.

Webb, James. *Desert Frontier: Ecological and Economic Change Along the Western*

*Sahel 1600-1850*. Madison, WI: University of Wisconsin Press, 1995.
Willis, John Ralph. "Ancient Ghana and Mali," *International Journal of African Historical Studies* 8 (1975): 175-81.

*CHAPTER 23*

# 후고전기 메소아메리카의 국가 형성

마이클 스미스
Michael E. Smith

이번 책에서 논의할 시간 범위에서 메소아메리카 사회는 두 가지 근본적 변화 혹은 재구조화의 과정을 겪었다. 기원후 500년, 이른바 "고전기(Classic period)" 사회의 발달은 최고조에 달했다. 여기에는 널리 알려진 남부 저지대의 마야(Maya), 테오티우아칸(Teotihuacan), 오악사카(Oaxaca)의 사포텍(Zapotec) 등이 모두 포함된다. 이후 세기에는 그들을 비롯한 여러 공동체가 단절과 붕괴에 직면했다. 그 이유는 (비록 많은 논쟁을 거쳤지만) 아직 분명히 파악되지 못했다. 대부분의 지역에서 탈도시화(ruralization)와 침체기를 거친 뒤 인구와 경제의 성장, 정치적 팽창, 문화적 번영의 과정을 거치며 고도로 상호 연결되고 생동감 넘치는 세계체제가 만들어졌다. 메소아메리카의 다양한 문화와 사회는 이전의 그 어느 시대보다 더 긴밀하게 서로 연결되었다. 1519년 팽창이 최고조로 달했을 때 에르난 코르테스(Hernan Cortés)가 도착했고, 아즈텍 제국과 메소아메리카의 여러 사회는 파국을 맞았다.

고전기 아메리카에 존재한 여러 사회의 이야기는 우리 시리즈의 다른 책에서 논의될 것이다. 이번 장에서는 그 이후 시대를 논의하기 위한 배경과 관련해서만 고전기를 언급하게 될 것이다. 우리 논의의 초점은 메소아메리카의 후고전기(Postclassic period)로, 기원후 700년에서 1519년 사이다. 메소아메리카와 신대륙 여러 사회의 기술 수준은 같은 시기 유럽과 아시아에 비하면 교통에서부터 무기, 산업, 문자와 기록 등 많은 분야에서 상당히 뒤처져 있었다. 그럼에도 불구하고 후고전기 메소아메리카에서 세계의 다른 지역과 같은 종류의 과정이 작동한 사실도 확인되었다. 예를 들면 사람들의 이주, 인구의 폭증과 감소, 상업의 확장, 제국과 도시국가의 성장과 몰락, 사상과 스타일의 광범위한 전파 등이다.

메소아메리카라고 알려진 지역권을 처음 설정한 학문 분과는 인류학과 고고학이었다. 20세기 중엽 북아메리카에서 유행한 "문화권(culture area)" 개념을 적용했던 것이다. 고대 메소아메리카 지역의 사람들과 여러 문화권이 모두 공유한 문화적 양상 같은 것은 없었다. 그러나 다수의 메소아메리카 공동체가 공유한 문화적·사회적 양상은 상당수가 존재했다. 공유 집단들 사이의 소통은 거의 모든 시대에 걸쳐 지속되었다.[1] 메소아메리카의 자연환경은 상당히 다양하다는 점이 특징이다. 저지대 지역은 대개 덥고 습하며 토양이 부족하지만, 집약적 농업 방식을 적용하면 고전기 마야 정도의 문명을 뒷받침할 만한 농산물을 충분히 생산할 수 있었다. 화산이 잇달아 배열되면서 형성된 산맥이 메소아메리카를 가로지르는데, 고지대는 물 공급이 원활한 삼림 지대부터 반(半)건조(스텝) 평원 지대와 사막 등 다양한 양상을 보인다.

고지대의 화산 토양은 상당히 비옥한 편이며, 지형 조건도 사람이 거주하지 못할 정도로 험하지는 않다. 고지대 평야(멕시코 평원이나 오악사

---

1 Robert M. Carmack, Janine Gasco and Gary H. Gossen (eds.), *The Legacy of Mesoamerica: History and Culture of a Native American Civilization*, 2nd edn. (Englewood Cliffs, NJ: Prentice-Hall, 2007) and Susan T. Evans, *Ancient Mexico and Central America*, 2nd edn. (New York: Thames and Hudson, 2008).

카 계곡 등)는 농업이 개발된 이후 수천 년 동안 인구와 사회의 중심지였다. 생태 환경의 다양성 때문에 메소아메리카 안에서도 상거래가 촉진되었다. 모든 시대에 걸쳐 원거리 무역이 존재했고, 그와 관련된 방대한 자료가 고고학 발굴로 보고되었다.

### 학문적 접근

고대 메소아메리카와 관련된 학계의 연구는 전통적으로 인류학적 고고학이 주도해왔다. 그들의 오랜 연구 주제는 문화의 진화(cultural evolution)였다. 메소아메리카는 전 세계의 차원에서 볼 때 주요 농작물의 재배종이 탄생한 곳이며, 또한 국가 이전 단계의 공동체로부터 국가 차원의 사회가 독자적으로 발달한 곳이기도 하다. 고고학자들은 문화의 진화와 최초의 국가 혹은 초기 국가에 관심을 두어왔기 때문에 초기 농경 사회와 고전기 국가 체제의 등장을 강조한 반면, 후고전기에 대한 관심은 상대적으로 적은 편이었다. 이와 같은 편향은 풍부한 문헌으로 보충되었다. 스페인 정복 직전과 그보다 앞선 시대에 관해서는 고전기보다 훨씬 더 많은 문헌이 남아 있기 때문이다. 메소아메리카 텍스트 연구는, 물론 미술사나 언어학의 연구도 중요하지만 주로 민족학에서 진행되었다. 민족학은 학문적으로 인류학과 깊은 유대가 있다. 수많은 대학에서 민족학과는 사학과보다는 인류학과와 더욱 긴밀히 연결되어 있다.

메소아메리카 연구의 기본이 인류학이라는 점은 비교사 내지 세계사 연구와 관련해서 몇 가지 의미를 내포하고 있다. 첫째, 문화인류학은 전통적으로 비서구 사회 혹은 국가 없는 사회에 강조점을 두었는데, 메소아메리카 관련 연구 주제의 상당수 혹은 거의 전부가 이와 같은 맥락에서 제기된 것들이다. 그 결과로 한 가지 예를 들자면, 후고전기에 발달했던 메소아메리카의 복잡한 정치경제적 제도(시장의 가격, 재정 정책의 구조, 제국 등)에 관한 연구가 상당히 늦어졌다. 둘째, 인류학적 관심에서 후고전기 메소아메리카는 근대의 부족 사회 혹은 근동 지역의 고대 사회와 주로 비교되는 경향을 보였고, 같은 시기의 유럽 혹은 아시아의 사회들과 비교하는 경향은 비교적 적었다. 셋째, 인류학과 역사학이 분과 학문으로서 분리되어 있다 보니 역사학자들 사이에서는 메소아메리카 관련 지식이 비교적 부족했고, 따라서 메소아메리카에 관한 역사적 비교 연구가 적을 수밖에 없었다. 세계의 다른 지역에 비해 해당 시기 메소아메리카의 검증 가능한 자료가 더 적은 점도 비교 연구가 부족해진 원인이었다.

### 자료와 방법론

후고전기 메소아메리카 고고학 자료는 특히 경제 현상, 즉 농업 시스템, 수공업품 생산, 원거리 교역 등의 주제를 밝혀내는 데 강점이 있다.[2] 그럼에도 불구하고 후고전기에 초점을 맞춘 발굴 현장의 수가 워낙 적어서 자료의 해석이 제한적인 경우가 많다. 예를 들어 고고학자들은 형성기(Formative period) 오악사카 계곡의 농경 마을을 발굴하고 이를 세기별로 시기를 나누어 설명했지만, 같은 지역의 후고전기 유적은 아직 신뢰할 만한 세부 시기 구분이 확정되지 못했다. 5세기에 걸친 시간 범

---

2 Michael E. Smith and Frances F. Berdan (eds.), *The Postclassic Mesoamerican World* (Salt Lake City: University of Utah Press, 2003).

위에서 세부 시기 구분을 할 수 없다면, 관련한 정치·경제적 현상에 관해서도 신뢰할 만한 해석이 사실상 불가능할 것이다.

후고전기 메소아메리카의 활동을 알려주는 다양한 문헌이 존재한다. 이 시기에는 몇 가지 고유의 문자 시스템이 작동했다. 멕시코 중부에는 아즈텍 문자(Aztec script), 오악사카에는 믹스텍 문자(Mixtec script) 등이 있었다. 이러한 문자 시스템은 이전의 고전기 마야 문자(Maya script)에 비해 구어(口語) 표현이 오히려 제한적이었고, 묘사할 수 있는 내용에도 다소 한계가 있었다. 그래도 아즈텍의 지도나 세금 기록뿐만 아니라 왕조의 역사나 의례 관련 텍스트가 남아 있다.[3] 스페인 정복자들의 기록은 정복 당시 원주민 사회가 외부의 시선에 어떻게 보였는지를 적나라하게 알려준다. 정복 이후 스페인 수도사들을 비롯하여 많은 사람이 고대 메소아메리카와 관련된 역사, 사회, 종교 관련 자료를 수집하기 위해 노력을 기울였다.

메소아메리카 토착 왕조의 통치자들은 왕조와 민족 집단 등의 몇 가지 주제에 관한 역사 기록을 보유했다. 그 목적은 왕조와 민족 집단의 정통성을 확보하고 명예를 드높이는 데 있었다. 그들의 역사는 구술로 전해진 것도 있고 문자 기록으로 남겨진 것도 있다. 내용의 상세한 정도는 지역에 따라 달랐다. 고전기 마야의 경우 문자 기록만 남아 있고 구술 전통은 전하지 않는다. 문자 기록을 통해 통치자와 왕조를 설명한 내용이 상세히 남아 있으며, 정확한 역법에 의해 날짜도 특정되어 있다. 그

---

3  Elizabeth H. Boone, *Stories in Red and Black: Pictorial Histories of the Aztecs and Mixtecs* (Austin: University of Texas Press, 2000).

러나 후고전기의 역사 기록은 고전기 마야의 기록과는 성격이 전혀 다르다(후고전기 역사 자료는 스페인 정복 이후에 스페인 사람들이 원주민의 구술을 듣고 정리한 것으로, 마야인이 직접 기록물로 남긴 고전기의 자료와는 성격이 다를 수밖에 없다. - 옮긴이). 후고전기의 기록은 대체로 기억을 돕기 위한 보조 장치들이었다. 거기에 등장하는 날짜와 사건의 윤곽은 구술을 채록한 전문 역사가가 편의상 설정해둔 것이다. 스페인의 아즈텍 정복 이후 스페인인 연대기 저술가들은 (주로 수도인 테노치티틀란 출신의) 아즈텍 귀족들과의 인터뷰를 통해 수많은 역사적 내용을 기록했으며, 때로는 그림으로 기록을 남기기도 했다.

이러한 자료들을 대개 토착 역사 전통(native historical tradition)이라고 한다. 그들의 역사적 정확성은 세계 다른 지역의 구술사와 크게 다를 바가 없었다. 이 문제에 관해서는 별도로 연구 성과(David Henige 등)가 있다.[4] 말하자면 기록 시점 직전에 발생한 사건은 대개 정확히 기록되지만, 과거로 멀어질수록 정확성은 떨어지고 역사와 신화가 점점 뒤섞이게 된다. 아즈텍의 토착 역사 전통은 대개 신에 의한 창조로 이야기가 시작되어 조상 집단의 이주 이야기를 거친 다음, 마지막으로 왕과 전투의 역사를 말해주는 세속 정치사 이야기로 마무리된다. 후고전기 메소아메리카 역사의 1차 사료는 대부분 출간되어 있고, 이를 분석한 역사

---

4 David P. Henige, *Oral Historiography* (New York: Longman, 1982); Michael E. Smith, "Tula and Chichén Itzá: Are We Asking the Right Questions?," in Jeff Karl Kowalski and Cynthia Kristan-Graham (eds.), *Twin Tollans: Chichén Itzá, Tula, and the Epiclassic to Early Postclassic Mesoamerican World* (Washington, DC: Dumbarton Oaks, 2007): 579-617.

연구도 상당한 분량으로 축적되어 있다. 초기 식민지 행정 문서 또한 스페인 이전의 사회 현상에 관해 상세한 정보를 알려준다. 여기에는 스페인어뿐만 아니라 다양한 원주민의 언어로 기록된 다양한 문서가 포함되어 있다.[5]

## 고전기의 메소아메리카

메소아메리카에 속하는 대부분 지역에서는 스페인 정복 이전에 두 차례에 걸쳐 인구가 최고조에 달한 때가 있었다. 첫 번째는 고전기 말엽으로 메소아메리카 곳곳에서 국가와 도시가 붕괴하기 직전이었고, 두 번째는 스페인 정복 직전이었다. 고전기 사회들 가운데 가장 기록이 잘 남아 있는 곳은 마야였다. 마야의 위치는 남부 저지대(southern lowlands)로, 오늘날의 과테말라, 멕시코, 벨리즈에 걸쳐 있었다(지도 23-1). 탑처럼 우뚝 솟은 석조 피라미드와 궁전 유적으로 둘러싸인 정착지에는 울창한 정글이 파고들었다. 도시의 인구 밀도가 매우 낮았기 때문에 사람들은 그곳 정착지의 성격을 "비-도시"로 분류했다. 그럼에도 불구하고 행정 및 종교 활동의 중심지로서 주변 지역 전체를 포괄했다. 중심지로

---

5 Charles Gibson, *The Aztecs Under Spanish Rule: A History of the Indians of the Valley of Mexico, 1519-1810* (Stanford University Press, 1964); James Lockhart, *The Nahuas After the Conquest: A Social and Cultural History of the Indians of Central Mexico, Sixteenth Through Eighteenth Centuries* (Stanford University Press, 1992); Matthew Restall and John F. Chuchiak, IV, "A Re-evaluation of the Authenticity of Fray Diego de Landa's *Relación de las Cosas de Yucatán*," *Ethnohistory* 49 (2002): 651-70; Michel R. Oudijk, *Historiography of the Bènizàa: The Postclassic and Early Colonial Periods (1000-1600 A.D.)* (Leiden: Research School of Asian, African, and Amerindian Studies, Universiteit Leiden, 2000), vol. 84.

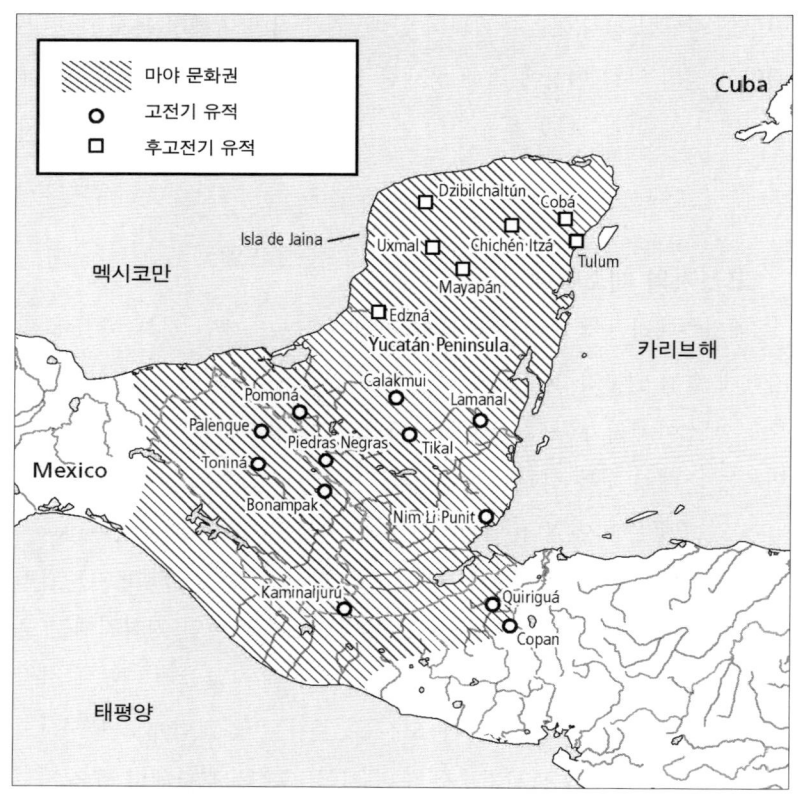

[지도 23-1] 마야 유적

서의 기능적 역할을 고려하면 마야의 중심지도 도시라 할 수 있다. 고전기를 거치는 동안 도시 지역 전체에 사람들이 들어찼기 때문에 식량을 공급하는 것이 문제가 되었다. 마야의 비문에는 전쟁과 극적인 의례 행사 연출을 통해 서로 경쟁한 세습 왕들이 기록되어 있다. 경제적 현상은 기록이 잘 남아 있지 않은 편이다. 그래서 고고학 연구를 통해 비로소 생산과 교환의 패턴에 접근할 수 있었다.

9세기를 거치는 동안 남부 저지대의 주요 도시들은 폐허가 되었고, 수백만 명의 운명은 알 수 없게 되었다. 문자, 역법, 궁정 생활을 포함한 엘리트 문화도 종말을 고했다. 고기후학 자료에 따르면, 마야 저지대 전역에 걸쳐 잇달아 가뭄이 발생했다고 한다. 그러나 그 시점과 심각성은 명확히 파악되지 않았다. 고전기 마야 문명은 사회 붕괴의 교과서적 사례였다. 재러드 다이아몬드(Jared Diamond)가 제시한 사회 붕괴의 다섯 가지 요인 가운데 네 가지가 마야의 경우에 해당한다. (1) 생태 조건 대비 인구 과잉, (2) 전쟁 증가, (3) 중요한 시기의 가뭄, (4) 이런 문제를 비롯한 위기에 제대로 대응할 줄 모르는 통치자. 최근 연구에 따르면 재러드 다이아몬드의 다섯 번째 조건, 즉 삼림 파괴와 토양 유실은 마야의 경우 심각한 붕괴 요인이 아니었던 것으로 추정된다.[6] 고전기 마야의 붕괴가 메소아메리카의 마야어 사용 지역 전체에 영향을 미치지는 않았다. 남부 저지대의 북쪽 유카탄(Yucatan)반도에서 번성한 푸우크 마야 문화(Puuc Maya culture)는 독특한 변종 문화였다. 그곳의 도시들은 남부 지역이 붕괴한 이후 한참 뒤에까지 발전을 계속했고, 남부 지역의 붕괴로부터 별다른 영향을 받지 않았다.

고전기의 또 다른 사례로 테오티우아칸이 있다. 그 도시의 유적은 멕

---

[6] Jared Diamond, *Collapse: How Societies Choose to Fail or Succeed* (New York: Viking, 2004); Cameron L. McNeil, David A. Burney and Lida Pigott Burney, "Evidence Disputing Deforestation as the Cause for the Collapse of the Ancient Maya Polity of Copan, Honduras," *Proceedings of the National Academy of Sciences* 107 (2010): 1017-22; David Webster, *The Fall of the Ancient Maya: Solving the Mystery of the Maya Collapse* (New York: Thames and Hudson, 2002).

시코 평원의 멕시코시티에서 가까운 곳이다. 테오티우아칸 이외에 메소아메리카에서 이렇게 큰 규모(인구 약 10만 명)의 도시는 없었다. 도시 내부는 엄격한 격자 구조로 짜여 있었다. 테오티우아칸의 통치자들은 정복 활동을 통해 멕시코 중부에서 소규모 제국을 건설했다. 그리고 멀게는 마야 저지대의 도시들과도 교역을 했다. 도시는 기원후 1세기 무렵 급성장한 이후로 그 규모와 영향력이 수 세기 동안 지속되었다. 그러다가 7세기에 이르러 내부 반란 혹은 외부의 침략으로 무너졌다. 많은 공공 건물은 불에 타버렸다. 그러나 도시 자체가 완전히 사라지지는 않았고, 작은 도심 규모로 후고전기까지 유지되었다. (테오티우아칸만큼 크지는 않지만) 대규모 도시들이 고전기 메소아메리카의 다른 지역에도 흔히 존재했다. 오악사카 계곡의 언덕 위 수도였던 몬테알반(Monte Alban)은 그러한 도시 중 가장 잘 알려진 사례다. 테오티우아칸과 마찬가지로 완전히 사라지지는 않았지만 도시의 정치 권력이 쇠락했고, 고전기가 끝나갈 무렵이면 주거지가 상당히 축소된 상태였다.

### 후고전기의 사회: 지역별 여정

900년 즈음에는 고전기의 모든 주요 도시가 멸망하거나, 혹은 규모와 세력 면에서 매우 축소되었다. 다만 몇몇 주요 도시는 여전히 번성했다. 도시화와 상거래의 성장 같은 기본적 과정은 메소아메리카 전역에서 일어났지만, 각 지역별로 변화의 궤적이 달랐다. 이번 소절에서는 메소아메리카의 핵심 지역 일곱 곳을 중심으로 후고전기 사회와 변화의 특징을 간략히 살펴보고자 한다. 먼저 멕시코 고원 중부 지역부터 논의를 시작하고자 하는데, 후고전기 메소아메리카 중에서 가장 자료가 풍

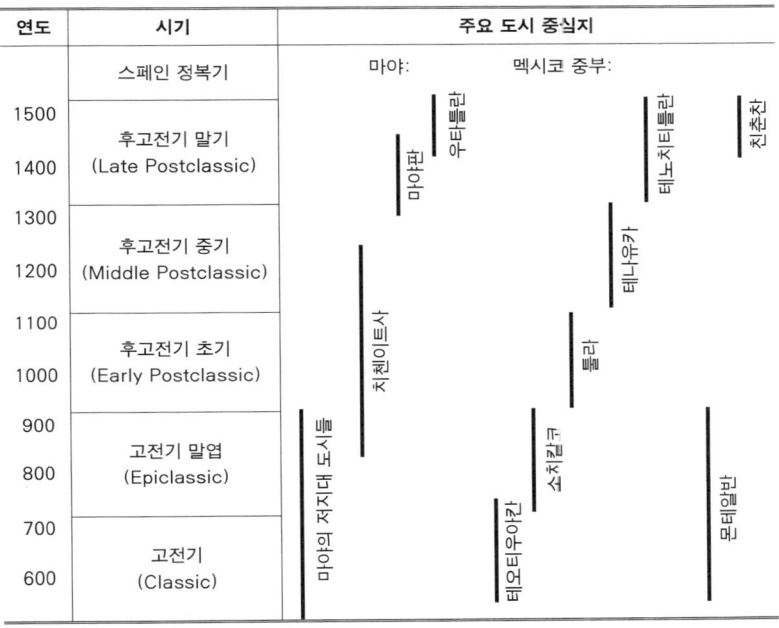

[그림 23-1] 후고전기 메소아메리카 시기 구분

부하게 남아 있는 곳이다. 이 지역에서 고고학 발굴 조사가 있었고, 후고전기 사회를 파악할 수 있는 원주민과 스페인의 문헌도 남아 있다.

[그림 23-1]은 후고전기 메소아메리카의 기본적 시기 구분이며, 고고학을 근거로 한다. 일부 지역에서는 여기서 다시 한두 단계로 더욱 세분화되기도 하고, 또한 시대적 특징이 다소 혼란스러운 지역도 있다.

멕시코 중부

멕시코 중부(Central Mexico)는 멕시코 평원과 그 주변을 둘러싼 고지대로 구성되어 있다. 멕시코 평원(Basin of Mexico)은 메소아메리카 최대의 계곡/평원이며, 강우량이 풍부하고 토양이 비옥하다. 기원후 1세기 무렵 멕시코 평원은 거대 도시 사회(테오티우아칸)의 중심지가 되었으며, 이후 오늘날의 멕시코에 이르기까지 메소아메리카의 도시 및 정치의 핵심 지역으로 유지되었다. 고고 유적지가 많기도 하고 멕시코시티와도 가까운 덕분에 멕시코 평원은 메소아메리카의 다른 어느 지역보다 발굴 조사가 많이 이루어졌다. 20세기 초 테오티우아칸과 툴라(Tula)를 비롯한 여러 유적지 발굴 결과를 바탕으로 고고학적 시기 구분의 기본 틀이 간들어졌다. 이후 1960~1970년대에 윌리엄 샌더스(William T. Sanders) 발굴팀이 〈멕시코 평원 발굴 조사 프로젝트(Basin of Mexico Archaeological Survey Project)〉를 수행했다. 이로써 메소아메리카 고고학의 혁신적 계기가 마련되었다. 고고학자들이 한꺼번에 수천 곳의 고고 유적을 기록하며 방대한 지역의 연속적 층위를 발굴한 사례는 메소아메리카 고고학에서는 처음 있는 일이었다. 조사 지역과 데이터 수집의 수준 면에서 오늘날은 오악사카 발굴이 멕시코 평원 발굴을 능가하지만, 당시 중부 멕시코 발굴 조사는 메소아메리카에 대한 인식을 바꾸어놓았다.[7]

앞에서 언급했던 두 차례에 걸친 메소아메리카의 인구학적 정점(고전기 말엽과 후고전기 말기)도 〈멕시코 평원 발굴 조사 프로젝트〉에 의해 처음 확인되었다. 고전기 초거대 도시 테오티우아칸의 성장은 두 가지 과정의 결과였다. 멕시코 평원 전역에 걸쳐 인구가 증가했고, 동시에 시

---

7 William T. Sanders, Jeffrey R. Parsons and Robert S. Santley, *The Basin of Mexico: Ecological Processes in the Evolution of a Civilization* (New York: Academic Press, 1979).

골의 많은 인구가 도시로 이동하면서 시골 인구가 감소했다. 테오티우아칸의 몰락은 탈도시화와 동시에 지역 전체의 인구 감소로 이어졌다. 이후 수 세기 동안 도시 중심지들이 주기적으로 성장하고 또한 몰락한 뒤, 후고전기 중기와 말기에 인구가 다시 상승 기조로 돌아섰고, 스페인 정복 직전에 최고조에 달해 있었다. 이후 메소아메리카 고고 발굴 조사 결과, 구체적 변화의 윤곽은 지역마다 달랐지만, 이와 같은 인구의 쌍봉 패턴은 거의 모든 지역에서 동일하게 나타났다.

테오티우아칸의 "공공" 건축물은 모두 6세기에 불타고 파괴되었다. 이를 두고 대개는 도시의 "붕괴(collapse)"라고 일컫는다. 그럼에도 불구하고 주민 상당수(3~4만 명)는 고전기 말엽(Epiclassic period, 700~900)에도 계속해서 테오티우아칸에 거주했으며, 테오티우아칸은 여전히 멕시코 중부 최대의 도시로 남아 있었다. 안타깝게도 우리는 붕괴 이후의 도시 혹은 그 주민에 관해서 거의 아는 바가 없다. 다만 더 이상 영향력 있는 정치 단위가 아니었던 것만은 분명하다.

고전기 말엽(Epiclassic period) 멕시코 중부에서는 언덕 위 요새화된 대규모 도시의 성장이 잇달았다. 이러한 도시들이 과거 테오티우아칸 제국의 일부였는지는 알 수 없지만, 어쨌든 그 위치는 예전 테오티우아칸의 영향권 안이었다. 예컨대 오늘날 멕시코 모렐르스(Morelos)주의 도시 쿠에르나바카(Cuernavaca) 근처에 위치한 소치칼코(Xochicalco)는 고전기 말엽의 요새화된 도시로 폭넓게 연구가 이루어진 곳이다.[8] 고전기

---

8 Kenneth G. Hirth (ed.), *Archaeological Research at Xochicalco*. 2 vols. (Salt Lake City: University of Utah Press, 2000).

에 처음 도시가 성립할 때는 인구 규모가 작았지만, 고전기 말엽에 이르러서는 도시 역사상 가장 큰 규모로 인구가 확대되었다. 작은 산 정상에 기념비적인 공공 건축물이 집중적으로 건설되었고, 산의 경사면에 계단식으로 평지가 조성되어 주거용 건물이 배치되었다. 성벽과 해자가 거의 도시 전체를 둘러싸 보호하도록 만들어져 있었다. 수많은 부조(浮彫) 유물들도 발견되었는데, 원래는 사원을 비롯하여 공공 건축물을 장식했던 조각들이다. 그림에는 왕조와 군사적 내용이 강조되어 있다. 양식적으로나 내용적으로 고전기 마야 스타일과 일치하는 요소들도 일부 포함되어 있었다(시기적으로 멕시코 중부에서 고전기 말엽은 마야 고전기 도시의 마지막 번영 단계와 일치한다).

소치칼코(Xochicalco)의 기본적인 도시 구조 및 외부와의 연결 방식은 고전기 말엽 멕시코 중부의 여러 도시에 그대로 복제되었다. 카칵스틀라(Cacaxtla)와 테오테낭고(Teotenango)가 바로 그런 사례였다. 카칵스틀라는 정교한 벽화 시리즈로 유명한 곳이다. 벽화는 마야 양식으로 제작되었으며, 전투와 의례 장면을 보여준다. 벽화 유물은 궁전 복합 건물에서 발굴되었다. 언덕 꼭대기에 위치한 궁전은 주변을 둘러 거대한 해자가 건설된 요새였다. 이곳을 비롯한 멕시코 중부 고전기 말엽의 여러 유적에서 확인되는바, 당시는 정치적 탈중심화 및 전쟁의 시기였다. 도상과 예술 양식을 통해 알 수 있듯이 멕시코 중부와 마야의 도시들 사이에 원거리 교류가 있었고, 테오티우아칸 시대부터 교류가 급격히 증가했지만, 그 원인이 된 사회적 과정은 아직 밝혀지지 않았다. 또한 고전기 말엽의 도시들 상호 간에도 예술 및 지식의 교류가 있었다.

고전기 말엽의 도시들은 2세기 후 붕괴되었고, 그들의 배후지인 시골 지역에서는 극단적으로 탈중심화가 진행되었다. 소치칼코에서는 도시 붕괴 당시 대부분의 건물이 불타고 파괴되었으며, 예술품도 거의 파손되었다. 도시의 아주 작은 몇몇 구역에서만 소규모 공동체가 남아 있었다. 고전기 말엽에는 여러 중심 도시가 분산되어 있었지만, 후고전기 초기(Early Postclassic period)에는 단일한 대규모 도시가 형성되었다. 그곳이 바로 툴라(Tula)였다. 툴라 지역을 벗어나면 멕시코 중부의 대부분 지역에서 사람들은 소규모 공동체에 흩어져 살았다.

툴라는 역사 기록으로 확인되는 톨텍(Toltec) 민족의 고향이자 수도였다.[9] 아즈텍 원주민이 남긴 역사 자료에서 톨텍은 최초의 도시이자 그 사람들을 의미하며, 그런 이유로 비할 데 없는 추앙을 받지만, 학자들은 톨텍 사회 관련 자료의 정확성 내지 신뢰성에 동의하지 못한다. 아즈텍의 왕들은 자신의 기원과 정통성의 근거로 톨텍 왕의 후손이라는 점을 내세웠다. 도시 툴라와 톨텍에 관한 설명에 신화적 요소가 많이 포함되어 있는 것은 분명한 사실이다(예를 들어 금으로 지어진 건물들, 혹은 수백 년을 살았다는 환상적인 신-왕에 대한 이야기 등). 예전에는 톨텍에 관한 신빙성을 전제로 했지만, 최근 학계에서는 회의적인 시선이 지배적이다. 아즈텍 원주민의 역사 자료에 후고전기 초기와 관련해서 과연 믿을 만한 역사적 정보가 포함되어 있는지, 여전히 많은 학자가 의문을 제기하고 있다.[10]

---

9 Alba Guadalupe Mastache, Robert H. Cobean and Dan M. Healan, *Ancient Tollan: Tula and the Toltec Heartland* (Boulder: University Press of Colorado, 2002).
10 Smith, "Tula and Chichén Itzá: Are We Asking the Right Questions?"

원주민 역사 자료가 실제 역사 분석에 별로 도움이 되지 않는 반면, 고고학은 후고전기 초기의 정치·경제적 상황에 관해 상당한 정도의 정보를 제공하고 있다. 툴라는 인구 5만의 도시로, 고전기 테오티우아칸 이후로 가장 큰 도시였다. 테오티우아칸의 도시 평면은 메소아메리카에서 매우 드문 경우였다. 엄격한 격자형 구조, 중심에 대형 공공 광장이 없는 점, 중심 도로를 축으로 구성된 도시 구조 등이 그랬다. 이와 같은 평면 구조는 고전기 말엽의 도시에서 거의 채택되지 않았다. 그러나 툴라의 도시 설계자는 과거 메소아메리카의 전통적 기준을 아주 분명하게 도입했다. 툴라는 엄격한 대칭 구조에 중심 광장을 둘러싸고 기념비적 건축물을 배치하는 등, 메소아메리카의 전형적 도시 구조로 구성되었다.

일부 학자들은 툴라가 한 제국의 수도였다고 주장하지만, 이는 검증 가능한 증거에 입각하기보다 아즈텍 원주민의 역사 자료를 느슨하게 해석한 결과다. 그것까지는 알 수 없지만 툴라가 멀리 유카탄반도에 있는 마야의 도시 치첸이트사(Chichen Itza)와 방대한 교류를 했던 것은 사실이다. 툴라 중심지의 공공 건물이 부분적으로 마야의 도시와 비슷한 평면 구조를 보이고, 이외에도 메소아메리카에서는 보기 드문 두 도시의 공통점이 꽤 많다(예를 들면 수많은 석조 기둥을 포함하는 건물 등). 왜 이런 관계가 형성되었는지, 그 본질에 관해 한 세기가 넘도록 논쟁이 이어져왔다. 오늘날에는 고고학 발굴 성과를 근거로 학계 의견이 일정하게 모아졌지만, 세부적으로는 아직 모호한 부분이 많이 남아 있다. 툴라와 치첸이트사의 건축과 도시 구조의 공통성은 거의 같은 시기에 발전했고, 둘 중 어느 도시가 앞섰다고 말하기는 어렵다. 오늘날의 이론은 두 가지 측면의 교류를 강조하는데, 상업적 교류와 엘리트 계층의 이동이 두 도시의 양식적 유사성을 만들어냈다고 보는 것이다.

1100년경 툴라의 붕괴 원인은 알 수 없다. 이 무렵 북방에서 멕시코 중부로 이주민이 잇달아 내려왔다. 원주민 역사 자료에 따르면 아즈텍의 많은 도시국가가 아스틀란(Aztlan)에서 내려온 조상에 의해 건국되었다고 하는데, 아스틀란은 신화에 등장하는 북방의 고향이다.[11] 언어학 연구로 밝혀진바, 나우아틀어(Nahuatl, 아즈텍의 언어)의 기원지는 북방이며, 멕시코 지역까지 내려온 시기가 기원후 200년에서 1200년 사이다. 나우아틀어 사용자 집단이 멕시코 지역에 도착한 시기가 명확히 밝혀지지 않은 이상, 툴라의 붕괴가 그들 때문이라고 단정하기는 어렵다. 그러나 고고학을 통해 밝혀진바, 12세기 멕시코 중부 전역에 걸쳐 고유한 예술 및 건축 양식의 새로운 도시들이 건설된 것은 분명한 사실이다. 이들 신도시는 후고전기 중기(Middle Postclassic period)에 이르러 아즈텍의 도시로 발달했고, 스페인의 정복 당시에는 이들이 번성하는 중이었다. 요컨대 나우아틀어 사용자들이 멕시코 중부에 도착한 시기는 11~12세기이며, 이들이 도시와 도시국가를 건설한 것까지는 확인이 되지만, 툴라의 붕괴와 톨텍의 몰락에 이들이 기여했는지 여부는 불확실하다.

후고전기 중기는 멕시코 중부 전역에서 인구가 성장하고 도시와 주거지가 확장되는 시기였다. 수많은 도시국가(나우아틀어 알테페틀

---

11 Michael E. Smith, "The Aztlan Migrations of the Nahuatl Chronicles: Myth or History?" *Ethnohistory* 31 (1984): 153-86.

altepetl)가 건설되었다. 이들은 소박한 기념비적 건축물로 구성된(중앙 광장을 둘러싸고 왕궁과 한두 개의 사원-피라미드를 배치) 소규모 중심 도시였다. 인구 규모도 작았고, 도시를 둘러싸고 농촌 마을 주거지가 형성되어 있었다. 도시국가의 왕과 귀족들끼리 혼인 관계를 맺었으며, 이렇게 형성된 귀족 계층이 멕시코 중부 전역을 아울렀다. 도시국가들끼리 교역을 했으며, 곧이어 정기 시장을 통해 활발한 상거래 시스템이 발달했다. 이와 같은 우호적인 관계에서도 도시국가들 간 대립 관계가 만들어졌다. 도시국가의 왕들은 이웃 국가와 전쟁을 벌여 조공을 받아냈고, 일부는 정복 국가 혹은 소규모 제국의 형태로 발달했다. 테나유카(Tenayuca)는 후고전기 중기 멕시코 평원에서 가장 크고 강력했다. 그곳은 소규모 제국의 수도였을 수도 있다. 그러나 멕시코 중부 지역의 정치 상황은 전반적으로 매우 역동적이었고, 어떤 정권도 오래 지속되지 못했다.

인구가 성장하고 주거지가 확장됨에 따라 다양한 방식의 집약 농법이 도입되었다.[12] 강에 댐으로 막고 수로를 건설했으며, 일부 지역에서는 거대하고 생산적인 관개시설이 구축되었다. 언덕의 경사면은 계단식으로 평탄해졌고, 멕시코 평원의 늪지는 바닥 면을 높여 생산성이 높은 농지로 바뀌었다. 인구 증가와 집약적 농업은 후고전기 말기(Late Postclassic period)까지 지속되었다. 1500년에 이르러 관개시설과 테라스형 농지가 멕시코 중부 거의 전역을 뒤덮게 되었다. 그럼에도 불구하고

---

12 Sanders, Parsons and Santley, *The Basin of Mexico;* Thomas M. Whitmore and B. L. Turner II, *Cultivated Landscapes of Middle America on the Eve of Conquest* (New York: Oxford University Press, 2001).

멕시코 평원에서는 가뭄으로 흉년이 들기도 하고 기근이 자주 찾아왔다. 그에 비해 다른 지역은 형편이 괜찮은 편이었다.

후고전기 말기를 연구하는 학자들은 스페인 식민 통치 초기 수십 년 동안 생산된 풍부한 문헌을 이용할 수 있다.[13] 그 자료를 통해 멕시코 중부 지역의 사회, 정치, 경제, 문화 패턴을 상세히 재구성할 수 있다. 다만 해당 자료가 테노치티틀란과 멕시코 평원에 지나치게 편중되어 있다는 점은 감안해야 한다. 당시 사회는 법적으로 정의된 두 계급, 즉 귀족층과 평민층으로 구분되어 있었다. 귀족 계층은 도시국가에서 정부의 자리를 독점했고, 토지도 대부분 그들의 소유였다. 근대적 개념의 "사유 재산"은 아니었지만, 거의 모든 땅은 매매가 가능했다(다만 다른 귀족에게만 팔 수 있었다). 평민 계층은 임대나 소작 등 다양한 방식으로 농지에 접근할 수 있었다. 평민은 칼폴리(calpolli)에 속한 경우가 많았다. 칼폴리란 기업 집단 비슷한 개념으로, 같은 공동체에 거주하고 같은 귀족을 주인으로 섬기며 대개 경제적 직업이나 활동을 공유하는 가구들로 구성되었다. 칼폴리 의회는 개별 가구에 토지를 할당하고 집단적 활동을 조직하는 역할을 담당했다. 칼폴리에 소속되지 않은 평민은 주군 혹은 왕에게 직접 소속되어 있었다. 그들은 경제적 형편이 더 좋지 못했고, 자율성도 더 편이었다.

후고전기 말기가 시작될 무렵, 멕시코 평원에서 두 개의 소규모 제국이 성립했다. 중심 도시는 아스카포트살코(Azcapotzalco)와 텍스코코

---

13 Lockhart, *The Nahuas After the Conquests;* Gibson, *The Aztecs Under Spanish Rule;* Michael E. Smith, *The Aztecs*, 3rd edn (Oxford: Blackwell Publishers, 2012).

(Texcoco)였다. 그 시대의 정치적 역학 관계에 관해서는 원주민 역사 자료에 비교적 상세한 정보가 남아 있다. 1428년에 주요 정치 세력들 사이에 전쟁이 벌어졌다. 가장 강력한 도시였던 아스카포트살코가 패배하고, 세 개의 도시(테노치티틀란, 텍스코코, 틀라코판)가 연맹을 맺어 다른 도시국가들을 정복하고 조공을 거두었다. "삼국 연맹"은 곧 강력한 제국으로 발달하여 정복 활동을 펼쳤다. 스페인의 정복 시기까지 명목상 연맹은 유지되었지만, 연맹의 다른 도시에 비해 힘과 재력이 워낙 강력한 테노치티틀란이 제국의 유일한 수도로 간주되었다. 이러한 정치 체제 아래 간접 통치와 관련하여 몇 가지 관행이 형성되었다. 대부분의 피정복 도시국가에서도 통치자와 정부는 그대로 권력을 유지했다.

### 유카탄반도

메소아메리카의 남부 저지대에 위치한 마야 문명의 도시들이 붕괴한 뒤, 마야 문명 도시 사회의 중심지는 유카탄(Yucatan)반도의 북부로 이동했다. 푸우크 마야 문화(Puuc Maya culture) 양식으로 알려진 독특한 공공 건축물이 있는 도시들은 저지대의 도시들이 붕괴하기 이전에 이미 형성되어 있었고, 붕괴 이후에도 성장과 번영을 지속했다. 남부에서 도망친 사람들 가운데 일부가 푸우크 문화권의 도시로 이동했을 수 있지만, 당시 그곳의 인구 증가가 남부의 인구 감소에 따른 결과라고 하기에는 증가 수치가 충분하지 않다. 푸우크 문화권의 도시에서는 남부 저지대 도시에서 특징적으로 나타난 엘리트 문화가 극히 작은 부분에서만 확인되었다. 남부 도시의 기념비적 석조 공공 건축물에서 매우 두드러지게 표현된 마야 장기력(long-count calendar)은 푸우크 문화권의 도시에서 나타나지 않았으나, 이외의 다른 마야 역법은 계속해서 사용되었다. 푸우크 문화권에서 사용된 마야 문자 또한 사용 범위가 축소되어 있었다.[14]

푸우크 문화권 도시의 전반적 구조는 남부 저지대 도시의 초기 형태와 비슷했다. 기념비적 석조 피라미드와 궁전은 대개 거대한 공공 광장을 둘러 배치되었고, 도시의 중심지에 설치되었으며, 그 주변으로 열을 맞추어 주택들이 밀집해 있었다. 도시 내 토양을 화학적으로 분석한 결과, 주택과 주택 사이의 구역에서 고도로 집약적인 농경이 이루어진 사실이 밝혀졌다. 도시들이 성장함에 따라 그중 한 도시(치첸이트사)가 다른 도시들을 능가했고 정치적 팽창이 시작되었다. 이 도시의 정치적 지배력의 성격과 영향의 범위는 불분명하다. 그럼에도 불구하고 치첸이트사는 푸우크 문화권에서 가장 큰 도시였으며, 예술 양식이나 수입품을 통해 알 수 있듯이 (툴라를 포함한) 원거리 교역과 관련된 자료도 가장 많이 남아 있다.[15]

앞에서 언급했듯이 (당시 메소아메리카 최대의 두 도시인) 툴라 및 치첸이트사와 관련된 방대한 양의 연구 성과와 출판물에도 불구하고, 두 도시의 관계 문제는 학계에서 아직 결론을 내리지 못했다. 현재 확실한 결론에 이른 몇 안 되는 사실 중 하나는, 톨텍이 치첸이트사와 유카탄반도를 정복했다는 과거의 이론이 정확하지 않다는 것이다. 치첸이트사의 쇠락은 12세기에 시작되었고, 기원후 1200년경이면 거의 폐허가 되어 있었다. 그로부터 얼마 지나지 않아서 그 근처의 도시 마야판(Mayapan)

---

14 Nicholas P. Dunning, *Lords of the Hills: Ancient Maya Settlement in the Puuc Region, Yucatan, Mexico* (Madison, WI: Prehistory Press, 1992).
15 Kowalski and Kristan-Graham (eds.), *Twin Tollans: Chichén Itzá*.

이 제국의 수도로서 급속도로 확장되었고, 마야판의 군대가 유카탄반도 대부분을 정복했다. 1519년 코르테스(Cortés)가 도착할 때까지 마야 지역은 치열한 전쟁에 휘말려 있었다. 도시 마야판은 고대 메소아메리카에서 흔치 않은 거대 성벽 도시 중 하나였다. 마야판의 통치자들은 치첸이트사의 건축 양식을 일부 모방했지만, 그 규모는 훨씬 작았다. 20세기 중엽의 고고학자들은 양식적으로 더 단순하고 규모 면에서 더 작아진 마야판의 건물을 근거로, 마야판이 치첸이트사를 비롯한 이전 마야 문명 도시의 쇠락기를 반영한다고 해석했고, 마야판 시기를 문화적 "퇴폐(decadence)"의 시기로 규정했다. 후고전기 마야 문화의 퇴폐 개념은 과거 로마 이후 지중해 권역을 문화적 퇴폐로 규정했던 오랜 견해와도 비슷하다. 15세기를 거치는 동안 마야판 또한 종말을 고했고, 스페인 사람들이 도착할 무렵 유카탄반도는 전쟁의 도가니에 빠진 수많은 소국 혹은 부족이 각축을 벌이는 무대였다.

### 그 외의 지역들

멕시코 평원(Valley of Mexico) 혹은 유카탄반도를 벗어나면 알려진 사실이 훨씬 더 적다. 학계에서는 마야 문명 지역을 남부 저지대(southern Maya lowlands), 고지대(Maya highlands), 멕시코만 연안(Gulf of Mexico Coast), 오악사카 계곡(Valley of Oaxaca), 멕시코 서부(west Mexico) 등 다섯 개 권역으로 구분한다.

마야가 붕괴한 뒤 남부 저지대(오늘날 과테말라, 벨리즈)의 환경은 완전히 바뀌었다. 과거 번화한 중심 도시로 밀도 높은 정착지였던 곳이, 몇몇 마을만 흩어져 있는 조용하고 고립된 정글로 변한 것이다. 이 지역에서는 과거와 같은 높은 인구 밀도, 도시화, 집약 농업의 사회가 두 번 다시 회복되지 못했다. 새로운 마을이 조성되었고, 대부분은 전쟁이나 도시 붕괴의 혼란으로부터 달아난 피난민이었다. 마을의 위치는 대개 동쪽 경계 지역으로 오늘날의 벨리즈에 해당한다. 이곳에서 인구가 점차 증가했으며, 주민들은 메소아메리카의 다른 지역들과 거래하고 교류하기도 했지만, 국가 혹은 도시 같은 거대 사회의 구조는 결코 나타나지 않았다. 후고전기 말기에 이주자 집단이 남부 저지대로 잇달아 이주했고, 또한 그곳을 통과해 지나갔다. 치첸이트사와 마야판 같은 도시의 몰락 이후 혼란스러운 상황을 피해 남쪽으로 피난을 떠난 사람이 많았다. 그들 중 일부 집단은 남부 저지대 깊숙한 곳에 요새화된 마을을 건설하기도 했다.[16]

마야 고지대는 연이은 산맥으로 구성된 지역으로, 멕시코에서 태평양 해안선과 평행하게 내려가 과테말라를 거쳐 온두라스까지 이어진다. 이곳은 1000년여 동안 마야어 사용자들의 고향이었다. 온두라스의 도시 코판(Copan)을 제외하고 마야 고지대는 대개 고립된 지역이었다. 그래서 고전기 마야 저지대 사회의 특징인 도시화와 문화적 번성의 과정이 아예 없었다. 후고전기 중기와 말기를 거치면서 인구가 성장하고 수많은 소규모 도시국가가 등장했다. 전형적인 도시극가의 수도는 산꼭대기나 능선 꼭대기에 위치했고, 성벽과 해자를 둘러 요새화했다. 이들 도시국가와 언어 사용자 집단이 일치하는 경우가 많았다. 가장 규모가 크

---

16 Prudence M. Rice and Don S. Rice (eds.), *The Kowoj: Identity, Migration, and Geopolitics in the Late Postclassic Petén, Guatemala* (Boulder: University Press of Colorado, 2009).

고 강력한 언어 사용자 집단은 키체(Quiché, 혹은 Kich'e) 마야였다. 그들의 수도는 우타틀란(Utatlan)이었는데, 대규모 복합 주거지와 언덕 위의 요새가 인접해 있었다. 또 다른 크고 강력한 집단으로 칵치켈(Kakchiqel)이 있었는데, 그들의 중심지는 익심체(Iximché)였다.[17]

마야 고지대 도시국가의 예술과 물질문화에는 멕시코 중부 지역의 개별 모티프와 양식을 비롯한 이국적 요소가 광범위하게 포함되어 있다. 이에 대해 기존 이론에서는 이주 혹은 정복의 과정을 거쳐 멕시코 중부의 사람들이 이동한 결과로 보는데, 이 과정을 일컬어 "멕시코화(Mexicanization)"라 했다. 한편 세계 체제 모델(이후 다시 논의한다)에서는 이러한 양상을 이른바 "후고전기 국제 양식(Postclassic International Style)"의 구성 요소로 본다. 기원을 알 수는 없지만 이 시기에 널리 확산된 현상이 있었다고 보는 것이다.

멕시코만 연안 지역에서는 고전기에 인구 밀도가 높은 대규모 계획 도시들이 있었지만, 후고전기에는 도시의 규모가 훨씬 더 작아졌고, 소규모 정치 단위 혹은 도시국가의 수도가 건설되었다. 이 지역에는 다양한 언어와 민족 집단이 뒤섞여 있었으며, 그중 일부는 고유의 건축 양식과 물질문화를 가지고 있었다. 후고전기 국제 양식에 속하는 많은 요소가 멕시코만 연안 지역의 예술 작품에도 녹아 있다. 예를 들면 벽화와 토기의 그림 등이다. 멕시코만 연안의 남부 지역에는 거대한 수수께끼

---

17 Robert M. Carmack, *The Quiché Mayas of Utatlan: The Evolution of a Highland Guatemala Kingdom* (Norman: University of Oklahoma Press, 1981), and Linda Schele and Peter Mathews, *The Code of Kings: The Language of Seven Sacred Maya Temples and Tombs* (New York: Simon and Schuster, 1998).

가 남아 있다. 초기 스페인 탐험가들의 기록에 따르면 인구 밀도가 높은 대도시가 이 지역에 있었다고 하는데, 고고학적으로는 후고전기 말기의 유적이 전혀 확인되지 않는다.

멕시코 평원의 남쪽에 위치하는 오악사카 계곡은 메소아메리카에서 두 번째로 큰 계곡이며, 사포텍(Zapotec)어 사용자들의 고향이다. 고전기의 수도는 몬테알반(Monte Alban)이었지만 9세기를 거치는 동안 세력이 약해져서 탈도시화가 시작되었다. 계곡 곳곳에 소규모 도시들이 형성되어 있었는데, 15세기에 아즈텍 제국이 팽창하면서 그에 정복되었다. 그러나 이 지역의 후고전기 변화 과정을 재구성하기란 지금으로서 불가능하다. 이를 위해서는 고고학적으로 더욱 정교한 시기 구분의 기준이 마련되어야 할 것이다. 현재로서는 몬테알반의 완전한 몰락(c. 900) 이후 스페인 정복 시기까지가 고고학적으로 단일한 시기로 설정되어 있다. 사포텍과 믹스텍(Mixtec)의 원주민 역사 자료로 보건대, 폐허가 된 몬테알반일지라도 후고전기 오악사카 계곡과 그 주변의 수많은 도시국가 통치자들에게는 그 상징적 중요성이 남아 있었다. 비록 도시의 대부분은 폐허가 되었지만, 풍부한 공물과 함께 묻힌 주요 인물들의 무덤이 여전히 그곳에 있었기 때문이다. 일부 무덤에는 믹스텍 문화의 유물이 포함되어 있었다. 믹스텍 또한 오악사카 집단 중 하나였지만, 그들의 근거지는 중앙 계곡을 벗어나 외곽에 있었다.[18]

멕시코 서부는 광대한 지역으로, 고대 문화를 알려주는 유산이 거의

---

18 Jeffrey P. Blomster (ed.), *After Monte Albán: Transformation and Negotiation in Oaxaca, Mexico* (Boulder: University Press of Colorado, 2008).

남아 있지 않다. 오늘날에도 대부분 지역에는 접근이 불가능하며, 고고학적 발굴 성과는 다른 지역보다 훨씬 적다. 후고전기의 이 지역에서는 강조할 만한 두 가지 중요한 발전이 있었다. 첫 번째는 청동 제련 기술의 도입이다. 이 기술이 남아메리카에서 멕시코 서부로 전파된 시기가 후고전기였다. 상인이나 여러 항해자가 태평양 연안을 따라 올라와 지식을 전해주었을 것이다. 불과 한두 세기를 거친 뒤 멕시코 서부의 금속 제련은 실용 도구(바늘, 송곳 등)와 의례 물품(종, 집게 등) 모두에서 뚜렷한 발전을 거듭했다. 메소아메리카에서 청동기는 농기구나 무기로 사용된 적이 없었다. 두 번째 발전은 강력한 타라스칸(Tarascan) 제국의 팽창이다. 그때는 스페인 사람들이 도착하기 한 세기 전이었다. 타라스칸 왕들의 근거지는 파츠쿠아로 호수 분지(Patzcuaro Basin)였다. 그들은 아즈텍 제국과 같은 시기에 세력을 급속히 확장해 나갔고, 1480년대에 이르러서는 마침내 아즈텍 제국의 군대를 크게 격파하기도 했다. 스페인 정복 당시 타라스칸의 패권 지역을 제외한 멕시코 서부 지역 대부분은 소규모 정치 단위들로 구성되어 있었다.[19]

### 과정과 연결(고전기에서 후고전기로)

메소아메리카의 후고전기는 여러 측면에서 대대적인 변화와 성장의 시기였다. 인구도 그랬고, 정치 조직이나 경제도 그랬다. 비록 고고학 발

---

19 Helen Perlstein Pollard, *Tariacuri's Legacy: The Prehispanic Tarascan State* (Norman: University of Oklahoma Press, 1993), and Christopher S. Beekman, "Recent Research in Western Mexican Archaeology," *Journal of Archaeological Research* 18 (2010): 41–109.

굴 성과가 고르지 않고, 원주민 역사 자료(구술 자료 – 옮긴이)는 후고전기 말기로 한참 접어든 이후의 시기에 한해서 유용할 뿐이지만, 그래도 큰 범위에서 주요 과정과 변화를 요약하는 것이 불가능하지는 않다.

### 인구 성장과 농업 생산력의 증대

크게 보아 메소아메리카의 거의 모든 지역에서는 두 차례에 걸쳐 인구가 최고조에 달한 적이 있었다. 고전기가 끝나갈 무렵, 그리고 후고전기 말기가 그때였다. 문헌이 가장 많이 남아 있는 곳이 마야의 남부 저지대와 멕시코 중부 지역인데, 이 두 곳에서 인구 변화의 과정은 정반대의 양상을 보였다. 마야 지역에서 고전기 인구 성장은 기하급수적이었다. 인구 증가가 서서히 시작되다가 붕괴 시점인 9세기 직전에 급격히 가속화되는 패턴이었다. 붕괴 이후 느린 속도로 회복기가 지속되었고, 1500년에 이르러서는 붕괴 직후인 1000년 당시보다 인구가 더 많아졌지만, 붕괴 이전 고전기 수준으로 인구가 회복된 적은 없었다. 멕시코 중부에서 테오티우아칸의 고전기 인구 변화 양상은 같은 시기 마야와 근본적으로 달랐다. 초기에 급성장했고, 이후 수 세기 동안 안정세를 유지했다. 멕시코 중부의 다른 지역에서도 고전기에 인구가 성장하여 7세기에 이르러 최고조에 달했다. 이후 고전기 말엽에는 인구가 급격히 줄어들었다가 후고전기 말기에 가서야 다시 급성장하기 시작했다.[20]

고기후학에서는 멕시코 중부의 호수 퇴적층을 연구하여 대략 600년에서 1200년 사이에 강우량이 줄어든 사실을 밝혀냈고, 최근의 연륜연

---

20 Sanders, Parsons, and Santley, *The Basin of Mexico*.

대학 연구는 단기 가뭄이 잇달아 일어났음을 시사한다.[21] 이런 자료와 고고학적으로 확인된 변화의 연관성이 분명하게 밝혀진 것은 아니지만, 기후 변화는 이 지역의 인구 변화와 역사적 과정에 틀림없이 영향을 미쳤을 것이다. 인과 관계에 기초한 모델을 제시할 수는 없지만, 강우량이 줄어든 시기와 테오티우아칸의 몰락, 그리고 강우량의 회복과 인구의 급증이 시기적으로 겹친다는 사실만 간단히 지적해두고자 한다.

### 이주

후고전기의 이주 문제는 자료 측면에서나 역사학의 측면에서나 쉽지 않은 주제다. 자료 측면에서, 고고학적 데이터를 기반으로 이주를 확인하기란 쉽지 않은 면이 있다. 수많은 맥락에서 광범위한 발굴이 이루어진다면, 그리고 유골에 대한 과학적 분석이 동반된다면 고고학적으로 이주 문제를 다룰 수 있을지도 모른다. 그러나 안타깝게도 그 정도의 자료는 후고전기 메소아메리카의 경우 제한된 몇몇 유적에서만 발견될 뿐이어서 이주의 증거로는 여전히 모호하고 논란의 여지가 많다.

메소아메리카 원주민 역사 자료는 그 특성상 이주 문제를 연구하는 데 또 다른 장애물로 작용하고 있다. 후고전기 말기를 살아간 사람들에게 조상의 이주는 집단의 정체성과 관련된 중요한 부분이었다. 수많은

---

21 David W. Stahle et al., "Major Mesoamerican Droughts of the Past Millennium," *Geophysical Research Letters* 38 (2011): 1-4; Sarah L. O'Hara, Sarah E. Metcalfe and F. Alayne Street-Perrott, "On the Arid Margin: The Relationship Between Climate, Humans and the Environment: A Review of Evidence from the Highlands of Central Mexico," *Chemosphere* 29 (1994): 965-81.

민족 집단이 후고전기에 다른 어딘가로부터 이주해 왔다고 주장했고, 원주민 역사 자료는 이주의 이야기로 가득 차 있다. 지금도 여전히 메소아메리카 역사학계는 원주민의 역사 자료를 액면 그대로 받아들이는 경향이 있으며, 그러다 보니 신화적 성격의 이야기를 역사적 사실에 입각한 사건으로 받아들이는 학자들도 적지 않다.[22]

비판적 관점에서 원주민 역사 자료와 고고학 발굴 성과를 검토해볼 때, 후고전기 이주와 관련해서 타당성을 인정할 만한 사실은 두 가지가 있다. 첫째는 아스틀란으로부터의 이주다. 이때 나우아틀어 사용자들이 북쪽에서 멕시코 중부로 들어왔다. 둘째는 후고전기 마지막 세기의 남쪽 이동이다. 이때 유카탄반도에서 남부 저지대와 그 너머로의 이동이 잇달아 일어났다. 이 두 가지 이주는 이주 목적지에 상당한 영향을 미쳤다. 후고전기에 아마 다른 이주 사건도 있었을 수 있지만, 추가적으로 역사 내지 고고학 자료가 제출되기 전까지는 역사적 사건으로 인정하기 어려울 것이다.

## 정치 단위의 성장과 쇠퇴

후고전기 메소아메리카는 정치적으로 매우 역동적인 지역이었다. 국가의 흥망성쇠, 제국의 팽창과 축소, 전쟁 등 수많은 사례가 있었다. 다양한 역사적 경로를 거친 복잡한 지역이라 할지라도 정치적으로 몇 가지 장기적 경향이 확인된다. 그중 세 가지 변화, 즉 존속 기간, 규모, 권력 집중의 정도를 도표로 정리해보았다(그림 23-2).

---

22 Smith, "Tula and Chichén Itzá: Are We Asking the Right Questions?"

첫째, 존속 기간. 주요 도시들이 포함된 도표(그림 23-1)를 근거로 보자면, 국가의 존속 기간이 고전기에는 긴 반면 후고전기 말기로 가면서 훨씬 더 짧아지는 경향을 보였다. [그림 23-1]의 도표에는 (기원후 1세기부터 시작되는) 고전기 전체가 포함되지 않았고, 그래서 후고전기의 사례만 놓고 보아서 대비가 더욱 뚜렷해 보일 수도 있지만, 이를 감안하더라도 마야 정치 단위의 존속 기간은 뒤로 갈수록 급격하게 줄어드는 경향을 보였다. 테오티우아칸이 멸망한 이후 멕시코 중부에서는 다소 규칙적으로 국가 단위가 등장과 몰락을 거듭했으며, 각각의 단위는 대략 2세기 정도 존속했다. 이와 대조적으로 고전기의 테오티우아칸은 5~6세기 동안 번성했다. [그림 23-2]에서 존속 기간을 나타내는 하향 화살표는 뒤로 가면서 경사가 완만해진다. 후고전기 중기에 성립한 아즈텍 도시 중 일부(예컨대 테나유카)는 후고전기 말기까지 살아남지 못했지만, 대부분은 이후까지 유지되었다. 대개는 3~4세기 동안 명맥을 유지하다가 에르난 코르테스(Hernan Cortés)에 의해 막을 내렸다.

둘째, 규모. 아즈텍 제국(후고전기 말기)의 사례를 제외하고 메소아메리카 국가들이 가장 큰 규모로 팽창한 시기는 고전기였다. 고전기 말엽과 후고전기 초기를 거치면서 국가의 규모는 소규모로 줄어들었다. 고전기 말엽의 국가들과 멕시코 중부의 툴라(Tula), 유카탄반도의 푸우크(Puuc) 문화권 도시들이 이를 가장 잘 보여주는 사례들이다. 마침내 후고전기 중기와 말기에는 도시국가 형태의 정치 단위가 메소아메리카 전역으로 확산되었다. 이후 팽창주의 노선을 선택한 아즈텍 제국과 타라스칸 제국은 오히려 규모를 키워 기존의 소규모 경향과는 반대 방향으로 나아갔다(그림 23-2). 아즈텍 제국이 팽창하는 동안에도 멕시코 중

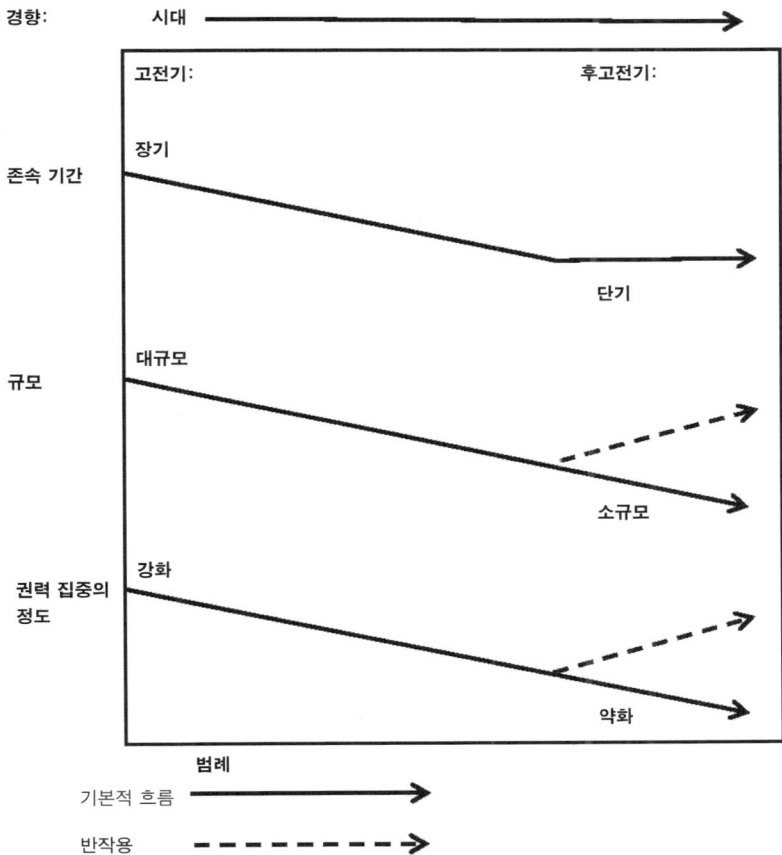

[그림 23-2] 후고전기 정치 단위의 경향성

부를 비롯하여 제국의 영향권 바깥 지역에서는 도시국가 체제가 지배적인 정치 구조로 남아 있었다. 이와 같은 상황을 모겐스 한센(Mogens Hansen)은 "도시국가 문화(city-state cultures)"로 일컬었는데, 이는 메소

아메리카 후고전기의 큰 특징 중 하나였다.[23]

셋째, 권력 집중의 정도. 문헌을 통해 권력이 전제적이었는지, 혹은 주변의 참여를 허용했는지 알 수 있다 하더라도, 이를 고고학적으로 확인하기는 쉽지 않다. 그럼에도 불구하고 새로운 방법론과 자료를 통해 후고전기의 경향성을 일부 확인할 수는 있다.[24] 공공 건축물의 공간적 패턴, 공공 예술의 내용, 기타 여러 가지 수단을 통해 정치 단위의 규모를 파악할 수 있는데, 그 규모가 축소될 때는, 마이클 만(Michael Mann)의 표현을 빌리자면 "전제 권력(despotic power)"의 축소가 동반된다. 전제 권력이란 통치자가 주변 다른 집단의 의견에 상관없이 자신의 의지를 실행할 수 있는 능력을 말한다.[25] 이런 경향은 멕시코 중부에서 가장 잘 드러나지만, 대부분 지역에서 스페인 정복 시대의 도시국가들은 과거 고전기에 비해 전제 권력이 훨씬 약한 편이었다. 후기 제국들(아즈틱, 타라스칸)은 이 점에서도 역시 전반적 경향과는 반대 방향으로 나아갔

---

23 Mogens Herman Hansen (ed.), *A Comparative Study of Six City-State Cultures* (Copenhagen: The Royal Danish Academy of Sciences and Letters, 2002); Smith and Berdan (eds.), *The Postclassic Mesoamerican World*.
24 Richard E. Blanton and Lane F. Fargher, *Collective Action in the Formation of Pre-Modern States* (New York: Springer, 2008); Gary M. Feinman, "Variability in States: Comparative Frameworks," *Social Evolution and History: Studies in the Evolution of Human Societies* 7 (2008): 54-66; Lane F. Fargher, Verenice Y. Heredia Expinoza, and Richard E. Blanton, "Alternative Pathways to Power in Late Postclassic Highland Mesoamerica," *Journal of Anthropological Archaeology* 30 (2011): 304-26.
25 Michael Mann, "The Autonomous Power of the State: Its Origins, Mechanisms and Results," *European Journal of Sociology / Archives européennes de sociologie* 25 (1984): 185-213; Mann, "Infrastructural Power Revisited," *Studies in Comparative International Development* 43 (2008): 355-65.

다. 역사 기록에 따르면 테노치티틀란의 아즈텍 황제들은 동맹국의 왕들뿐만 아니라 테노치티틀란 내부의 귀족이나 기타 공적 단체를 권력으로부터 배제하기 위해 체계적인 노력을 기울였다. 전제 권력의 쇠퇴는 대개 마이클 만이 언급한 "인프라 구조 권력(infrastructural power)" 강화를 동반했다. 인프라 구조 권력은 국가가 시민 사회에 안착하여 영토 전역에 걸쳐 실행력을 확보하는 능력을 의미한다. 고고학 자료를 근거로 이를 확인하기는 어렵지만, 정교한 세금 체계와 스페인 정복 시대에 도시국가를 중앙에서 감시한 사실은 문헌을 통해 확인할 수 있다.[26]

### 도시 및 도시화

메소아메리카의 거의 모든 도시는 국가의 수도였고, 도시의 규모는 국가 영토 및 세력의 크기에 비례했다. 메소아메리카에서 가장 큰 두 도시인 테오티우아칸과 테노치티틀란은 제국의 수도였다. 고전기 말엽(Epiclassic)과 후고전기 초기(Early Postclassic)의 도시들은 테오티우아칸보다 규모가 작았고, 주변에 지배하는 영역도 작았다. 후고전기 말기(Late Postclassic)의 메소아메리카 도시국가들은 조그만 도시만을 통치하는 국가였다. 후고전기 말기의 중간 규모 도시는 인구 1만 1000명에 면적 2.5제곱킬로미터 정도였다.[27] 대부분의 메소아메리카 도시는 인구 밀

---

26 Michael E. Smith, "Aztec Taxation at the City-State and Imperial Levels," in Andrew Monson and Walter Scheidel (eds.), *Fiscal Regimes and the Political Economy of Premodern States*, forthcoming.
27 Michael E. Smith, "City Size in Late Postclassic Mesoamerica," *Journal of Urban History* 31 (2005): 403-34.

도가 비교적 낮았기 때문에 농업 생산에 쓸 수 있는 빈 땅이 꽤 남아 있었다. 후고전기 도시들의 농업 현실에 관해서는 연구된 사례가 많지 않지만, 대개의 관행은 상당히 비슷했을 것으로 추정된다.

메소아메리카 도시 규모가 전반적으로 작았던 만큼, 대부분의 메소아메리카 사회에서 도시화의 정도(도시에 거주하는 인구의 비중) 또한 낮았다. 여러 가지 측면에서 고전기 테오티우아칸은 다른 메소아메리카 도시들과 완전히 달랐다. 도시화의 정도로 보더라도 테오티우아칸은 고대 메소아메리카에서 가장 발달한 사회였다. 고전기 도시의 급성장은 시골 지역에서 이주해 오는 인구가 있었기 때문에 가능했다. 이주는 아마도 강압적으로 이루어졌을 테고, 시골 지역은 대개 비어 있었을 것이다. 전성기에는 멕시코 평원의 인구 80퍼센트가 도시에 거주했다. 테오티우아칸이 붕괴한 이후, 멕시코 중부의 상황은 메소아메리카에서 도시화의 정도가 가장 낮은 수준으로 급격히 되돌아갔다. 멕시코 평원의 인구 가운데 도시에 거주하는 인구는 고전기 말엽 30퍼센트였다가 후고전기 초기에는 전혀 없었고, 후고전기 말기에는 다시 35퍼센트로 올라갔다. 후고전기 말기의 도시 인구 가운데 70퍼센트가 수도인 테노치티틀란에 거주했으며, 나머지 30퍼센트는 도시국가의 중심 도시에 거주했다.[28]

메소아메리카에서 가장 유명한 도시 테오티우아칸과 테노치티틀란은 규모 면에서 가장 큰 중심 도시였을 뿐만 아니라 도시 구조와 평면에 있어서도 가장 특이한 도시였다. 이들 제국의 수도는 도시 전체를 엄격한 격자 구조로 설계했고, 주거 지역도 예외가 아니었다. 다른 대부분의

---

28 Sanders, Parsons, and Santley, *The Basin of Mexico*.

메소아메리카 도시들(후고전기와 그 이전)의 경우, 공공 건물들은 광장을 중심으로 신중하게 계획된 반면 그 주변의 주거 지역은 무계획적으로 구성되어 있었다. 메소아메리카의 도시 계획은 세계의 다른 도시들과 다른 일련의 원칙에 따랐다. 도시 설계의 핵심은 공공 광장이었다. 대개는 광장을 둘러싸고 왕궁과 사원-피라미드를 비롯한 공공 건물들이 배치되었다. 중심 건물들은 대개 격자 구조로 배치되었고, 플랫폼과 보조 광장이 건물과 건물 사이를 연결했다. 아즈텍 도시국가의 대부분은 고대 도시 툴라의 도시 계획을 모방했다. 거대한 사각형 광장, 그 동쪽에 배치되는 가장 거대한 규모의 건물인 사원-피라미드, 그 맞은편의 축구장 등이 포함되었다. 고고학 발굴 성과와 역사 문헌을 종합해보면, 아즈텍 도시국가의 왕들이 정통성을 확보하고 통치 기반을 확장하기 위해 도시 계획을 어떻게 활용했는지 알 수 있다.[29]

정치적 수도였던 후고전기의 도시들은 통치권의 흔적을 보여준다. 왕궁, 국가 종교의 존재를 알려주는 거대한 사원-피라미드, 이념적 교육의 표현인 도시 설계의 모델 등이 모두 그러한 흔적에 해당한다. 그러나 도시의 건설 과정과 배치에 더욱 결정적인 변수로 작용한 것은 경제적 요인이었다. 도시 기반 수공업 생산 범위는 매우 다양했다. 아즈텍 도시국가의 수도 중에서 이런 문제로 충분히 연구된 사례는 그리 많지 않지만, 그 안에서 고고학자들은 다양한 사례를 밝혀냈다. 수많은 종류의 수공업 분야를 포함한 도시(Otumba), 가정에서 생산하는 직물 이

---

29 Michael E. Smith, *Aztec City-State Capitals* (Gainesville: University Press of Florida, 2008), 124-50.

외에는 수공업 생산이 전혀 없는 도시(Huexotla), 그리고 이들 양극단 사이에서 다양한 정도의 수준으로 수공업품을 생산한 몇몇 도시(Yautepec, Xaltocan) 등이었다.[30] 후고전기 도시의 수공업 생산 활동은 다양했지만, 시장과 상거래 관행의 측면에서는 상당히 통일된 면모를 보였다.

### 상업 네트워크의 성장

상업의 확장은 후고전기 메소아메리카에서 매우 중요한 사회적 흐름 중 하나였다. 역사 자료에 따르면 스페인 정복 시기의 메소아메리카 거의 모든 지역에서 상업 경제가 번성했다. 크리스토퍼 콜럼버스가 처음 마주친 메소아메리카 사람들은 마야 상인이었다. 1502년 그들은 거대한 카누(25명 탑승)에 상품과 화폐를 가득 싣고 해안을 따라 항해하는 중이었다. 그로부터 18년 뒤 에르난 코르테스가 테노치티틀란에 들어갔을 때, 코르테스와 휘하 병사들이 도시에서 가장 인상 깊게 본 것은 중앙 시장이었다.

상업 제도에 관한 자료가 가장 풍부하게 남아 있는 곳은 멕시코 중부의 아즈텍이었다.[31] 에르난 코르테스의 기록에 따르면, 테노치티틀란의 시장에는 매일 6만 명의 사람들이 참여했다. 이를 비롯하여 당시의 시장을 직접 목격하고 남긴 기록이 상당히 긴 분량으로 남아 있다. 수백 가지 상품이 시장에서 거래되었고, 조그만 판매상과 전문 상인이 공존했다. 노점은 질서 정연하게 배열되어 있었고, 감독관이 불만 사항을

---

30 Smith, *Aztec City-State*, 180-3.
31 Smith, *The Aztecs*, 108-26.

청취했다. 멕시코 중부 지역의 거의 모든 도시에서 매주 한 차례씩 장이 열렸다(아즈텍에서 한 주는 5일이었다). 여러 유형의 상인들이 시장을 오가며 물건을 사고팔았다. 다양한 형태의 화폐가 유통되었는데, 그중 가장 일반적인 형태는 카카오 콩(소액 구매용)과 표준화된 길이의 면직물이었다. 아즈텍 경제는 분명 상업 경제였지만 자본주의 경제는 아니었다. 임금 노동은 극히 드물었고, 토지 매매도 마찬가지였다. 회계 장부, 동업 관계, 대출 같은 상업 관행은 초보적인 방식을 넘어서지 못했다.

아즈텍 이외의 다른 지역에 관해서는 상업 관련 기록이 극히 드물지만, 기존 자료에 따르면 스페인 정복 당시 메소아메리카의 모든 지역에서 비슷한 상업 관행과 제도가 존재했음을 알 수 있다. 더욱이 고고학을 통해 후고전기를 거치는 동안 교환 경제가 더욱 강화되었다는 사실이 확인되었다.[32] 고전기 상업 제도의 전모를 확인하기는 어렵지만, 최근 도입된 새로운 연구 방법론에 의거하면 고고학 자료를 가지고 시장과 상거래의 존재를 파악할 수는 있다.[33] 그에 따르면 고전기의 상거래 범위는 후고전기에 비해 훨씬 작았다. 그러나 700년에서 1300년 사이 상업 활동의 팽창과 관련해서 정확한 시기와 윤곽을 밝혀내려면 아직 더 많은 연구가 필요한 실정이다.

32 Smith and Berdan (eds.), *The Postclassic Mesoamerican World*.
33 Christopher P. Garraty and Barbara L. Stark (eds.), *Archaeological Approaches to Market Exchange in Ancient Societies* (Boulder: University Press of Colorado, 2010).

## 문자 시스템과 문자 문화

문자와 문자 문화의 성격 변화는 후고전기 메소아메리카의 정치·경제적 변화와 함께 진행되었다. 고대 메소아메리카에서 완전한 음운 기록이 가능한 문자는 고전기 마야 문자가 유일했다. 마야에서는 구어로 표현되는 모든 소리를 그림문자로 기록할 수 있었다. 마야가 붕괴한 뒤 마야의 후손들은 제한된 범위에서 기존의 문자를 사용했다. 테오티우아칸과 소치칼코(Xochicalco) 등 몇몇 메소아메리카 사회에서도 제한적으로 문자가 사용되었는데, 그 성격에 관해서는 언어학적으로 논란이 있었다. 스페인 정복 당시 아즈텍과 믹스텍 사람들은 독특한 문자를 사용하고 있었지만 용도는 제한적이었다. 믹스텍에서는 주로 왕의 계보를 기록할 때, 아즈텍에서는 왕조의 역사, 세금과 토지, 난해한 종교적 전승을 기록할 때 문자를 사용했다.[34]

문자와 관련해서 후고전기의 가장 중요한 발전은 독특한 예술 양식과 평범한 상징의 결합이었다. 이는 메소아메리카 거의 모든 지역에서 사용되었다. 이와 같은 예술 양식과 상징은 당시 메소아메리카에서는 "국제적"이었다. 왜냐하면 어느 국가, 문화, 언어를 막론하고 통용되었기 때문이다. 믹스텍과 아즈텍의 문자는 후고전기 국제 양식과 후고전기 상징 세트의 구성 요소였다. 수많은 지역의 벽화, 다채색 토기, 채색 필사본 등에서 용례가 확인되었다. 사용된 미디어는 특정 언어 혹은 언어 집단에 국한되지 않았고, 그래서 음성 문자 체계에 완벽하게 부합되지 않았다. 특정 언어로부터 독립적이었기 때문에 오히려 다른 언어 사용

---

34 Boone, *Stories in Red and Black*.

자들 사이의 소통에 도움이 되었고, 원거리 의사소통에도 사용되었다. 후고전기 말기의 메소아메리카는 종교적 교류와 문화적 유사성 면에서 과거 어느 시대보다 높은 수준에 도달해 있었다.[35]

### 후고전기 메소아메리카와 세계사

에르난 코르테스가 1519년 멕시코만 연안에 도착했을 당시, 메소아메리카는 사회·문화적 통합과 사회 및 문화 현상의 동질성이 최고조에 이른 때였다. 20세기의 학자들 대부분은 이주나 정복 혹은 "멕시코화(Mexicanization)" 같은 모호한 개념을 통해 후고전기에 형성된 메소아메리카의 동질성을 설명하고자 했다. 1980년대부터 이와 같은 이론이 부적절하다는 문제 제기가 있었다. 메소아메리카는 언어적으로나 정치적으로 결코 통일된 적이 없었다. 이 지역은 언제나 다양한 언어 사용자 집단과 수많은 독립 정치 단위가 공존한 공간이었다.

1999년 국제 학술 대회에서 일부 학자들이 후고전기 메소아메리카의 역학 관계에 대해 새로운 모델을 제시했다. 여기서 여섯 가지 주요 변화의 과정이 확인되었다. 인구 성장, 소규모 정치 공동체의 확산, 무역 상품의 다양화 확대, 상업 경제의 발달, 새로운 문자 및 상징 체계 사용, 새로운 문화 예술 양식의 교류 패턴 등이었다. 메소아메리카 전역에 걸쳐 이와 같은 변화를 포착하기 위한 이론적 모델은 이매뉴얼 월러스틴(Immanuel Wallerstein)의 세계체제론을 준용했고, 간접적으로 자

---

35 Boone, *Stories in Red and Black*; Smith and Berdan (eds.), *The Postclassic Mesoamerican World*.

넷 아부-루고드(Janet Abu-Lughod), 크리스토퍼 체이스-던(Christopher Chase-Dunn), 토머스 홀(Thomas Hall) 등의 연구를 참조했다.[36] 그들이 제시한 모델은 정치·경제적 과정뿐만 아니라 종교 및 지식 활동을 통합시켰다는 점에서 다른 세계체제론 모델과 달랐다. 수정 세계체제론 모델은 다양한 범위의 발달 과정을 포괄했고, 크리스토퍼 콜럼버스나 에르난 코르테스의 관찰 기록을 통해 메소아메리카의 특성을 파악할 수 있었으며, 같은 시기 세계의 다른 지역과 비교도 가능했다.

이른바 "세계사(world history)"가 지리적으로 분리된 사회들의 상호 연결에 주목한다면, 후고전기 메소아메리카는 1519~1521년 에르난 코르테스의 탐험이 있기 전까지 구세계의 세계사 주류와 무관한 세계였다. 그러나 세계사의 범위를 넓혀 비교사적 접근을 시도한다면, 후고전기 메소아메리카의 "상거래와 정복을 통한 팽창"은 일반적 사회 변화 과정을 밝히는 데 도움을 줄 수 있는 독특한 사례 연구의 대상이 될 것이다. 500~1500년 구대륙에서 일어난 경제·정치·사회적 변화 과정의 특성은 후고전기 메소아메리카의 그것과 상당 부분 일치한다. 기술 숙련도, 경제 발전, 사회 규모 면에서 신세계는 수준이 더 낮았지만, 이런 차이는 폭넓은 비교 연구를 통해서 더욱 분명히 밝혀질 수 있는 부분일 것이다.[37]

---

36 Janet L. Abu-Lughod, *Before European Hegemony: The World System, A.D. 1250-1350* (New York: Oxford University Press, 1989); Christopher Chase-Dunn and Thomas D. Hall, *Rise and Demise: Comparing World-Systems* (Boulder: Westview Press, 1997); Smith and Berdan (eds.), *The Postclassic Mesoamerican World*.

37 Charles Tilly, *Big Structures, Large Processes, and Huge Comparisons* (New

York: Russell Sage Foundation, 1984); Michael E. Smith (ed.), *The Comparative Archaeology of Complex Societies* (New York: Cambridge University Press, 2012); Jared Diamond and James A. Robinson (eds.), *Natural Experiments of History* (Cambridge, MA: Harvard University Press, 2010).

# 더 읽어보기

Abu-Lughod, Janet L. *Before European Hegemony: The World System, A.D. 1250-1350*. New York, NY: Oxford University Press, 1989.

Beekman, Christopher S. "Recent Research in Western Mexican Archaeology," *Journal of Archaeological Research* 18 (2010): 41-109.

Blanton, Richard E. and Lane F. Fargher. *Collective Action in the Formation of Pre-Modern States*. New York, NY: Springer, 2008.

Blomster, Jeffrey P., ed. *After Monte Albán: Transformation and Negotiation in Oaxaca, Mexico*. Boulder, CO: University Press of Colorado, 2008.

Boone, Elizabeth H. *Stories in Red and Black: Pictorial Histories of the Aztecs and Mixtecs*. Austin, TX: University of Texas Press, 2000.

Carmack, Robert M. *The Quiché Mayas of Utatlan: The Evolution of a Highland Guatemala Kingdom*. Norman, OK: University of Oklahoma Press, 1981.

Carmack, Robert M., Janine Gasco and Gary H. Gossen, eds. *The Legacy of Mesoamerica: History and Culture of a Native American Civilization*, 2nd edn. Englewood Cliffs, NJ: Prentice-Hall, 2007.

Chase-Dunn, Christopher and Thomas D. Hall. *Rise and Demise: Comparing World-Systems*. Boulder, CO: Westview Press, 1997.

Diamond, Jared. *Collapse: How Societies Choose to Fail or Succeed*. New York, NY: Viking, 2004.

Diamond, Jared and James A. Robinson, eds. *Natural Experiments of History*. Cambridge, MA: Harvard University Press, 2010.

Dunning, Nicholas P. *Lords of the Hills: Ancient Maya Settlement in the Puuc Region, Yucatan, Mexico*. Madison, WI: Prehistory Press, 1992.

Evans, Susan T. *Ancient Mexico and Central America*, 2nd edn. New York, NY: Thames and Hudson, 2008.

Fargher, Lane F., Verenice Y. Heredia Expinoza and Richard E. Blanton. "Alternative Pathways to Power in Late Postclassic Highland Mesoamerica," *Journal of Anthropological Archaeology* 30 (2011): 306-26.

Feinman, Gary M. "Variability in States: Comparative Frameworks," *Social Evolution and History: Studies in the Evolution of Human Societies* 7 (2008): 54-66.

Garraty, Christopher P. and Barbara L. Stark, eds. *Archaeological Approaches to Market Exchange in Ancient Societies*. Boulder, CO: University Press of Colorado, 2010.

Gibson, Charles. *The Aztecs Under Spanish Rule: A History of the Indians of the*

*Valley of Mexico, 1519-1810.* Stanford University Press, 1964.

Hansen, Mogens Herman, ed. *A Comparative Study of Six City-State Cultures.* Copenhagen: The Royal Danish Academy of Sciences and Letters, 2002.

Henige, David P. *Oral Historiography.* New York, NY: Longman, 1982.

Hirth, Kenneth G., ed. *Archaeological Research at Xochicalco.* Salt Lake City, UT: University of Utah Press, 2000.

Kowalski, Jeff Karl and Cynthia Kristan-Graham, eds. *Twin Tollans: Chichén Itzá, Tula, and the Epiclassic to Early Postclassic Mesoamerican World.* Washington, DC: Dumbarton Oaks, 2008.

Lockhart, James. *The Nahuas after the Conquest: A Social and Cultural History of the Indians of Central Mexico, Sixteenth through Eighteenth Centuries.* Stanford University Press, 1992.

Mann, Michael. "The Autonomous Power of the State: Its Origins, Mechanisms and Results." *European Journal of Sociology / Archives européennes de sociologie* 25 (1984): 185-213.

Mastache, Alba Guadalupe, Robert H. Cobean and Dan M. Healan. *Ancient Tollan: Tula and the Toltec Heartland.* Boulder, CO: University Press of Colorado, 2002.

McNeil, Cameron L., David A. Burney and Lida Pigott Burney. "Evidence Disputing Deforestation as the Cause for the Collapse of the Ancient Maya Polity of Copan, Honduras." *Proceedings of the National Academy of Sciences* 107 (2010): 1017-22.

O'Hara, Sarah L., Sarah E. Metcalfe and F. Alayne Street-Perrott. "On the Arid Margin: The Relationship between Climate, Humans and the Environment: A Review of Evidence from the Highlands of Central Mexico." *Chemosphere* 29 (1994): 965-81.

Oudijk, Michel R. *Historiography of the Bènizàa: The Postclassic and Early Colonial Periods (1000-1600 A.D.).* Leiden: Research School of Asian, African, and Amerindian Studies, Universiteit Leiden, 2000.

Pollard, Helen Perlstein. *Tariacuri's Legacy: The Prehispanic Tarascan State.* Norman, OK: University of Oklahoma Press, 1993.

Restall, Matthew and John F. Chuchiak IV. "A Re-evaluation of the Authenticity of Fray Diego De Landa's *Relación de las Cosas de Yucatán*," *Ethnohistory* 49 (2002): 651-70.

Rice, Prudence M. and Don S. Rice, eds. *The Kowoj: Identity, Migration, and Geopolitics in the Late Postclassic Petén, Guatemala.* Boulder, CO: University

Press of Colorado, 2009.
Sanders, William T., Jeffrey R. Parsons and Robert S. Santley. *The Basin of Mexico: Ecological Processes in the Evolution of a Civilization*. New York, NY: Academic Press, 1979.
Schele, Linda, and Peter Mathews. *The Code of Kings: The Language of Seven Sacred Maya Temples and Tombs*. New York, NY: Simon and Schuster, 1998.
Smith, Michael E. *Aztec City-State Capitals*. Gainesville, FL: University Press of Florida, 2008.
_____. "Aztec Taxation at the City-State and Imperial Levels," in Andrew Monson and Walter Scheidel (eds.), *Fiscal Regimes and the Political Economy of Premodern States*, forthcoming.
_____. *The Aztecs*. 3rd edn. Oxford: Blackwell Publishers, 2012.
_____. "The Aztlan Migrations of the Nahuatl Chronicles: Myth or History?", *Ethnohistory* 31 (1984): 153-86.
_____. "City Size in Late Postclassic Mesoamerica," *Journal of Urban History* 31 (2005): 403-34.
_____, ed. *The Comparative Archaeology of Complex Societies*. New York, NY: Cambridge University Press, 2012.
_____. "Tula and Chichén Itzá: Are We Asking the Right Questions?", in Kowalski and Kristan- Graham (eds.), *Twin Tollans: Chichén Itzá, Tula, and the Epiclassic to Early Postclassic Mesoamerican World*, 579-617.
Smith, Michael E. and Frances F. Berdan, eds. *The Postclassic Mesoamerican World*, Salt Lake City, UT: University of Utah Press, 2003.
Stahle, David W., José Villanueva-Díaz, Dorian J. Burnette, Julián Cerano Paredes, Richard Heim Jr, Falko K. Fye, Rodolfo A. Soto, et al. "Major Mesoamerican Droughts of the Past Millennium," *Geophysical Research Letters* 38 (2011): 1-4.
Tilly, Charles. *Big Structures, Large Processes, and Huge Comparisons*. New York, NY: Russell Sage Foundation, 1984.
Webster, David. *The Fall of the Ancient Maya: Solving the Mystery of the Maya Collapse*. New York: Thames and Hudson, 2005.
Whitmore, Thomas M. and B. L. Turner II. *Cultivated Landscapes of Middle America on the Eve of Conquest*. New York, NY: Oxford University Press, 2001.

CHAPTER 24

# 잉카 제국의 국가 체제와 종교

사빈 맥코맥
Sabine MacCormack

콜럼버스 이전 아메리카 대륙의 최대 제국은 잉카였다. 전성기 잉카 제국의 영토는 남아메리카 태평양 연안을 따라 4000킬로미터 넘게 뻗어 있었으며, 안데스 코르디예라(cordillera, 산맥의 네트워크)를 가로지르며 오늘날 콜롬비아 남서부에서 에콰도르, 페루, 볼리비아를 거쳐 칠레와 아르헨티나까지 이어졌다. 잉카의 최초 흔적은 쿠스코(Cuzco)에서 확인되었다. 그 시기는 기원후 1000년경이었다. 도시 쿠스코는 나중에 잉카 제국의 수도가 되었다. 스페인 침략자들은 잉카 제국을 파괴하고 제국의 명맥을 끊어놓았는데, 그들이 처음 도착한 1532년부터 멸망의 과정이 시작되었다. 그 이듬해에 그들은 잉카 제국의 황제 아타우알파(Atahuallpa)를 죽였다. 이후 전쟁의 시기가 이어졌고, 1549년 스페인 총독부(viceroyalty, 副王領)가 설치되었다. 잉카의 소규모 망명 정부는 안데스 고지대에서 1571년까지 버텼다. 그러나 잉카의 존재감은 세기말이 다 가도록, 또한 그 이후까지도 감지되었다. 특히 근대의 공화국 체제에서 잉카 세력은 널리 확산되었고, 특히 페루에서는 지금도 여전히 분명하게 존재감을 드러내고 있다. 그러나 페루라는 이름 자체가 스페인 사람들이 만든 신조어이며, 잉카의 문화·지리적 공간 개념은 오늘날의 개념과 전혀 달랐다. 잉카인은 자신들의 제국을 타완틴수유(Tawantinsuyu)라고 불렀다. "네 부분으로 구성된 영역"이라는 의미였다. 각각의 수유

(suyu)마다 구성하는 사람들, 자원, 그들이 섬기는 신격, 종교적 의례, 관습과 복식이 서로 달랐다. 안데스 시에라(sierra, 산악 지대)의 중남부에 위치한 쿠스코를 중심으로 보면 수유(suyu)라고 하는 네 덩어리가 순서대로 이어져 있다. 북쪽은 친차이수유(Chinchaysuyu), 아마존 저지대 쪽은 안티수유(Antisuyu), 티티카카 호수 쪽은 콜라수유(Collasuyu), 남쪽과 태평양 연안 쪽은 쿤티수유(Cuntisuyu)였다. 제국 안에서 수유는 단순히 순서대로 나열된 것이 아니라 쌍을 구성하고 있었다. 친차이수유 사람들은 콜라수유와 한 쌍이라 여겼고, 콜라수유 사람들도 마찬가지였다. 또한 수유는 분명한 경계로 나뉜 영역의 구분이었을 뿐만 아니라 세계 질서를 의미하기도 했다. 이를 통해 잉카 사람들이 자신의 제국을 어떻게 생각했는지 짐작할 수 있다. 그들의 개념에서는 잉카 제국의 경계 바깥에 다른 어떤 제국이 존재할 수 없었다. 그들에게 잉카 제국은 세계 그 자체였다. 잉카 제국을 벗어나면 태양의 자녀들, 즉 잉카의 질서를 기다리는 미개한 집단이 있을 따름이었다. 그러므로 안티수유의 변두리까지 가면 동물과 다를 바 없는 삶을 사는 사람들이 있었고, 안티수유는 이스카이스 싱가스(yskays singas), 즉 "두 개의 코"를 가진 사람들과 경계를 맞대고 있었다. 다시 말해 타완틴수유를 벗어나면 "아무도 없는" 땅이 있을 따름이었다."[1]

---

[1] Two noses: John H. Rowe, 'Probanza de los Incas nietos de conquistadores', in Rowe, *Los Incas del Cuzco. Siglos xvi - xvii - xviii* (Cuzco: Instituto Nacional de Cultura, 2003): 93; '*Runa Yndio ñiscap Machoncuna ñaupa pacha . . .* (c. 1608)', in Frank Salomon and J. Urioste (eds.), *The Huarochiri Manuscript: A Testament of Ancient and Colonial Andean Religion* (Austin: University of Texas Press, 1991): 22 and 278.

## 안데스 지역 역사 자료

"알려지기도 전에 파괴되어버린"[2] 비운의 제국 타완틴수유의 소식은 스페인과 유럽에서 크게 반향을 일으켰다. 곧이어 몇몇 침략자들의 보고서가 세비야(Sevilla)에서 출간되었고, 또한 머지않아 그중 일부가 유럽 전역에 유통되었다. 좀 더 상세한 정보에 근거한 역사서들도 그로부터 10여 년 이내에 출간되었다. 예를 들면 군인이었던 페드로 시에사 데 레온(Pedro Cieza de León)이 쓴 《페루 연대기(Crónica del Perú)》와, 역시 군인이었던 가르실라소 데 라 베가(Garcilaso de la Vega)가 쓴 《잉카의 왕실(Comentarios Reales de los Incas)》 등이다. 그러나 수많은 저술은 19세기 혹은 20세기까지도 육필 원고 상태로 머물러 있었다. 가장 주목할 만한 예로, 후안 데 베탄소스(Juan de Betanzos, 쿠스코 점령군으로 참여했다가 잉카 황제의 친척과 결혼한 인물)의 《잉카 이야기(Suma y narración de los Incas)》, 페드로 사르미엔토 데 감보아(Pedro Sarmiento de Gamboa)의 《인도의 역사(Historia Indica)》(물론 여기서 말하는 인도는 아메리카를 가리킨다. - 옮긴이), 안데스의 귀족인 구아만 포마 데 아얄라(Guaman Poma de Ayala)가 쓴 《새로운 연대기와 선한 정부(El primer nueva corónica y buen gobierno)》가 있다. 이런 부류의 저술을 크로니카(crónica, 연대기)라 한다. 스페인 관리들이 생산한 문서에는 인구, 행정, 경지 관련 정보가 포함되어 있어서, 특히 잉카 제국의 범위에서 연대기의 내용을 보충해준다. 또한 중요한 자료로 티투 쿠시 유팡키(Titu Cusi Yupanqui)의 《스페인 사람

---

2 Garcilaso Inca de la Vega, *Primera parte de los Comentarios Reales de los Incas* (1609), ed. Carmelo Sáenz de Santa María in *Biblioteca de Autores Españoles* (Madrid, 1960-65), vols. 133-5, 1 and 19.

들이 페루에 오게 된 역사(Relasýýion de como los Espaýýoles Entraron en el Peru)》가 있다. 유팡키는 스페인 사람들이 도착하기 전 잉카 제국의 마지막 황제였던 우아이나 카팍(Huayna Capac, 재위 1493~1527)의 손자르, 그의 저서에는 자전적 내용이 포함되어 있다.³ 그러나 잉카인 스스로 생산한 정보는 대부분이 누락되었다고 말할 수 있다. 스페인 사람들이 남긴 행정 문서에는 키푸(khipu)의 내용을 옮겨 적거나 요약해둔 내용이 일부 포함되어 있다. 키푸란 잉카 제국 당시에 결승문자로 기록된 행정 문서로, 수치를 포함하여 서술적 정보가 기록되어 있다.⁴ 어떤 유럽인도 키푸를 작성하거나 해독하는 법을 배우지 못한 것으로 알려져 있다. 최근에 이르러서야 수많은 키푸 자료 가운데 살아남은 극히 일부 유물에 대한 연구가 이루어졌고, 키푸 해석에 뚜렷한 진척이 있었으며, 앞으로 더 많은 해석이 가능할 것으로 보인다.⁵

안데스 지역 최초의 제국 체제는 잉카 제국이 아니었다. 페드로 시에사 데 레온은 티티카카호 주변의 유적 티아우아나코(Tiahuanaco)에서 독특한 건축과 조각 양식에 주목했다. 티아우아나코는 (그가 듣기로) 티투

---

3 Raúl Porras Barrenechea, *Los cronistas del Perú (1528-1650) y otros ensayos*, ed. Franklin Pease, 2 vols. (Lima: Banco de Crédito del Perú, 1986); Francisco Esteve Barba, *Historiografía Indiana* (Madrid: Gredos, 1992); Franklin Pease, *Las Crónicas y los Andes* (Mexico City: Fondo de Cultura Económica, 1995); Joanne Pillsbury (ed.), *Guide to Documentary Sources for Andean Studies 1530-1900*, 3 vols. (Norman: University of Oklahoma Press, 2008).
4 Gary Urton, 'From Knots to Narratives: Reconstructing the Art of Historical Record Keeping in the Andes from Spanish Transcriptions of Inka Khipus', *Ethnohistory* 45 (1998): 409-38; Frank Salomon, *The Cord Keepers: Khipus and Cultural Life in a Peruvian Village* (Durham, NC: Duke University Press, 2004).
5 Jeffrey Quilter and Gary Urton (eds.), *Narrative Threads: Accounting and Recounting in Andean Khipu* (Austin: University of Texas Press, 2002).

쿠시 유팡키(Titu Cusi Yupanqui)의 아버지 망코 잉카(Manco Inca)가 태어난 곳이다. 그러나 시에사 당시에 이미 티아우아나코의 일부는 폐허가 된 채 방치되어 있었고, 그가 유적에 대해 들은 내용이라곤 "머리가 좋은 사람들"이 그곳을 건설했는데 "전쟁 때 모두 죽었으며" "초기 잉카 황제들은 티아우아나코에 궁정을 건설하도록 하고 그곳을 거처로 삼았다"는 정도였다. 시에사가 주목한 또 하나의 인상적인 유적이 있었다. 그가 비나케(Vinaque)라고 부른 그곳의 건물은 "잉카 사람들이 설계하거나 건설을 지시한 건물과 달랐다. 그곳의 건물은 사각형이고, 잉카 사람들의 건물은 좁고 긴 형태였다." 비나케는 오늘날 우아리(Huari)라고 알려져 있으며, 아야쿠초(Ayacucho) 계곡의 가장자리에 위치해 있다. 또한 오늘날의 피키약타(Pikillacta)에 해당하는 모이나(Mohina) 유적은 쿠스코에서 동쪽으로 30킬로미터가량 떨어져 있는데, 시에사는 그곳에서 "거대한 건물"의 흔적에 주목했다. 스페인 사람들이 "수많은 금과 은, 그리고 그보다 더 값진 옷감을" 약탈했던 곳이다.[6]

이런 유적들은 아직도 수수께끼와 침묵에 묻혀 있다. 19세기 말엽부터 고고학, 역사학, 언어학에서 이들을 비롯한 여러 유적에 관심을 기울이기 시작했다. 시에사가 관심을 가졌던 티아우아나코, 비나케, 모이나의 폐허에는 양대 제국의 문화가 포함되어 있다. 기원후 500년경에서 1000년경 사이에 번성했던 티아우아나코와 우아리 제국이다. 티아우아나코와 잉카의 토기를 비교해보면 티아우아나코 문화가 잉카에 미친 양

---

6 Pedro Cieza de León, *Crónica del Perú* (Seville, 1553), ed. Franklin Pease and Miguel Maticorena (Lima: Pontifica Universidad Católica del Perú, 1986), chapter 87, 97, and 105.

식적 및 이데올로기적 영향이 나타난다.[7] 잉카 당시의 사람들도 그 영향을 알고 있었다. 비나케 혹은 우아리의 광대한 고고 유적은 페루 중부 산악 지대(sierra)와, 람바예케(Lambayeque)에서부터 거의 칠레까지 이르는 태평양 연안 지역을 장악한 제국의 중심지였다.[8] 7세기를 거치면서 쿠스코 계곡(Valley of Cuzco) 곳곳에서 우아리의 수많은 식민지가 발견되었는데, 피키약타(Pikillacta)가 대표적이었다. 거의 2제곱킬로미터에 달하는 공간에 지역 전체를 관장하는 행정 중심지가 건설되었다. 비록 완성되지는 못했지만, 이 거대한 유적의 일부가 기원후 900년 이후까지 사용되었다. 유적은 주거용 건물과 의례용 구조물로 구성되어 있으며, 전체 구역은 아마도 저장용 시설로 설계되었을 것이다.[9] 그러므로 피키약타는 우아리 제국의 영광뿐만 아니라 쇠락과 몰락의 증거이기도 하다. 피키약타에 남아 있는 영광의 흔적은, 그곳의 행정을 맡았던 우아리 제국 관리들을 위한 주거 시설에서 확인된다. 이 시설은 장기간에 걸쳐 현지의 노동력과 자원을 동원했던 유력한 증거다. 그 외에도 우아리 도자기 양식이 쿠스코 계곡에 확산된 것을 통해, 우아리 문화의 영향력과 지역 엘리트 계층이 우아리 제국의 업무에 투입되었음을 알 수 있다. 그러나 우아리 제국은 끝내 물러났다. 피키약타에서 조직적으로 사람들이 빠

---

7 Alan L. Kolata, *The Tiwanaka: Portrait of an Andean Civilization* (Cambridge: Blackwell, 1993).
8 William Isbell and Gordon McEwen (eds.), *Huari Administrative Structure: Prehistoric Monumental Architecture and State Government* (Washington, DC: Dumbarton Oaks, 1991).
9 Gordon F. McEwan (ed.), *Pikillacta: The Wari Empire in Cuzco* (Iowa City: University of Iowa Press, 2005).

져나갔고, 다른 지역의 우아리 주거지에서도 동일한 흔적이 나타났다.[10] 요컨대 우아리 제국은 장기적 관점에서 해당 지역을 제국 체제로 통합하지 못했다. 그러나 시간이 지난 뒤 잉카 제국은 통합에 성공했다.

쿠스코 계곡에서 우아리의 헤게모니가 작동한 시기, 쿠스코 자체는 아직 부족장 중심의 사회였다. 쿠스코에서 생산된 잉여 농산물은 아마도, 피키야타까지 가서 노역을 제공하는 사람들과 함께 그곳으로 보내졌을 것이다. 쿠스코 주변 지역에서 나타나는 우아리 문화의 영향은, 수입된 우아리 도자기뿐만 아니라 현지에서 생산된 도자기에서도 확인된다. 그러나 그 주변에서 우아리 양식의 건축물이 고고학적으로 발견되지 않은 것으로 보아, 그곳은 우아리의 간접 통치 지역이었던 것으로 추정되기도 한다. 즉 쿠스코에서는 피키야타에서 같은 직접적 통제의 흔적이 명확하게 나타나지 않는다. 우아리의 몰락과 티아우아나코의 몰락은 같은 시기에 일어났다. 당시는 인구 성장의 시기로 쿠스코 계곡 전역에서 산발적으로 정착지가 형성되는 와중이었는데, 그들의 몰락은 산발적 정착지가 더욱 많이 등장하는 계기가 되었다. 동시에 쿠스코 계곡에서는 옥수수 농사를 위해 새로운 테라스형 농지와 관개시설이 건설되었다. 또한 쿠스코 자체는 인근의 다른 어떤 지역보다 규모가 더 커졌다. 이로 보아 쿠스코의 엘리트 계층이 주변의 정착지, 정치 공동체, 자원 등을 자신들에게 유리한 방향으로 이용했던 것 같다. 도자기 중에서 킬케 양식(Killke style, 쿠스코 인근의 지명을 딴 양식의 명칭)은 아마도 우아리

---

10 Brian S. Bauer, *Ancient Cuzco: Heartland of the Inca* (Austin: University of Texas Press, 2004).

양식보다 앞서 등장한 것 같은데, 이로부터 뚜렷하게 구분되는 독특한 잉카 양식이 발달했다.[11] 같은 시기에 킬케 양식과 쿠스코 양식의 도자기는 잉카의 영향을 보여주는 건축 양식 및 기술과 함께 북쪽으로 ("성스러운 계곡Sacred Valley"으로도 알려진) 빌카노타(Vilcanota)강 계곡까지 확장되었다.[12] 이와 같은 고고학적 지표들(건축, 도자기, 직물, 제철 등에서 독특한 잉카 양식의 발달, 그리고 가장 큰 규모의 쿠스코와 쿠스코를 둘러싼 소규모 위성도시들 사이에 형성된 위계질서)을 통해 잉카의 고향이 만들어지는 과정에서 상당한 정도의 중앙 집권이 이루어졌고, 잉카 엘리트 계층이 존재했음을 알 수 있다. 다시 말해서 잉카의 국가 체제는 1300년 즈음, 혹은 그 이전에 이미 등장해 있었다.

### 문헌을 통해 본 잉카의 기원

문헌이 말해주는 잉카의 기원은 고고학의 발굴 성과와 상당히 차이가 난다. 잉카의 기원 신화는 여러 버전이 있는데, 모두 쿠스코 지역에서 채집된 16~17세기 여러 크로니카(crónica)에 그 내용이 수록되어 있다. 신화는 안데스산맥의 창조로부터 시작해서, 최초의 잉카 사람들이 등장하는 이야기로 이어진다. 네 명의 형제와 네 명의 아내가 바위의 "창문"에서 튀어나왔다. 그곳은 파카리탐보(Pacaritambo) 혹은 "새벽의 여관"이

---

11 Gary Urton, *The History of a Myth: Pacariqutambo and the Origin of the Incas* (Austin: University of Texas Press, 1990).
12 R. Alan Covey, *How the Incas Built their Heartland: State Formation and the Innovation of Imperial Strategies in the Sacred Valley, Peru* (Ann Arbor: University of Michigan Press, 2006).

라고 하는 신화적 장소다. 신화적일 수도 있고 역사적일 수도 있는 파카리탐보는 안데스의 파카리나(pacarina), 즉 "새벽의 장소"였다. 바위나 호수, 샘물, 기타 자연 경관도 파카리나가 될 수 있었다. (잉카 사람들뿐만 아니라) 안데스 지역 사람들은 모두 자신의 기원지가 그곳이라고 한다.[13] 쿠스코로 이주하는 동안 네 명의 형제 가운데 두 명은 바위로 변하여 우아카(huaca)가 되었다. 우아카란 자연 풍경에서 성스러움을 나타내는 지표이며 숭배의 대상이다. 형제 중 넷째인 망코 카팍(Manco Capac)은 네 명의 자매 중 두 명을 아내로 맞이하여 하위 쿠스코(lower Cuzco) 지역의 인디칸차(Indicancha, "태양의 울타리")에 거처를 마련했다. 그 옆에는 망코 카팍이 도착하기 전부터 그곳에 거주한 알카비카(Alcaviça) 사람들이 상위 쿠스코(upper Cuzco) 지역을 차지하고 있었다. 이렇게 해서 건국 설화는 잉카의 조상들이 어떻게 쿠스코에 살게 되었는지, 안데스 전역에서 통용되는 숫자, 공간, 사회 질서에 어떻게 편입되었는지를 알려 준다. 상위-하위, 왼쪽-오른쪽, 남성-여성이 짝을 이루어 상호 보충적인 질서를 만들어냈다. 서로에게 상대방은 필수 불가결한 존재였다. 또한 네 개의 수유(suyu), 즉 타완틴수유(Tahuantinsuyu)가 짝을 이루는 동시에 위계질서를 구성했다.[14]

잉카의 조상들이 쿠스코에 도착한 이후에도 창조 설화는 다른 식의 설명 방식으로 넘어가 창조와 최초의 정착 이야기를 계속한다. 11명 혹

---

13 Juan de Betanzos, *Suma y narración de los Incas (1551)*, ed. Maria del Carmen Martín Rubío (Madrid: Atlas, 1987): I, 1-4.
14 Gary Urton, *The Social Life of Numbers: A Quechua Ontology of Numbers and Philosophy of Arithmetic* (Austin: University of Texas Press, 1997): 54-65.

은 12명의 잉카 통치자들(그들의 호칭이 바로 "잉카"였다)의 업적을, 세대를 거듭하며 자세히 설명한다. 이야기는 우아이나 카팍(Huayna Capac)과 아타우알파(Atahuallpa)까지 이어진다. 초기의 잉카 통치자들은 이웃한 군주들과 혼인 동맹을 강화했고, 쿠스코 계곡(Cuzco Valley)과 성스러운 계곡(Sacred Valley)에서 관개시설 이용 권한 및 영토 문제를 놓고 때로 싸우고 때로 화해했다. 선물 교환과 상호주의 때문에 물품의 수요는 끊임없이 커져갔다. 이를 충족하기 위해 전쟁에 참여하기도 했다. 크로니카에 등장하는 초기 잉카 통치자들은 이와 같은 과정을 거쳐 권력과 지위를 강화해 나갔다. 고고학이 경제적·환경적·문화적 조건에 따른 행위의 조건을 파악한다면, 16~17세기에 채록된 구술 전통에서는 특정 사건, 유명한 인물, 잉카의 통치자, 그들의 왕비, 동맹과 적의 이야기를 전면에 내세웠다. 이와 같은 구술 전통을 채록하는 일에서 기록 당사자(대개 스페인 사람들)의 관심과 개입은 불가피한 일이었다.

우아리 제국은 모든 구술 전통에서 언급된다. 쿠스코 계곡 혹은 채록한 지역에 국한되어 특정한 내용이 전해져온 것일지도 모르지만, 잉카 사람들은 의도적으로 스스로를 안데스 문명의 창시자로 묘사했다. 페드로 시에사 데 레온의 글에는 다음과 같이 기록되어 있다. "쿠스코에 사는 잉카 사람들이 말하기로는, 옛날 옛적에 그들이 페루(Peru)라고 부른 왕국에서, 왕국의 모든 지방에서 엄청난 혼란이 빚어졌다고 한다." 여기서 말하는 옛날 옛적이란 최초의 잉카 통치자가 출현하기 이전이었다.[5] 시에사를 비롯한 다른 저술가들이 쿠스코 지역에서 채집한 이야기들은

---

15 Cieza, *Crónica del Perú*, 38.

안데스 지역 이야기 패턴을 반영하고 있다. 스페인 사람들과 접촉한 이후 한 세기 남짓 동안에 채록된 안데스 지역의 창조 신화 가운데, 보편적 기원을 이야기하는 줄거리는 단 하나도 없었다. 이는 우연이 아니었다. 안데스의 이야기들은 창조 이전의 신화부터 줄거리가 시작된다. 그리고 창조신과 그가 만든 피조물 사이의 관계가 틀어져서 실패하는 이야기로 이어진다. 이는 창조신이 숭배와 사회 질서를 만들어야 한다는 사실을 실수로 망각했기 때문이다. 그래서 창조의 과정에서 과거의 잘못을 교정하고 개선한 결과로 오늘날까지 세상이 이어져오고 있다는 것이다.

파차카막(Pachacamac)을 모시는 신전이 오늘날 페루의 수도 리마(Lima) 근처에 있었는데, 잉카 사람들이 신탁을 받기 위해 찾아가는 순례지 중 하나였다. 그 신전에서 전하는 창조 신화를 들어보자. 파차카막은 "세상을 만든 신"이다. 파차카막이 처음 만든 세계에는 사람이 있었지만 음식은 없었다. 결국 범우주적으로 소동이 벌어졌는데, 태양의 아이가 고쳐주었다. 태양은 아이에게 세 개의 알을 주었다. 하나는 금, 또 하나는 은, 세 번째는 구리였다. 그 알에서 세상을 다스리는 군주들 혹은 통치자들이 나왔고, 여자들과 평민들이 나왔다. 간단히 말해 수정된 창조 과정에는 사회 질서가 포함되었고, 그에 따라 자연과 숭배의 질서가 마련되었다. 파차카막과, 기존의 세계에서 살아남아 새로운 세계의 일부가 된 생명체들이 새로운 질서에 따라 경배와 제물을 받을 수 있게 되었다. 여기서 무엇보다 중요한 의미는 질서가 잡힌 사회였고, 통치와 종교의 역할이 적절히 분배되는 질서였다. 이런 사상은 16세기 스페인 사람들이 기록을 남길 당시 잉카 사람들의 자기 인식에서도 그대로 나타났다. 그들이 생각하는 잉카의 기원은 생명의 기원 혹은 인간의 기원과 동등한 맥락에 놓인 것이 아니었다. 그보다는 오히려 질서 있는 인간 생활, 질서 있는 사회 생활의 기원과 본성이 잉카의 기원과 맥을 같이하는 내용이었다.

모든 크로니카에서 공통적으로 서술된 바에 따르면, 잉카 최초 8대 황제의 통치 기간에 쿠스코 주변 지역에서 잉카의 세력과 영향력이 점차 확대되었다. 뒤이어 짧은 기간 내에 정복 사업이 전개되었고, 도로망과 휴게소(tambo)가 확장되었으며, 네 개의 수유(suyu)에 제국의 행정 체제가 자리 잡았다. 이처럼 크로니카는 개인의 업적과 사건에 초점을 맞춘 역사적 내용을 담고 있다. 한편 고고학 발굴 성과는 주거지의 점진적 패턴 변화, 농업 기술의 발달, 영토의 범위와 자원의 축적, 이를 통한 잉카 제국의 형성을 설명하고 있다. 그런데 크로니카와 고고학은 놀라운 차이를 보인다. 그렇다고 해서 크로니카의 역사 서술이 우리에게 의미하는 바가 전혀 없다는 말은 아니다. 크로니카에는 잉카 사람들이 기억하는 정보가 반영되어 있고, 그에 따르면 초기 잉카 통치자들은 소규모 전쟁에 참여했다가 안데스 지역 전체의 정복으로 나아갔는데, 이는 이웃 창카(Chanca)와의 투쟁 과정에서 비롯된 일이었다. 안다우아일라스(Andahuaylas) 지역을 중심으로 농업-목축민의 요새화된 정착지가 형성되어 있었는데, 그들의 느슨한 연맹체가 창카였다.[16] 상위와 하위로 나뉜 창카 연맹에서 각각을 대표하는 두 명의 군주가 쿠스코를 상대로 대

---

16 Brian S. Bauer, Lucas C. Kellett, and Miriam Aráoz Silva, *The Chanka: Archaeological Research in Andahuaylas (Apurimac), Peru* (Los Angeles: Cotsen Institute of Archaeology Press, 2010).

대적인 공격을 감행했다. 잉카 비라코차(Viracocha)와 후계자로 지명된 그의 아들 잉카 우르코(Urco)는 피난을 떠날 수밖에 없었다. 창카 사람들이 쿠스코를 차지하게 되자 우르코보다 나이가 어린 비라코차의 또 다른 아들 파차쿠티(Pachacuti, 재위 1438~1471)가 창조신으로부터 도움을 주겠다는 계시를 받았다. 신의 뜻에 따라 바위가 일어나 병사가 되었다. 그때 이후로 바위 병사를 푸루라우카(pururauca)라 한다. 파차쿠티는 푸루라우카들의 도움을 받아 적들을 물리쳤다. 신화적인 색채로 가득한 이야기는 잉카 사람들에게 창카 전쟁이 얼마나 중요했는지를 알려주고 있다. 잉카 파차쿠티라는 이름 자체는 "시대의 변화"라는 의미로, 재난과 회복의 시기를 가리킨다.

### 잉카와 태양

창카 전쟁은 이전의 다른 전쟁들과 달랐다. 규모 면에서도 달랐고, 전쟁 결과로 잉카의 행정 체제가 창카의 영역까지 밀고 들어간 것도 달랐다. 뿐만 아니라 다른 군주들과 관련하여 잉카 통치자의 권력과 지위에 대한 이론적·종교적 재개념화를 일으켰다는 점에서도 이전 전쟁들과 달랐다. 잉카인 아내를 둔 후안 데 베탄소스(Juan de Betanzos)는 아내의 친척에게서 정보를 수집했는데, 그들은 잉카의 통치자들을 카팍 쿠나(Capac Cuna) 혹은 잉가스 카팍 쿠나(Ingas Capac Cuna)로 통칭했다. 카팍(Capac)이란 칭호는 "왕보다 훨씬 더 높은 사람"이라는 의미였다.[17]

---

17 Betanzos, *Suma*, I, 27; Catherine Julien, *Reading Inca History* (Iowa City: Iowa University Press, 2000): 23-48.

카곽은 원래 안데스 지역에서 널리 통용된 호칭으로, 평범한 부족 사회의 군주나 왕을 의미하는 신치(sinchi)와 구별되는 최고 군주를 지칭했다. 그러나 시간은 변하고 있었고, 파차쿠티가 창카를 상대로 승리한 뒤 "다른 도시와 지방이 도시 쿠스코에 복속되었고, 복속된 지역마다 개별적으로 사용된 카팍이라는 호칭도 사라졌다. 이제는 오직 하나의 카팍만이 남았고, 그가 바로 파차쿠티였기 때문이다."[18]

페드로 시에사 데 레온에 따르면, 최초의 잉카 황제들은 "태양의 아들"을 자처했다. 그런데 이 칭호 또한 카팍과 마찬가지로 안데스 지역의 다른 군주들도 자처했다. 잉카의 통치자들이 티티카카 지역과 티아우아나코 지역을 장악한 뒤, 이 호칭은 확고하게 잉카 통치자를 위한 이름이 되었다. 현지의 여러 성스러운 이야기에 따르면, 티아우아나코는 창조신이 "태양과 낮, 별과 달"을 만든 곳이며, 태양이 바위에서 나와 처음 떠오른 곳이 티티카카 호수에 있는 태양의 섬(Isla del Sol)이었기 때문이다.[19] 이런 이야기들이 기초가 되고 잉카의 파카리탐보(Pacaritambo) 기원 신화와 합쳐져서 태양의 기원에 관한 더 큰 이야기로 발전한다. 그에 따르면 태양이 최초의 잉카 조상들을 티티카카 호수로부터 파카리탐보를 거쳐 쿠스코까지 보냈다고 한다.[20] 태양의 섬에 있는 성스러운 바위에서 태양이 처음 나왔다고 하는데, 그 바위는 기원후 400년 이전에 이미 우아카(huaca, 성스러운 지표)로 지정되어 있었고, 티아우아나코 국가 차원에서 주변까지 성스러운 지역으로 지정하여 순례 여행지가 되었다. 티

---

18 Betanzos, *Suma*, I, 18.
19 Creator: Betanzos, *Suma*, I, 1.
20 Garcilaso de la Vega, *Comentarios Reales*, I, 1,15.

아우아나코 왕국이 멸망한 뒤 바위는 특별히 조명받지 못하고 묻혀 있다가, 파차쿠티(Pachacuti)가 섬을 방문하고 그곳을 중요한 성지로 발전시키도록 한 뒤부터 제국 전역에서 신탁을 받기 위해 찾아가는 순례지가 되었다. 그곳에서 거행되는 의례 행위를 통해 성스러운 역사는 잉카의 콜라수유(Collasuyu) 정복과, 나아가 제국 전반에 대한 정당성을 부여했다. 성지 조성 프로젝트는 파차쿠티의 아들이자 후계자인 투파 유팡키(Tupa Yupanqui, 재위 1471~1493)에 의해 완성되었는데, 잉카의 힘과 위엄을 과시하도록 공간이 구성되었다. 순례자들이 성스러운 바위에 접근하려면 육지에 있을 때부터 안내와 통제를 따라야 했고, 더욱 신중하게 호수를 건너 섬으로 들어가야 했으며, 점점 더 나아갈수록 성직자들 앞에서 반복적으로 죄를 고백하는 절차를 강조했다. 마침내 섬의 길을 다 걸은 뒤 세 개의 문이 있는 장소에 도착하는데, 마지막 문이 열리면 성스러운 바위에 제물을 바치는 장소가 나타났다. 바위에는 값비싼 천이 드리워져 있었고, 금판과 은판으로 가장자리가 장식되어 있었다. 바위 앞에는 제물을 바칠 황금 솥이 놓여 있었다.[21]

쿠스코 지역에서도 파차쿠티 재위 시기에 잉카의 태양 숭배가 더욱 두드러졌다. 베탄소스에 따르면 그가 태양의 사원 코리칸차(Coricancha)를 건축했다. 코리칸차란 "황금 울타리"란 의미다. 원래 그곳은 아마도 망코 카팍(Manco Capac)의 집으로, 인디칸차(Indicancha)라는 사원이 있던 자리였을 것이다. 황금 울타리라는 이름에 걸맞게 사원 외벽에는 나

---

21 Brian S. Bauer and Charles Stanish, *Ritual and Pilgrimage in the Ancient Andes: The Islands of the Sun and the Moon* (Austin: University of Texas Press, 2001).

중에 금판을 띠처럼 연결해서 지붕 아래의 모든 벽을 채웠다.[22] 코리칸차 사원를 엄숙하게 봉헌한 뒤 파차쿠티는 한 살배기 남자아이로 표현되는 태양의 형상을 순금으로 주조하도록 명령했다. 아이의 형상에는 잉카에서 가장 귀한 천으로 옷을 입히고, 잉카 황실의 머리띠와 금으로 된 태양의 원반으로 머리를 장식했다. 황제의 자리에 엄숙하게 안치된 형상에 매일 제물을 바쳤다. "마치 태양이 인간처럼 먹고 마시는" 것처럼, 태양신을 위한 전용 그릇에 제물을 넣고 태웠다. 잉카의 통치자는 "태양의 아들"로서 취임할 때 태양의 형상으로부터 황실의 머리띠를 받는 의례를 거행했다. 빌라오마(vilaoma), 즉 "예언의 말을 하는 자"라는 이름의 성직자가 특별히 형상을 수행하도록 지명되었으며, 형상이 말해주는 신탁을 인간에게 전해주었다. 태양의 섬과 마찬가지로 코리칸차 사원에서도 지성소에 접근하는 행위는 엄격한 통제를 따라야 했다. 오직 잉카와 빌라오마만이 형상의 면전에 나아갈 수 있었다. 잉카의 귀족은 태양의 방으로 연결되는 안뜰까지 갈 수 있었고, 일반인은 대개 사원 바깥이나 쿠스코의 중심 광장에서 경배를 올렸다.

사망한 잉카의 과거 통치자들에게 바치는 제물도 태양신의 제물과 비슷했다. 파차쿠티의 아버지 비라코차(Viracocha)가 사망했을 때, 안데스 및 잉카의 관습에 따라 그의 시신을 미라로 만들어 숭배했다. 비라코차의 미라는 왕실의 천으로 감싸였고, "살아 있을 때와 똑같이" 경배를 받았다.[23] 미라 앞에서 "라마, 직물, 옥수수, 코카를 태우고 옥수수로 만

---

22 Betanzos, *Suma*, I, 28.
23 Betanzos, *Suma*, I, 17, 85b. William Harris Isbell, *Mummies and Mortuary*

든 술을 부었으며, 파차쿠티는 아버지가 음식을 먹었고, 아버지는 태양의 아들이며 태양과 함께 하늘에 있다고 선포했다." 동시에 파차쿠티는 과거 모든 잉카의 의례적·사회적·정치적 맥락을 바꾸어놓았다. 의례용 의자에 안치된 잉카의 미라는 매일 올리는 제물을 받았으며, 친족 집단(파나카panaca)의 구성원이 의례에 참여하도록 했다. 파나카에게는 각각의 잉카가 이룬 공적을 내용으로 하는 노래를 암송할 임무가 주어졌다. "최초의 잉카인 망코 카팍을 위한 노래, 이야기, 칭송으로부터 시작해서 당시에 이르기까지 이어져온 모든 잉카를 위해. 각각의 노래를 이어갔다. 그들이 당시부터 지켜온 질서는 이와 같았으며, 그것이 그들과 과거의 기억을 보존하는 방식이었다."[24] 과거를 기억하는 일은 현재와 미래를 조직하는 일과 함께 진행되었다. 잉카의 조상들은 "살아 있는 것처럼" 대접받았을 뿐만 아니라, 어떤 의미에서는 실지로 살아 있는 사람과 다를 바가 없었다. 조상의 시중을 드는 성직자들이 조상의 목소리를 듣고 현재와 미래의 정치를 위해 신탁을 전해주었기 때문이다. 특히 잉카의 후계 문제와 관련해서 그와 같은 신탁이 내려왔다.

쿠스코가 마을에서 도시 규모로 성장한 것은 파차쿠티의 시대 이전이었다. 그러나 베탄소스에게 이야기를 들려준 잉카 사람들은, 쿠스코가 제국의 수도로서 건설되고 조직화된 시기는 파차쿠티 잉카의 시대라고 말했다. 도시의 샘물을 연결하는 운하가 만들어지고, 쌍둥이강이 도시를 가로지르며, 주변 농지를 개간하고, 식량과 옷감 등 여러 물품을 저장할

*Monuments: A Postprocessual Prehistory of Central Andean Social Organization* (Austin: University of Texas Press, 1997).
24 Betanzos, *Suma*, I, 17, 86a.

창고를 건설했다. 무엇보다 인구 구성을 바꾸었는데, 원래 살던 사람들을 대거 쫓아내고 그들의 집을 허문 뒤 단단한 석재 기초 위에 새로 건물을 지었다. 쿠스코 북쪽에는 (종종 요새라고 잘못 설명되는) 거대한 석조 건축물 삭사이우아만(Sacsayhuaman)이 있다. 파차쿠티와 투파 유팡키의 시대에 지어진 건축물로, 그 아래에서부터 시작해 쿠스코 계곡까지 이어지는 비탈에 도시 쿠스코가 건설되었다. 상위 쿠스코(upper Cuzco)는 코리칸차에서부터 삭사이우아만을 향해 뻗어 있는데, 그곳에 파차쿠티와 그의 파나카(panaca, 친족 집단), 그리고 이전 통치자의 파나카를 위한 거주지가 있었다. 파차쿠티의 후계자들과 그들의 파나카 또한 그곳에 거주했다. 코리칸차의 남서쪽 계곡으로 이어지는 경사면에 위치한 하위 쿠스코(lower Cuzco)에 다른 잉카의 집이 있었다.[25] 코리칸차는 도시 쿠스코와 잉카 제국의 종교적 중심지였다. 여기에서 41개의 세케(ceque) 도로망이 시작되어 네 그룹으로 나뉘는데, 각 세케의 중간중간에는 크고 작은 사당이 위치하고, 세케는 네 개의 수유(suyu)를 향해 지평선 너머로 뻗어 나갔다.[26] 각각의 그룹에서 세케는 다시 세 개의 층위로 나뉜다. 이 대목에서 우리는 금과 은과 구리로 만들어진 세 개의 알을 기억할 필요가 있다. 파차카막 신화에 따르면, 세 개의 등급으로 나뉜 인간 사회의 질서가 거기서 비롯되었다. 따라서 세케의 등급별로 세케의 사당도 나뉘었고, 쿠스코의 사람들도 등급이 나뉘었으며, 세케 사당

---

25 John H. Rowe, 'What Kind of Settlement was Inca Cuzco?' Ñawpa Pacha 5 (1967): 59-77.
26 Tom Zuidema, *The Ceque System of Cuzco: The Social Organization of the Capital of the Inca* (Leiden: Brill, 1964).

은 등급에 맞는 가문과 친족 집단에서 관리했다.

코리칸차가 제국적 규모의 잉카 신화와 제례를 대표한다면, 세케의 사당은 가정사와 가까운 내밀한 차원을 표현했다. 수많은 사당은 규모가 지극히 작았는데, 예를 들면 단순한 돌이나 돌무더기 정도였다. 그 외에 풍경이나 분수, 샘물, 바위, 혹은 지진 흔적이 있는 땅바닥의 일부 등도 사당이 될 수 있었다. 잉카의 통치자가 그곳에서 잠을 잤다거나 꿈에서 그곳을 보았다는 등의 이유로 특정한 장소도 사당이 될 수 있었다. 잉카 역사의 에피소드를 나타내는 사당들도 있었다. 특히 콜라수유(Collasuyu)로 가는 길에 위치한 구아나카우리(Guanacauri)는 세케 사당 중에서도 가장 큰 경외의 대상이었다. 잉카의 조상들이 쿠스코를 향해 여행하다가 그중 한 명이 돌로 변한 장소가 그곳이었다. 그곳에는 파차쿠티 잉카를 도와 승리를 거두고 다시 바위로 돌아간 바위 병사 푸루라우카(pururauca)도 있었다. 또한 퀴노아 나무의 뿌리라는 의미의 사피(Çapi)도 있었는데, 전설에 따르면 그곳이 "쿠스코의 뿌리"라 한다.[27] 종합적으로 보자면 세케의 사당은 잉카 종교의 특성을 잘 보여준다. 잉카 종교에서는 인간이라는 존재와 자연환경을 나누는 구분선이 없거나, 있더라도 희미한 선에 불과하다. 자연환경에는 에너지가 스며들어 있어서 인간은 그것을 끄집어내기도 하고 숭배하기도 한다. 다른 차원에서 보자면 도시 쿠스코의 역사적 과거에 세케가 연결되어 있다. 친족 집단의 대표자들이 제물을 바치려고 그들의 세케를 걸어갈 때마다 그들의 과거

---

27 Susan A. Niles, *Callachaca: Style and Status in an Inca Community* (Iowa City: University of Iowa Press, 1987).

가 되살아난다. 이와 같은 방식으로 성(聖)과 속(俗), 잉카와 잉카의 조상들, 그들을 도운 초자연적 존재와 수호신이 서로 얽혀 지속적으로 잉카의 힘을 드러냈고, 쿠스코를 둘러싼 자연환경과 도시 쿠스코 그 자체에 잉카의 권위가 아로새겨져 있었다. 세케 시스템과 사당이 쿠스코 지역에만 있었던 것은 아니다. 안데스의 다른 지역에도 같은 시스템이 존재했다. 따라서 인간과 초자연적 존재의 관계를 바라보는 잉카의 관점은, 더 넓은 범위의 안데스 지역 신앙 및 관습에 부합하는 것이었다.[28]

어떤 의미에서 도시 쿠스코는 과거의 결과물이며, 그 시간은 망코 카팍(Manco Capac)의 시대 및 그 이전의 과거로 이어진다. 고고학적으로도 충분히 확인된 내용이지만, 크로니카에서도 쿠스코가 수 세기에 걸쳐 조그만 오두막들이 옹기종기 모여 있는 마을에서 도시로 성장하는 과정을 기록하고 있으며, 메마른 스페인 침략자들의 눈에도 쿠스코는 놀라울 정도로 아름다워 보였다고 한다. 그러나 또 다른 의미에서, 스페인 사람들이 동경한 도시는 파차쿠티의 에너지가 만들어낸 결과물이었다. 적어도 베탄소스에게 이야기를 들려준 잉카 사람들의 의견으로는 그랬다. 그들 중 일부는 파차쿠티의 친족 집단에 속했던 것으로 추정되는데, 잉카 파차쿠티의 업적을 기억하고 칭송하는 것이 그들의 임무였다. 새로운 쿠스코를 설계할 당시 파차쿠티는 도시 인근의 농지를 측량하여 그

---

28 Tom Zuidema, *El calendario Inca. Tiempo y espacio en la organización ritual del Cuzco. La idea del pasado* (Lima: Fondo editorial del Congreso del Perú, 2010); Sabine MacCormack, 'History, Historical Record and Ceremonial Action: Incas and Spaniards in Cuzco', *Comparative Studies in Society and History* 43 (2001): 329-63; Brian S. Bauer, *The Sacred Landscape of the Inca: The Cusco Ceque System* (Austin: University of Texas Press, 1998).

림으로 그리고, 이를 미래의 소유자들에게 분배할 때 사용하도록 했다. 토지 조사를 기반으로 하여 "그가 만든 질서 안에서 살아가는 사람들을 상상했다."[29] 상위 및 하위 쿠스코의 주택 건설도 먼저 점토로 모형을 만들어서 나중에 새로운 주민에게 주거지를 분배할 때 사용했다. 마찬가지로 잉카 파차쿠티는 쿠스코를 비롯한 여러 곳의 교량과 도로도 그림으로 그렸다. 신하들은 이를 의아하게 여겼는데, 그들의 "이해 수준을 넘어서는" 일이었기 때문이다.[30] 그러나 이러한 특징을 통해 잉카에게 건축 및 도시계획이 무슨 의미였는지, 또한 그의 의도가 어떠했는지를 엿볼 수 있다. 그의 목적은 단순히 건물을 짓는 데 있지 않았다. 그는 기후와 환경 조건을 보충하고 조정하기를 원했고, 그것을 가능하게 만들기 위해 사회 구조를 조직했다.[31] 다른 말로 하자면 잉카의 업적은 창조신의 일과 마찬가지였다. 티아우아나코에서 태양과 낮, 그리고 달과 별을 만든 뒤 창조신은 땅에 사람들이 살도록 했다. "창조신은 바위 인간을 몇 명 만들어서 나중에 인간을 만들 때 모델로 사용했다. 이런 식으로 창조신은 돌을 가지고 여러 인간을 만들었고, 그들을 통치할 군주를 만들었으며, 수많은 임신한 여인과, 아이를 낳고 관습에 따라 아이를 요람에 뉘어둔 여인을 만들었다." 페루의 모든 지방에서 같은 방식이 적용

---

29 농지 측량과 관련해서는 Betanzos, *Suma*, I, 12, 그리고 그의 질서 안에서 살아가는 사람들을 상상했던 문제와 관련해서는 Betanzos, *Suma*, I, 13.
30 Betanzos, *Suma*, I, 17; I, 37.
31 Jean-Pierre Protzen, *Inca Architecture and Construction at Ollantaytambo* (New York: Oxford University Press, 1993); Susan A. Niles, *The Shape of Inca History: Narrative and Architecture in an Andean Empire* (University of Iowa Press, 1999).

되었다. 창조주의 동료들은 돌로 만든 모델을 자신의 파카리나(pacarina, "새벽의 땅")로 가져갔다. 샘이나 강, 동굴이나 바위틈이었다. 그곳에서 모델로부터 생명을 불러냈고, 산 사람들이 걸어 나왔다.[32] 잉카가 그림을 그리고 점토로 모델을 만들어 토지와 주택, 도로와 교량을 분배했을 때, 이는 사회에 질서를 부여하는 행위였으며, 과거에 창조주가 한 일을 인간으로서 역사적 맥락에서 이어 나가는 일이었다. 잉카 아타우알파(Atahuallpa)가 스스로에 대해 말했듯이, 잉카의 통치자는 창조신을 본받아 "새로운 세계"를 만들어 나가야 하는 존재였다.[33]

### 잉카 팽창기의 정복과 외교

잉카 파차쿠티가 창카와의 전쟁에서 승리하자 창카의 거주지도 잉카의 통치 아래 들어오게 되었다. 이후에도 파차쿠티의 정복 활동은 계속되었다. 이와 함께 외교 교섭도 진행되어, 멀리 있는 정치 공동체들도 점차 타완틴수유의 질서에 편입되었다. 외교와 전쟁의 결합은 크로니카 서술의 기본 주제였다. 파차쿠티와 그의 후계자들, 투파 유팡키(Tupa Yupanqui)와 우아이나 카팍(Huayna Capac)의 정복 이야기는 두 가지 맥락에서 잉카 기원 신화와 연결되어 있다. 신화의 일부 버전에서 최초의 잉카인 망코 카팍(Manco Capac)의 아내는 사나운 전사로 등장한다. 그녀는 당시 잉카 사람들이 마주친 적을 비롯하여 모든 반대 세력을 향해 지칠 줄 모르는 전투력을 보여주었다. 그다지 사납지 않은 그녀의 남편

---

32 Betanzos, *Suma*, I, 1-2.
33 Supno Collapiña, *Relación de la descendencia, gobierno y conquista de los Incas (1542)*, ed. Juan José Vega (Lima: Biblioteca Universitaria, 1974): 20.

과는 효율적인 파트너였던 셈이다. 다른 버전에서 망코 카팍은 문화적 영웅이자 종교의 초석을 놓은 인물로 등장한다. 그의 아내는 안데스 지역 사람들에게 가장 유용하고 칭송받는 두 가지 기술, 즉 실 잣는 기술과 천 짜는 기술을 가르쳐준 스승이었다. 잉카의 원거리 정복 활동과 관련해서 이야기가 모두 일관되지는 않는다. 크로니카에 수록된 내용은 전부 친족 집단에서 만들어진 이야기였고, 가문마다 조상의 공적을 드높이려는 의도가 깔려 있었기 때문이다. 그럼에도 불구하고 비라코차(Viracocha)와 파차쿠티가 콜라수유를 정복하면서 기존과는 다른 규모의 정복 활동이 시작되었던 것은 분명한 사실이다. 또한 파차쿠티는 친차이수유 원정을 시작했으며, 투파 유팡키는 키토(Quito)와 그 너머까지 원정을 이어갔다. 그러나 투파 유팡키의 정복 활동에서 가장 광범위한 업적은 오늘날의 칠레와 아르헨티나까지 이르는 클라수유 정복, 그리고 안티수유 정복이었다. 또한 그는 페루의 수도 리마 인근 코스타센트랄(Costa central) 지역의 여러 부족 사회(chiefdom)를 통합한 뒤 태평양 연안에 있는 파차카막(Pachacamac)의 거대 사원을 방문했다. 스페인의 침략 이전 마지막 잉카는 우아이나 카팍이었다. 그는 친차이수유에서 더 멀리까지 정복 활동을 펼쳐, 키토를 넘어 그 북쪽까지 잉카의 세력을 확장했다.[34] 이 지역이 잉카 제국에 편입되기까지 오랜 노력의 과정을 거쳤는데, 애초 구상은 파차쿠티의 시대부터 시작되었다. 그 과정을 완성

---

34 Martti Pärssinen, *Tawantinsuyu: The Inca State and its Political Organization* (Helsinki: Societas Historica Finlandiae, 1992): 85-140; Supno Collapiña, *Relación de la descendencia*, 76; Sabine MacCormack *On the Wings of Time: Rome, the Incas, Spain and Peru* (Princeton University Press, 2007): 207-8.

한 인물은 토메밤바(Tomebamba)에 북부 수도를 건설한 잉카 우아이나 카팍이었다. 도시의 이름도 자기 친족 그룹의 명칭을 따랐고, "또 하나의 쿠스코"로 도시를 설계했다. 명실상부한 북부의 수도였다(지도 24-1). 잉카 사람들의 거주용 주택 외에도, 테라스형 농지와 궁정에 필요한 물품을 보관할 창고가 건설되었다. 또한 태양의 사원을 비롯한 종교 건물들이 들어섰으며, 그중 하나에는 우아이나 카팍의 어머니 마마 오클로(Mama Ocllo)의 황금 동상과 유골을 안치했다. 시에사(Cieza)가 저술한 크로니카에 따르면, "토메밤바의 이 유명한 건축물은 페루 전체를 통틀어 가장 화려하고 사치스러웠으며, 규모도 가장 크고 가장 아름다운 건물이었다. 인디언이 말하는 그 어떤 이야기도 유적에 비하면 초라할 뿐, 건물의 웅장함을 제대로 표현하지 못한다."[35]

오래도록 이어진 전쟁은 잉카 귀족들의 관계에 긴장을 초래했다. 크로니카에 언급된 바에 따르면, 잉카의 통치자와 그를 위해 복무한 혹은 전쟁에 참여한 귀족들 사이에 주기적으로 마찰이 빚어졌다고 한다. 잉카의 통치자는 한편으로 전장에 내보낸 귀족의 성공을 바랐지만, 또 다른 한편으로 그가 지나치게 성공하면 통치자의 지위가 위협받을까 우려했다. 잉카 파차쿠티의 동생 카팍 유팡키(Capac Yupanqui)가 카자마르카(Cajamarca)의 군주를 상대로 승리를 거두자, 왕위 찬탈을 우려한 파차쿠티는 승리를 축하하는 대신 동생을 죽음으로 내몰았다. 통치자와 신하들 사이의 섬세하고도 균형 잡힌 관계는 우아이나 카팍 통치 시기에 키토(Quito) 남방과 북방을 상대로 벌어졌던 오랜 전투의 과정에서 명확

---

35 Cieza, *Crónica del Perú*, 44.

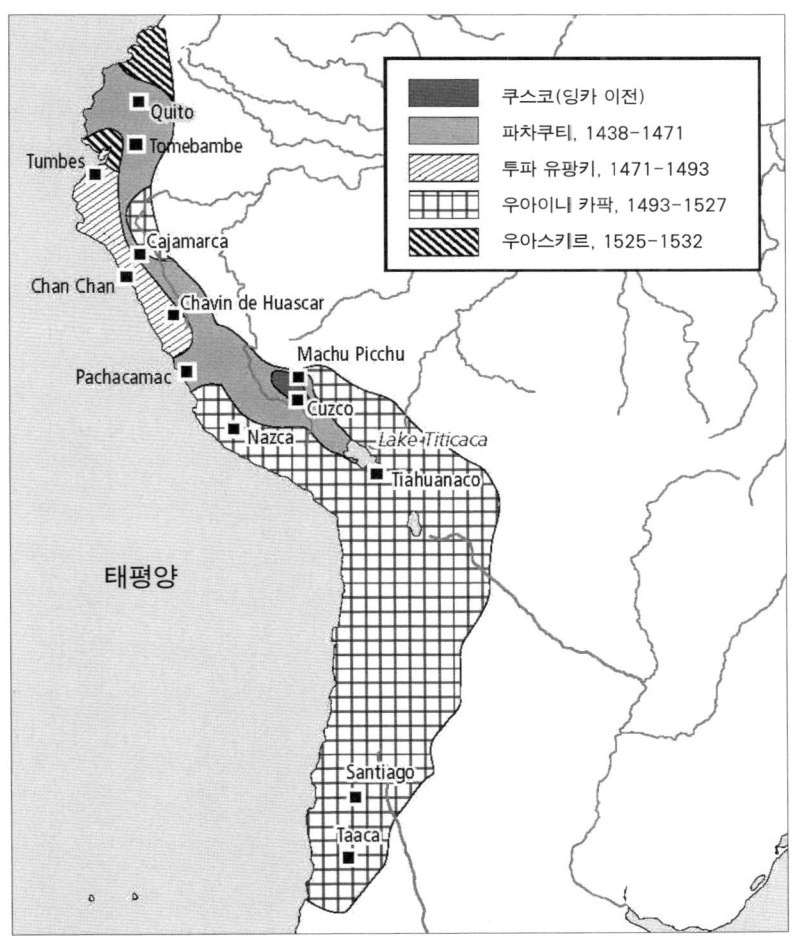

[지도 24-1] 잉카의 팽창

CHAPTER 24 - 잉카 제국의 국가 체제와 종교

하게 드러났다. 어려운 전투에서 철수하는 동안 우아이나 카팍을 수행한 귀족들이 도망쳤고, 잉카가 가마에서 떨어지는 사건이 발생했다. 그에 대한 벌로 잉카는 관습적으로 지급되는 옷감과 식량의 분배에서 그들을 제외함으로써 모욕을 주었다. 그러나 잉카는 그 결과를 미처 계산하지 못했는데, 화가 난 귀족들이 잉카를 전쟁터에 남겨두고 먼저 쿠스코로 돌아가려 했던 것이다. 우아이나 카팍의 입장에서는 체면도 살리고 전쟁의 참사도 막을 방법이 필요했다. 그래서 잉카는 어머니 마마 오클로의 동상과 여사제를 그들에게 보냈는데, 여사제의 임무는 마마 오클로의 신탁을 받아 전해주는 것이었다. 마마 오클로의 권위를 빌려 여사제는 귀족들에게 화를 참으라고 간청했다. 귀족들이 신탁의 말을 받아들이자 그들에게 특별한 명예와 보상이 주어졌다.[36]

잉카가 정복해야 할 땅이 워낙 넓었기 때문에 전쟁 못지않게 협상과 조정도 중요한 문제였다. 잉카와 정복(합병)할 대상, 혹은 잉카와 이미 정복(합병)한 대상이 모두 협상의 상대였다. 잉카 파차쿠티가 창카와 싸워 이긴 후 잔인한 복수가 진행되었다. 그 와중에도 파차쿠티는 티티카카 호수 지역을 정복할 원정군으로 창카의 두 군주와 백성을 보냈고, "그들은 모두 잉카의 지배에 굴복했다." 그러나 오랜 적대감은 쉽사리 잊히지 않았다. 이어지는 원정에서 창카의 두 군주 중 한 명과 일부 그의 부하들은 잉카의 손길이 미치지 않는 아마존 저지대로 달아났다. 그러나 다른 한 명은 별다른 대안이 없어 다시 파차쿠티에게 복종을 재

---

36 Sabine MacCormack, *Religion in the Andes: Vision and Imagination in Early Colonial Peru* (Princeton University Press, 1991): 134-5.

확인했다. 그에 대한 보상으로 "금으로 장식된 명예의 의자와 여러 가지 특혜"가 주어졌으며, 잉카의 종주권을 인정하는 한 그의 지위도 보장되었다.[37] 나중에 잉카의 군대가 카하마르카(Cajamarca, 북부 산악 지대) 지역의 군주를 공격했을 때, 해안의 왕국 치모르(Chimor)의 통치자가 도우러 왔지만 이미 헛수고였다(치모르는 세력과 자원 면에서 잉카에 비견할 만한 유일한 왕국이었다). 이어진 전쟁에서 치모르는 정복되었고, 치모르의 통치자는 다른 안데스 지역의 군주들과 마찬가지로 쿠스코에 인질로 잡혀갔다. 치모르 왕국에는 엄청난 보물이 있었다. 이를 쿠스코로 가져가 과거 그 어느 때보다 화려하고 자랑스러운 전리품을 과시한 뒤, 코리칸차 사원을 장식하는 데 사용했다. 그럼에도 불구하고 과거 치모르 왕국의 도시나 마을에서는 통치자의 후손들이 잉카와 (훗날에는) 스페인의 감독 아래 세습 군주로 통치를 이어갔으며, 과거 엘리트 가문에 속했던 다른 많은 군주도 마찬가지였다. 그러나 잉카의 군대로 편입된 다른 정복지의 경우와 달리, 치모르 왕국은 잉카의 전쟁에 군인을 파견한 적이 없었던 것으로 추정된다.[38]

군사적 정복은 흔히 있는 일이었지만 언제나 그랬던 것은 아니다. 코스타센트랄(Costa central) 지역에 위치한 강력하고 인구도 많았던 친차(Chincha) 왕국의 합병 과정은 평화로웠다. 파차쿠티의 시대에는 잉카

---

37 Betanzos, *Suma*, I, 10; Cieza, *Crónica del Peru*, 48 and 50; Miguel Cabello Valboa, *Miscelánea Antártica (1586)* (Lima: Universidad Nacional Mayor de San Marcos, Instituto de Etnología, 1951): 3 and 16.
38 John V. Murra, 'The Expansion of the Inca State: Armies, War and Rebellions', in Murra, Nathan Wachtel, and Jacques Revel (eds.), *Anthropological History of Andean Polities* (Cambridge University Press, 1986): 49-58.

의 종주권만 인정하는 정도로 넘어갔고, 나중에 투파 유팡키의 시대에는 전쟁의 과정 없이 선물과 회유를 통해 친차 왕국을 병합했다. 잉카는 친차 왕국의 수도에 행정 및 종교 기관을 설립하고, 친차 왕국의 궁정과 병존하도록 했으며, 친차 왕국의 신 친차이카막(Chinchaycamac)의 신탁을 받는 피라미드 사원은 잉카 사원과의 관계를 고려하여 재배치되었다. 친차의 도자기에는 잉카의 영향이 강하게 나타나는데, 스페인 침략 이후에도 이는 변함이 없었다. 이로 보아 그들이 잉카의 지배를 전적으로 배척하지는 않았던 것 같다. 특히 친차 왕국의 군주는 상당한 특권을 누렸다. 그가 탄 가마는 잉카의 가마와 나란히 행진했다. 이는 놀라운 일이 아닐 수 없는 것이, "그 누구도, 아무리 지위가 높은 사람도, 맨발로 고개를 숙이지 않고서는 잉카의 앞에 나아갈 수 없었기 때문이다."[39]

이러한 에피소드는 다양한 팽창의 방식을 세부적으로 전해주는 내용이지만, 또한 쿠스코 주변 잉카의 고향에서부터 후대에 병합된 지역에 이르기까지 잉카의 지배 아래 놓였던 사람들과 정치 공동체의 다양성, 바닷가에서 안데스 고지대에 이르기까지 그들이 살았던 지리적 환경의 다양성을 강조하는 것이기도 하다.[40] 잉카가 등장하기 훨씬 전부터 안데스 지역의 정치 공동체들은 해상 교역을 포함해서 나름의 교환 체계를 갖추고 있었다. 이를 통해 타완틴수유 안에서는 물론 경계로부

---

39 Pedro Pizarro, *Relación del descubrimiento y conquista de los reinos del Perú (1572)*, ed. Guillermo Lohmann Villena (Lima: Pontifica Universidad Católica del Perú, 1978): 37.
40 Terence N. D'Altroy, *Provincial Power in the Inka Empire* (Washington, DC: Smithsonian Institution Press, 1992).

터 멀리 떨어진 지역에 이르기까지 방대한 안데스의 생태 환경과 자원을 활용할 수 있었다. 다양한 생태적 니치에 식민 거점을 건설함으로써 해당 지역에서는 구할 수 없는 곡물이나 자원에 직접 접근하기도 했다. 티아우아나코 왕국은 코차밤바(Cochabamba)와 라레카하(Larecaja)뿐만 아니라 태평양 연안의 모케과(Moquegua)와 아레키파(Arequipa) 근처까지 저고도 지역에 식민 거점을 건설했다. 나중에 잉카 사람들도 이 경로를 뒤따랐다.[41] 특정 국가와 상관없이 부족 단위로, 고향에서는 구할 수 없는 곡물이나 자원을 안정적으로 확보하기 위해 생태 환경의 니치에 해당하는 지역에 다양한 식민 거점을 건설했다. 그 규모는 몇 가구에서 마을 정도에 이르기까지 다양했다. 스페인 식민 당국이 조사해본 결과, 잉카 왕국에서는 이와 같은 식민 거점을 따로 파악하지 않았으며 그곳의 주민은 출신 왕국 혹은 친족 집단의 구성원으로 간주되었다. 마지막으로 야나코나(yanacona)로 기록된 사람들이 있었는데, 이들은 살아 있거나 이미 사망한 잉카 개인의 하인이었다. 야나코나는 성스러운 계곡(Sacred Valley)에 있는 잉카 개인 소유의 토지에서 일하기 위해 이주해 온 사람들이었으며, 개인 자격으로 출신지의 쿠라카(curaca, 지역 군주)에게 소속되지 않았다. 타완틴수유의 수많은 사원과 성지를 관리하는 여러 부류의 야나코나가 있었고, 이들 또한 성스러운 계곡이 아닌 다른 곳에 있는 잉카의 영지에서 일했다. 이외에도 지역 근주 쿠라카에게 봉사

---

[41] Charles Stanish, *Ancient Titicaca: The Evolution of Complex Society in Southern Peru and Northern Bolivia* (Berkeley: University of California Press, 2003): 6-11; 169-72; 191-3; R. Alan Covey, 'Inka Administration of the Far South Coast of Peru', *Latin American Antiquity* II (2000): 119-38.

하기 위해 공동체에서 "내어준" 야나코나가 있었는데, 이들은 공동체에서 이미 내어준 사람들이기 때문에 더 이상 출신 공동체 소속이 아니었다. 아클라코나(acclacona)는 태양신을 위해 봉사하는 여인들로, 그들의 지위도 애초의 출신 공동체로부터 분리된다는 점에서 야나코나와 비슷했다(스페인 사람들이 보기에 아클라코나는 수녀와 비슷했으나, 잉카는 그들을 신하 혹인 하인에게 아내로 주기도 했다). 따라서 신분이 1차적으로 출신 부족 공동체에 묶여 있는 사람들에 비해 그들은 잉카 제국과 보다 긴밀히 얽혀 있었을 가능성이 높다. 야나코나와 아클라코나의 존재를 통해 우리는 잉카 제국이 부족 정체성을 초월하는 국가를 건설하는 과정에 있었다고 결론 내릴 수 있다.

### 지역 및 가정

잉카는 적어도 원칙적으로는 다양한 지역 및 민족을 대상으로 어느 정도 일관된 통일성을 구축하기 위해 노력했다. 스페인 사람들은 종종 잉카가 자신의 언어를 백성에게, 혹은 어떤 식으로든 쿠라카(curaca, 지역 군주)에게 강요한다는 인상을 받았다. 그러나 실제로 타완틴수유는 잉카의 언어인 케추아(Quechua)어가 널리 통용되기는 했지만 언어의 모자이크였다.[42] 잉카의 행정은, 이상적 구도에서는 인구를 연령별 집단과

---

42 Rodolfo Cerrón-Palomino, *Lingüistica Quechua* (Cuzco: Centro de estudios rurales andinos 'Bartolomé de las Casas,' 1987); Bruce Mannheim, *The Language of the Inka since the European Invasion* (Austin: University of Texas Press, 1991); Alfredo Torero, *Idiomas de los Andes. Lingüistica e Historia* (Lima: Editorial Horizonte, 2005).

10진수 단위의 가구로 조직했다. 규모는 10가구에서 1만 가구까지 다양했고, 경우에 따라서는 하위 분류가 포함되어 있었다. 행정 단위는 정기적으로 인구에 따라 조정되었다. 2~3개 단위가 모여서 하나의 지방이 구성되고, 토코이리콕(tokoyrikoq, "모든 것을 보는 자")이라고 하는 잉카의 관리가 지방의 수장이 되었다. 토코이리콕은 소규모 단위의 수장들을 거느렸는데, 그들 중 다수는 잉카 치하에서도 권력을 계속 유지한 지역 엘리트 가문 출신의 쿠라카였다. 안데스 지역에서는 어디에서든 하나의 지역을 상위(上位)와 하위(下位)로 나누었는데, 토코이리콕은 자신이 관리하는 지방을 안데스 관습에 따라 둘로 나눈 뒤 각각에 속하는 모든 정보를 키푸(khipu)에 기록했다. 키푸는 두 벌이 작성되어 하나는 현지에, 또 하나는 제국의 수도 쿠스코에 보관했다. 인구 통계 키푸와 관련해서 가르실라소(Garcilaso)는 그 기능을 이렇게 설명했다.

먼저 각 마을의 주민을 기록했고, 그다음은 각 지방의 인구를 기록했다. (키푸의) 첫 번째 꾸러미에는 60세 이상의 노인, 두 번째 꾸러미에는 50세 이상의 장년, 세 번째 꾸러미에는 40세 이상을 기록했다. 이런 식으로 이어져서 10대 인구까지 기록했고, 어린아이와 젖먹이까지 통계에 올라갔다. 여성들도 이와 비슷하게 연령별 집단으로 집계되었다.

어떤 꾸러미에는 가는 실로 보조 줄을 매달아 예외적 사항을 기록했다.

예컨대 특정 연령대의 남성 혹은 여성을 기록한 줄이 있는데, 이들은 기혼자로 추정된다. 같은 줄에 크기가 작은 매듭이 있는데, 이는 해당 연도 해당 연령대의 과부 혹은 홀아비의 숫자를 나타낸다. 이 모든 기록은 연 단위로 갱신되었다.[43]

어떤 지역이 잉카 제국에 병합된 경우, 경계석이 세워지고 그 지방의 모습을 그린 그림 혹은 지도가 제작되었다. 여기 수록된 모든 땅은 잉카에게 귀속되었다. 잉카는 종교적 목적, 잉카 개인의 사용 목적, 일반인을 위한 목적 등에 따라 땅을 분배했다.

키푸에 기록된 인구 통계는 공물을 평가하는 기준이 되었으며, 화폐가 없는 안데스 지역에서 공물은 가구 단위로 (현물이 아닌) 노역으로 매겨졌다. 가장 기본적인 의미에서 노동은 농사일에 투입되었다. 신격을 위해 배당된 토지에서 재배된 작물은 제사에 사용되었고, 잉카 개인을 위해 배정된 토지에서 재배된 작물은 잉카에게 바쳤으며, 각 가정에 배당된 토지에서 재배된 작물은 가족 구성원의 생계를 위해 사용되었다. 기술자(광부, 직조공, 금속공, 도공, 석공, 신발 장인, 무기 장인, 깃털 옷감 장인 등)도 세금으로 일정 시간의 노동력을 바쳐야 했다. 타완틴수유의 한 쪽 끝에서 다른 쪽 끝까지 우편물을 가지고 달려가는 사람들도 있었고, 잉카 개인의 가마를 드는 사람도 있었다. 이런 직업에 종사하는 것도 일종의 세금(노역)이었다. 제국은 곧 잉카 통치자 개인과 동일시되었기 때문에 잉카 제국을 위해 일하는 모든 사람과 마찬가지로 그들에게도 생

---

43 Garcilaso de la Vega, *Comentarios Reales*, I, 6,8; Catherine Julien, 'How Inca Decimal Organization Worked', *Ethnohistory* 35 (1988): 257-79.

계를 위한 자원이 지급되었다. 이를 통해 국가가 여러 집단 및 지역에서 수집한 자원이 재분배되었다. 결국 사람들은 잉카를 위해 일을 하기는 했지만 자신이 소유한 것을 잉카에게 바칠 일은 전혀 없었다. 최고의 선물 제공자는 잉카였고, 잉카 제국의 최우선 업무는 재분배였으며, 이것 없이는 체제가 작동할 수 없었다. 더욱이 이상적 차원에서는, 그리고 심지어 일상적 차원에서도 잉카를 위한 노동은 축제와 선물 제공, 상호 이익의 맥락에서 실행되었다. 거대한 칼란카(kallanka, 잉카의 지방 수도에 특징적으로 나타나는, 길고 거대한 맞배지붕 형태의 건물)는 축제 기간에 사람들이 숙박할 수 있도록 설계되었다. 베탄소스(Betanzos)에 따르면, 잉카 파차쿠티가 쿠스코를 더 큰 규모로 다시 건설할 계획을 세웠을 때 지방 군주들이 선물을 가져와서 인근 창고에 보관해두었다고 한다. 그 뒤 5일 동안 축제와 축하 행사가 열렸고, 그런 다음에야 잉카는 군주들에게 해야 할 일을 알려주었다. 어떤 일이 끝난 뒤에는 그다음의 일이 시작되기 전까지 중간중간 축제가 열렸다. 잉카 제국을 위한 노동은 상호 이익과 잉카의 관대함이라는 틀 속에서 축제의 형태로 거행되었다. 잉카 제국이 멸망하고 나서 약 80년이 지나 상황은 완전히 달라졌지만, 가르실라소(Garcilaso)와 구아만 포마 데 아얄라(Guaman Poma de Ayala)의 기록에서는 과거의 방식을 기억하고자 했다.[44]

---

44 Betanzos, Suma, I, 13; Garcilaso de la Vega, *Comentarios Reales*, I, 5, 2; Felipe Guaman Poma de Ayala, *Nueva Crónica y buen gobierno (1615)*, ed. John V. Murra, Rolena Adorno and J. Urioste (Madrid: Histcria 16, 1987): 251; John V. Murra, *The Economic Organization of the Inca State* (Greenwich, CT: JAI Press, 1980); Brian S. Bauer, 'Legitimization of the Inca State in Myth and Ritual', *American Anthropologist* N.S. 98 (1996): 327-37.

그러나 상호 이익과 재분배 시스템 덕분에 잉카 제국이 가질 수 있었던 경제력과, 이를 근거로 하는 군사력 및 정치 권력을 과소평가해서는 안 된다. 잉카의 백성이 수행한 작업의 결과로 생산된 물품은 키푸로 수량이 기록되었고, 제국의 창고에 저장되었다. 예를 들어 지방의 수도 우아누코팜파(Huanuco Pampa)에는 통풍과 단열이 잘되는 창고 수백 곳에 농산물, 직물, 신발과 무기류 등이 보관되었다. 일부 지역에서는 잉카가 필요할 때나 국가적으로 사용하기 위해 저장해둔 창고가 스페인 침략자들의 약탈에도 불구하고 17세기 초까지 남아 있었다.[45] 군복무 또한 국가를 위해 제공하는 노동력의 일종으로, 때로는 목숨을 잃거나 신체 일부가 잘려 나가는 막대한 대가를 치르기도 했다. 그 정도는 아니더라도 이주 또한 개인과 집단의 삶을 침해하는 일이었는데, 잉카를 위한 노역에 동원되어 한 지역의 인구가 통째로 이주하는 경우도 있었다. 타완틴수유에 속한 부족 정치 단위 차원에서 멀리 떨어진 곳에 식민 거점을 운영하는 경우가 있었다. 잉카도 여러 가지로 이유가 있을 때에는 그곳에 훨씬 더 큰 규모로 더 자주 사람들을 보냈다. 투파 유팡키가 티티카카 호수에 있는 태양의 섬에서 성스러운 바위 제사를 조직했을 때, 그는 섬의 모든 거주민을 내보내고 미티마(mitima)라고 하는 사람들을 섬으로 불러들였다. 그들은 식민 거점의 주민으로, 42개 부족에서 선발된 인원이었다. 그들에게는 사원을 관리하는 임무가 주어졌다. 아마도 타완틴수유 전체를 그 섬에서 재현하려는 의도가 있었을 것이다.[46] 대부분의

---

45 Craig Morris and Donald E. Thompson, *Huánuco Pampa: An Inca City and its Hinterland* (London: Thames and Hudson, 1985).

이주 및 재정착은 정치 혹은 경제적 이유로 일어난 일이었다. 예를 들어 차차포야(Chachapoya)와 카냐리(Cañari)를 상대로 한 일련의 힘겨운 정복전 이후, 식민 거점의 대규모 주민은 성스러운 계곡에 있는 잉카 통치자의 영지에 재정착했다. 이는 그들의 고향에서 일어날 수 있는 반란의 가능성을 줄이기 위한 조치였다. 스페인이 잉카 제국을 침략했을 때, 차차포야와 카냐리 사람들은 기꺼이 스페인의 동맹이 되어주었다. 이외에도 1571년 스페인 당국의 조사 기록에 사례들이 남아 있다. 아툰카나(Hatuncana) 출신의 어느 노인이 증언한 바에 따르면, 그의 아버지는 투파 유팡키 재위 시기에 재정착했다. 그의 아버지가 "용감한 사람"이었기 때문에 고향에서 반란을 일으킬까봐 이주시켰던 것이다.[47]

우아이나 카팍은 훨씬 더 큰 규모의 이주를 실시했다. 타완틴수유 곳곳에서 차출된 주민 1만 4000명이 코차밤바(Cochabamba) 계곡으로 이주했다. 이는 경제적 이유와 관련이 있었다. 원래 주민은 대부분 다른 어딘가로 이주했고, 새로운 사람들이 고향의 군주와 후손들의 생명을 담보로 이주해 왔다. 그들은 더 이상 고향의 키푸에 등록되지 않았고, 잉카 제국을 위해 옥수수를 재배하는 일을 담당했다. 이와 같은 재정착은 관련된 모든 사람에게 크나큰 혼란을 초래했다. 잉카 제국의 사람들은 대부분 지역 군주의 통제를 따랐다. 그 지역이 타완틴수유에 병합된 이후

---

46 Sabine MacCormack, 'From the "Sun of the Incas" to the Virgin of Copacabana', *Representations* 8 (1984): 30-60.
47 Roberto Levillier, *Don Francisco de Toledo, supremo organizador del Perú. Su vida, su obra (1515-1582)* (Buenos Aires: Biblioteca del Congreso Argentino, 1940), vol. II: 108.

에도 지역 군주는 그대로 자리를 지켰다. 그러나 잉카를 위한 노동을 조직하는 임무를 수행해야 했다. 노동의 내용은 옥수수 재배, 직물 직조, 생산된 물품을 잉카의 창고로 운반하는 일 등이었다. 이외에 돌아가며 노역에 차출되는 사람들도 있었다. 이런 노동을 미타(mita)라 했다. 여행도 미타에 포함되는 일이었다. 예를 들어 티티카카 호수 근처 추쿠이토(Chucuito) 지역에 루파카(Lupaqa)족 남성들이 미타욕(mitayoc, 미타 노동에 참여하는 사람들)으로 근무했는데, 그들은 쿠스코에서 잉카를 위한 건물과 담장을 건설하는 작업에 돌아가며 투입되었다.

이와 같은 행정 체계가 잉카 제국의 원칙적 구조였지만, 다른 양상들도 없지 않았다. 타완틴수유의 핵심 지역, 그중에서도 늦게 통합된 지역에서는 전혀 다른 양상이 나타났다. 잉카 제국의 북단이나 남단 지역에서는 10진수에 입각한 행정 조직이 나타나지 않았으며, 쿠스코와 잉카의 중심지를 우아하게 새긴 잉카의 조형물도 거의 발견되지 않았다. 콜라수유(Collasuyu)의 남단은 안데스 고지대에서 칠레의 태평양 연안 사막 지대를 거쳐 오늘날의 산티아고를 넘어가는 어느 지점까지 이어지는데, 이 지역은 페루의 남부 산악 지대(sierra sur)보다 인구 밀도가 훨씬 낮았다. 잉카가 정복한 다른 지역들과 마찬가지로 남부 지역의 일부 거점에서는 농업, 목축, 광업이 활발하게 이루어졌다. 잉카의 도로와 함께 중간 휴게소인 탐보(tambo)도 곳곳에 건설되었다. 도로는 산티아고 너머까지 이어졌다. 안데스 산록을 따라 요새가 건설되어 지역을 방어했다. 요새의 목적은 정착지를 보호하고 침략자의 이동과 시도를 좌절시키는 것이었으나, 고정된 국경선을 지키는 형태는 아니었다(그림 24-1).[48] 고정식 국경선이 존재하지 않았다는 사실은 볼리비아 동부 저지대

〔그림 24-1〕 잉카 유적 삭사이우아만(Sacsayhuamán)

발굴 조사 결과로 다시 한 번 확인되었다. 그 지역에는 거대한 칼란카(kallanka)가 포함된 유적 사마이파타(Samaipata)가 있다. 화려한 사마이파타 유적은 투파 유팡키의 후손들이 이곳을 정복하기 위해 오랜 시간을 들인 그를 기리며 관리하는 곳으로, 군사적 목적보다는 의례와 종교적 목적에서 잉카의 존재를 강조하기 위한 유적이었다. 타완틴수유 북단 지역은, 투파 유팡키의 후손들의 말로는 그들의 선조가 그곳을 정복

---

48 Terence N. D'Altroy, Verónica I. Williams and Ana Maria Lorandi, 'The Inkas in the Southlands', in Richard L. Burger, Craig Morris and Ramiro Matos Mendieta (eds.), *Variations in the Expression of Inka Power* (Washington, DC: Dumbarton Oaks, 2007): 85-133.

했다고 하지만, 실제로는 우아이나 카팍의 오랜 전쟁 이후에야 비로소 제국에 편입되었다.

### 잉카 제국의 종교

1570년대에 스페인 사람들이 과거 잉카의 통치 방식을 조사했을 때, 안데스 지역의 많은 응답자는 무력이 기본적인 통치 방식이었다고 주장했다. 그것은 아마도 스페인 사람들이 가장 듣고 싶었던 대답일 수도 있다.[49] 그러나 그게 전부는 아니었다. 친차(Chincha) 같은 정치 공동체는 협상과 선물 제공을 통해 타완틴수유에 병합되었다. 크로니카에 따르면 이런 사례가 기본적인 과정이었고, 전쟁은 오히려 최후의 수단이었다. 혹은 이미 잉카의 통제 아래 있는 지역에서 반란이 일어난 경우 전쟁에 의존해야 했다. 어떤 식으로 타완틴수유에 병합되었든 상관없이 일단 병합된 이상 그들은 잉카의 종교에 참여해야 했으며, 잉카의 통치자 또한 백성의 종교에 참여해야 했다. 이와 같은 양방향 통합은 잉카의 태양신, 과거 잉카의 통치자들, 잉카 혹은 현지 풍습에 따른 여러 초자연적 존재의 제사를 위해 토지 및 노동력을 배분하는 데서부터 시작되었다.[50] 이와 같은 경제적 측면 이외에도 잉카의 종교적 틀 안에서 다양한 제사가 거행되었다. 일부는 잉카의 제사로 변형되었는데, 대표적 사례가 티

---

49 Levillier, *Don Francisco de Toledo*; Catherine Julien, 'Francisco de Toledo and his Campaign Against the Incas', *Colonial Latin American Review* 16 (2007): 243-72.
50 Justin Jennings, 'Inca Imperialism, Ritual Change and Cosmological Continuity in the Cotahuasi Valley of Peru', *Journal of Anthropological Research* 59 (2003) 433-62.

티카카 호수의 섬에 있는 신성한 바위(Sacred Rock) 숭배였다. 해안 지역에 있던 파차카막(Pachacamac)의 성소는 신탁이 내리는 장소였는데, 그곳에서는 병행 형태로 통합이 이루어졌다. 파차카막의 성소는 이르면 기원후 500년경부터 종교적 중심지였던 것으로 추정되며, 유적에 남아 있는 우아리 양식과 티아우아나코 양식의 영향은 인접 지역을 넘어서는 해당 유적의 중요성을 보여주고 있다. 크로니카에 따르면, 파차카막의 성소를 처음 방문한 잉카는 파차쿠티 혹은 투파 유팡키였다. 투파 유팡키는 아직 어머니의 배 속에 있을 때 이미 파차카막의 이야기를 들었고, 나중에 "모든 것을 창조한 창조신"이 그곳에 있다는 꿈을 꾸고 나서 성소를 방문했다고 전한다. 멀리 온 사방에서 찾아온 순례자들에게 세계의 창조자이자 세계의 파괴자로 숭배받는 파차카막의 신탁이 내렸는데, 순례자들은 오랜 정화 의식과 고해의 과정을 거쳐야만 파차카막의 신전에 접근할 수 있었다. 신탁의 위력을 감안하여 잉카는 기존의 사원을 수리하는 대신 그 옆에 태양과 낮의 신을 모시는 거대한 피라미드 사원을 새로 건설했다.[51] 이를 통해 투파 유팡키는 파차카막과 인연을 맺었다. 투파 유팡키의 후계자 우아이나 카팍은 안데스 고지대 북부까지 세력을 확장했으며, 오늘날의 도시 우아마추코(Huamachuco) 근처 카테킬(Catequil) 사원에서 신탁을 구했다. 바위로 현신한 카테킬은 우아마추코 지역 사람들의 조상이자 천둥과 번개의 신이었다. 가운데 있는 바위가 카테킬이고, 카테킬의 좌우에 나란히 있는 바위는 카테킬과 함께 숭

---

51 María Rostworowski, *Pachacamac y el Señor de los Milagros. Una trayectoria milenaria. Señoríos indígenas de Lima y Canta* (Lima: Instituto de Estudios Peruanos, 2002).

배를 받는 또 다른 초자연적 존재들로, 마마카테킬(Mamacatequil)과 피게라오(Piguerao)라고 불렸다. 파차카막과 마찬가지로 카테킬도 수많은 신을 낳았다. 그들은 중앙 성소에서 상당히 멀리 떨어진 신전에서 신탁을 내리는 경우가 많았다. 우아이나 카팍이 북방 원정을 떠날 때도 카케킬의 신탁이 그런 식으로 내린 적이 있었다.

안데스 지역에는 신이 많았고, 각 신에게서 다른 신탁이 내려왔다. 잉카는 그 다양한 목소리에서 일종의 합일점을 찾고자 했다. 그래서 잉카는 안데스의 여러 신전에 공물을 보내 풍년을 기원하고 재앙을 피하려 했으며, 잉카를 위한 기도를 청했다. 특히 잉카가 즉위할 때도 그랬다. 잉카의 공물은 쿠스코에서 여러 목적지로 보내졌다. 이를 카파코차(capacocha)라 했는데, "최고의 희생 제물"이라는 의미였다. 중요한 기도를 올려야 하는 경우에는 인간 제물, 특히 어린아이가 포함되었다. 제물의 행렬은 쿠스코에서 사방으로 뻗어 나가 타완틴수유 곳곳으로 보내졌다. 지방에서 신의 신탁을 받은 성직자들은 제물과 반대 방향으로 이동했는데, 이들은 매년 쿠스코를 방문하여 그 이듬해의 예언을 전달했다. 이로써 제물과 신탁의 균형이 이루어졌다. 시에사(Cieza)의 기록에 따르면, 잉카는 그들을 한 명씩 대면하여 질문을 했고, "제사를 모신 성직자의 입을 통해" 답을 들었다. 다음 해에 일어날 일을 정확히 예언한 성직자에게는 카파코차가 상으로 주어졌고, "제물을 받지 못하게 된 성직자는 오히려 명성을 잃었다."[52]

다른 식으로 말하자면, 사제들이 전해주는 신탁을 듣고 잉카는 타완

---

52 Cieza, *Crónica del Perú*, 29.

틴수유 곳곳의 소식과 여론의 분위기를 수집했다. 이를 시에사의 기록에서는 "다음 해에 풍년이 들지 가뭄이 들지, 잉카가 더 오래 살지 다음 해에 죽을지, 어디선가 적들이 쳐들어올지 평화로운 백성이 반란을 일으킬지"를 들었다고 표현했다.[53] 그러나 현실은 상당히 복잡했다. 잉카의 노력에도 불구하고 백성은 반란을 일으켰으며, 또한 성직자들과 지방 신들도 언제나 잉카의 소망에 부응하는 것은 아니었다. 우아로치리(Huarochirí)의 사람들은 한 세기가 넘는 세월이 지난 뒤에도, 투파 유팡키가 잇달아 발생한 반란을 잠재운 뒤 지방의 모든 신과 성직자를 쿠스코로 불러 협의한 일을 기억하고 있었다. 전설에 따르면 파차카막도 잉카의 부름에 따라 쿠스코로 갔지만, 우아로치리 지역의 가장 중요한 신인 파리아카카(Pariacaca)는 가지 않았고, 대신 그의 아들 마카 우이사(Maca Uisa)를 보냈다. 대화를 거부한 지방의 신들과 잉카 사이에 오래도록 어색한 침묵이 흐른 뒤 마침내 마카 우이사가 입을 열자 산사태가 일어나 잉카의 적들을 쓸어버렸다. 그리고 잉카의 공물을 거부하고 연례 행사로 마카 우이사의 축제가 열릴 때 잉카가 직접 참여해서 마카 우이사를 위해 춤을 출 것을 요구했다. 이는 잉카를 정점으로 하는 질서의 권위에 도전하는 의미가 있었다. 과만 포마(Guaman Poma)도 그 사건을 회고한 적이 있었는데, 그는 머지않아 스페인 사람들이 도착할 것이기 때문에 마카 우이사가 "생각하고 통치할 시간이 없다"는 신탁을 내린 것으로 알고 있었다.[54] 나중에 잉카의 간섭에 불만을 품고 칠론(Chillón) 계

---

53 Cieza, *Crónica del Perú*, 29.
54 *Runa Yndio ñiscap Machoncuna ñaupa pacha'*, 261-2.

곡의 군주가 백성에게 명하여 "그들의 신에게 잉카 우아이나 카팍을 죽여달라고" 기도하도록 했다. 그의 전임자 투파 유팡키는 이미 예전에 그들의 기도 때문에 죽고 없었다. 과거의 성공을 바탕으로 지역 군주는 같은 일을 다시 행하면 우아이나 카팍을 죽일 수 있다고 믿었다.[55] 결국 우아이나 카팍의 아들 아타우알파는 파차카막뿐만 아니라 카테킬과도 사이가 틀어졌다. 그들의 신탁에서 많은 사람의 죽음이 잉카 때문이라고 비판했기 때문이다. 아타우알파는 카테킬의 신전을 파괴하라고 명했으나 소용이 없었다. 수많은 후손의 입을 통해 신탁은 계속 되살아났고 몇 배로 확산되었기 때문이다.

드물지 않게 나오는 불만의 목소리는 신탁만이 아니었다. 잉카의 조상들도 마찬가지였다. 과거 잉카의 파나카(친족 집단)는 자신들의 의견과 이해를 주장하기 위해 이미 죽은 과거 잉카의 이름을 내세웠다. 결과적으로 잉카의 후계자는 상충하는 주장들 사이에서 복잡한 상황에 놓였다. 안데스 지역에서 널리 그러했듯이, 잉카의 후계자 또한 장자 상속이 아니라 능력에 따라 선정되었다. 그래서 문제는 더욱더 복잡했다. 또한 지역 군주나 잉카의 후계자가 그의 아들일 수도 있었지만, 형제일 수도 있고 누이의 아들일 수도 있었다. 그래서 잉카 파차쿠티는 가능한 후계자의 범위를 축소하기 위해, 잉카는 아무리 많은 첩을 거느리더라도 누이와 결혼해야 하며 그 사이에서 태어난 아들에게 후계 우선권을 주어야 한다는 규정을 만들었다. 그럼에도 불구하고 파차쿠티는 투

---

55 María Rostworowski, *Conflicts over Coca Fields in Sixteenth Century Peru* (Ann Arbor: University of Michigan Press, 1988), vol. IV, fol. 212V.

파 유팡키를 후계자로 선정했다. 파차쿠티로서는 그가 장남이라고 생각했기 때문이다. 투파 유팡키의 아들 우아이나 카팍은 스페인 침략자들이 도착하기 전 질병에 감염되어 사망했고, 그 직후 그의 후계자로 지정된 인물도 죽고 말았다. 결국 우아이나 카팍의 아들들로, 아타우알파(Atahuallpa)와 우아스카르(Huáscar)가 유력한 후보자로 남았다. 투메밤바(Tumebamba) 지역에 있는 아타우알파의 어머니는 친정이 파차쿠티의 파나카에 속했고, 쿠스코 지역에 있는 우아스카르의 어머니는 친정이 투파 유팡키의 파나카에 속했다. 스페인 침략자들이 도착한 때는 아타우알파와 우아스카르 사이의 내전이 아타우알파의 승리로 끝난 직후였다.[56]

    타완틴수유의 멸망은 어떤 의미에서는 내전의 결과로 볼 수 있다. 혹은 안데스 지역의 다양한 신탁과, 자신의 파나카를 돌보고자 하는 과거 잉카들의 목소리가 빚어낸 불협화음의 결과일 수도 있다. 안데스의 신탁은 스페인이 침략한 지 30여 년이 지난 1565년에야 타키 온코이(Taqui Onqoy) 운동에서 한목소리를 내게 되었다. 타키 온코이란 "질병의 노래"라는 뜻이며, 쓸어내야 할 질병은 스페인 사람들을 의미했다. 잉

---

[56] María Rostworowski, *History of the Inca Realm*, trans. Harry B. Iceland (Cambridge University Press, 1999): 97–134; Sabine MacCormack, 'Inca o español? Las identidades de Paullu Topa Inca', in P. Kaulicke, G. Urton and I. Farrington (eds.), *Identidad y transformación en el Tawantinsuyu y en los Andes Coloniales. Perspectivas arqueológicas y etnohistóricas. Tercera Parte* (Lima: Pontificia Universidad Católica del Perú, Fondo Editorial, 2004): 99–109; Sabine MacCormack, 'The Scope of Comparison: The Roman, Spanish and Inca Empires', in Benjamin Z. Kedar (ed.), *Explorations in Comparative History* (Jerusalem: Magnes Press, 2009): 53–74.

카의 파카리나(pacarina, 새벽의 장소), 티티카카, 티아우아나코, 키토 인근 침보라소(Chimborazo) 화산, 파차카막 신전을 비롯한 약 60~70곳의 지방 신전에서 신탁이 내려왔다. 과거 잉카들이 대대로 그토록 정성스럽게 바쳐온 안데스 전통의 공물을 바치라는 요구였다. 그러면 신들이 미타(mita, 노역)에 나서 기독교의 신을 상대로 싸울 테고, 그러면 분명히 끝장을 낼 수 있을 것이었다. 하지만 당시는 스페인 사람들이 타완틴수유를 확고히 장악한 뒤였고, 잉카의 통제 아래 있는 지역은 페루의 지방 군주 정도의 규모로 축소되어 있었다. 때는 이미 늦었다.[57]

---

57 Gonzalo Lamana, *Domination without Dominance: Inca-Spanish Encounters in Early Colonial Peru* (Durham, NC: Duke University Press, 2008).

## 더 읽어보기

Bauer, Brian S. *Ancient Cuzco. Heartland of the Inca.* Austin, TX: University of Texas Press, 2004.

_____. *The Sacred Landscape of the Inca: The Cusco Ceque System.* Austin, TX: University of Texas Press, 1998.

Bauer, Brian S. and Charles Stanish. *Ritual and Pilgrimage in the Ancient Andes: The Islands of the Sun and the Moon.* Austin, TX: University of Texas Press, 2001.

Benson, Elizabeth P. and Anita G. Cook, eds. *Ritual Sacrifice in Ancient Peru.* Austin, TX: University of Texas Press, 2001.

Boone, Elizabeth Hill and Gary Urton, eds. *Their Way of Writing: Scripts, Signs, and Pictographies in Pre-Columbian America.* Washington DC: Dumbarton Oaks, 2011.

Burger, Richard L., Craig Morris and Ramiro Matos Mendieta, eds. *Variations in the Expression of Inka Power.* Washington, DC: Dumbarton Oaks, 2007.

Covey, R. Alan. *How the Incas Built their Heartland: State Formation and the Innovation of Imperial Strategies in the Sacred Valley, Peru.* Ann Arbor, MI: University of Michigan Press, 2006.

Curatola Petrocchi, Marco and Mariusz S. Ziolkowski, eds. *Adivinación y oráculos en el mundo andino antiguo.* Lima: Pontífica Universidad Católica del Perú, 2008.

D'Altroy, Terence N. *The Incas.* Oxford: Blackwell, 2002.

Hyslop, John. *The Inka Road System.* New York, NY: Academic Press, 1984.

Julien, Catherine. *Reading Inca History.* Iowa University Press, 2000.

Kolata, Alan L., ed. *Tiwanaku and its Hinterland: Archaeology and Paleoecology of an Andean Civilization.* I. *Agroecology.* II. *Urban and Rural Archaeology.* Washington, DC: Smithsonian Institution, 1996-2003.

Lamana, Gonzalo. *Domination without Dominance: Inca-Spanish Encounters in Early Colonial Peru.* Durham, NC: Duke University Press, 2008.

MacCormack, Sabine. *On the Wings of Time: Rome, the Incas, Spain and Peru.* Princeton University Press, 2007.

_____. 'Processions for the Inca: Andean and Christian Ideas of Human Sacrifice, Communion and Embodiment in Early Colonial Peru', *Archiv für Religionsgeschichte* 2,1 (2000): 1-31.

_____. 'The Scope of Comparison: The Roman, Spanish and Inca Empires', in Benjamin Z. Kedar (ed.), *Explorations in Comparative History* (Jerusalem: Magnes Press, 2009): 53-74.

McEwan, Gordon F., ed. *Pikillacta: The Wari Empire in Cuzco*. University of Iowa Press, 2005.

Murra, John V. *The Economic Organization of the Inca State*. Greenwich, CT: JAI Press, 1980.

Murra, John V., Nathan Wachtel and Jacques Revel, eds. *Anthropological History of Andean Polities*. Cambridge University Press, 1986.

Niles, Susan A. *The Shape of Inca History: Narrative and Architecture in an Andean Empire*. University of Iowa Press, 1999.

Pärssinen, Martti. *Tawantinsuyu: The Inca State and its Political Organization*. Helsinki: Societas Historica Finlandiae, 1992.

Pillsbury, Joanne, ed. *Guide to Documentary Sources for Andean Studies 1530-1900*. 3 vols. Norman, OK: University of Oklahoma Press, 2008.

Quilter, Jeffrey and Gary Urton, eds. *Narrative Threads: Accounting and Recounting in Andean Khipu*. Austin, TX: University of Texas Press, 2002.

Rostworowski, María, *History of the Inca Realm*, trans. Harry B. Iceland. Cambridge University Press, 1999.

Salomon, Frank. *The Cord Keepers: Khipus and Cultural Life in a Peruvian Village*. Durham, NC: Duke University Press, 2004.

_____. *Native Lords of Quito in the Age of the Incas: The Political Economy of North Andean Chiefdoms*. Cambridge University Press, 1986.

Stanish, Charles. *Ancient Titicaca: The Evolution of Complex Society in Southern Peru and Northern Bolivia*. Berkeley, CA: University of California Press, 2003.

Urton, Gary. 'From Knots to Narratives: Reconstructing the Art of Historical Record Keeping in the Andes from Spanish Transcriptions of Inka Khipus', *Ethnohistory* 45,3 (1998): 409-38.

_____. 'Sin, Confession and the Arts of Book- and Cord-keeping: An Intercontinental and Transcultural Exploration of Accounting and Governmentality', *Comparative Studies in Society and History* 51,4 (2009): 801-31.

Zuidema, Tom. *El calendario Inca. Tiempo y espacio en la organización ritual del Cuzco. La idea del pasado*. Lima: Fondo editorial del Congreso del Perú, 2010.

CHAPTER 25

# 중간천년기의 "원시-글로벌화"와 "원시-글로컬화"

디에고 올스타인
Diego Olstein

슈무엘 아이젠슈타트(Shmuel N. Eisenstadt, 1923~2010)는 이스라엘의 저명한 사회학자로, 세계사의 문화적·정치적·사회적 변화 과정에서 일어났던 상호 작용을 연구한 학자다. 그의 학문적 영향력이 워낙 강했기 때문에 편집진에서 이번 책을 기획할 때는 마지막 장을 그가 써줄 것으로 기대했다고 한다(그러나 책이 출간되기 전에 작고했다. - 옮긴이). 생전에 그가 저술하거나 편집한 책은 50권이 넘는다. 풍성한 그의 책들은 고대부터 현대 사회에 이르기까지 폭넓은 범위의 시간, 공간, 주제를 다루었다. 그러나 그는 이 모든 범위를 포괄하거나, 혹은 그의 중심 사상을 종합한 단행본을 스스로 펴낸 적이 없었다.

만약 그와 같은 개론을 구상한다면, 그의 역사학적 관점의 핵심은 두 번의 주요 분기점(major transformations)과 장기 지속적 연속성(long-lasting continuity)으로 요약할 수 있다. 이런 관점에서 아이젠슈타트의 저서를 살펴보면, 그가 설정한 세계사의 결정적 분기점은 "축의 시대(Axial Age)"와 "근대화(modernization)"였다. 한편 장기 지속적 연속성은 "제국 시스템(system of empire)"이었다. 제국 시스템은 축의 시대가 등장하면서 확고하게 자리를 잡았고, 이후 역사 시기의 대부분을 지속한 정치 체제였다. 근대화 이후 독립 국가, 즉 통치자의 세습에서 벗어난 국가 체제가 나온 뒤에야 제국 시스템이 대체되었다.

축의 시대는 기원전 8세기에서 기원전 5세기 사이를 의미하는데, 세계의 주요 지적 전통은 거의 그 시기에 기초를 다졌다. 중국에서도 이때 수많은 철학 유파가 등장했다. 법가가 있었고, 도가가 있었으며, 주류는 유가 사상이었다. 인도에서는 불교와 자이나교가 출현했고, 또한 힌두교의 개혁을 촉진했다. 서남아시아에서는 조로아스터교가 이란에서 이원론 종교로 등장했으며, 유일신교인 유대교는 예언자의 시대에 접어들었다. 시간이 지나면서 유대교에서 기독교와 이슬람이 태어났다. 지중해 지역에서 그리스는 합리주의 철학의 등장을 목격했다. 이런 전통들은 모두 독특한 지역 문명의 창조로 이어졌다.

아이젠슈타트에 따르면 모든 축의 시대 전통은 세속의 질서와 초월적 질서의 분리를 제도화했다. 이러한 제도화는 새로운 유형의 사회 엘리트, 즉 기존에 확립된 정치 엘리트를 견제하고 그들의 권위에 도전하는 영적 리더십의 등장으로 대표된다. 새로운 영적 엘리트는 도덕적 차원을 강조하며 과거 정치 엘리트를 견제했고 그들의 책임성을 요구했다. 그들이 지식, 관념, 이상, 도덕의 세계에 새로운 질서를 부여했으며, 이는 정치·사회적 차원에서도 질서의 재편으로 이어졌다. 그것이 새로운 정치 체제로 구체화되었는데, 바로 제국 시스템이었다. 아이젠슈타트가 보기에 제국 시스템은 오랜 기간 영토의 중앙 집권을 가능케 하는 정치적 틀이었다. 이유는 단순했다. 통치자의 목적과 사회적·정치적·경제적 엘리트 계층의 자율성이 적절하게 균형을 이루었기 때문이다. 이해관계의 균형이 잘 맞을수록 제국은 오래도록 살아남았다. 다만 제국 시스템이 탄생하고 또한 번성하려면 복잡한 분업 체제를 갖춘 생산적 사회의 뒷받침이 필요했다.

두 번째 격변의 시기는 근대화였다. 근대화로 복잡한 분업 체계와 생산성이 급증하는 사회가 도래했다. 근대화는 제국 시스템과 축의 시대 문명을 모두 대체했다. 그 결과 세계사에서 두 번째 주요 분기점이 만들어졌다. 산업화, 도시화, 사회의 계층화, 정치 혁명 사상과 실천, 민주화, 독립 국가의 출현, 공공 영역의 확대, 시민 사회 주도권의 성장 등은 아이젠슈타트가 지적한 바와 같이 세계적으로 새로운 근대 문명을 만들어가는 핵심 요인이었다. 이 모든 요인은 문명의 차이를 초월하는 것이었지만, 지역별로 달랐던 과거의 문명이 저마다 장애로 작용했고, 그 결과 "다중적 근대성(multiple modernities)"이 탄생하게 되었다.

후기 저작에서 아이젠슈타트는 근대화의 전개와 "글로벌화(globalization, 세계화)" 과정에서 나타난 다중적 근대성의 문제에 깊이 천착했다. 우선 그는 글로벌화와 근대화가 서로에게 미친 영향에 주목하여 양자의 상호 작용을 연구했다. 동질화(homogenizing)로서의 글로벌화가 다중적 근대성이 형성하는 데 영향을 미치는 한편, 다중성은 글로벌화를 통해 그 모습을 드러냈다. 따라서 글로벌화 또한 다중적 현상으로 나타났다. 근대화와 다중적 근대성은 동질성과 이질성의 이항 대립이었다. 동일한 이항 대립이 글로벌화 문제에서도 다시 등장했다. 글로벌화 과정의 핵심은 통합을 추구하는 획일적(monolithic) 경향과 저항을 추구하는 다원적(pluralistic) 경향의 대립이었다.

아이젠슈타트의 이론에 따라 세계사의 큰 틀을 설정하자면, 중간천년기는 축의 시대에 형성된 장기 지속적 흐름에 포함되며, 중간천년기를 마감할 때 근대화, 다중적 근대성, 글로벌화의 문제가 등장했다. 실제로 중간천년기에는 중국, 몽골, 무슬림, 비잔티움, 카롤루스, 잉카 제국 등 제국 시스템이 널리 확산되어 있었다. 그러나 아이젠슈타트는 이번 장의 개요를 준비하면서 "원시-글로벌화(proto-globalization)"라는 개념을 발전시키고 그와 관련된 몇 가지 양상을 그려 보였다. 그래서 중간천년기를 세계사의 두 번째 분기점, 즉 근대화가 나타나기 전의 전주곡 같은 시기로 보았다. 중간천년기 자체의 문화적 변화가 제2차 축의 시대를 불러왔다고 할 만했다.

요컨대 아이젠슈타트 후기 사상의 관점으로 볼 때 중간천년기는, 축의 시대 문명에서 등장한 새로운 삶의 양식이 여전히 지속되고 제국 시스템이 과거 그 어느 때보다 번성했으며, 글로벌화와 근대화의 기초가 만들어진 시기였다. 아이젠슈타트가 생각했던 개요로부터 영감을 받아, 이번 장에서는 우리 책에서 논의된 주요 발전과 경향의 일부 양상들을 아이젠슈타트의 "원시-글로벌화" 개념에 입각하여 요약해보고자 한다.

아이젠슈타트의 초안에서 원시-글로벌화 개념을 명확히 규정하지는 않았지만, 아이젠슈타트는 지역 통합을 이끈 원시-글로벌화의 세 가지 주요 원동력으로 종교(religion), 상업(commerce), 정복(conquest)을 제시한 바 있다. 또한 그는 세계 주요 지역 간 상호 교류를 강화한 네 가지 움직임을 열거했다. 즉 사람(people), 동식물(animals and plants), 상품(goods), 그리고 아이디어(ideas)의 이동이었다. 이와 같은 지역 통합의 힘과 상호 작용은 세 가지 차원에서 원시-글로벌화로 이어졌다. 첫 번째 차원은 이슬람, 중국, 인도, 유럽 등 여러 지역의 상업, 정치, 군사, 문화의 교류다. 두 번째 차원은 두 개 이상 지역 간 교류에서 파생된 혼종(hybridization)의 탄생이다. 세 번째 차원은 헤게모니의 구축이다. 일부 국가들은 이슬람이나 중국, 인도, 유럽에서 헤게모니를 구축하는 데 성공했고, 그에 따른 반작용이 있었다.

　이러한 세 가지 차원은 지리적 범위가 아프리카-유라시아 지역에 국한되었다. 그러므로 원시-글로벌화란 전 세계를 포괄하지 못한 글로벌화라고 이해해도 좋겠다. 실제로 중간천년기는 글로벌화된 세계라기보다 유라시아와 아프리카 북부의 경우 "연동되어 움직이는 세계(worlds together)"였고, 나머지 세계는 "동떨어진 세계(worlds apart)"였다. 이러한 한계와 더불어, 지역 간 교류와 지역 범위를 넘어서는 이동의 중요성에도 불구하고, 지역적 조건은 사회 생활의 결정적 요인이었다. 서반구와 남반구의 동떨어진 세계뿐만 아니라 아프리카-유라시아의 상대적으로 연결된 세계에서도 마찬가지였다. 다시 말해 원시-글로벌화란 세계의 트렌드가 지역의 트렌드를 압도하지 못한 글로벌화라고 이해할 수 있다. 따라서 우리는 원시-글로벌화를 논의할 때 지역의 조건을 고려하지 않을 수 없다. 원시-글로벌화(proto-globalization)와 지역 조건(local conditions)을 함께 고려하면 "원시-글로컬화(proto-glocalization)" 개념에 가까워진다. 글로컬화(glocalization)란 1980년대 일본의 경제학자들이 만든 용어로, 1990년대 사회학에서 글로벌 상품이 지역 조건과 표준에 적응하는 과정을 설명할 때 유행하게 되었다. 최근에는 글로벌화(globalization, 글로벌화)와 로컬화(localization)가 혼합되는 과정을 설명할 때 널리 사용되고 있다. 글로컬화란 어떤 주어진 사회의 구조(structures)와 과정(processes)을 분석할 때 그 기원이 (또한 그 영향이) 지역이냐 세계냐를 두고, 또한 그러한 과정의 결과물을 두고 벌어지는 긴장 관계를 강조하는 개념이다.

　중간천년기 원시-글로벌화 과정에 접근하는 한 가지 방법은, 어떤 사회의 구조와 과정의 측면에서 지역 차원과 주변 혹은 초지역적 차원의 균형이 시간의 흐름에 따라 어떻게 변해가는지를 살펴보는 것이다. 따라서 이번 장에서는 중간천년기의 시작점인 기원후 500년경에 지배적이었던 지역의 조건을 요약하는 것으로 논의를 출발하고자 한다. 그러고 나서 중간천년기(c. 500~1500 CE) 전반적으로 원시-글로벌화의 동력과 움직임이 어떠했는지를 중점적으로 살펴보겠다. 마지막으로 중간천년기가 끝나갈 무렵(c. 1500 CE)의 사회를 살펴봄으로써, 원시-글로벌화의 영향이 어떠했는지를 평가해보도록 하겠다. 이번 장의 논의는 앞에서 수록된 24편의 글 덕분에, 그에 의존하여 서술되었음을 밝혀둔다.

### 지역(local) 상황

기원후 500년경 중간천년기가 시작될 무렵, 세계는 굉장히 다양한 작은 권역들로 구성되어 있었고, 대개는 작은 권역들이 서로 연결되는 일이 없었다. 각각의 권역은 여러 사회로 구성되었고, 각각의 사회는 가족 구조, 교육, 종교, 법률, 정부 등에 따라 계층이 나뉘어 있었다. 결혼, 자녀 양육, 거주 형태(부계 거주, 모계 거주, 독립 거주), 친족, 친족에 준하는 유대 등의 패턴이 사회 깊숙이 뿌리내리고 있었고, 그에 따라 각각의 사회가 서로 구분되었다. 이와 같은 특성은 교육에서도 마찬가지였다. 그 풍습은 지역마다 달랐지만, 공통적으로 가족 내지 가정이 초등 교육 기관의 기능을 담당했기 때문이다. 어머니는 딸에게, 아버지는 아들에게, 기대되는 여성 혹은 남성의 기술을 가르쳤다. 정규 교육 역시 마찬가지였다. 지역마다 특정 종교나 지적 전통과 연결된 기관에서 정규 교육을 제공했다. 또한 사회·정치·경제적 기구에서도 교육이 실시되었다. 그러나 이들 모두는 기본적으로 지역의 특성에 따랐다. 지역의 관습에 따른 교육 패턴은 문헌이나 구술뿐만 아니라 경험을 통해서도 전승되었다.

    친족 관계를 제외하면 대부분의 사람들은 지역 공동체에서 가장 큰 연대 의식을 느꼈다. 연대 의식은 유목 사회 같은 비교적 작은 정치 단위뿐만 아니라, 그들과 이웃한 농업 사회나 도시에도 존재했다. 이와 같은 지역 내 관계의 힘을 바탕으로 더 큰 정치 단위가 등장하고 뿌리내렸으며, 정치적 통일성을 만들어냈다. 통합의 전제는 지역별로 형성된 위계와 연대 의식을 인정하는 것이었다. 통합 정치 단위의 연대 의식은 아마도 그를 주도한, 즉 나머지 백성을 다스리는 위치에 있는 구성원들 사이에서만 느껴졌을 것이다. 지역 공동체 차원에서는 그러한 연대 의식을 느끼지 못했을 수도 있다. 전쟁을 일으킨 지도자와 그의 부하들은 자원 확보가 필요했다. 처음에는 단순히 조공을 받다가 점차 체계적으로 세금을 부과했고, 임대료와 관세를 징수했으며, 궁정과 의례와 후원에 보다 많은 비용을 지출했다. 중간천년기 동안 궁정은 중앙 권력의 중심이었다. 시간이 지나면서 지역 정치 세력도 크든 작든 중앙의 궁정을 모델로 삼아 나름의 궁정을 건설했다. 이와 같은 궁정은 정부 구조가 다층적이었다는 사실을 반영한다. 중앙 정부는 공식적 위계 조직을 통해 여러 지역 및 세부 구역 단위로 권한을 위임했다. 혹은 지역 안에서 고유한 영역을 통치하는 그 지역의 지체 높은 사람들이 중앙 권력으로부터 위임 통치자로 인정받는 경우도 있었다. 권한을 위임받은 주체가 종교 기관이거나 행정 기관이거나 혹은 땅을 많이 가진 지주 개인일 수도 있지만, 어느 방향으로 권한이 위임되었더라도 지역 권력의 중심은 중요한 의미를 지녔다.

법치주의하에서 지역의 중요성은 아주 분명한 사실이었다. 대부분 사회에서 법의 출발점은 성문법 체계가 없는 일종의 관습법이었다. 성문화되지 않았기 때문에, 심지어 같은 정치 단위에서도 지역이나 시기에 따라 내용이 달라지는 경향을 보였다. 예를 들어 상속이나 토지 사용 같은 문제와 관련된 법은 사회에 따라 달랐고, 같은 사회에서도 계급에 따라 달랐으며, 집행의 방식도 다양했다. 마찬가지로 지역마다 종교적 관습이 있었다. 아마도 고유의 신앙 체계와 그에 따른 활동에서부터 시작해서 개별 사회가 만들어졌을 것이다. 이러한 지역의 신앙 체계와 종교 활동은 나중에 그들이 접촉한 다른 사회의 종교에게서 영향을 받았고, 혹은 중앙 정치 단위의 요구에 따라 부분적으로 지역 종교가 대체되기도 했다. 그러나 그렇게 대체된 경우에도 결국 통합적인 신앙과 종교 활동이 만들어졌다. 지역 내부의 요소와 외부의 요소가 혼합된 결과였다.

지역적 차이에도 불구하고 사회의 결정적 면모 중 몇 가지는 중간 천년기의 모든 사회에서 비슷하게 나타났다. 기록이 남아 있는 모든 사회는, 정도의 차이는 있지만 공통적으로 불평등 사회였다. 정부의 계층이 최소화되어 불평등의 정도가 가장 약한 사회는 가장 규모가 작고 가장 가난한 사회였다. 그들의 생활 경제는 초원 유목이나 수렵·채집이었고, 농업 사회는 그런 경우가 거의 혹은 전혀 없었다. 농업에 기반을 둔 사회는 인구가 더 많았고, 더 부유했으며, 불평등과 권력의 편차가 더욱 컸고, 정부 구조가 훨씬 더 복잡했으며, 따라서 사회 내적으로나 외적으로 갈등 요인도 더 많았다. 이런 사회에서 토지는 부와 지위, 권력의 핵심 원천이었다. 땅을 가장 많이 소유한 지주가 최고의 엘리트로 유지되었다. 지주 계층 가운데 지역 정치 단위의 통치자가 나왔다. 일반적 정치 체제는 군주정이었다.

지역 사회는 저마다 서로 달랐지만, 근원적인 유사성 덕분에 무언가를 함께할 수 있었고 실질적 교류도 가능했다. 생산량의 증가는 지역 차원이나 원거리 차원에서 시장, 도시, 무역을 촉진했다. 그에 따라 더 많은 수공업품이 발달했고, 공간적으로나 사회 지위 측면에서도 사람들이 더 많이 이동하고 섞이게 되었으며, 일상 용품뿐만 아니라 사치품까지 상품의 이동도 활발해졌다. 그러나 장거리 무역은 지역 사회가 폭넓게 교류하는 주요 방식 가운데 하나였을 뿐이다. 무역과 함께 종교의 확산, 정복 등은 "원시-글로벌화"의 대표적 동력이었다.

## "원시-글로벌화"의 동력

중간천년기가 시작되면서 아프리카-유라시아 지역에서는 부와 세력의 판도 변화가 잇달아 일어났다. 첫째, 초원 유목 사회가 농업 사회를 정복하고 그들의 부를 빼앗았다. 둘째, 농업 사회 중에서도 인도와 서아시아는 번성했고, 유럽과 중국은 쇠퇴했다. 이 두 가지 변화는 서로 관계가 없지 않았다. 사산 제국(226~651 CE)의 군사력은 아시아 스텝 지대 유목 세력의 팽창을 충분히 억제할 수 있을 정도였다. 덕분에 서아시아의 정치적 안정이 지속될 수 있었다. 반면 같은 시기 로마 제국과 한 제국은 붕괴되었다. 셋째, 이들 제국의 붕괴는 정치적 분열과 무역의 쇠퇴를 초래했다. 넷째, 정치적 분열에 따른 권력의 공백을 세계 종교가 메꾸어 나갔다. 정치 권력의 공백으로 종교가 더욱 널리 확산될 수 있었고, 권력을 창출하는 세속 정치 기관의 역할을 종교 기관이 대신했다. 기독교의 팽창이 계속되었고, 불교는 인도에서 동남아시아와 중앙아시아, 중국, 한국, 일본 지역으로 확산되었다. 중간천년기가 시작되고 나서 약 한 세기 반이 지난 뒤 이슬람이 탄생했다. 이슬람은 새로운 세계 종교인 동시에 새로운 문명이었다. 결국 이슬람은 서쪽으로 대서양 연안까지, 동쪽으로 태평양 연안까지 확산되었다. 이 시기에 아프리카-유라시아 지역에서는 농업-도시-국가 체제가 새로운 지역으로 광범위하게 확산되었는데, 이것이 다섯 번째 두드러진 발전이었다. 유라시아의 서쪽 끄트머리 삼림 지대와 늪지대는 농사가 가능한 농지로 바뀌었다. 동아시아와 남아시아의 범람원은 쌀 경작을 위한 논으로 개발되었다. 이것이 물적 기반이 되어 한국에서 통일 왕조 신라(618~935)가 등장했고, 일본에서 야마토(大和) 왕국(538~710)이 성립했다. 또한 동남아시아 주요 강 유역에서 새로운 왕국들이 출현했다.

이 다섯 가지 발전이 합쳐져서 중간천년기 아프리카-유라시아 지역에 "원시-글로벌화"의 무대가 마련되었다. 외부 세력의 침입은 지역 세력의 변화를 촉진했다. 이를 추진한 세 가지 동력이 있었다. 제국의 건설, 무역 네트워크의 확장, 종교의 수용(개종)이 그것이었다. 정치, 경제, 이데올로기의 발달은 각기 별도의 차원에서 독립적으로 이루어졌지만, 때로는 쌍으로 나타나거나 셋이 같이 등장하기도 했다. 제국의 건설은 때로 상업 네트워크의 통합과 개종을 촉진하는 계기가 되었다. 그러나 제국의 맥락에서 벗어나 무역 네트워크의 성립과 종교의 전파가 이루어지기도 했으며, 때로는 무역과 종교가 어우러지는 경우도 있었다. 이들 세 가지 요소 이외에도 지역 사회의 정체성을 만들어낸 다른 요인이 있었다. 예를 들면 이주, 그리고 언어와 지식 및 기술의 확산 등이었다.

이슬람의 확장은 제국 건설과 무역 네트워크 구축 및 개종, 이들 삼자가 서로 얽힌 사례를 명확하게 보여준다. 7~8세기 무슬림의 정복 활동으로 거대 제국이 탄생했다. 10세기에는 이슬람 제국이 분열했지만, 분열된 뒤의 정치 단위도 팽창을 시작하기 이전의 이슬람보다 규모가 더 컸다. 정치적 변화는 이슬람화와 아랍화 과정을 동반했다. 정복 지역에 이슬람이 확산되었고, 그만큼은 아니지만 아랍어도 널리 전파되었다. 여러 다양한 지역이 이슬람의 영역으로 흡수되면서, 지역 전통은 이슬람이 가져온 외부의 힘에 의해 대체되거나 혼종으로 변해갔다. 이슬람의 지리적 범위가 이베리아반도에서 인도까지, 모로코에서 동남아시아까지 확장되자, 극동 아시아에서부터 극서 유럽까지 직접 연결되는 통로가 만들어졌다. 또한 이슬람의 확산 경로 중에는 인도양 원거리 무역로도 있었다. 동아프리카 해안에서 남중국의 항구에 이르기까지 인도양 연안 지역에 전체적으로 이슬람의 영향이 미쳤다. 대규모 정치 단위와 해양 무역 네트워크가 결합되면서 무역을 통한 원거리 교류가 더욱 원활해졌다. 이 경로를 따라 기술과 사상도 유통되었다. 이슬람의 영향은 이슬람 세계에 편입된 지역이나 종교적으로 이슬람이 주류인 사회의 범위를 넘어서까지 전통 사회에 대한 도전을 불러일으켰다. 이슬람은 아프리카-유라시아 지역에서 나타난 전형적인 "원시-글로벌화" 현상이었다.

불교의 전파 또한 처음에는 제국의 건설과 연계되었다. 그러나 이는 중간천년기 이전의 일로, 기원전 2세기의 마우리아 제국, 기원후 1세기의 쿠샨 제국과 관련이 있었다. 쿠샨 제국 당시 마하야나 불교(대승불교)가 시작되어 그들의 독특한 철학적 전통, 경전, 도상 등이 발달했다. 이것이 나중에는 중앙아시아, 중국, 한국, 일본으로 전파되었다. 테라바다 불교(소승불교)는 스리랑카와 대부분의 동남아시아 지역에서 주류가 되었다. 중간천년기에 확고히 자리를 잡은 불교 중심지들을 통해 교리, 경전, 도상이 유통되었다. 종교 교류는 상업 활동과 연계되는 경우가 많았다. 무역로가 종교를 실어 나르는 수단이었고, 무역로를 따라 이동하는 무역상은 종교의 전파자였다. 불교의 네트워크와 무역의 네트워크는 서로 겹쳤고 상호 의존적이었다. 그들은 온 사방으로 뻗어 나갔다. 예컨대 중국으로 들어간 인도의 불교 승려는 교리만 전한 것이 아니라, 중국의 깊은 산속에 살고 있다고 전하는 불교의 신들(보살)에게 예배를 드리기도 했다. 마찬가지로 일본에서 만들어진 불교 사상이 중국 불교의 유파에 영향을 미치기도 했다. 물론 일본 불교의 원천은 중국 불교였다. 불교의 확산에는 외지의 사상이 불교의 중심지로 거꾸로 전파되는 과정도 포함되어 있었다.

불교 네트워크를 통해 다른 많은 유형의 문화 교류가 이루어졌다. 여러 궁과 왕국을 연결하는 외교 관계를 비롯해 과학 기술 지식의 전파가 모두 불교 네트워크를 통했고, 예술과 문학 및 음악의 영향도 마찬가지였다. 그러므로 불교의 확산은 문화 간 교류와 영향을 주고받은 다면적이고 역동적인 과정으로 이해해야 한다. 비슷한 불교 유파를 신봉하는 지역들 사이에는 유대가 더욱 강했다. 대승불교는 중국을 중심으로 동아시아로 영향력을 확대했으며, 남아시아의 소승불교는 티베트와 긴밀한 관계를 유지했다. 대승불교와 소승불교 사이의 간극에도 불구하고 중국 및 남아시아 불교 승려들의 교류는 중간천년기 내내 지속되었다. 승려의 교류, 인도 경전의 중국어 번역, 남아시아 불교 미술품의 수입 등으로 송나라(960~1279)의 불교는 전례 없이 높은 수준에 도달했다. 중국과 남아시아의 불교 교류는, 비록 그 정도는 약해졌지만 몽골의 원나라 때도 지속되었다.

    13세기 몽골의 팽창은 또한 제국의 건설과 무역 관계의 강화가 얽힌 사례이기도 했다. 다만 이 경우 정복자의 종교가 전파되는 일은 없었다. 오히려 몽골이 이슬람이나 불교로 개종하는 일이 벌어졌다. 몽골 제국은 세계사상 최대의 대륙 제국으로, 중간천년기의 원시-글로벌화 현상, 즉 초원 유목민의 이주와 정복이 누적된 결과였다. 사실 중간천년기가 시작될 무렵에 이미 유라시아 어디서든 활용되지 않은 초원이 없었고 주인 없는 땅이 없었다. 그래서 중간천년기는 초원 유목민의 대규모 이주와 정복의 시기였다고도 말할 수 있다. 이런 패턴이 처음 등장한 시기는 6세기 후반에서 8세기 중엽 사이였다. 이 시기에 튀르크인이 중앙아시아 오아시스 국가를 흡수하여 튀르크 카간국이 성립했다. 정복 활동의 여파로 튀르크어가 동시베리아 지역에서부터 볼가강 중류와 발칸 지역까지 확산되는 튀르크화(Turkification)가 진행되었다. 이는 이슬람 정복에 따른 이슬람화와 비슷한 과정이었다. 11~12세기 카라한 칸국 시기 유목민은 중앙아시아 농업 지대로 들어가 정착했는데, 그 규모가 예전에 비해 월등히 컸다. 이와 같은 유목민의 이주와 정복의 패턴은 지역 사회를 바꾸어놓았다. 그에 따라 무역, 이주, 정보의 유통, 타문화 간의 접촉이 이루어졌기 때문이다. 그들의 이주가 새로운 제국의 형성으로 이어지지 않았더라도, 기존 제국의 입장에서는 유목민의 정복 활동을 중대한 도전으로 받아들였다. 유목민 활동 범위의 서쪽 끝부분에 해당하는 비잔티움 제국의 팽창, 성격, 운명은 유목 사회의 위협에 따라 등락을 거듭했다. 그 반대편 동쪽 끝부분에서 유목민의 도전은 중국의 정치사에 커다란 흔적을 남겼다.

13세기 몽골의 정복은 유목민의 반복적인 이주와 정복 물결의 일부였다. 그러나 그것은 최종적이고 가장 큰 물결이었을 뿐만 아니라 간접 통치에서 직접 통치로의 전환을 나타냈다. 이전의 스텝 제국은 지역 엘리트를 통한 간접 통치를 지향했으나, 몽골은 대부분 지역에서 직접 통치를 시행했다. 몽골은 중앙 정부의 이동 사무국을 운영했고, 말을 이용한 우편 시스템을 활용했다. 이 두 가지가 몽골 통치의 근간이었다. 몽골의 후원 아래 다양한 상품, 기술, 지식은 물론 인력과 동식물 개체군이 유라시아 전역으로 확산되었다. 예를 들어 몽골이 관심을 가진 특정 분야의 학문, 예컨대 약학(즉 치료), 천문학과 점성술(하늘의 비밀을 해석하는 일), 지리와 지도학(땅의 비밀을 해석하는 일) 등의 전수를 장려했다. 마찬가지로 수많은 기술자와 전문가가 수요에 따라 제국 전역으로 이동했다.

유목 제국 이후로 중앙아시아에서는 정치적 안정과 이동 편의성이 갖추어졌다. 중간천년기 실크로드를 따라 육로 무역이 번성했다. 더욱이 유목 제국에서는 사치품과 귀중품 수요가 증가하여 무역을 촉진했다. 또한 그들은 정주 사회에 노예를 공급하는 주요 공급자였다. 반대로 유목 제국의 붕괴는 유라시아 무역의 쇠퇴로 이어졌다.

다시 말해 몽골 제국은 이런 전반적인 트렌드를 가장 잘 보여주는 사례였다. 몽골의 팽창은 정치적 안정화로 이어졌고, 전리품 대신 세금을 징수하게 되면서 무역이 촉진되었다. 시간이 갈수록 그 속도는 더욱 빨라졌고 그 범위는 더욱 넓어졌다. 아프=리카-유라시아의 대부분 지역은 육로와 해로를 통해 서로 연결되었고, 이로써 서로의 연계가 깊어졌다. 해로는 남중국해의 항구에서부터 동남아시아와 인도로, 여기서 다시 페르시아만 혹은 홍해로 이어졌다. 그곳에서부터 육로로 서아시아와 유럽으로, 혹은 아덴(Aden)에서 연안을 따라 동아프리카 해안으로 연결되었다. 동남아시아, 인도, 무슬림 권역, 유럽 등지의 상인이 모두 글로벌 무역 네트워크에 참여했으며, 몽골인 이외의 핵심 주도 세력은 인도의 왕국들과 이탈리아의 도시국가들이었다.

종교의 확산 및 제국의 건설에 이어 지역 사회를 관통하는 세 번째 흐름은 무역이었다. 그런 점에서 기원후 500년에 비해 기원후 1500년의 아프리카-유라시아 세계는 완전히 달라져 있었다. 상인 계급은 더욱 전문화되었고, 훨씬 더 다양한 상품으로 구성된 훨씬 더 큰 규모의 화물을 취급했으며, 훨씬 더 먼 거리의 훨씬 더 다양한 소비자에게 공급했다. 이런 정도의 상거래는 5세기 무렵에는 상상하기도 어려운 일이었다. 대부분의 무역이 지역 차원에서 이루어졌지만, 지역 범위를 넘어서는 지역 간 연결이 점차 강화되어 아프리카-유라시아 세계는 서서히 통합의 방향으로 나아갔다. 중간천년기 후반기를 지나가면서 중국은 점점 더 인도양으로 이어지는 해상 무역에 중점을 두었다. 인도의 무역로는 여러 방향으로 뻗어 있었다. 동쪽으로 가면 코로만델(Corcmandel) 해안(인도의 동해안)에서 동남아시아까지, 여기서 다시 중국까지 이어졌다. 서쪽으로 가면 말라바르(Malabar) 해안(인도의 서해안)에서부터 이슬람의 영역까지 이어졌다. 이슬람의 영역은 그 자체로 해로와 육로를 포함하는 아프리카-유라시아 무역의 연결 통로였다. 그 길은 낙타 카라반을 통해 멀게는 서아프리카까지 연결되었다. 실크로드와 스텝로드(Steppe Roads) 시스템은 더욱 많은 육상 무역로로 이어졌다. 북쪽에서부터 아래로 내려가 인도 문화권으로 연결되었으며, 흑해를 매개로 중국에서 페르시아가 직접 연결되었다. 거기서 다시 러시아의 강줄기와 지중해로 이어졌다.

무역은 많은 이익을 가져다주는 동시에 많은 문제를 야기했다. 상품이나 사상뿐만 아니라 질병도 무역로를 따라 이동했다. 극적인 사례 중 하나는 14세기의 흑사병이었다. 이 병은 틀림없이 아시아에서 몽골 제국의 무역로를 거쳐 유럽과 아프리카로 전파되었다. 정치·경제적 문제와 연결되어 흑사병은 육로 무역의 쇠락을 초래했다. 15세기 초에 이르러 스텝로드가 완전히 끊어져 이후 다시 연결되지 못했고, 실크로드는 오래도록 이어질 쇠락기에 접어들었으며, 사하라를 관통하는 카라반의 행렬이 지역 간 무역에서 차지하던 비중도 거의 사라졌다. 그래서 중간천년기가 끝나갈 무렵 해상 교통로는 과거에 비해 더욱 중요한 무역로가 되었다. 기술의 혁신으로 예전보다 더 큰 배가 더 안전하게 더 짧은 시간 안에 운항할 수 있게 되었다. 덕분에 해상 교통의 비용은 더욱 저렴해졌다. 12세기에 이르기까지 선진 항해술과 해양 기술은 주로 아랍, 인도, 말레이의 것이었다. 그러나 중간천년기가 끝나갈 무렵부터는 중국이 이를 주도했다. 자기 나침반, 수밀 격벽, 삼각돛(fore-and-aft rig), 50피트 길이의 방향타로 조정되는 5개 이상의 큰 돛대를 단 선박 등이 중국에서 내놓은 혁신이었다. 또한 코이어(coir) 섬유 대신 철제 못을 사용하여 선박을 건조함으로써 선박의 내항성(耐航性)도 크게 강화되었다. 해상 교통의 성장은 유럽에 유리한 흐름이었다. 유라시아 대륙의 끝자락에 위치한 유럽은 내륙에 비해 해안선이 무척 길었기 때문이다. 12세기 이후로는 이탈리아인이 지중해와 흑해에서 주도권을 쥐었다.

제국의 건설, 개종, 무역 네트워크는 중간천년기 지역 간 통합을 가져온 세 가지 동력이었다. 그 중 어느 것도 새로운 것은 없었다. 중국을 통일했으나 오래가지 못한 수(隋)나라(589~618)와, 이를 성공적으로 이어받아 오래도록 지속된 당(唐)나라(618~907)는 과거의 통일 제국 진(秦, 221~206 BCE)과 한(漢, 206 BCE~220 CE)을 떠올리게 한다. 유목 제국은 기원후 500년 이전에 이미 내륙아시아 혹은 중앙아시아의 스텝 지역에서 등장했다. 그러나 이러한 정치적 발전의 어떤 측면은 과거의 양상과 전혀 다른 점이 있었다. 오래가지 못한 몽골 제국이 전례 없는 변화를 가져왔고, 무슬림 제국 또한 등장과 팽창, 통합의 측면에서 몽골보다 더 극적인 변화를 초래했다. 이슬람 세계는 그 규모가 컸을 뿐만 아니라 아프리카-유라시아의 다른 모든 문화권과 경계를 마주하고 있었다.

중간천년기의 이슬람은 새로운 유형의 제국인 동시에 새로운 유형의 종교였다. 불교는 그보다 1000여 년 앞서 등장했고, 중앙아시아와 동아시아 및 동남아시아로 확산되기 시작한 시점도 중간천년기가 도래하기 이전이었다. 중간천년기의 불교는 새롭게 힘을 얻어 다시 통일에 성공한 중국으로 확산되었고, 한국과 일본 지역으로 전파되었다. 기독교의 상황은 불교와 비슷했다. 중간천년기 이전에 확산이 시작되었고, 기원후 500년경에는 이미 곳곳에서 자리를 잡고 있었다. 중간천년기 기독교가 이전에 비해 현저히 달라진 점은, 지리적 범위가 두 배로 확장되었다는 사실이다. 기독교는 유럽에서 주류 종교가 되었고, 선교 활동은 제국 내지 국가 건설과 긴밀히 연결되어 있었다. 기독교 국가에서 멀리 떨어진 곳, 예를 들면 인도나 말레이반도, 중앙아시아, 중국 등지에서는 선교와 무역 활동이 연계되었다. 개종자 수로 보면 중간천년기 기독교의 성공은 매우 미미한 정도였지만, 기독교의 확산은 중요한 혁신의 성과를 보였다. 그럼에도 불구하고 당시의 궁극적인 종교적 혁신은, 제국 건설의 측면에서와 마찬가지로 이슬람의 부상이었다.

지역 간 통합의 세 번째 동력인 무역 네트워크 또한 굳이 새로울 것은 없었다. 실크로드와 스텝로드, 북아프리카의 카라반, 인도양과 지중해의 해상 무역은 모두 기존에 존재하던 것들이다. 중간천년기 초기에 쇠락기에 접어들었던 무역로가 중간천년기를 거치는 동안 회복되어 지역과 지역을 더욱 긴밀히 연결했다. 그러다가 마침내 흑사병이 터졌다.

## "원시-글로컬": 지역의 관점에서 본 아프리카-유라시아 세계 통합의 동력

중간천년기가 시작될 무렵 아프리카-유라시아 지역은 정치적으로 대부분 분열 상황이었다. 이전의 거대 제국은 사라진 뒤였고, 수많은 정치 세력이 조그만 단위로 힘을 키워가고 있었다. 과거 제국들의 지역 간 무역 네트워크 또한 쇠락한 상태였다. 이런 상황에서 아프리카-유라시아 세계와 이외의 다른 지역에서도 개인의 생활 방식과 조건을 결정하는 요인은 해당 지역 고유의 규범과 패턴이었다. 이는 중간천년기 내내 지속된 흐름이었다. 그러나 앞에서 언급한 새로운 제국의 건설 및 그와 연결된 상업의 부흥과 개종의 흐름 또한 지역 사회의 가족 구조, 교육, 법률, 정부 등의 측면에서 중요한 흔적을 남겼다.

이슬람은 정복 지역에 코란과 샤리아 율법을 소개했다. 그것의 전파 결과가 곧 이슬람화의 과정이었다. 이러한 발전은 가족의 생활 구조를 변화시켰다. 예컨대 이슬람은 아내에게 결혼 예물(mahr)을 주도록 지정함으로써 여성 보호에 기여했다. 동아프리카 지역은 정복이 아니라 무역을 통해 이슬람화가 진행되었다. 중간천년기가 끝나갈 무렵 동아프리카 사회에서 샤리아는 계약을 통해 아내에게 과부산(寡婦産, dower, 남편이 죽은 뒤 아내에게 지급되는 재산 – 옮긴이)을 지급하도록 규정했다. 무슬림 치하 스페인에서도 비슷한 과부산의 내용이 혼인 서약서에 포함되었다. 이러한 관행은 이슬람 전역에서 통용되었으며, 여성은 가정의 명예를 구현한다고 이해되었다. 다른 한편 이슬람은 여성의 복종을 선호했다. 베일을 쓰거나 은둔의 처신을 하는 것이 바로 그 표현이었다. 비록 한 명의 남편이 가질 수 있는 아내의 수는 네 명으로 제한되었지만, 일부다처제도 허용했다. 다만 여러 아내를 공평하게 대해야 한다는 규범이 있었다. 이슬람은 워낙 멀리 확산되어서 소속된 모든 지역의 차이를 제거하기란 불가능했다. 많은 지역에서, 특히 시골 지역에서 여성과 소녀가 집 밖에서 일하는 것을 당연하게 여겼다. 이슬람에서 말하는 우르프('urf)란 꼭 필요한 관습을 의미하는데, 이슬람 전역에서 종교적 율법과 함께 우르프가 가족의 생활을 결정하는 기본 틀이었다. 그러므로 이슬람 지역에서는 가정생활에 "원시-글로컬" 현상의 긴장이 내재되어 있었다.

몽골의 확장으로 몽골의 지배하에 놓인 백성의 삶에 몽골의 사회 규범이 침투하면서, 이 또한 원시-글로컬의 긴장을 초래했다. 예를 들어 취수혼(남편이 죽은 뒤 아내가 남편의 형제와 다시 결혼하는 것)은 이슬람 율법이나 유교 윤리에 어긋나는 일이었으나, 일 칸국과 중국의 원나라에서 드물지 않게 일어났다. 여성의 정치 참여 문제도 마찬가지였다. 몽골에 시집간 페르시아나 한국의 공주들도 높은 지위를 얻고 정치에 깊숙이 관여했다.

외부 요인이 지역 고유의 관습에 다양한 영향을 미침에 따라 원시-글로벌화의 흐름이 아프리카-유라시아 전역에서 가족생활을 바꾸어놓았다. 전쟁, 분쟁, 침략 등은 흔히 젠더 차별을 강조하며 여성의 복종을 강요하는 위협 요인이었다. 유교를 비롯한 위계질서 이데올로기의 확산도 마찬가지였다. 중간천년기의 젠더 시스템은 일반적으로 엄격한 데서 출발해서 다양하고 다소 유연해지는 방향으로 변해갔다. 가부장제가 지배적이었고, 중간천년기가 끝나갈 무렵 일부 지역에서는 남녀 사이의 위계뿐만 아니라 남성들 사이에서도 재산이나 연령에 따른 위계가 더욱 강화되었다. 전 세계적으로 결혼은 일부일처제가 많아졌다. 이는 곧 결혼한 부부가 하나의 단위가 되어 나이 든 부모를 봉양하고 자녀들의 복지에 투자해야 할 책임을 졌다는 의미다. 딸이 결혼할 때 선물을 주거나 아버지가 사망할 때 모든 아들에게 유산을 물려주는 것도 그러한 관습의 일환이었다.

유교, 불교, 이슬람교, 기독교가 전파되면서 아프리카-유라시아 전역에 걸쳐 교육 형태가 변해갔다. 유교 사상은 중간천년기가 시작되기 이전 중국 한(漢) 제국이 한반도 북부 지역을 점령했을 때(c. 100 BCE~400 CE)부터 한반도로 전파되었다. 668년 신라가 한반도를 통일한 뒤 유교 사상은 더욱 강화되었다. 그들이 중국 당(唐)나라(618~907)의 구조를 모델로 삼았기 때문이다. 신라 왕국은 또한 682년 수도 경주에 유교 교육 기관(國學)을 설립해 정부에서 일할 관리를 교육했다. 이후 몽골의 정복은 오히려 중국과 한국의 문화적 교류를 더욱 촉진했다. 갈수록 더 많은 한국 유학생이 북경으로 건너가 과거 시험에 응시했다.

1314년 충선왕은 아들에게 왕위를 물려주고 자신은 북경에 남아 은퇴 생활을 시작했다. 그의 거처에 설립된 대규모 도서관에서는 한국과 중국의 학자들이 모여 신유학을 토론했다. 불교 또한 당나라에서 체계를 잘 갖추고 있었다. 중국에서 한국으로 흘러 들어간 문화와 사상의 영향 측면에서 불교는 유교 못지않은 지배적 흐름을 형성했다. 불교 교리와 교육 기관은 남아시아, 동아시아, 동남아시아로 전파되었는데, 한국으로 전파된 불교 또한 그러한 흐름의 일환이었다.

불교 교육 기관은 남아시아, 동아시아, 동남아시아 전역에서 번성했다. 이는 외부에서 들어온 흐름이 어떻게 현지에 통합되는지를 보여주는 대표적 사례였다. 불교 교육 기관에서는 종교 교육과 세속 교육을 모수 수행했다. 중국처럼 이미 정치적 통합과 문화적 통합이 형성되어 있는 지역에서도 불교는 또 다른 층위의 통합을 만들어냈다. 반대로 동남아시아의 경우 워낙 다양한 문화와 민족 및 국가가 산재했기 때문에, 불교 교육은 다양한 현지 상황에 어느 정도 통일성을 가져다주었다. 이와 같은 확산 과정의 핵심은 몇몇 불교 교육 중심지였다. 그곳에서는 지역을 초월하는 교육을 실시했는데, 가장 유명한 불교 교육 기관은 날란다(Nālandā, 인도 비하르주)에 있었으며, 설립 시기는 기원후 5세기 중엽으로 추정된다. 이외에 비크라마실라(Vikramaśila, 비하르주 소재)도 중요한 기관이었다. 8세기 이후 왕실의 후원을 받아 160명의 학자와 5000명의 승려가 그곳에 거주했다. 지역 범위를 넘어서는 불교 전파를 촉진한 교육 중심지들은 13세기 초엽 또 다른 초지역적 움직임에 밀려났다. 무슬림이 비하르(Bihar)를 정복했을 때 불교 교육 기관은 완전히 명맥이 끊어졌다.

무슬림의 정복 이후 종교적 지식을 전수하는 교육 기관들이 설립되었다. 마크타브(maktab) 혹은 쿠타브(kuttab)는 "글을 쓰는 곳"이라는 의미로, 7세기에 등장하여 주로 초등 교육을 제공했다. 이외에 모스크(사원)와 마드라사(madrasa, 연구하는 곳이라는 의미) 등이 있었다. 외부 세력에 의해 설립된 교육 기관은 지역 고유의 교육 관습과 경쟁 관계에 놓였다. 예를 들어 서아프리카의 그리오트(griot, 음유시인)는 한 사회의 현재 및 과거에 대한 지식을 이해하고 교육을 통해 전수했는데, 무슬림 교육 기관이 설립되면서 그들의 역할도 종말을 고했다. 그러나 가정생활에서는 지역 전통이 명백히 우세했다. 공동체의 생계와 생존을 위해 필요한 기술의 습득은 가족 단위로 전승되었으며, 이는 수많은 세대를 거듭하여 전해진 과거와 다를 바가 없었다.

원시-글로벌화의 긴장은 유럽에서도 확인된다. 로마 제국의 붕괴 이후 교육 관행도 파편화되었지만 이후 기독교가 확산되면서 교육 기관들이 일관된 맥락에서 발달할 수 있었다. 유럽의 독특한 대학교 체제가 발달했는데, 권리와 의무가 명확히 규정된 법인의 형태였다.

외부의 영향으로 가족 관계와 교육 구조가 재편되자, 그 영향으로 사회생활의 일정 측면에 변화가 나타났다. 더욱이 사회생활의 모든 지역적 요소 중에는 세계적으로 공유한 요소도 분명히 있었다. 정치·사회적 불평등은 세계의 모든 사회에서 나타난 현상이었다. 대부분의 사람들은 불평등을 당연하게 받아들였고, 윗사람이 해당 사회의 정의에 입각하여 아랫사람을 취급하는 한 불평등을 불의라고 생각하지도 않았다. 더욱이 불평등은 협력과 양립할 수 없는 개념이 전혀 아니었다. 위계질서 체제 아래 최고위에 위치한 인물들에게도 나름의 의무가 부과되었다(물론 지키지 않는 경우가 많았다). 위계질서는 다양한 형태와 다양한 층위로 나타났다. 대체로 규모가 작고 가난한 사회일수록 불평등의 정도가 약했다. 더 부유하고 더 복잡한 체제의 사회일수록 경제적(또한 정치적) 계층들 사이의 이해관계에서 충돌이 발생할 여지가 더 많았다.

유라시아 전역에 걸쳐 설립된 궁정도 "글로컬"의 요인으로 볼 수 있다. 한편으로 궁정은 각 지역의 전통에 따라 발달했다. 중국의 궁정은 한(漢) 제국의 전통에 의거했으며, 비잔티움 제국과 교황의 궁정은 로마의 궁정을 모델로 한 것이었다. 다른 한편으로 지역 모델은 다른 지역에 영향을 미쳤다. 한(漢) 제국의 궁정은 기원후 500년경부터 일본에 영향을 미쳤고, 게르만 왕국의 궁정은 로마의 모델을 따랐다. 또한 이슬람 궁정의 경우 진정한 지역 통합의 면모를 갖췄는데, 로마 제국과 사산 제국의 전통을 모두 바탕에 두고 건설되었기 때문이다. 결국 제국 중앙의 궁정을 모방하여 지방 권력이 해당 지역의 궁정을 발달시킴으로써 지역 전통과 지역 간 교류의 혼합이 지역 사회에 더욱 깊숙이 파고들 수 있었다.

또한 경제생활은 중간천년기가 시작될 무렵 대개 지역 차원에서 이루어졌다. 생산, 소비, 심지어 무역도 마찬가지였다. 그러나 중간천년기가 진행되는 동안 아프리카-유라시아 세계의 한쪽 끝에서 다른 쪽 끝을 향해 점점 더 멀리까지 상품이 이동했다. 그중에서 가장 많이 거래된 상품은 유럽의 면직물, 중국의 도자기, 동남아시아의 후추와 향신료, 아라비아의 향수, 지중해의 유리, 페르시아와 중앙아시아의 말(馬), 많은 지역의 노예 등이었다. 물론 지역 간 무역 상품은 대부분 사치품이었다. 그렇다고 해서 지역 경제에 미친 그 여파가 적지는 않았다. 엘리트 계층이 권력이나 지위를 상징하는 위신재로 지역 간 무역을 통해 들어오는 사치품을 기꺼이 소비하고자 할 경우, 지역 경제의 형태는 대개 그들에 의해 결정되었다. 사치품에 속하지 않는 상품, 예컨대 음식이나 직물뿐만 아니라 의약품이나 여흥에 관련된 물품도 지역 간 무역에서 거래되는 품목이었다. 무역을 통해 유통된 이런 상품은 다른 지역에서 이를 모방할 때 더욱 증폭되는 효과를 가져왔고, 소비도 강화되었다. 예를 들면 "타타르 드레스(Tatar dress)"나 러그, 양탄자, 파스타 같은 상품이었다. 지역 간 무역을 통해 유라시아의 대부분 지역에서 은(銀)이 가격 표준 단위로 자리 잡았다. 다른 지불 수단을 이용할 때조차 은으로 환산하여 물품가를 매겼다. 1280년대에서 1360년대 사이 잉글랜드에서 벵골까지, 또한 북아프리카까지 은 사용이 급증한 사실이 확인되었다.

몽골은 또한 지도학에서 세계적 전환을 이루어내는 데 결정적 역할을 했다. 몽골은 거대한 통치 영역을 분명히 하고 그 너머로 진출할 의도까지 가지고 있었기에, 이슬람의 지도에 의거하고 무슬림 학자들을 동원하여 대규모 지도 제작 프로젝트를 시작했다. 이 프로젝트는 1402년 한국에서 세계지도(混壹疆理歷代國都之圖)를 그리는 길을 열었고, 당시의 지도 제작자들은 민족 중심의 시각에서 전 지구적 지도 제작으로 관점을 바꾸었다. 이러한 변화는 1300년 무렵 비잔티움 제국과 서유럽에서 세계지도를 그리고자 했던 시도에서도 분명히 나타난다. 팍스 몽골리카(Pax Mongolica)의 시대에 즈음하여 서양 여행가들이 유라시아를 여행하고 보고한 덕분이었다. 예컨대 마르코 폴로(Marco Polo)의 이야기를 바탕으로 지도 〈카탈루냐 지도첩(Atlas Catalán)〉 준비에 착수할 수 있었다. 이외에도 투델라의 벤야민(Benjamin of Tudela), 이븐 주바이트(Ibn Jubayr), 이븐 바투타(Ibn Battuta), 중국의 왕대연(汪大淵) 등 많은 여행가의 증언이 있었고, 순례자나 포로로 잡혀갔다 돌아온 사람, 상인 등이 머나먼 나라의 이야기를 전해주었다. 다른 사회에 관한 정보량이 급증했음에도 불구하고 중간천년기에 원시-글로벌화에 따른 세계사 서술의 시도는 한 번밖에 없었다. 그것이 바로 라시드 웃 딘(Rashīd al-Dīn)의 《집사》였다. 그 외의 과거에 대한 기록은 지역 범위에 국한되어 있었고, 기껏해야 저자가 속한 문명의 범위가 포함되었다.

지도학 이외의 다른 학문 분야들도 전문가, 외교 사절, 번역, 물품 등에 의해 확산되었다. 신드와 힌드 지역에서 바그다드로 천문학이 전파된 사례, 혹은 콘스탄티노폴리스에서 코르도바로 약학이 전파된 사례처럼, 아프리카-유라시아 세계에서 특정 경로를 통해 학문이 전파된 과정은 상세한 문헌으로 남아 있다. 아프리카-유라시아의 거대 범위를 포괄하는 전파 경로를 주장하는 야심 찬 가설도 제시되었다. 중앙아시아의 불교에서 형태가 갖추어진 것으로 추정되는 학문적 방법론이 이슬람의 마드라사를 거쳐 마침내 서유럽까지 전파되었다는 주장이다. 수단이나 규모에 상관없이 번역, 통역, 지역 요소에 외부 형태가 덧붙여지는 등의 과정을 통해 학문이 전파되면서 지역 문화와 원시-글로벌화 문화 사이에 긴장이 형성되었다. 때에 따라서는 제3의 원시-글로컬화 현상도 있었다. 그것은 바로 지역 전통과 외부의 지식이 공존하는 경우였다. 대표적 사례가 남아시아의 의학이었다. 현지의 불교 및 힌두교 전통과 결부된 남아시아의 아유르베다 의학(Ayurvedic medicine)은 무슬림을 통해 전해진 고대 그리스의 우나니(Unani) 의학과 공존했다.

공공이나 군사 목적의 기술, 일상생활 기술, 사치품 생산 기술 등도 아프리카-유라시아 전역으로 유통되었다. 이러한 흐름을 보여주는 대표적 사례가 수력의 이용, 관개시설, 화약 무기 등이었다. 그러나 새로운 기술을 채택하고 이를 적용하는 과정은 주로 현지의 차원에서 이루어졌다. 새로운 기술이 한 지역에서 뿌리내리고 전반적으로 확산되기까지는 한동안 시간이 걸렸고, 때로는 여러 차례에 걸쳐 재발명되기도 했다. 선택, 응용, 거부와 관계없이 외부로부터의 혁신은 언제나 기존 지역 전통과의 긴장을 초래했다.

전파 과정은 원시-글로벌화의 교류가 전개되면서 등장한 중간 매개 집단에 의해 촉진되었다. 대표적 사례는 무슬림 통치하의 기독교인이었다. 페르시아에서 이베리아반도에 이르기까지, 무슬림의 정복에 따라 기독교인은 무슬림 치하에서 보호 대상의 처지가 되었다. 이런 사람들을 딤미(dhimmi)라 했다. 기독교 공동체는 이슬람 도래 이전의 수많은 문화적 성과를 보유하고 있었고, 전통적 지역 지식과 행정 경험을 무슬림 통치자를 위해 제공했다. 동시에 그들의 아랍화도 진행되었다. 결과적으로 그들은 이슬람과 애초에 그들이 속했던 문명권 사이를 매개하는 문화적 중개자의 위치에 놓였다.

중간천년기 "보편적 르네상스(Ecumenical Renaissances)" 시기에 여러 분야의 학문과 지식이 전파되었고, 10~13세기 유라시아 사회 곳곳에서는 자신의 문화적 유산을 강조했다. 이러한 주장은 성직자 엘리트 계층의 강화와 관련이 있었다. 그들의 자율성 성장은 곧 정치 엘리트 계층에 대한 그들의 도전을 의미했고, 정치 엘리트의 독점에 의문을 제기했다. 더욱이 성직자 엘리트 계층의 도전이 진행되는 과정에서 또 다른 사회 집단들도 어느 정도의 권력 분배를 시도했다. 당시의 활력은 아이젠슈타트가 언급한 축의 시대의 상황을 연상시킨다. 고인이 된 아이젠슈타트는 중간천년기를 원시-글로벌화(proto-globalization)의 시대로 규정한 바 있다.

## 몇 가지 결론들

전근대 세계는 글로벌화 이전의 세계라고도 말할 수 있다. 글로벌화는 전 세계를 포괄하고 세계의 각 지역이 서로 조화를 이루며, 그 조화로부터 비롯되는 발전으로 지역 사회가 뚜렷한 변화를 겪게 되는 과정이었다. 중간천년기는 지리적 범위로 보나 상호 의존의 정도로 보나 글로벌화의 시대는 아니었다. 지리적 측면에서 중간천년기에 북아프리카와 유라시아 세계가 하나로 연결되기는 했지만, 서반구와 남반구는 그 세계와 동떨어져 있었다. 연결의 측면에서 중간천년기의 상호 의존성은 지속적 구조가 아니라 간헐적으로 발생하는 상황이었다.

대서양에 가로막혀 분리된 서반구에서도 중간천년기에 중요한 변화가 있었다. 메소아메리카에서 마야 문명은 고고학적 시대 구분으로 고전기(Classic period, c. 250~900 CE)에 전성기를 구가했다. 이외에 테오티우아칸이나 몬테알반 같은 도시를 중심으로 하는 다른 사회들도 마찬가지였다. 8~9세기를 거치는 동안 수많은 마야의 도시는 폐허가 되었고, 건설이 중단되었으며, 문자 기록도 끝났다. 그것을 우리는 고전기 마야의 붕괴라고 부른다. 고전기에 번성한 메소아메리카의 수많은 주요 도시가 규모와 세력 면에서 모두 축소되었다. 그로부터 이어지는 시기인 후고전기(Postclassic period, c. 900~1520)에는 메소아메리카에서 잇달아 변화가 일어났다. 예를 들면 소규모 정치 단위의 확산, 새로운 문자 형태와 도상의 등장, 상업 경제의 강화, 무역 상품의 다양화 등이 당시의 변화에 포함되었다. 인구도 다시 성장했다. 기원후 1000년경에 비하견 1500년경의 인구가 훨씬 더 많았다. 상업의 확장은 매우 중요한 흐름 중 하나였다. 덕분에 메소아메리카의 다양한 사회와 문화권이 과거에 비해 더욱 긴밀히 연결되었다. 더욱이 상인들 혹은 여행가들이 태평양 연안을 통해 이동하면서 메소아메리카와 남아메리카가 접촉하게 되었다. 이러한 연결로 청동 제련 기술이 남아메리카에서 서부 멕시코로 전파되었다. 또한 다른 무역 상품이나 기술도 같은 경로를 통해 이동했을 것이다. 남아메리카에서 정복은 지역 통합을 이끌어내는 주요 원동력이었다. 잉카 제국은 콜럼버스 이전 아메리카에서 거대 제국을 건설했다.

무역과 정복은 구대륙에서와 마찬가지로 신대륙에서도 통합의 동력이었다. 종교 또한 마찬가지였다. 후고전기 메소아메리카의 모든 도시에는 거대 사원-피라미드가 있었다. 그곳이 국가 종교의 중심지였으며, 왕궁과 시장도 그곳에 있었다. 잉카 제국에서 태양신 숭배는 점점 더 강화되었다. 정복 활동으로 잉카 통치자의 권력과 지위가 다른 군주들에 비해 이론적으로, 또한 종교적으로 재정립되었기 때문이다. 기존의 다양한 제사는 잉카 종교의 틀로 재편되어 들어왔으며, 제국 전역에 걸쳐 순례 여행의 중심지가 건설되었다. 그곳에서 성스러운 역사를 내용으로 하는 의례를 통해 잉카 정복의 정당성을 선전했다. 정복에 의해서든 외교에 의해서든 잉카 제국에 편입되면 무조건 잉카의 종교에 참여해야 했으며, 잉카의 통치자도 백성의 종교에 참여해야 했다.

이러한 통합의 세력을 비교해보면 시기 구분과 순서를 파악할 수 있다. 메소아메리카나 아프리카-유라시아에서 모두 중간천년기 초기에는 최대 정치 단위가 붕괴되었고, 정치적 분열 상태가 지속되었으며, 무역이 쇠퇴했다. 그 뒤 동반구와 서반구 양쪽 모두 이러한 경향이 뒤바뀌어 인구가 성장했고, 새로운 정치 공동체들이 등장했으며, 상업 활동이 강화되었다. 이것이 당시 변화의 핵심이었다. 동반구와 서반구의 비교 가능한 요소들이 없지 않지만, 어쨌든 양쪽은 서로 떨어져 있었다.

북아프리카와 유라시아는 서로 연결된 세계였지만 수많은 독특한 세계로 구성되어 있었고, 그들이 조화 가운데 하나로 연결되지 못하는 경우도 많았다. 그럼에도 불구하고 중간천년기를 거치는 동안 그들 중 상당수는 서로 연결되었다. 대규모 변화의 계기가 잇달아 일어났기 때문이다. 진원지에서 무려 수천 마일이나 떨어진 곳까지도 그 여파가 미쳤다. 이러한 변화는 예를 들면 이슬람의 등장, 불교와 기독교의 확산, 몽골의 정복, 상거래 네트워크의 강화 등이었다. 정도의 차이는 있겠지만 지역 사회에서 일상생활의 대부분이 그로부터 영향을 받았다. 샤리아 율법의 도입이나 불교 혹은 기독교의 확산, 몽골의 관습은 아프리카-유라시아 전역에서 가족생활에 영향을 미쳤다. 종교 기관은 교육 분야에 근본적 변화를 가져왔다. 새로운 식물의 전파와 새로운 기술 및 상품의 도입은 경제 분야에 영향을 미쳤다. 정치 분야를 보자면, 권력 구조는 말할 것도 없고, 중앙이나 지방의 궁정에서는 타문화의 양식과 관습을 폭넓게 받아들였다. 다른 사회와 문화에 노출되고 상대방의 학문적 성과를 획득하는 일은 중간천년기를 거치는 동안 확연히 증가했다.

글로벌화가 진행되기 전의 제한적 상황과, 그럼에도 불구하고 그토록 수많은 지역 사회의 일상생활에 스며든 강력한 추동력의 실재를 동시에 고려해야만 아이젠슈타트가 연구한 중간천년기의 원시-글로벌화 개념을 충분히 이해할 수 있을 것이다. 아이젠슈타트가 언급한 원시-글로벌화의 윤곽은, 지도 제작의 혁신과 여행가의 이야기에 의거해 등장한 중간천년기의 원시-글로벌화 의식과 부분적으로 일치한다. 아이젠슈타트뿐만 아니라 최근에 여러 학자가 중간천년기의 교류 증대를 강조했다. 중간천년기를 원시-글로벌화의 시대로 본 아이젠슈타트의 관점은 여러 학자에게 영향을 미쳤다. 마셜 호지슨(Marshall Hodgson)은 이슬람에 의해 형성된 회랑을 통해 아프리카-유라시아가 하나의 오이쿠메네(Oikoumene, 세계)로 연결되는 과정을 설명했다. 재닛 아부 루고드(Janet Abu-Lughod)는 팍스 몽골리카 시기 대서양과 태평양의 8대 상업 네트워크를 강조했으며, 제리 벤틀리(Jerry Bentley)는 중간천년기 아시아와 유럽을 변화시킨 문화 간 접촉의 분명한 패턴을 강조했다.

여기에 동의하지 않는 학자들도 있었다. 홉킨스(A. G. Hopkins)에 따르면 원시-글로벌화는 세계 전체가 하나로 연결되어 상호 의존적 단일성이 구성된 사건으로, 16세기부터 시작해서 2세기 동안 진행된 변화의 과정이었다. 그 시기에 산업화 이전의 제조업, 금융업, 서비스업, 시장이 강화되었고, 더불어 정치 세력, 세금, 주권이 강화된 결과로 세계적 규모의 교환 체제가 만들어졌다는 주장이다. 이것이 원시-글로벌화의 과정으로서 19세기의 "근대적 글로벌화"를 예비하는 과정이었다고 한다. 근대의 글로벌화는 산업화, 민족 국가의 형성, 원재료 생산지와 제조업 중심지의 세계적 연결, 교통과 통신의 가격 하락과 속도 개선, 가격 수렴(price convergence)을 특징으로 한다. 그러나 다른 많은 학자는 "콜럼버스"의 교환(Columbian exchanges)과 "마젤란"의 교환(Magellan exchanges)이 결합되어, 마닐라가 대양을 잇는 중간 기지로 출범한 때로부터 이미 글로벌화가 본격화된 것으로 본다. 그렇다면 중간천년기는 그를 예비한 원시-글로벌화의 과정이었다고 말할 수 있다.

시대 구분과 개념 설정을 어느 쪽으로 하든 의문은 남는다. 중간천년기의 원시-글로벌화는 글로벌화의 역사에 어떤 영향을 미쳤을까? 중간천년기의 원시-글로벌화 과정을 통해 초기 글로벌화의 경로 의존성(path dependence)이 만들어졌거나 기타 여러 가지 발달이 형성되었고, 이로써 19세기의 글로벌화 혹은 오늘날의 글로벌화가 가능했다고 하는데, 과연 그러한 발달 과정이 존재했을까? 이와 같은 의문의 해답은 열려 있으며, 우리 시리즈의 후속권을 통해 대답을 들어야 할 문제들이다. 다만 이는 시대와 시대의 연결 및 차이를 이해하는 데 빼놓을 수 없는 질문이며, 아마도 연속성과 변화에 대한 더욱 깊은 연구를 필요로 하는 질문이 될 것이다.

케임브리지 세계사 10
# 교역과 분쟁 2
교류의 증대와 종교의 확산

2024년 5월 10일 1판 1쇄

벤야민 케다르·메리 위스너-행크스 편집
류충기 옮김

펴낸곳 : (주)소와당笑臥堂 | 신고 번호 : 제313-2008-5호
주소 : (03994) 서울시 마포구 연남로 13(영상빌딩 3층)
전화 : (02)325-9813
팩스 : (02)6280-9185
전자우편 : sowadang@gmail.com

저작권자와 맺은 협의에 따라 인지를 생략합니다.
값은 뒤표지에 적혀 있습니다.
잘못 만든 책은 서점에서 바꾸어 드립니다.

ISBN 978-89-6722-038-9  94900
ISBN 978-89-6722-028-0  94900 (세트)